Das Ende des Dreißigjährigen Krieges

Ernst Höfer

Das Ende des Dreißigjährigen Krieges

Strategie und Kriegsbild

1997
BÖHLAU VERLAG KÖLN WEIMAR WIEN

Die Deutsche Bibliothek – CIP-Einheitsaufnahme

Höfer, Ernst:
Das Ende des Dreißigjährigen Krieges: Strategie und Kriegsbild /
Ernst Höfer. – Köln ; Weimar ; Wien : Böhlau, 1997
ISBN 3-412-04297-8

Umschlagabbildung: Belagerung der Stadt Wasserburg am Inn (1648),
Kupferstich von Matthäus Merian dem Älteren

Dieses Buch wurde auf chlorfrei gebleichtem, säurefreiem Papier gedruckt.

Satz und Lithographie: Richarz Publikations-Service GmbH, Sankt Augustin
Druck und buchbinderische Verarbeitung:
Druckerei Runge, Cloppenburg

Printed in Germany
ISBN 3-412-04297-8

Inhalt

Einführung

Kriegsziele

Kriegsziele des Kaisers

Krieg oder Friede? Diese Frage stellte Kaiser Ferdinand II., der gewählte Kaiser des Heiligen Römischen Reiches Deutscher Nation, seinen Räten zu Beginn des Jahres 1633. König Gustav Adolf von Schweden war gefallen.

Bis dahin hatte sich der Dreißigjährige Krieg über weite Landstriche Europas ausgebreitet. Die raumgreifenden Feldzüge des schwedischen Königs gehörten schon der Kriegsgeschichte an. In den zurückliegenden 15 Jahren hatte der Krieg fast ganz Deutschland heimgesucht und nur Gebiete des österreichischen Reichskreises[1] verschont. Er und seine Nebenkriege hatten auch im habsburgischen Ungarn, im Königreich Böhmen, im Veltlin und in Graubünden, in den beiden Niederlanden und in Italien ihre Spuren hinterlassen. Seine europäische Ausdehnung war offenbar geworden, obwohl Frankreich noch nicht offen in den Krieg eingetreten war. Im Jahre 1632 hatten sich Gustav Adolf und der kaiserliche Generalissimus Wallenstein mit ihren Heeren wochenlang in verschanzten Lagern bei Nürnberg gegenüber gelegen. Die größten Heere waren zusammengezogen worden, der schwedische König griff an, der kaiserliche Generalissimus verteidigte. Gustav Adolf hatte Wallenstein nicht zum Weichen gebracht, Wallenstein dem König nicht die operative Handlungsfreiheit abringen können. Am 16. November 1632 hatte Gustav Adolf bei Lützen die Schlacht gesucht und in ihr sein Leben verloren. Einen Augenblick schien es, als wolle die Kriegsfurie in ihrem Lauf innehalten und Atem holen, unschlüssig, ob sie stehen bleiben oder weiterrasen solle.

Ende Januar 1633 legten der Reichsvizekanzler[2], der Präsident der Hofkammer und der Geheime Rat Maximilian Graf Trauttmansdorff ihre Antwort auf die Frage des Kaisers vor[3]. Ziele und Aufgaben des Kaisers und des Hauses Habsburg sind die Grundlage des Votums. Es nennt zuerst die Gründe, die für eine Fortsetzung des Krieges sprechen, wobei an erster Stelle der Tod des schwedischen Königs genannt wird. Dann setzen die drei Räte zwölf Gründe dagegen:

1. Es mangele an den Mitteln, die zur Fortsetzung des Krieges nötig seien. Sie könnten nur aus den Erb- und Kronlanden des Kaisers beschafft werden. Das aber sei kaum möglich, es werde nichts anderes als eine neue Rebellion erweckt. Oder es würden die Erb- und Kronlande so zu „grundt und sumpff“ gerichtet, daß der Türke diesen Vorteil ausnutzen werde, „dardurch er das ganze orientalische Imperium unter sein viehisch Joch gebracht“ habe, und daß er diese Vormauer der Christenheit stürzen werde.
2. Könne aus der Fortsetzung des Krieges nichts anderes als äußerste Verzweiflung entstehen, besonders dann, wenn sich derselbe weiter in die Länge zöge. Der Feind aber habe die wichtigsten Städte, Festungen und Pässe zu Wasser und zu Lande samt der Nordsee und der Ostsee in seiner Hand. Andererseits verlören die dem Kaiser gehorsamen, vertriebenen Kurfürsten und Fürsten den Mut und alle Hoffnung. Dadurch würden sie veranlaßt, sich auf die Protektion fremder Könige und Potentaten zu verlassen und bei diesen Schutz zu suchen.
3. Bei Fortsetzung des Krieges werde die Geneigtheit der Reichsstände zum Hause Habsburg verloren gehen und in Konsequenz dessen die Nachfolgehoffnung für Habsburg im Reich, und zwar nicht allein für den regierenden Kaisers Ferdinand II., sondern für Menschengedenken.
4. Hingegen erlangten die Widersacher die Hoffnung, daß der Kaiser sein eigenes Haus, seine Erbkönigreiche und Erblande selbst zu Grunde richten werde und damit ihnen oder anderen zur Beute gäbe.
5. Sei das übrige Deutschland im Vergleich zu den Erbländern des Kaisers an Volk und Städten weit überlegen. Es habe viel mehr Mittel, um den Krieg fortzusetzen.
6. Sei die Gewalt des Königs in Frankreich nicht gering zu schätzen, da ihm – wie Schweden – Tür und Tor im Reich offen stünden. Man habe gesehen, wie der König von Schweden „hin und her geschwebt“ sei, und, obwohl er bei Nürnberg[4] etwas festgehalten worden, dennoch nach seinem Gefallen durchgebrochen sei.
7. Sei bei den Hansestädten wie bei etlichen Reichsstädten noch eine große Barschaft vorhanden und das meiste Geld flösse zu ihnen, womit sie den Widersachern eine große Hilfe bieten könnten.

Wenn auch sie ihre Pforten schlössen, könne kein Heer im Felde gehalten werden, wie man im abgelaufenen Jahr vor Nürnberg gesehen habe.

8. Sei es bei einem solchen Zustand hochgefährlich, sich allein auf die Waffen zu verlassen, zumal ein mächtiger Unterschied zwischen den Siegen beider Kriegsparteien bestehe. Denn obwohl der Kaiser viele unterschiedliche Siege durch Gottes Gnade erhalten habe, habe er nicht eine Handbreit Land erlangt. Der Feind aber habe durch einen einzigen Sieg (bei Breitenfeld nahe Leipzig 1631) fast das ganze Deutschland nach und nach ohne Widerstand erhalten. Das liege daran, daß beim Feinde die Hinneigung zur „Religion" (zur lutherischen und calvinischen Konfession) alle Ungelegenheiten leicht ertrage. Auf Seiten des Kaisers aber müßten „odium" und Mißtrauen allein durch die Furcht vor den Waffen bei der Pflicht gehalten werden. Wenn der allmächtige Gott abermals zur Strafe eine unglückliche Stunde verhängen werde (eine Schlacht verlieren lasse), so wäre es nach politischer Klugheit fast ganz vorbei. Religion und Region seien dann zugleich verloren.

9. Wenn man sich nach Beistand umschaue, so finde man niemanden als die Krone von Spanien. Wie schwer es aber auch dort hergehe und wie der König Spaniens mit seiner Macht an allen Orten „in Italia, Niderlanden, Indien etc." zersplittert werde, lehre die Erfahrung, so daß man sich auf des Königs Hilfe nicht jederzeit verlassen könne.

10. Sei auch das jetzige Militär zu betrachten, welches ohne Sold sei und als Folge davon ohne rechte Disziplin geführt werde und nichts anderes gewohnt sei, als ein Land nach dem anderen zu verzehren. Ganz zu schweigen von den großen Sünden und Lastern, die bei einem solchen Kriegswesen mehr als je überhand nähmen, und ganz zu schweigen von der Unterdrückung so vieler zum Himmel schreiender Seelen, die durch Hunger und Kummer stürben und verdürben.

11. Pflegten alle Herrscher nicht allein auf ihre Zeit zu sehen, sondern auch darauf, was sie ihren Nachkommen für einen Staat hinterließen. Wenn betrachtet werde, was bei dem jetzigen Kriegswesen für ein Zustand entstehen werde, falls der Kaiser sterben sollte und wenn sein noch nicht für das Reich gewählter Nachfolger mit den Reichssachen nichts mehr zu schaffen haben und sich auch des Reichsheeres nicht annehmen dürfe, so habe man zu fürchten, daß die Feinde ihre Anschläge gegen das Haus Habsburg sogar in

Österreich suchen wollten. Auf des Kaisers Heer könne man sich dann wenig verlassen. Denn falls der Nachfolger wegen des Reiches den Krieg fortsetzen wolle, würde es von den Katholischen wie Unkatholischen so gedeutet werden, als trachte man danach, das Reich mit Macht zu überwinden. Dagegen würden sich nicht allein beide Teile – die Katholiken wie die Nichtkatholiken – zur Wehr setzen, sondern auch auswärtige Könige und Potentaten erst recht herleiten, selbst nach der Kaiserwürde zu streben und sich mit den Reichsständen zu verbinden.

12. So lange der jetzige Krieg andauere, bleibe die jetzige Konfusion und Anarchie, dergleichen noch nie da gewesen sei, so lange das Reich bei der deutschen Nation gestanden habe. Die Protestanten suchten und nähmen kein Recht mehr von ihrem Oberhaupt, dem Kaiser. Den Katholischen sei es verwehrt. In vornehmen Kurfürstentümern und Fürstentümern führten auswärtige Nationen zu ewiger Schmach Deutschlands nicht allein das militärische sondern auch das politische Regiment. Es könne aber zur Bereitung eines neuen Status und gänzlicher Veränderung nichts Kräftigeres erfunden werden, als wenn es zu solchem Übelstand komme, daß der Blutkreislauf von dem Haupt zu den Gliedern lange versperrt bleibe. Daraus müsse wie im menschlichen Leibe der sichere Untergang des Staatskörpers folgen.

Aus diesen Gründen befinden die drei kaiserlichen Räte, daß der Friede hochnotwendig sei. Mit allen Gedanken müsse daher nach ihm getrachtet werden. Daneben aber seien die Kriegsanstrengungen nicht aufzugeben, weil man anders als unter dem ehernen Schild keinen rechtschaffenen oder auch nur mittelmäßigen Frieden erhoffen könne, bei dem Vorteil, den der Feind bereits erhalten habe. Und, es müsse doch endlich der Friede das Ziel des Krieges sein („undt muß doch entlich finis belli pax sein"). Dieses Ziel sei aber dann am besten auszuhandeln, wenn der Sieg noch beiderseits ungewiß sei: „Dann ein gezwungener Friden für kheinen Friden zu halten ist."

Wenn man die zwölf Gründe analysiert, die für den Frieden sprechen, so schälen sich drei Motive heraus: ideelle Motive, materielle Motive und der Kräftevergleich der Kriegsparteien. An die Spitze ihres Votums stellen die drei Räte die nach Osten und Südosten weisende Aufgabe des Hauses Habsburg in der kaiserlich-deutschen Linie, „Vormauer der Christenheit" gegen den Islam in seiner kriegerischen Ausprägung zu sein. „Hiebei ging es stets auch aufs neue um die

Auseinandersetzung zwischen Abendland und Morgenland, zwischen Europa und Asien, zwischen Freiheit und Schicksalszwang."[5] Die geographische und materielle Basis für die Abwehr möglicher Angriffe des Osmanischen Reiches waren die Erb- und Kronlande des Kaisers. Sie hatten in der Vergangenheit jedesmal den Stoß abfangen müssen und waren nach außen das Fundament für die „Vormauer der Christenheit" und nach innen das Fundament für die Stellung der Habsburger im Reich, das Fundament für die zwei „ideellen" Ziele:

- Schutz des Christentums gegen das Osmanische Reich und
- Verbleib der Kaiserkrone beim Hause Habsburg.

Dies waren keine Ziele, die erst im Dreißigjährigen Kriege aufgerichtet worden wären, aber sie waren durch diesen Krieg besonders gefährdet. Für jeden habsburgischen Thronfolger mußte mit der Wahl zum Kaiser die Stellung der Habsburger im Reich neu bestätigt werden. Damit wurde der ungeschmälerte Erhalt der Hausmacht in den katholischen Erb- und Kronlanden, in denen der Kaiser kraft Geburt Landesherr war, zum dritten, „materiellen" Ziel.

Der Blick auf das Reich, auf die zerstrittenen Stände und die gelähmte Reichsjustiz führten zu der Schlußfolgerung, den Nachfolger des Kaisers noch zu Lebzeiten des jetzigen wählen zu lassen, damit nicht „auswärtige Könige und Potentaten" Ursache hätten, selbst nach der Kaiserwürde zu streben und sich mit den Reichsständen zu verbinden. Es durfte keine kaiserlose Zeit, kein Interregnum geben. Als viertes und fünftes Ziel wurde daher die Verdrängung der „auswärtigen Nationen" vom deutschen Reichsboden und die Wiederaufrichtung von Frieden und Recht im Reich aufgestellt.

Einen letzten, höheren Grund – außerhalb der zwölf genannten – setzten die Räte an den Schluß ihres Votums:

> man habe sich zwar billig in gerechter Sache auf göttlichen Beistand zu verlassen. Es beruhe aber solcher Beistand nicht weniger in Verleihung nützlicher Ratschläge als auf glücklichen Siegen, weil es der vernunftbegabten Kreatur mehr gegeben sei, durch Weisheit und Einsicht zu überstehen als durch die Stärke des Leibes. Dieser Krieg werde allein wegen des (gerechten) Friedens geführt. Es existierten aber keine gerechten Waffen, wenn sie nicht notwendig seien. Alles spreche demnach für die Aufnahme von Friedensverhandlungen.

Die heutige Unterscheidung in „ideelle und materielle Ziele" des Votums erschließt dessen Verständnis nur annähernd. Es fußt vielmehr auf religiösen und weltlichen Beweggründen, wobei man sich sogleich bewußt sein muß, daß sie ineinander fließen und vermischt sind.

Wie die weltliche Machtbasis der Erb- und Kronlande des Kaisers die Voraussetzung dafür ist, „Vormauer der Christenheit" zu bleiben, so ist die Rettung und Erhaltung der christlichen Kirche eine der Universalmonarchie[6] der Habsburger aufgegebene religiöse Aufgabe. Die Kaiser des Alten Reiches und ihre Ratgeber haben an der Vermischung von religiösen und weltlichen Zielen lange festgehalten. Wer nur die „Realpolitik" sieht, mag das als zurückgeblieben und wirklichkeitsfern beurteilen. Wer aber die noch vorhandene Einheit im Denken und Trachten der Ratgeber sieht, wird ihnen das Verständnis nicht versagen.

Fünf Ziele soll der Kaiser aus dem Hause Habsburg verfolgen, die über den Krieg hinausweisen: den Schutz des Christentums gegen das Osmanische Reich, den Verbleib der Kaiserkrone beim Hause Habsburg, den ungeschmälerten Erhalt der eigenen Hausmacht in den katholischen Erb- und Kronlanden, die Verdrängung der „auswärtigen Nationen" vom deutschen Reichsboden und die Wiederaufrichtung von Frieden und Recht.

Der politische Hintergrund

Die Reichsstände hatten es erfahren, Schweden hatte sich betroffen gefühlt und Frankreich beobachtet, wie Kaiser Ferdinand II. und die mit ihm verbündete Liga katholischer Reichsfürsten den ersten Abschnitt des Krieges für sich entschieden hatten, wie der sich anschließende niedersächsisch-dänische Krieg für Kaiser und katholische Reichsstände mit einem vollständigen Sieg abgeschlossen worden war, wie der den Sieg krönende Friede von Lübeck den Kaiser auf den Zenit seiner Macht gestellt hatte und wie das gesamthabsburgische „Ostseeprojekt" aufgekommen war, das Wallenstein zum „General des Baltischen und Ozeanischen Meeres" aufsteigen ließ.

Ein Ergebnis des ersten Abschnittes des Krieges, des böhmisch-pfälzischen, ist die Stärkung der Hausmacht des Kaisers gewesen. Noch 1619 als König von Böhmen von seinen dortigen Landständen abgesetzt, war er nicht nur wieder zurückgekehrt und eingesetzt, er hatte seine Stellung als Landesherr in seinen eigenen Erb- und Kronlanden[7] gefestigt. Bauernaufstände und andere Rebellionen hatte er niedergeschlagen, den Adel auf seine Seite gezogen, ihn gefügig gemacht oder des Landes verwiesen, wenn er nicht schon von sich aus die Heimat verlassen hatte. Der katholische Klerus stand auf Seiten des

Kaisers. Ferdinand II. nutzte seinen Sieg, um der Gegenreformation in seinen Erb- und Kronlanden vollends zum Durchbruch zu verhelfen und um in ihnen entscheidende Schritte zum Absolutismus zu tun. Dieser erste Abschnitt des Krieges hatte einen Sieg der katholischen Partei im Reich über den Protestantismus, einen Sieg des Monarchen Ferdinand über seine Landstände gebracht. Sollte man diese Siege und deren Ergebnisse gefährden, indem man den Krieg fortsetzte?

Hatte der böhmisch-pfälzische Krieg vor allem die landesherrliche Stellung Ferdinands II. in seinen Erb- und Kronlanden gestärkt, so hat der folgende niedersächsisch-dänische Krieg seine Stellung als deutscher Kaiser gefestigt. König Christian IV. von Dänemark, als Herzog von Holstein deutscher Reichsfürst, war von den protestantischen Fürsten im niedersächsischen Reichskreis zu ihrem Kreisobersten gewählt worden und hatte sich mit weiteren protestantischen Reichsfürsten den nach Norden vorrückenden Armeen des Kaisers und der katholischen Liga entgegengestellt. Christians Motive waren kaum nur religiöser Art gewesen. Er wollte eine Ausdehnung seines Herrschaftsgebietes nach Süden, mitten in das europäische Festland. Vergrößerung seines Territoriums durch Annexion einiger norddeutscher Fürstbistümer war eines seiner Kriegsziele. Im Grunde ging es für Dänemark darum, ob es – in Konkurrenz zum aufsteigenden Schweden – eine Großmacht im Norden Europas blieb oder nicht. König Christian IV. und seine Heerführer verloren ihre Schlachten. Auf die dänischen Inseln zurückgedrängt, hatte Christian schließlich 1629 den Frieden von Lübeck schließen müssen. Mit ihm wurde er auf seine territoriale Ausgangslage zurückgeworfen. König Christian sollte sich zukünftig in die deutschen Angelegenheiten nicht anders einmischen, als ihm wegen Holstein zustand und in Zukunft weder für sich noch seine Söhne die norddeutschen Erzstifter und Stifter beanspruchen. Er behielt Holstein, Kriegskosten brauchte er nicht zu erstatten, die katholischen Armeen wurden unverzüglich aus seinen Territorien abgezogen. Die protestantischen Reichsfürsten waren im Verlauf der Feldzüge fast sämtlich von Christian IV. abgefallen. Der Protestantismus hatte eine weitere Niederlage erlitten, so stark, daß der Weg frei war für das Restitutionsedikt Ferdinands.

So maßvoll der Friede mit Christian IV. nach außen war, so hart und drückend war das Restitutionsedikt in den konfessionellen Fragen nach innen. Mit ihm sollten die großen geistlichen Territorien, die Fürstbistümer, und die kleinen geistlichen Territorien, die Klöster, soweit sie seit 1552 säkularisiert worden waren, wieder rekatholisiert werden, mit allen Konsequenzen für Konfession, Besitz und Macht. Die beiden katholischen Armeeen gingen mit Gewalt daran. Ranke sagt von diesem Zeitpunkt, „Ferdinand war mächtiger im Reiche, als Karl V. in dem größten Momente seiner Siege gewesen war: vielleicht nicht so sehr er selbst, aber der Führer seines Heeres erneuerte die Idee des alten waffengewaltigen Kaisertums.“[8]

Der Fall folgte schnell mit dem Regensburger Kurfürstentag von 1630. Die Kurfürsten, auch die katholischen und voran Maximilian I. von Bayern, bis dahin des Kaisers treuester Verbündeter, veranlaßten Ferdinand, den kaiserlichen Generalissimus Wallenstein abzusetzen und das kaiserliche Heer erheblich zu verkleinern. Der Kaiser war ihnen zu mächtig geworden. Fast zur gleichen Zeit aber kam es zu der Invasion eines schwedischen Heeres unter König Gustav Adolf.

Jetzt, Anfang 1633, lehnten die kaiserlichen Räte die weitere Vollziehung des Restitutionsediktes ab:

> durch den jetzigen Krieg, vor allem in den Jahren 1631 und 1632, sei das Religionswesen gar nicht verbessert, sondern in einen solchen ärgerlichen Zustand gekommen, daß seit der Spaltung der Religion die Widersacher niemals einen solchen Vorteil erlangt hätten, worunter viele tausend Seelen auf ewig verloren seien. Das Heil, auch das Seelenheil, sei besser im Frieden zu suchen und zu gewinnen als mit dem Kriege. Daß die Nachfolge des Hauses Habsburg im Reich leichter durch die Waffen als durch die Gunst der Kurfürsten und Stände zu erlangen sei, könne man nicht erkennen. Daß der Kaiser eine solche Macht im Jahre 1633 zusammenbringen werde, durch welche die Gegenseite aus Furcht vor den Waffen wieder zum Gehorsam bewegt werden könne, sei schwerlich zu vermuten, da die Mannschaft wie auch die Mittel, dieselbe zu erhalten, ab- und nicht zunähmen. Im Reich seien sechsmal so viele Nichtkatholiken wie Katholiken vorhanden. Je größere Heere man auch aufbringe, desto mehr würden die eigenen Länder des Kaisers verzehrt und ausgesogen. Daraus entstehe die oben genannte türkische Gefahr und der türkischen Vasallen umso stärker.

Die drei kaiserlichen Räte schlugen daher vor, daß keine Gelegenheit zur Friedensvermittlung auszulassen sei. So Friede heischend und in sich schlüssig ihr Votum war, es ging von falschen Voraussetzungen aus.

Zwar bemühten sich Kursachsen und Kurbrandenburg nach dem Tode Gustav Adolfs ebenfalls um den Frieden und die beiden Kurfürsten berieten darüber in Dresden, zwar reiste dann im März 1633 Landgraf Georg von Hessen-Darmstadt im Besitz der kursächsischen Friedensvorschläge mit seinen Räten nach Leitmeritz in Nordböhmen und traf dort mit einer kaiserlichen Friedensdelegation zusammen, zwar wurden in Leitmeritz Friedensbedingungen behandelt, aber zwei auswärtige Mächte wollten noch keinen Frieden im Reich. Schweden nicht und Frankreich nicht. Auch Wallenstein, in seinem zweiten Generalat mit sprunghaften Friedensprojekten befaßt, die er mit seinem eigenen Privatinteresse vermischte, ohne berechenbare Linie sich äußernd und militärisch-operativ zaudernd, förderte den Frieden nicht, sondern entfernte sich mehr und mehr vom Kaiser, sodaß von einem politisch abgestimmten Handeln des Kaisers und seines Generalissimus nicht die Rede sein kann. Schweden, obwohl der gefährlichste Feind, war für den Kaiser fast nicht existent, weil er den Krieg immer noch als einen inneren ansah, der die ausländischen Mächte nichts anginge. Auswärtige Mächte waren fern zu halten und die Reichsangelegenheiten nur mit den Ständen des Reiches – den Kurfürsten, Fürsten, Reichsgrafen, den Reichsstädten und der Reichsritterschaft oder ihren Gremien – allein zu regeln. Dabei wäre die klare politische Führung des Kaisers, die Einbeziehung Schwedens in Friedensverhandlungen, mindestens die gelungene Abstimmung mit Wallenstein eine essentielle Voraussetzung für erfolgversprechende Friedensbemühungen gewesen. So raste denn die Kriegsfurie weiter.

Kriegsziele des Königreichs Schweden

Mit dem Eingreifen Gustav Adolfs von Schweden war nach dem böhmisch-pfälzischen und dem niedersächsisch-dänischen der schwedische Krieg eröffnet worden. Damit hatte der dritte Abschnitt des Krieges begonnen. Der Friede von Lübeck war erst ein Jahr alt geworden.

> „Es ist ein altes Sprichwort, daß niemand länger Frieden haben könne, als seinem Nachbarn beliebe oder gefalle: Solches Sprichwort, wie wahrhafftig es sey, hat mit ihrem Schaden in vergangenen Jaren erfahren und erfähret es noch täglich, die Königliche Majestät in Schweden.“[9]

So fängt das Stralsunder Manifest vom Juli 1630 an, mit dem Gustav Adolf seine Invasion ins Reich begründete. Vorher hatte der König im Südosten Schwedens mit Rußland und mit Polen Kriege geführt und sich dann mit diesen Mächten arrangiert, das heißt, nicht ohne Landgewinn. Im Frieden von Stolbowa hatte Schweden 1617 Ingermanland und Ostkarelien erworben und damit nicht nur eine Landverbindung zum bereits schwedischen Estland hergestellt, sondern auch Rußland völlig von der Ostsee abgedrängt. Gegen Polen hatte Gustav Adolf Riga erobert, der Besitz von Livland wurde Schweden 1629 bestätigt. Mit Polen war ein auf sechs Jahre befristeter Waffenstillstand geschlossen worden, der es Schweden erlaubte, die Ostseeküste von Elbing bis hinauf nach Memel zu besetzen. Im Südwesten Schwedens war Dänemark durch den Kaiser geschwächt worden, nachdem noch im Februar 1629 König Christian in einer Unterredung mit Gustav Adolf eine Allianz abgelehnt hatte. Wenn es beiden Königen allein oder nur vordringlich um das lutherische Glaubensbekenntnis gegangen wäre, hätte die nordische Allianz zustande kommen müssen.

Strategie war die Kunst, militärische Macht zur Durchsetzung politischer Ziele einzusetzen[10]. Bis 1629 hatte Schweden zur See und zu Lande eine strategische Handlungsfreiheit errungen wie nie vorher, da die Flankenbedrohungen im Südosten und Südwesten ausgeschaltet worden waren. Was stand einem zentralen Vorstoß Schwedens direkt nach Süden noch im Wege? Zur Gegenküste in Pommern und über sie hinweg ins Reich? Im Besitz einer ausreichenden Kriegs- und Transportflotte, zur See und auf dem Lande kriegserfahren, konnte es wie keine andere Macht die Synergieeffekte eines konzentrischen Angriffs auf die Gegenküste nutzen, selbst fast unangreifbar in seinen schwedischen und finnischen Kernlanden. Anders das weit entfernte Spanien, die Land- und Seemacht der Gegenseite, die gleich an drei Stellen angreifbar war: in den Spanischen Niederlanden, auf der italienischen Halbinsel und unmittelbar an den Grenzen des spanischen Kernlandes zu Frankreich, zu schweigen von seinen außereuropäischen Verwundbarkeiten. Spanien mußte sich zersplittern, Schweden konnte sich konzentrieren.

Es war einzig der mächtige katholische Kaiser des Reiches, der – vielleicht – Schweden gefährden konnte und der – gewiß – den schwedischen Ambitionen im Wege stand. Schweden eröffnete 1630 mit der Landung Gustav Adolfs auf der pommerschen Insel Usedom den Offensivkrieg in Mitteleuropa:

> „Nachdem nun in Preussen mit den Pohlen der (Waffen)Stillstand auf sechs Jahre vollzogen worden, und der Frantzösische Gesandte Hercules Charnasse (den König von Schweden) Gustavum eifferig zum Teutschen Krieg anreitzete, und seines Königs Alliance und Subsidien anbot, mit Versicherung, daß Bayern und die Catholische Liga seinem Könige anlägen, der Teutschen Sachen sich anzunehmen, weil die Oesterreichische Macht sowohl den Catholischen als Protestanten zu schwer fiele: ging es an ein ernstlich Rathschlagen, ob man ein solch schwer Werck unternehmen solte.

> Wiewohl, nachdem der Kayser unter seiner Fahnen in Preussen Gustavum feindlich angegriffen, auch kein Mittel zu einem ehrlichen Vergleich zu ersehen war, und kein Vernünfftiger zweiffelte, es würde König Gustav über lang oder über kurtz mit dem Kayser fechten müssen, war nur dieses eigentlich die Frage, ob es besser wäre zu warten, biß der Kayser Gustavum in Schweden angriff, oder ob man ihm in Teutschland auf halbem Wege begegnen solte? ... Man hätte sich keines sichern Friedens vom Kayser zu versehen und könnte auch die Glaubens-Genossen nicht im Stiche lassen."[11]

Folgt man diesem aus schwedischer Sicht geschriebenen Bericht über die Beratungen im schwedischen Reichsrat, so wollte Gustav Adolf dem Kaiser zuvorkommen und eröffnete einen Präventivkrieg. Fest steht, die Herrschaft über die Ostsee, über das „Baltische Meer", wollte sich König Gustav Adolf nicht mehr streitig machen lassen. Das „Dominium maris Baltici" war erst dann vollständig, wenn Schweden auf der deutschen Gegenküste festen Fuß gefaßt hatte. Mit dem Herrschaftsanspruch über die Ostsee und ihre Küsten begann Schweden die zentrale Offensive. Ihr Gelingen würde wirtschaftliche Vorteile einbringen und die Machtbasis Schwedens dauerhaft stärken. Ziel war zugleich, den Konkurrenten Dänemark zu überflügeln und Schweden als einzige Großmacht im Norden Europas zu etablieren. Der Schutz des Protestantismus war für den König ein zusätzliches Motiv und ebenso sein dynastisches Interesse im Blick auf Polen, in welchem ein katholischer König der schwedischen Dynastie Wasa regierte.

Auch bei Schweden waren die weltlichen und religiösen Ziele miteinander verwoben, vergleichbar ihrer Mischung beim Kaiser. Ein wichtiger Unterschied besteht aber doch. Gustav Adolf strebte territorialen Gewinn an. „Die Dinge sind so weit gekommen, daß alle Kriege, die in Europa geführt werden, miteinander vermischt und zu einem geworden sind"[12], schrieb Gustav Adolf an seinen Reichskanzler Oxenstierna. Sollte, nach des Königs Tod auf dem Schlachtfelde, Schweden in der gesamteuropäischen Vermischung verbleiben oder sollte Oxenstierna versuchen, das Land aus ihr herauszuführen?

Schweden in seiner europäischen „Vermischung"

Die Nachricht vom Tode seines Königs stürzte den schwedischen Reichskanzler Axel Oxenstierna zunächst in Verzweiflung, dann in einen tiefen inneren Zwiespalt. Wohl hätte er Schweden – schon wegen seiner geographischen Randlage – aus der europäischen Vermischung wenigstens in Deutschland lösen können. Aber wie? Oxenstierna hatte nicht die Absicht, sein „Vaterland mit Verlust von Reputation, Respekt, Interesse, Freundschaft und allem aus dem Krieg herauszuschmuggeln."[13] Wie andererseits sollte er den Krieg fortführen, mit dem Kollegium der schwedischen Reichsräte, das die Regentschaft für Gustav Adolfs Kind, die erst sechsjährige Tochter Christina, zu übernehmen hatte? Wie schließlich würden die deutschen Verbündeten sich verhalten? Prüfung und Neubestimmung der schwedischen Kriegsziele, deren Abstimmung mit den verfügbaren Mitteln und Suche nach neuen Mitteln war daher die erste Aufgabe. War sie lösbar, konnte der Krieg in Deutschland fortgeführt werden, gelang sie nicht, war er zu beenden. Wenn der Krieg fortgesetzt werden sollte, brauchte Oxenstierna den Rückhalt, besser noch Vollmachten des schwedischen Reichsrates.

Auch Oxenstierna war sich der Bedeutung der Gegenküste bewußt, ihrer wirtschaftlichen und strategischen Bedeutung, sei es für den Handel und damit verbundene Zolleinnahmen, sei es als Basis der eigenen Kriegsflotte oder einer feindlichen Macht. Indem Oxenstierna auf Gewinn und Sicherung der Gegenküste abhob, führte er die Kriegsziele Gustav Adolfs auf ihre Ursprünge und auf ein erfolgversprechendes Maß zurück, Kriegsziele, die sich mit Gustav Adolfs Erfolgen erweitert und nach Süden verschoben hatten. Nicht nur die Mittel zum Kriege schätzte Oxenstierna realistisch ein, realistisch gegenüber der Stimmung in dem bewilligenden Reichsrate war auch sein Vorschlag, sie künftig vornehmlich in Deutschland kraft „iure belli" (Kriegsrecht) zu schöpfen.

Oxenstierna erhielt die gewünschten Vollmachten des Reichsrates mit einem nahezu absoluten Inhalt und weiten Handlungsspielraum: im Namen der Königin sollte er in Deutschland und seinen benachbarten Staaten die Geschäfte des Krieges und Friedens dirigieren; alle Offiziere und Beamten unterstanden allein ihm; die Weisungsbefugnis für die Operationen des Heeres, der Abschluß von Bündnissen, Waffenstillständen und selbst eines Friedens lagen allein bei ihm, dem schwedischen Reichskanzler Axel Oxenstierna.

Hatte er so innenpolitisch Handlungsfreiheit gewonnen, galt es nun, sein weiteres Vorgehen außenpolitisch abzusichern. Er war noch im November 1632 von König Gustav Adolf zu seinem Vertreter im kurrheinischen Reichskreis, im oberrheinischen, im schwäbischen und fränkischen Reichskreis ernannt worden. In diesen vier „oberländischen Reichskreisen", die Gustav Adolf neben Niederdeutschland fast ganz beherrschte, sollte Oxenstierna nach des Königs Intention die schwer überschaubare Vielzahl der Stände für Schweden dienstbar machen und halten.

Nachdem Schweden noch Kurbrandenburg auf seine Seite gezogen und die Konkurrenz Kursachsens ausgeschaltet hatte, berief Oxenstierna die Versammlung der vier oberländischen Reichskreise nach Heilbronn ein und schloß mit ihnen am 23. April 1633 die „Konföderation zwischen dem Königreich Schweden und den evangelischen Ständen der vier Oberen Reichskreise" oder kurz den „Heilbronner Bund". Dieser gab Oxenstiernas schwedischen Vollmachten einen erweiterten deutschen Boden: er wurde zum Bundesdirektor ernannt mit der Bestimmung, daß ihm in den Kriegsangelegenheiten die „endliche Resolution" zustehe. Als Zwecke des Bundes wurden die Erkämpfung eines guten Friedens und bereits offen die „Satisfaktion" Schwedens genannt, die Entschädigung durch Land und Geld für seinen Kriegsbeitrag. Friedensverhandlungen waren nur mit vorhergehendem Beschluß des Bundesdirektors und der Verbündeten zulässig. Damit waren die Friedensbemühungen Kursachsens und Hessen-Darmstadts sowie die unkoordinierten Ansätze des Kaisers und Wallensteins zum Scheitern verurteilt. Für Schweden aber waren neue Macht- und Mittelkonstellationen geschaffen und besiegelt worden.

Denn auch Frankreich hatte am Zustandekommen des Heilbronner Bundes mitgewirkt, indem es Schweden auf der Gründungsversammlung diplomatische Unterstützung gewährte und das Subsidienbündnis von Bärwalde[14] bestätigte. Am 23. Januar 1631 war es „zwischen den durchlauchtigsten Königen von Schweden und Frankreich zum Zwecke der Verteidigung ihrer gemeinsamen Bundesgenossen, der Sicherheit der Ost- und Nordsee, der Freiheit des Handels und der Wiederherstellung der unterdrückten Stände des Römischen Reiches" zustande gekommen.

Das Bündnis von Bärwalde war bereits auf fünf Jahre geschlossen worden und mit der Absicht der Verlängerung, aber die Frage war doch, wie Frankreich sich nach Gustav Adolfs Tode verhalten würde, wie Frankreich unsicher war, ob sich Schweden nicht einseitig unter „reputablen" Bedingungen aus Deutschland zurückziehen werde. Die beiderseitige Ungewißheit und die beiderseitig labile Lage beschleunigte die Verhandlungen, in denen sich die französische Diplomatie bewährte und die Flexibilität der Instruktionen, die der erste französische Minister, Kardinal Richelieu, für die Verhandlungen mitgegeben hatte: „Da die Fortsetzung des Krieges vom schwedischen und französischen

Standpunkt aus zweckmäßig war, trafen diese Länder am 19. April 1633 in Heilbronn ein Abkommen über ihre Zusammenarbeit"[15]. Die schwedisch-französische Allianz sollte bis zum Abschluß eines gemeinsam zu sichernden Friedens gelten und als Kriegsziele wurden wiederholt: Restitution der Bundesgenossen Frankreichs und Schwedens sowie die Sicherheit der Ostsee und der Nordsee.

Schweden verpflichtete sich erneut, den Krieg mit 36.000 Mann auf deutschem Boden zu führen, wogegen Frankreich diese Kriegführung mit einer jährlichen Geldzahlung von einer Million Livres[16] zu unterstützen hatte. Alleiniger Geldempfänger war die schwedische Regierung. So erscheint Schweden 1633 noch als der Angelpunkt des forttreibenden „Teutschen Krieges", indem es einerseits weite Teile des Reiches zu „Servitut und Devotion" brachte, andererseits im Bündnis mit Frankreich der Allianzpartner war, der den „offenen Krieg"[17] führte.

Im dritten Takt war nach der innenpolitischen, dann außenpolitischen Absicherung des schwedischen Vorgehens abschließend über die weiteren militärischen Operationen zu befinden. Hier zeigten sich die Schwächen von Oxenstiernas beabsichtigtem Vorgehen, Schwächen, die sich in der Person Oxenstiernas selbst kreuzten. Der Reichskanzler war Staatsmann und Politiker, aber nicht zum Feldherrn geboren.

Um die Oberleitung der gemeinsamen Kriegs-, Bündnis- und Friedenspolitik des Heilbronner Bundes unter der alleinigen Kontrolle Schwedens zu halten, entschloß sich Oxenstierna, die militärischen Operationen unter seinem unmittelbaren Kriegsdirektorium zu führen. Die siegreiche schwedische Hauptarmee von Leipzig und Lützen wurde in vier Einzelarmeen geteilt. Mit einer großräumigen Truppendislozierung sicherte Oxenstierna sich und damit dem Königreich Schweden zwar den Primat der schwedischen Politik: gegenüber den in Servitut und Devotion zu haltenden deutschen Ständen und beim Heer. So lange Wallenstein untätig blieb, konnte er so verfahren. Im Felde aber gab es keinen einheitlichen Oberbefehl, ihn ersetzte das Kriegsdirektorium nicht. Die Kräftezersplitterung sollte Folgen haben, zumal es Oxenstierna wohl bewußt unterließ, zwischen dem deutschen Herzog Bernhard von Sachsen-Weimar[18] und dem schwedischen Generalfeldmarschall Graf Horn ein klares Unterstellungsverhältnis zu schaffen.

Nach dem Tode Wallensteins im Februar 1634 fanden sich die königlich-spanische und die kaiserlich-deutsche Linie der Habsburger faktisch zu einem engen und abgestimmten militärischen Vorgehen zusammen, das zu einer seit Kaiser Karl V. nicht mehr gesehenen Konzentration der Kräfte des Gesamthauses Habsburg führte. Der Kardinal-Infant[19] Don Fernando, Bruder des Königs Philipp IV. von Spanien, war ausersehen, einmal Statthalter der Spanischen Niederlande zu werden. Der erste Anstoß war von spanischer Seite gekommen, dem Kardinal-Infanten von Italien her den Landweg nach den Niederlanden zu öffnen – im Zusammenwirken mit kaiserlichen Truppen. Von Mailand aus nahm Fernando seinen Marsch zum Ostufer des Comer Sees, ins Veltlin und nach Bormio. Er überschritt die Alpen in der Nähe der Ortlergruppe über das Stilfser Joch, dann führte sein Weg nach Tirol und in den breiten Norden.

Am 3. September 1634, in einem Zeitpunkt, der günstiger nicht hätte sein können, vereinigte er bei der Reichsstadt Nördlingen seine königlich-spanischen Truppen mit den kaiserlichen und bayrisch-ligistischen unter dem nominellen Oberbefehl Erzherzog Ferdinands, des späteren Kaisers Ferdinand III. Drei Tage später gaben die Spanier mit ihrer berühmten Infanterie das Übergewicht auf der Waagschale der Kräfte, die bayrisch-ligistischen Truppen führten in der Endphase der Schlacht einen durchschlagenden Angriff gegen die Truppen Herzog Bernhards. Die beiden habsburgischen Ferdinande, unterstützt von ihren Feldherren und weit überlegen, brachten den nicht einheitlich geführten Schweden unter Herzog Bernhard und dem Grafen Horn eine schwere Niederlage bei. Das war der Anfang vom Ende des Heilbronner Bundes.

Die militärische Niederlage Schwedens wirkte sich auf die wieder in Gang gekommenen Friedensgespräche zwischen dem Kaiser und dem Kurfürsten von Sachsen günstig aus. Die Verhandlungen Anfang 1633 in Leitmeritz hatten doch ihr Gutes, der Kontakt zwischen dem Kaiser und dem Kurfürsten war wieder hergestellt und nie mehr völlig unterbrochen worden. Am 30. Mai 1635 wurde der Prager Friede zwischen dem Kaiser und dem Kurfürsten von Sachsen unterzeichnet. Und den übrigen deutschen Reichsständen, katholischen wie protestantischen, hatte der Sieg des Gesamthauses Habsburg vor Nördlingen gezeigt, wie die Machtverhältnisse im Reich ausgebaut werden konnten. Der Kaiser, zugleich die weltliche Vormacht der Katholiken, und der Kurfürst von Sachsen, zugleich der erste Reichsstand im protestantischen Deutschland, hatten miteinander Frieden geschlossen. Er stand allen anderen Reichsständen zum Beitritt offen.

Es war das Verdienst Sachsens, daß der Friede nicht als Sonderfriede zwischen Kaiser und **einem** Kurfürsten, sondern „als ein allgemeiner

Frieden und mit dem Anspruch, alle politischen und kirchlichen Streitfragen des Reiches auf einmal zu lösen"[20] vereinbart worden war. Das war möglich geworden, weil die Friedensverhandlungen in den innerdeutschen Angelegenheiten prinzipielle Fortschritte gebracht hatten. Das Restitutionsedikt war nicht erst im Votum der drei kaiserlichen Räte vom Januar 1633 als eines der Haupthemmnisse des Friedens im Reich erkannt worden, und es waren nicht zum ersten Male Zweifel an der Zweckmäßigkeit von dessen weiterer Vollziehung geltend gemacht worden. Im Ergebnis wurde das Restitutionsedikt für 40 Jahre außer Kraft gesetzt. In diesen 40 Jahren sollte eine friedliche Lösung angestrebt werden. Würde sie nicht gelingen, durfte eine Lösung auch danach nur „gütlich oder rechtlich" angestrebt werden. „Gütlich oder rechtlich", das hieß: friedlich und ohne Waffengewalt. Vielleicht für die Machtverhältnisse im Reich noch wichtiger war, daß die Stimmen der geistlichen Kurfürsten von Mainz, Köln und Trier auch zukünftig für die katholische Seite gesichert wurden[21]. Alle Zugeständnisse blieben „auf die Anhänger der ungeänderten Augsburgischen Konfession beschränkt", mit der Konsequenz, daß die Anhänger der Lehre Calvins, auch „Reformierte" genannt, nicht in den Religionsfrieden aufgenommen wurden.

Den Reichsständen wurde das „ius pacis ac belli" abgesprochen, das Recht, selbständig über Krieg und Frieden zu entscheiden. Ganz folgerichtig verboten die Friedensbestimmungen alle Bündnisse der Reichsstände untereinander und die landesherrlichen Feldtruppen mußten in ein Reichsheer integriert und kaiserlichem Oberbefehl unterstellt werden. Auf den Kaiser waren sie zu vereidigen. Wurde einem Reichsfürsten die Befehls- und Kommandogewalt über Truppenteile belassen, dann nur als vom Kaiser abgeleitete Gewalt. Der Verzicht der dem Frieden beitretenden Stände auf das „ius foederis" (Bündnisrecht) und auf das „ius armorum" (Recht der eigenständischen Bewaffnung) brachte dem Kaiser den größten Machtzuwachs des Prager Friedens, zumal eine Reichsjustizreform verschoben wurde, und es damit unterblieb, die neue Machtfülle des Kaisers einzuhegen.

Wer von den Reichsständen dem Frieden beitrat, so wie er ausgehandelt worden war, der kam in den Genuß des Friedens; wer von den Reichsständen den Schritt nicht tat, wurde als Rebell betrachtet. Fast alle Reichsstände traten bei. Denn „dieser Friede wird zu dem Ende gemacht, damit die werte Teutsche Nation zu voriger Integrität, Tranquillität (Ruhe im Inneren), Libertät und Sicherheit reduciert (wird)" sowie Haupt und Glieder ohne Unterschied der Katholischen Religion und Augsburgischen Konfession bei ihren Rechten und Pflichten erhalten bleiben, heißt es im Text des Prager Friedens[22]. Der Kaiser sah den Krieg immer noch als eine interne Angelegenheit des Reiches an. „So lag das eigentlich Entscheidende dieses Friedens in der (erneuten) Herstellung der Reichsidee und in dem Beginn einer neuen Sammlung."[23]

Und Schweden? „Was aber die auswärtigen Potentaten und Nationen, in specie die Krone Frankreich, Schweden und andere ... in Händen haben, zu dessen allen wirklicher unfehlbarer Restitution und Wiedererlangung sollen Ihro Kurfürstliche Durchlaucht zu Sachsen sowohl (als auch) die anderen Augsburgischen Konfessionsverwandten, Kurfürsten und Stände, wenn sie dieses Friedens mit genießen wollen, der Römischen Kaiserlichen Majestät und den Katholischen mit gesamter Hand ... ohne allen Anstand helfen ..."[24]. Dies war der einzige Passus, der Schweden erwähnte. Gustav Adolf hatte sein Königreich in den „Teutschen Krieg" und tief in die europäische Verstrickung geführt. Oxenstierna hatte zwar die Kriegsziele realistisch zurückgesteckt, aber an der europäischen „Vermischung" festgehalten. Im Prager Frieden jedoch übergingen der Kaiser und Sachsen die Großmacht Schweden fast mit Stillschweigen. Mit Schweden wurde kein Friede geschlossen, es blieb in der Verstrickung des Krieges gefangen.

Die Kurfürsten

Im Lager der evangelisch-lutherischen Konfession hatte Schweden seit seinem Eingreifen im Jahre 1630 einen Konkurrenten in Deutschland: das Kurfürstentum Sachsen. Hier war in demselben Jahre ein Taler geprägt worden, der auf der Vorderseite das Brustbild des regierenden Kurfürsten Johann Georg im Kurornat mit Kurhut und Schwert zeigt und auf der Rückseite den Kurfürsten Johann den Beständigen.

Die eingeprägten Daten „1630 25 Juny" und „1530 25 Juny" sowie die Umschrift erinnern an die 100jährige Wiederkehr der „ungeänderten Augsburgischen Konfession", von der auf dem Reichstag zu Augsburg 1530 eine deutsche und eine lateinische Fassung vorgelegt worden war. Kurfürst Johann der Beständige hatte das lutherische Bekenntnis Kursachsens von fast allen zum Augsburger Reichstag geladenen evangelischen Ständen unterschreiben lassen und ihm damit seine grundlegende Bedeutung als Bekenntnisschrift der evan-

Vorderseite und Rückseite

gelisch-lutherischen Kirche verschafft. Seitdem war das Kurfürstentum Sachsen als der erste protestantische Reichsstand im Heiligen Römischen Reich Deutscher Nation anerkannt. Von Sachsen waren später erneut starke Impulse ausgegangen, das Bekenntnis Luthers zu einigen, wenn damit auch die Abgrenzung zur Lehre Calvins noch verstärkt worden war. Seit der Mitte des 16. Jahrhunderts traditionell kaisertreu, den Ordnungen und dem überkommenen Gehorsam der Stände im Alten Reich zugetan, hatte Sachsen sich zu Beginn des Dreißigjährigen Krieges gegen die Rebellen in Böhmen und auf die Seite des angestammten Herrscherhauses Habsburg gestellt. Dafür war es von Kaiser Ferdinand II. schon 1623 mit dem Pfandbesitz der Niederlausitz und der Oberlausitz belohnt worden. Die territorialen Ziele Sachsens waren damit fast erreicht. Im Prager Frieden trat der Kaiser dann endgültig die beiden Lausitzen als Lehen der böhmischen Krone an Sachsen ab.

Kursachsen war kein Konkurrent Schwedens im Umfang der Interessen und Ziele, schon gar nicht in den Mitteln, sie durchzusetzen. Es war militärisch nicht sonderlich stark und blieb auf die Rolle beschränkt, Hilfstruppen zu stellen oder allenfalls Diversionen[25] zu führen. Aber es war sehr wohl ein Konkurrent für den geistigen Führungsanspruch im evangelischen Deutschland. In Behauptung dieser Führungsrolle hatte es eine Versammlung aller protestantischen Stände zum Leipziger Konvent von Februar bis April 1631 einberufen, der die kaiserliche Politik nach dem Frieden von Lübeck und das Restitutionsedikt verurteilte und zum Widerstand aufforderte. In das

Lager Schwedens war Sachsen nur gewechselt, weil es keine andere Abhilfe gegen das Restitutionsedikt mehr sah und weil Ligatruppen im Kurfürstentum einmarschiert waren.

Brandenburg regierte bis 1640 Kurfürst Georg Wilhelm. Er und sein Direktor des Geheimen Rates waren Anhänger des Kaisers und standen zum Prager Frieden, weil darin gegen Schweden die Durchsetzung des brandenburgischen Erbfolgerechtes auf Pommern versprochen wurde. In den religiösen Streitfragen ließ Georg Wilhelm Sachsen bereitwillig den Vortritt, wobei Georg Wilhelm als persönlicher Anhänger der calvinischen Konfession auf Gleichberechtigung der Reformierten mit Katholiken und Lutheranern hoffte.

Sachsen hatte nicht das Gewicht, die Dinge in seinem Sinne zu lenken, doch Kraft und Gewicht reichten, um bestimmte Entwicklungen zu verhindern. Mit am frühesten sah dies Frankreich, das im Frühjahr 1633 schwankte, ob es eine engere Bindung mit Sachsen oder mit Schweden eingehen solle. Frankreich hätte lieber eine Führungsrolle Sachsens auf dem deutschen Kriegsschauplatz gesehen. Der französische Gesandte erkannte aber sehr schnell das große Kräfteungleichgewicht zwischen dem Kurfürsten und dem Kaiser. Der von Frankreich angestrebte Dreibund mit Schweden und Sachsen kam nicht zustande. Nach der Schlacht von Nördlingen wechselte Sachsen wieder zum Kaiser. Vorher hatten Kraft und Gewicht gereicht, die von Schweden angestrebte Erweiterung des Heilbronner Bundes zu verhindern, im Prager Frieden reichte sein Gewicht nicht, um eine vollständige Amnestie für die protestantischen Reichsstände durchzusetzen. Sie blieb eine der „ideellen“ Ziele des Kurfürsten Johann Georg und in der Verfolgung dieses Zieles war er beständig bis zum Westfälischen Frieden, getreu der Tradition seines wettinischen Hauses.

Johann Georg war einer der drei Kurfürsten, denen es vergönnt war, den Frieden 1648 noch zu erleben, obwohl er bereits bei Ausbruch des Krieges an der Regierung gewesen war und das dreißig Jahre währende Elend des Krieges hatte mitansehen müssen. Wie Johann Georg gehörten Maximilian, Kurfürst von Bayern, und Ferdinand, Kurfürst von Köln, zu diesen drei Glücklichen und vorher Unglücklichen. Das katholische Kurfürstentum Bayern, erst 1623 zu diesem Rang erhoben, war Vormacht der Stände der katholischen Liga gewesen, hatte dank Maximilian beispielhaft geordnete Staatsfinanzen, war während des gesamten Krieges militärisch stark und ein gesuchter Bündnispartner. Maximilian hatte zwar die Befehls- und Kommandogewalt über das Heer der Liga, ließ aber die Streitkräfte im Felde meist durch seinen Stellvertreter im Kommando führen. Zum militärischen Gewicht Bayerns haben Generalleutnant Graf Tilly und später Feldmarschall Freiherr von Mercy beigetragen. Für Maximilian kam es neben den religiösen Zielen darauf an, die in den ersten Kriegsjahren gewonnene Kurwürde zu behaupten und den territorialen Zuwachs aus den Landen des geächteten Kurfürsten von der Pfalz und „Winterkönigs" von Böhmen zu verteidigen. Im Reich kann man Maximilian in seiner Stellung auf der katholischen Seite in etwa mit der Johann Georgs von Sachsen auf der protestantischen vergleichen, wobei Ziele und Machtmittel bei Maximilian in einem besseren Verhältnis zueinander standen.

Ferdinand von Köln, ein jüngerer Bruder Maximilians, verfolgte zeitweise eine noch stärker auf die volle Wiederherstellung der katholischen Religion gerichtete Politik als sein Bruder. Ferdinands streng religiös-kirchliche Zielsetzung hatte sich besonders bei den Vorarbeiten zum Prager Frieden gezeigt. Nach Rückfrage beim Papst hatte er in einem gemeinsamen Gutachten[26] mit dem Kurfürsten von Mainz dargelegt, daß die Friedenspunkte nicht nur die Verfassung und die Harmonie des Reiches beträfen, sondern „auch das gewissen, und also neben der zeitlichen, auch die ewige wolfahrt." Kurfürst Ferdinands Zielsetzung blieb bis zuletzt religiös-kirchlich bestimmt, auch hier nicht ohne die Einmischung territorialer Interessen. Selbstverständlich stand das von ihm geworbene Truppenkontingent zunächst in der Liga, bis sie mit dem Prager Frieden aufgelöst wurde. Unter den drei geistlichen Kurfürsten verfügte er über die stärkste weltliche Macht. Er besaß das eigentliche, ganz überwiegend linksrheinische Erzstift Köln und das Herzogtum Westfalen mit der Grafschaft Arnsberg und dem Vest Recklinghausen. Er war Bischof von Münster und damit zugleich Souverän des Oberstifts und des Niederstifts Münster, weiter des Stifts Paderborn sowie der Stifter Lüttich im Westen und Hildesheim im Osten. Schließlich gehörte ihm noch die Doppelabtei Stablo-Malmedy, die mit Lüttich eine territoriale Einheit bildete. Kurfürst Ferdinands landesherrlicher Einfluß erstreckte sich mithin auf den Kurrheinischen und auf den Niederrheinisch-Westfälischen Reichskreis. Hier gelang es ihm nach mehreren Anläufen noch 1644, eine funktionierende Kreisdefension einzurichten, eine dem Kaiser hochwillkommene Verstärkung der militärischen Kräfte im Reich.

Der Kurfürst von Mainz stand nach altem Reichsherkommen an der Spitze des Kurfürstenkollegs. Er war zugleich „Erzkanzler Germaniens“. Seine weltliche Macht war auf mehrere kleine Territorien verteilt, Schwerpunkte lagen im Rheingau und am Main um Aschaffenburg. Im Januar 1635 schwenkte der Kurfürst von Mainz auf die Linie des Kaisers: „Da der Kaiser, der sicher auch seine Theologen zu Rate ziehe, die militärischen Aussichten am besten beurteilen könne, wolle er sich vom Oberhaupt des Reiches und Schutzvogt der Kirche nicht trennen“[27]. An Ferdinand von Köln schrieb er, die Aufgabe der Kurfürsten sei jetzt vornehmlich, „Religion und Reich in ihrer Existenz und die Kaiserkrone der deutschen Nation zu erhalten“[28]. In Anselm Casimir Wambold von Umstadt hatten das Reich und der Kaiser einen geistlichen Kurfürsten, der, bei allem Eintreten für seine alte wahre, katholische Religion, die weltlichen Aufgaben des Kaisers und die Reichsinteressen durchaus sah und bis zu seinem Tode 1647 berücksichtigte.

Im katholischen Lager war Anselm Casimir ein lebenslanger und unversöhnlicher Gegner des Philipp Christoph von Sötern, Kurfürst von Trier. Das Territorium des Kurfürstentums erstreckte sich von der Saar in nordöstlicher Richtung – gut arrondiert – zu beiden Seiten der Mosel bis zum Rhein bei Koblenz. Der Stadt gegenüber liegt der Ehrenbreitstein auf dem rechten Stromufer. Sötern hatte ihn zur beherrschenden Festung ausbauen lassen, seitdem galt er als uneinnehmbar. Söterns Lande setzten sich – weniger gut arrondiert – noch lahnaufwärts bis einschließlich Limburg fort. Seit 1610 regierte er als Fürstbischof im Hochstift Speyer. Personalunion mit Trier bestand seit 1623, wo er in diesem Jahre Erzbischof und damit Kurfürst geworden war. Im Hochstift Speyer hatte er das nach ihm umbenannte Philippsburg ebenfalls befestigen lassen. Mosel und Lahn waren die Flußachsen seines Kurfürstentums in West-Ost-Richtung, Hunsrück und Eifel, Taunus und Westerwald die hemmenden Gebirgszüge in Süd-Nord-Richtung. Sötern spielte ab März 1635 im Geschehen des Krieges für zehn Jahre keine aktive Rolle mehr. Umso größer wurde seine passive Rolle.

Anfang 1632 war der Kaiser nicht in der Lage gewesen, das Reich im Westen zu schützen. Am 9. April 1632 hatte der Kurfürst von Trier einen Schutzvertrag mit dem König von Frankreich abgeschlossen, um „assistentia“ gegen die vordringenden schwedischen Truppen zu erlangen. Frankreich hatte zugesagt, einen Neutralitätsvertrag mit König Gustav Adolf von Schweden zu vermitteln. Der Preis hierfür war, daß Sötern dem noch neutralen Königreich Frankreich Besatzungsrechte in Trier selbst und in den rechtsrheinischen Festungen

Ehrenbreitstein und Philippsburg einräumte. Im Juni 1632 hatten dann französische Truppen vertragsgemäß den Ehrenbreitstein gegenüber Koblenz besetzt und waren im August in Trier einmarschiert. Rankes Urteil über Philipp Christoph von Sötern lautet: „Nur für Territorialgewalt und Religion hatte er gearbeitet; was das Vaterland sei, davon hatte er nie eine Ahnung gehabt.“[29]

Nach der Schlacht von Nördlingen marschierten die spanischen Truppen langsam nach Norden. An einem Sonntag Ende März 1635 stellten die Spanier ein Einsatzkommando in Wasserbillig zusammen, es bestieg Schiffe und steuerte im Schutze der Dunkelheit moselabwärts. Am folgenden Morgen überfiel es Trier, besetzte die Stadt und nahm mit Unterstützung der Einwohner und kurtrierischer Soldaten den Kurfürsten gefangen, der sich schon vorher nur noch auf die französische Besatzung hatte stützen können. Sötern wurde in die Spanischen Niederlande abgeführt, dann nach Linz überstellt und schließlich in Wien bis 1645 festgesetzt. Schon im Januar 1635 war – ohne, daß eine der beiden Seiten den Krieg erklärt hätte – den Franzosen Philippsburg wieder abgenommen worden.

In den Morgenstunden des 21. Mai 1635 befestigte ein Herold des Königs von Frankreich an einem Grenzpfahl zu den Spanischen Niederlanden ein Manifest, das der Kardinal-Infant Fernando in Brüssel zwei Tage zuvor nicht angenommen hatte: „Weil er (= der Kardinal-Infant) dem Herrn Erzbischof von Trier, Kurfürst des Reiches, der sich unter seine (= des französischen Königs) Protektion begeben hatte, die Freiheit nicht hat zurückgeben wollen ... und weil Sie entgegen der Würde des Reiches und dem Menschenrecht einen souveränen Fürsten gefangenhalten, der nicht im Krieg mit Ihnen stand, erklärt Ihnen Seine Majestät, daß sie sich entschlossen hat, auf diese Beleidigung, die alle Fürsten der Christenheit angeht, mit den Waffen zu antworten.“[30] Das war die Erklärung des offenen Krieges. Im April 1636 verloren die Franzosen Koblenz und im Juni 1637 eroberte der bayrische General Johann de Werth die Festung Ehrenbreitstein zurück.

Die Kurstimme von Trier wurde als ruhend angesehen und der Sieger von Nördlingen als Ferdinand III. am 22. Dezember 1636 von den übrigen Kurfürsten einstimmig zum römischen König gewählt. Kaiser Ferdinand II. starb zwei Monate später. Ferdinand III., bereits seit 1625 König von Ungarn und seit 1627 König von Böhmen, wurde Kaiser des Heiligen Römischen Reiches Deutscher Nation.

Kriegsziele der Königreiche Spanien und Frankreich

Die Gefangennahme des Kurfürsten von Trier im März 1635 war nur der Anlaß für die Kriegserklärung Frankreichs an Spanien. Die Gründe lagen tiefer und reichen weit zurück.

Spanien war einer der ersten frühabsolutistischen Staaten in Europa. Der Sohn Kaiser Karls V., König Philipp II., hatte in der zweiten Hälfte des 16. Jahrhunderts die Verwaltung an gut geschulte Beamte meist bürgerlicher Herkunft übertragen und das Justizwesen durchgeformt. Der Adel diente dem Könige meist im Heer und auf der Flotte. Spanien hatte durch seine Vereinigung mit Portugal im Jahre 1580 mit dessen Kolonialbesitz die größte Ausdehnung seines Herrschaftsgebietes erreicht. Es war erst recht das Reich, in dem die Sonne nicht unterging.

Daß Besitz eine Belastung sein kann, zeigte sich nach dem Tode Philipps. Seine Nachfolger kämpften auf drei Kriegsschauplätzen zugleich, in „Indien“, den Niederlanden und in Italien. In Westindien waren die drei Mächte, die Gewinn erhofften, die in Personalunion verbundenen Königreiche England und Schottland, die Vereinigten Niederlande und das auch zur See aufstrebende Königreich Frankreich. Barbados wurde bereits von Engländern besiedelt und war damit so gut wie verloren; die Kleinen Antillen wurden mehr und mehr zum außereuropäischen Kampfplatz der vier europäischen Kolonialmächte, unter denen Spanien immer noch die erste war. Mit den Vereinigten Niederlanden stand es seit langem im Krieg, der andere europäische Kriegsschauplatz war Italien. In Übersee war ein überdehntes Kolonialreich zu halten. In Europa gehörten die Spanischen Niederlande sowie der ausgedehnte Kronbesitz mit den Königreichen Neapel, Sizilien und Sardinien, dem Herzogtum Mailand und einigen kleineren Besitzungen zu Spanien. Um die spanische Welt zusammenzuhalten, bedurfte es der dauernden Anstrengung der Besten des Reiches, eines fast ständig im Kampf stehenden, tapferen, aber sich verzehrenden Heeres, einer schlagkräftigen Kampfflotte und einer Transportflotte mit großer Kapazität. Mitunter scheint es auch für Staaten schwierig zu sein, die Grenzen der eigenen moralischen und materiellen Kräfte zu erkennen und die eigene Handlungsfreiheit realistisch einzuschätzen.

Unter König Philipp IV. war von 1621 bis 1643 der leitende Minister Spaniens Graf Olivares. Er sah in den abgefallenen Vereinigten Niederlanden zu recht eine Konkurrenz für die eigenen wirtschaftlichen und kolonialen Interessen. Vom einzig wahren, katholischen Glauben hatten sie sich noch früher losgesagt. Vielleicht bot sich die Gelegenheit, die nördlich gelegenen Vereinigten Niederlande mit Holland, Seeland und den anderen fünf abtrünnigen Provinzen zurückzugewinnen, sie wieder mit dem spanisch gebliebenen Teil der Niederlande zu vereinigen, jedenfalls das nicht geklärte Verhältnis zwischen dem spanischen Königreich und der sich so erklärten „Republik der Vereinigten Niederlande“ zu Gunsten Spaniens zu verbessern. Man würde sich bei einer wieder aufgenommenen Auseinandersetzung auf die „Spanischen Niederlande“ mit Antwerpen und Brüssel stützen können. Daß sich damit das Problem verschärfte, den Landzugang dorthin zu gewinnen und zu behaupten, mußte in Kauf genommen werden. Der 1609 auf zwölf Jahre geschlossene Waffenstillstand mit den Vereinigten Niederlanden war 1621 von Olivares nicht erneuert worden, zumal ihn die Vereinigten Niederlande in Übersee nicht gehalten hatten. Auch ohne förmliches Bündnis hat Graf Olivares stets auf die Unterstützung der kaiserlich-deutschen Habsburger gehofft und diese einkalkuliert. Daß diese nur zeitweise zu erreichen war, daß sich der Kaiser mit den Reichsständen dauernd arrangieren mußte, daß, anders als in Spanien, das Agieren schwerfälliger war, daß eine einheitliche, das ganze Reich – von Wien bis Hamburg, von Straßburg bis Berlin – tragende Konfession fehlte, hat Graf Olivares gewußt, aber in seinen Auswirkungen wohl unterschätzt. Am 31. Oktober 1634 konnte Spanien ein förmliches Bündnis mit dem Kaiser eingehen. Es war ein Geheimvertrag, bei dem jedoch das Reich in den Krieg gegen die aufständischen Niederlande nicht einbezogen wurde.

Unter König Ludwig XIII. war von 1624 bis zu seinem Tode im Jahre 1642 der erste Minister in Frankreich Kardinal Richelieu. Er hatte sich das Spanien Philipps II. zum Vorbild genommen und in erstaunlich kurzer Zeit den französischen Staat reorganisiert. „Wie greifen diese Dinge so untrennbar ineinander, die Errichtung einer alles beherrschenden Administration – Intendanten[31] in den Provinzen, gerichtliche Kommissare –, das Niederkämpfen der alten Selbständigkeiten, das Zurücktreten der ausschließenden religiösen Gesichtspunkte, die energische Kriegsübung, die Begünstigung des Handels, der Literatur, beispielloses Wachstum der königlichen und der ministeriellen Macht.“[32] Bereits 1629 hatte Richelieu ein erstes, innenpolitisches Ziel erreicht, die bessere staatliche Integration der Hugenotten – jedenfalls, so lange er die ministerielle Macht hatte. Die äußere Politik Richelieus ist mit vielen klugen Formulierungen und auch Spekulationen beschrieben worden, zuweilen von Rücksichten nach der oder jener Seite oder auf das oder jene Gut bestimmt. An der eingeklemmten geographischen Lage Frankreichs ändert dies nichts: im Süden die Iberische Halbinsel, im Norden die Spanischen Niederlande, im Osten die verschiedenen Territorien des Heiligen Reiches, im mehr oder weniger lockeren Verband.

Für Spanien blieb der direkte Seeweg nach den Spanischen Niederlanden durch den Ärmelkanal mit der Straße von Dover von den etablierten Seemächten England und Vereinigte Niederlande bedroht, zu denen sich mehr und mehr Frankreich gesellte. Dagegen hielt Spanien ziemlich unumstritten die Herrschaft auf dem westlichen Mittelmeer. Der kurze Seeweg zum Hafen von Genua war eine sichere Verbindung. Spaniens Interesse war es daher schon im Frieden gewesen, die Landbrücke zu den Spanischen Niederlanden von der freundlich gesonnenen Republik Genua über sein Herzogtum Mailand in der geographischen Linie auszubauen, die Kardinal-Infant Fernando 1634/1635 gezogen hatte. Der Krieg mit der Republik der Vereinigten Niederlande konnte nur gewonnen werden, wenn diese Landbrücke trug. Die vorderösterreichischen Lande beiderseits des Oberrheins, die Pfalz, die Lande Kurtriers an der Mosel, Lothringen und Luxemburg bildeten einen Bogen der Landbrücke. Richelieu nahm sie in den Blick. Das wurde ihm erleichtert: vom protestantischen Schweden durch seine Bereitwilligkeit, mit dem katholisch regierten Frankreich ein Bündnis einzugehen, vom Kurfürsten von Trier mit seiner reichsabgewandten Bitte um „assistentia“, von den oberdeutschen Ständen des Heilbronner Bundes und durch Frankreichs militärische Erfolge gegen Herzog Karl IV. von Lothringen. Dennoch, die verschiedenen Interessen der deutschen Reichsstände erkannt, den Bezug der Stände zum Kaiser und ihr Verhältnis untereinander erspürt, die Machtpotentiale der einzelnen Bündnis- und Vertragspartner und ihre Nutzbarmachung meist richtig eingeschätzt oder deren Einschätzung unverzüglich korrigiert zu haben sowie allmählich ein austariertes, leitbares Bündnissystem geschmiedet zu haben, ist ein Meisterwerk Richelieus und seiner Diplomaten. Frankreichs diplomatische Aktivitäten erstreckten sich bis nach Polen. 1635 vermittelte Frankreich die Verlängerung des auslaufenden Waffenstillstandes zwischen Polen und Schweden um 20 Jahre. Schweden mußte zwar Danzig, Elbing, Pillau und Memel an Polen herausgeben und verlor damit die besonders ergiebigen preußischen Zölle, aber es konnte sich in Deutschland weiter ohne Flankenbedrohung engagieren. Mit dem Einsatz seiner ergiebigen Finanzquellen hatte sich Frankreich die Unterstützung seiner Politik durch gewichtige oder wenigstens günstig gelegene Verbündete gesichert. Zudem hatte es schon vor seiner Kriegserklärung am 21. Mai 1635 wichtige Positionen an der Landbrücke Spaniens zu den Niederlanden eingenommen. Die Allianz mit der Republik der Vereinigten Niederlande vom 8. Februar 1635 endlich verpflichtete Frankreich zum gemeinsamen Angriff auf die Spanischen Niederlande. Auch Frankreich hatte sich stärker als bisher in die europäische „Vermischung“ gewagt.

Einige Handlungselemente aber sind neu, neuzeitlicher. In demselben Jahre (1629), in dem der Kaiser das sein Reich noch tiefer spaltende Restitutionsedikt erlassen hatte, führte Richelieu mit dem Gnadenedikt von Alés die Franzosen enger zusammen: im Reich neue Auseinandersetzungen mit den Protestanten oder ihre Unterdrückung, in Frankreich Heranführung der Hugenotten an den Staat des Königs und seine Armee, unter Duldung ihrer Konfession und Kirche. Nach innen ging Richelieu geschmeidig auf Teile der Opposition ein und erreichte damit ihren außenpolitischen Konsens, nach außen ließ er als einer der ersten Staatsmänner seiner Zeit religionsbestimmte Rücksichten fallen. Trennung der beiden Linien des Hauses Habsburg war sein außenpolitisches Ziel. Sein Denken und Handeln enthält starke neuzeitlich-machtpolitische Elemente. Die Handlungsfreiheit für die kriegerische Einmischung in Europa gewann Richelieu, indem er im staatlichen Handeln Frankreichs die „ausschließenden religiösen Gesichtspunkte zurücktreten“ ließ.

Bereits im Oktober 1634 waren französische Truppen – ohne Kriegserklärung – in die linksrheinische Pfalz einmarschiert, im Dezember 1634 waren sie bis vor Heidelberg gerückt, hatten sich jedoch vor der spanisch-deutschen Übermacht wieder auf das linke Rheinufer und später bis nach Lothringen zurückgezogen. Dann hatte im Mai 1635 Frankreich an Spanien den Krieg aus Anlaß der Gefangennahme des Kurfürsten von Trier erklärt. Die folgende Kriegserklärung des Kaisers an Frankreich war die Reaktion auf das bisherige diplomatische und militärische Vorgehen Frankreichs und bestätigte den faktisch schon herbeigeführten Zustand.

Die Entwicklung bis Mitte 1647

Die Verbindung Schwedens mit Frankreich

Die kaiserliche Politik nach dem Lübecker Frieden und nach dem Prager Frieden kann man mit den beiden Prädikaten „zu hart“ und „zu spät“ kennzeichnen. Das Restitutionsedikt war die Ausformung einer zu hart angelegten, konfessionell vermischten Politik; die Revision mit dem Prager Frieden kam zu spät und galt nicht für alle Reichsstände. Kaiser Ferdinand II. gewährte immer noch keine allgemeine Amnestie, vor allem nicht in Süddeutschland. Dies „war wohl der größte politische Fehler, den er nach der Erlassung des Restitutionsedikts begangen hat“[33]

Ein weiterer Umstand trat hinzu. Die kaiserliche Politik hatte es nicht vermocht, die Waffen Schwedens und Frankreichs getrennt zu halten. Die kaiserliche Politik unter Ferdinand II. wollte Schweden aus dem **Reich** verdrängen, hatte dabei aber übersehen, daß gegenüber Schweden bereits Opfer nötig waren, um es aus dem **Krieg** zu verdrängen. Das letztere mußte doch das vordringliche Ziel der Politik für Kaiser und Reich sein. Vielleicht war die Reihenfolge falsch gewählt. Wenn erst einmal mit Schweden Frieden geschlossen war, hätte es – vielleicht – auch den Boden des Reiches ganz verlassen. So verlor der Kaiser die diplomatische Auseinandersetzung mit Frankreich. Dasselbe wiederholte sich drei Jahre später unter Kaiser Ferdinand III. Am 6. März 1638 unterzeichneten der schwedische Gesandte Salvius und der französische Gesandte Graf d'Avaux in Hamburg ein Waffenbündnis auf drei Jahre, das die beiderseitigen Kriegsziele festschrieb: Wiederherstellung des Status von 1618 und allgemeine Amnestie im gesamten Reich, „Satisfaktion“ (Entschädigung) für die Königreiche Schweden und Frankreich, die beiderseitige Verpflichtung, nur gemeinsam Frieden zu schließen. Damit hatte Frankreich dem Kaiser jetzt auch die Möglichkeit verbaut, mit Schweden einen Separatfrieden einzugehen. Frankreich verpflichtete sich, durch Süddeutschland von Westen her in die österreichischen Erblande einzudringen, Schweden sollte den Angriff mit demselben Ziel von Norden her über Brandenburg und Sachsen führen. Die Kriegsknoten hatten sich festgezurrt. Nach drei Jahren, am 30. Juni 1641, wurde – wieder in Hamburg – ein neuer Vertrag zwischen den beiden Kronen unterzeichnet, er band Schweden und Frankreich noch fester zusammen: diesmal kein befristetes Bündnis mehr, sondern eines ohne Zeitbegrenzung bis zum gemeinsamen Friedensschluß.

Die Entwicklung in Spanien

Die unter dem Primat der Politik stehende Strategie muß mit vier Faktoren rechnen. Jeder einzelne von ihnen ist essentieller Bestandteil der „strategischen Gleichung“, und es besteht eine gegenseitige Abhängigkeit in der Weise, daß schon beim Schwinden nur eines Faktors die anderen drei wirkungslos werden. Ein Faktor ist die personelle Stärke, eine andere (vielschichtige) Größe sind die moralischen Kräfte der Menschen, eine dritte (komplexe) Größe sind die materiellen Mittel, und der vierte Faktor ist die Zeit, in der die anderen drei Faktoren wirken[34]. „Mit der Zeit“ durchdrang allmählich das vereinte Übergewicht Frankreichs und Schwedens den Krieg. Spanien hielt den – mit Unterbrechungen – über 70 Jahre währenden Krieg mit den aufständischen Vereinigten Niederlanden im inneren nicht mehr durch. Im Jahre 1640 wandten sich Kräfte des einheimischen Adels in Portugal gegen Spanien. Der Adel erhob den Herzog von Braganza als Johann IV. zum König von Portugal. Mit dem Abfall Portugals ging Brasilien verloren. Dann fielen die Stände in Katalonien vom spanischen Königshaus ab. Welch eine Verschlechterung der Lage für die beiden Linien des Hauses Habsburg, daß selbst in Spanien die Opposition aufstand, ein düsteres Zeichen für Unzufriedenheit, Überbelastung und Not.

Einengung der kaiserlichen Handlungsfreiheit und das Verhältnis zur Türkei

Im Reich hatte gegen Ende 1640 der erst zwanzigjährige Kurfürst Friedrich Wilhelm die Regierung in Brandenburg angetreten. Er vollzog eine scharfe Richtungsänderung der brandenburgischen Politik mit weitreichenden Folgen für Kaiser und Reich. Sein Kurfürstentum war dauerndes Durchzugsgebiet der schwedischen Truppen. Es wollte und konnte die Lasten einer eigenen Feldarmee nicht mehr tragen, die den brandenburgischen Landständen als nutzlos erschien, da sie ohnehin keinen Schutz gewährte. Obwohl der Kurfürst fünfzehn Jahre später das Ziel einer eigenen, schlagkräftigen Armee erreichte und sie fortan als stehendes Heer unterhielt, um nicht wieder Objekt fremder Politik zu werden, ging er 1641 notgedrungen auf die Forderungen seiner Stände ein. Ein Waffenstillstand mit Schweden war Voraussetzung einer Heeresreduktion im Kriege, welche die aufwendige Reiterei fast völlig abschaffte[35] und nur wenige Fußsoldaten übrig ließ. Der Waffenstillstand mit Schweden kam zustande. Im Juli 1641 teilte Brandenburg den Abschluß dem überraschten Kaiser mit. Brandenburg war das erste Kurfürstentum, das nicht mehr zu den Vereinbarungen des Prager Friedens stand, Schweden gemeinsam vom Reichsboden zu vertreiben. Es war neutral geworden.

In den folgenden Jahren verloren Spanien, der Kaiser und schließlich das mit ihm verbündete Bayern mehrere Schlachten. 1642 hatten sich die Franzosen nach der Schlacht von Kempen am Niederrhein festgesetzt und waren in Gebiete des Kurfürsten von Köln vorgedrungen. 1643 hatten die Spanier bei Rocroi unweit der Grenze Frankreichs zu den Spanischen Niederlanden eine schwere Niederlage erlitten, Nördlingen vergleichbar, diesmal aber zu Ungunsten Spaniens. Seine todesmutige „infanteria" war ihrem Ruf treu geblieben, stand auch hier und war vom Schlachtfeld nicht gewichen, von den Franzosen aber fast völlig aufgerieben worden.

Am 6. März 1645 hatten die Schweden unter Feldmarschall Lennart Torstenson die kaiserliche Armee und ein bayrisches Hilfskorps bei Jankau in Böhmen geschlagen. Anschließend waren sie bis nach Niederösterreich und Mähren vorgedrungen und hatten eine Reihe von Stützpunkten erobert. Übergangsversuche der Schweden über die Donau nach Süden konnten von den Kaiserlichen gerade noch vereitelt werden. Gleichzeitig hatte sich die Gefahr verstärkt, daß der Kaiser auf Dauer an einer dritten Front werde kämpfen müssen, nicht nur – zusammen mit Bayern – gegen Frankreich nach Westen und gegen Schweden nach Norden. Fürst Georg I. Rákóczy von Siebenbürgen, Vasall des Osmanenreiches und ihm tributpflichtig, hatte am 16. November 1643 mit ausdrücklicher Einwilligung der Türken einen Bündnisvertrag mit den Schweden geschlossen. Dies, obwohl es dem Kaiser 1642 gelungen war, den kaiserlich-türkischen Waffenstillstand von Zsitva-Torok aus dem Jahre 1606 um zwanzig Jahre zu verlängern. Rákóczy hat im ganzen Jahr 1644 eine kaiserliche Armee in Ungarn nördlich des Donauknies, zwischen den Flüssen Theiß und Waag, gebunden. Zeitweise hat er 70.000 Reiter aufgeboten. Am 22. April 1645 hatte er durch den Vertrag von Munkács sein Bündnis mit Schweden noch um Frankreich erweitert.

Torstensons Plan war, mit seinen Truppen bei Krems die Donau nach Süden zu überschreiten und dann nach Osten auf Wien einzudrehen, während Rákóczy bei Preßburg über die Donau gehen und – nach Westen vorstoßend – sich mit ihm vor Wien vereinigen sollte. Letztlich scheiterte dieser Plan, weil Rákóczy zu langsam vorging und weil er dann an einer adäquaten Operation mit den schwedischen Truppen von den Türken selbst gehindert wurde. Torstenson rückte nördlich der Donau allein vor Wien; um es einzunehmen, war seine Truppenstärke zu gering. Doch auch so war die Lage Kaiser Ferdinands, direkt in seinen Erb- und Kronlanden angegriffen, bedrohlich genug geworden. Das Votum der drei Räte aus dem Jahre 1633 hatte eine späte Bestätigung erfahren. Glücklicherweise errang der Kaiser jetzt einen großen diplomatischen Erfolg, der dank rechtzeitiger Sondierungen bei den Türken vorbereitet worden war. Einer seiner besten Diplomaten, Hermann Graf Czernin, war vorausschauend schon 1644 nach Konstantinopel[36] entsandt worden. Im Frühjahr 1645 beschloß das Osmanische Reich den Krieg – gegen die Republik Venedig zur Eroberung der Insel Kreta. Damit war es in anderer Richtung festgelegt. Darüberhinaus veranlaßte es seinen Vasall Rákóczy mit massivem Druck, Verhandlungen mit dem Kaiser zum friedlichen Abschluß zu bringen. Seinerseits nachgebend verpflichtete sich der Kaiser, sieben ungarische Komitate („Grafschaften") an Rákóczy abzutreten. Im August 1645 schloß der Kaiser den Frieden mit Rákóczy. Für den Kaiser war mit dem Friedensschluß die Gefahr der dritten Front gebannt. Auch das Osmanische Reich zog einen Vorteil aus diesem Frieden, denn Rákóczy mußte entsprechend seiner Gebietsvergrößerung die Tributzahlungen an Konstantinopel erhöhen. Erst 1661/1663, lange nach dem Ende des Dreißigjährigen Krieges, begann eine neue Auseinandersetzung zwischen Kaiser Leopold I. und dem Osmanischen Reich. 1645 hatte Kaiser Ferdinand III. Frankreich und Schweden diplomatisch ausmanövriert, ein Erfolg, der ein in bitteren Erfahrungen gewachsenes politisches Geschick des Kaisers, seiner Ratgeber und Bevollmächtigten auswies. Nicht mehr die Prädikate „zu hart" und „zu spät" treffen für den Frieden im Südosten zu, sondern die Eigenschaftsworte „rechtzeitig" und „lageangepaßt".

Auch eine glückliche, personelle Entscheidung traf Kaiser Ferdinand III. im Oktober 1645. Er bestimmte den Grafen Maximilian von Trauttmansdorff als seinen ersten Bevollmächtigten für die Friedensverhandlungen auf dem Westfälischen Friedenskongreß. Trauttmansdorff war von Ferdinand III. zum Präsidenten des Geheimen

Rates ernannt worden. Am 29. November 1645 traf Trauttmansdorff in Münster ein. So nachteilig und bedrohlich sich das Jahr 1645 angelassen hatte, es bahnte sich längerfristig wieder eine günstigere Entwicklung für Kaiser und Reich an.

Der Kaiser gerät in die militärische Isolation

Vorerst jedoch war die – gebannte – Gefahr des Zusammenwirkens von schwedischen Truppen mit den Reiterscharen Rákóczys nicht die einzige Folge der verlorenen Schlacht von Jankau. Der Kaiser entließ den immer noch festgesetzten Kurfürsten von Trier aus der Gefangenschaft. Die Befürchtung des Kaisers, Wien könne von den Schweden eingenommen und Kurfürst Sötern dadurch gewaltsam befreit werden sowie die Forderung der Vertreter Frankreichs auf dem Westfälischen Friedenskongreß, Sötern freizulassen, sonst würden sie dem Beginn der Friedensverhandlungen nicht zustimmen, bestimmte den Kaiser zu seinem Schritt. Kurfürst Philipp von Sötern nahm mit dem Freilassungsvertrag vom 12. April 1645 nachträglich in aller Form den Prager Frieden an. Er anerkannte die Wahl Ferdinands zum Kaiser und verpflichtete sich, dem Kaiser die Oberherrschaft über den Ehrenbreitstein einzuräumen. Außerdem versprach der Kurfürst, die Rückgabe des inzwischen wieder an die Franzosen verloren gegangenen Philippsburg zu verlangen.

Nach Jankau war es offensichtlich, daß die kaiserlichen Truppen nicht mehr die Stärke zurückgewinnen würden, um Sachsen zu befreien. Kurfürst Johann Georg von Sachsen, bei allem Eintreten für die Sache der Protestanten bewundernswert reichstreu, mußte schließlich unter schwedischer Besetzung am 6. September 1645 den Waffenstillstand von Kötzschenbroda eingehen und sich im März 1646 im Vertrag von Eilenburg zur Neutralität bis zum Kriegsende verpflichten. Der erste Vertragspartner des Kaisers im Prager Frieden war zum Ausscheren aus der kaiserlichen Koalition gezwungen worden.

Anfang 1647 verschlechterte sich für Ferdinand III. die politische und militärische Lage nochmals. Zwar hatten die Schweden unter Beibehalt von Stützpunkten ihre Feldarmee aus Niederösterreich, Böhmen und Mähren abgezogen. Im Sommer 1646 aber war die französische Armee bei Wesel über den Rhein gegangen und hatte sich mit der schwedischen im Raum um Wetzlar und Gießen ziemlich ungehindert vereinigt. Die Armeen der beiden Königreiche waren dann am kaiserlich-bayrischen Heer vorbei über Main und Donau nach Bayern durchgebrochen. Die schwedischen und französischen Truppenquartiere im Winter 1646/1647 in Oberschwaben zwischen Donau, Iller und Bodensee waren so gewählt, daß die Bedrohung ganz Schwabens, auch Frankens, vor allem aber Bayerns anhielt. Mit ihrer benachbarten Dislozierung konnten die Armeen der beiden Königreiche den Feldzug jederzeit wieder vereint aufnehmen. Kurfürst Maximilian von Bayern äußerte diese Befürchtung am 9. März in einer Audienz, die er einem kaiserlichen Delegierten gewährte[37]: die französische Armee unter Marschall Turenne und die schwedische unter Feldmarschall Wrangel hätten sich bei Ravensburg vereinigt und seien entschlossen, mit aller Macht gegen ihn loszugehen. Maximilian bezweifelte wohl zurecht, daß das kaiserlich-bayrische Heer, zumal es nach wie vor unter mittelmäßiger Führung stand, der kombinierten Offensive von Schweden und Franzosen gewachsen sein würde. Er schloß daher am 14. März 1647 mit Frankreich, Schweden und Hessen-Kassel den Ulmer Waffenstillstand. Nach dessen Bestimmungen konnte sich der Kurfürst von Köln anschließen, was er tat.

Der letzte Kurfürst, der noch an der Seite des Kaisers ausharrte, war Anselm Casimir von Mainz. Seine Residenzstadt und fast sein gesamtes Territorium war oder wurde französisch besetzt. Schließlich wurde auch er gezwungen, am 9. Mai 1647 einen Neutralitätsvertrag mit Frankreich zu schließen. Die langfristig angelegte Politik des verstorbenen Kardinals Richelieu hatte ihre Früchte getragen. Der neue erste Minister im Königreich Frankreich, Kardinal Mazarin, setzte die Außenpolitik seines Vorgängers ohne Kursänderung fort. Er erreichte ein wichtiges Teilziel der französischen Politik. Die fünf Kurfürsten des Prager Friedens waren neutral oder neutralisiert. Bei den Kurfürsten von Brandenburg und von Sachsen überwog dabei die schwedische Einwirkung, bei den Kurfürsten von Bayern, Köln und Mainz die französische. Dies entsprach den Einflußsphären, die sich die beiden Kronen im Reich geschaffen hatten: Schweden im Norden, Nordosten und Osten bis hinauf nach Sachsen, Frankreich im Südwesten und Westen bis hinunter zum Niederrhein.

Der Stand auf dem Westfälischen Friedenskongreß 1647

Einleitung

Maximilian Graf Trauttmansdorff, der kaiserliche Hauptbevollmächtigte auf dem Westfälischen Friedenskongreß, hat die Friedensverhandlungen in Münster und Osnabrück beflügelt. „Der Name dieses Mannes bedeutete ein Programm, seine Ankunft in Münster bezeichnete den Beginn von Friedensverhandlungen, die erstmals diesen Namen wirklich verdienten."[38]

Im Juni 1645 hatten die beiden Kronen Schweden und Frankreich ihre gemeinsame Proposition überreicht, welche die Friedensforderungen ihrer deutschen Bundesgenossen schon ziemlich konkret umschrieb. Eine allgemeine Amnestie nach dem Stande von 1618, die Beilegung aller Religionsbeschwerden und die Rechte und Freiheiten der Reichsstände einschließlich des Bündnisrechts wurden verlangt, aber auch die „Satisfaktion" der beiden Kronen, eine noch nicht näher umschriebene „Entschädigung" für Schweden und Frankreich. Trauttmansdorff beschritt den nächstliegenden Weg. Er suchte zuerst zu einer Verständigung mit den Reichsständen beider Konfessionen zu gelangen, um die Stellung von Kaiser und Reich gegenüber Schweden und Frankreich zu festigen. Doch mußte er bald erkennen, daß er so nicht zum Ziele kam. Eine Verständigung zwischen den deutschen Religionsparteien lag immer noch in weiter Ferne.

Als im Januar 1646 Schweden und Frankreich ihre Annexionsforderungen genauer bestimmten, versuchte Trauttmansdorff mit den schwedischen Gesandten zu Osnabrück zur Einigung zu kommen. Die Verhandlung war unkomplizierter, weil Trauttmansdorff im Namen des Reiches allein verhandeln konnte. Kurfürstenrat, Fürstenrat und Städterat des Reiches hatten nur den selbstverständlichen Wunsch geäußert, daß Gebietsabtretungen möglichst gering ausfallen sollten. Die schwedischen Gesandten sahen im gesamten Herzogtum Pommern mit den Odermündungen, im mecklenburgischen Hafen Wismar sowie in den Stiftern Bremen und Verden den Kern der Forderungen ihres Königreichs. Auf ausdrückliche Weisung der schwedischen Regierung setzten sie als „Verhandlungsmasse" noch ganz Schlesien sowie die Stifter Magdeburg, Halberstadt, Minden und Osnabrück hinzu. Das wären riesige Opfer für das Reich, besonders für Brandenburg, und für das Haus Habsburg gewesen. Was Trauttmansdorffs zweiten Anlauf jedoch noch mehr scheitern ließ, war die Verknüpfung ihrer Territorialforderungen mit den innerdeutschen Angelegenheiten, welche die schwedische Seite vornahm. Trauttmansdorff nahm einen dritten Anlauf und suchte nun die Verständigung mit Frankreich.

Die französische Satisfaktion

Der für den Kaiser und Bayern unglückliche Feldzugsverlauf des Jahres 1646 blieb nicht ohne Einfluß auf die Verhandlungen mit den französischen Gesandten zu Münster. Wrangel und Turenne hatten mit der Vereinigung ihrer Armeen bei Wetzlar und Gießen den richtigen operativen Ansatz gewählt und mit ihrem Durchbruch nach Süddeutschland den französischen Forderungen militärischen Nachdruck verliehen. Der Einsatz der geballten Macht der beiden Kronen diente wie selten zuvor dazu, die politischen Ziele Frankreichs durchzusetzen.

Am 13. September 1646 wurde ein kaiserlich-französischer Vorvertrag geschlossen. Er sah die Abtretung der österreichischen Besitzungen und Hoheitsrechte im Elsaß an die Krone von Frankreich vor, die Abtretung der Festung Breisach und das dauernde Besatzungsrecht in Philippsburg. Unter strategischen Aspekten wichtiger noch als Philippsburg war der Besitz der rechtsrheinischen Festung Breisach. Der nächstliegende Vorteil für Frankreich war, daß mit Breisach der rechtsrheinische Zugang ins Oberelsaß und den Sundgau abgeschnürt wurde, in Territorien, auf die das französische Interesse im besonderen zielte. Zwischen die verlorenen vorderösterreichischen Besitzungen links des Rheins und die verbleibenden rechts des Rheins wurde mit Breisach ein Riegel geschoben.

Dagegen gelang es Trauttmansdorff und den anderen kaiserlichen Gesandten in Münster, die Abtretung der „vier Waldstädte" Waldshut, Laufenburg, Säckingen und Rheinfelden sowie des Breisgaus zu verhindern. Dabei mag eine Rolle gespielt haben, daß die Franzosen 1644 Freiburg im Kampf verloren hatten. Mit dem kaiserlich-französischen Vorvertrag war die französische Satisfaktion festgeschrieben und ein erster, „unumkehrbarer" Schritt zum Frieden getan worden.

Die schwedische Satisfaktion

Hatten bei der französischen Satisfaktion im Grunde nur zwei Großmächte entschieden, so war die Lage bei den Verhandlungen um

Pommern eine andere. Hier stand Brandenburg gegen die nordische Großmacht Schweden. Zwischen beiden war zwar der Waffenstillstand von 1641 in Kraft, aber die schwedischen Truppen standen im Lande. Das Recht war der einzige Verbündete des brandenburgischen Kurfürsten. Seine Pläne, Königin Christina von Schweden zu heiraten, waren 1645 gescheitert. Alles lief darauf hinaus, welche Positionen der Kaiser und Frankreich einnehmen würden. Trauttmansdorff wollte zum Frieden kommen. Er hatte im April 1646 dem brandenburgischen Gesandten in Osnabrück vor den dort versammelten Reichsständen rundheraus erklärt, „man könne und werde um des Kurfürsten willen den Frieden nicht aufhalten.“[39]

Der Streit um Pommern hatte sich wieder und wieder an den Odermündungen und an Stettin entzündet. Der schwedische Reichskanzler Axel Oxenstierna wollte die pommersche Gegenküste zur Absicherung der Großmachtstellung Schwedens in Nordeuropa. Merkwürdig genug, in gewisser Weise stellte Reichskanzler Oxenstierna, der Politiker, strategische Vorteile über politische Nachteile. Als 1643 der Reichsrat im Beisein der Königin die Annexion Pommerns wieder einmal erörterte, warnte ausgerechnet Reichsmarschall Graf Horn, der Soldat, mit politischen Argumenten: man werde neben Dänemark das Königreich Polen, die Kurfürstentümer Brandenburg und Sachsen, schließlich den Kaiser gegen sich aufbringen. Gleichviel, Oxenstierna setzte sich über diese politischen Argumente hinweg. Mit dem Besitz von Pommern wurde Dänemark, der alte Rivale im Ostseeraum, von zwei Küsten aus niedergehalten. Eine bessere Flottenbasis als das schwedische Mutterland **und** Pommern war im Ostseeraum kaum zu erhalten. Im Besitz der Seelinie Schweden-Pommern trennte man die Ostsee und sicherte die Herrschaft über sie. Gegen Polen, einen möglichen Konkurrenten zu Lande, konnte Pommern neben den baltischen Territorien als Aufmarschraum eines Heeres dienen. Polen würde im Konfliktfalle in drei verschiedene Himmelsrichtungen denken müssen: an die Landgrenzen im Westen und im Nordosten, schließlich an die See im Norden, um seine eigenen Ostseeufer gegen schwedische Anlandungen zu decken. Damit war die militärische Kräftezersplitterung Polens schon gegen **eine** Großmacht vorgegeben, ein über Jahrhunderte bis 1939 und darüberhinaus immer wieder aufscheinender strategischer Nachteil Polens. Für Schweden kamen die wirtschaftlichen Vorteile des Besitzes von Pommern hinzu. Kein Wunder, daß Johann Oxenstierna, der Sohn des Reichskanzlers und schwedischer Prinzipalgesandter in Osnabrück, das **gesamte** Herzogtum Pommern forderte, zumal Schweden inzwischen nicht mehr auf Schlesien oder Teilen von ihm bestand. Dies kam Trauttmansdorff sehr entgegen, denn damit entfiel ein direkter schwedischer Zugriff auf Erb- und Kronlande des Kaisers. Der andere schwedische Gesandte in Osnabrück, Salvius, vertrat zusammen mit der Königin eine gemäßigtere Linie, doch die Odermündungen und Stettin waren auch bei ihnen der Kern der Forderungen.

Endlich, im Januar 1647, nachdem ein Anlehnungsversuch an die Vereinigten Niederlande ohne Erfolg geblieben war, erhielt der brandenburgische Gesandte am Kongreß die Ermächtigung des Großen Kurfürsten, unter Kompensationen auf Stettin zu verzichten. Endlich, weil andernfalls die Gefahr immer größer wurde, daß Schweden und der Kaiser im Alleingang – ohne Zustimmung Brandenburgs und der pommerschen Landstände – über ganz Pommern verfügten. Die französischen Gesandten hatten bei der Unterzeichnung des kaiserlich-französischen Vorvertrages das feierliche Versprechen gegeben, die kaiserliche Linie in der schwedischen Satisfaktion zu vertreten. Der Gesandte Graf d'Avaux reiste nach Osnabrück, um zwischen Schweden und Brandenburg zu vermitteln, was im französischen Interesse lag, um eine Annäherung Schwedens an den Kaiser zu stoppen, vielleicht auch, um Schweden nicht zu mächtig werden zu lassen; d'Avaux schaffte die schwierige Mission. Er brachte Schweden von der Forderung auf das gesamte Pommern ab, wahrscheinlich, weil er andeutete, daß Frankreich den schwedischen Besitz ohne die Zustimmung Brandenburgs nicht mit garantieren werde. Bei den schwedischen Gesandten aber blieben Enttäuschung und Verstimmung über die französische Intervention zurück. Sie äußerten, ohne die Mission des Grafen d'Avaux ganz Pommern erhalten zu haben, eine Enttäuschung, die Trauttmansdorff wenig später geschickt nutzte.

Der Große Kurfürst also hatte auf Stettin verzichtet, die Schweden forderten nur noch einen Teil des Gebietes von Pommern. Im Ergebnis mußte der Kurfürst links der Oder das wirtschaftlich wertvollere Vorpommern mit den Inseln Usedom und Rügen, weiter die Städte Stettin und Gartz an Schweden abtreten. Ferner mußte er „den durch das Gebiet fließenden Oderstrom mit dessen drei Mündungen und dem Frischen Haff"[40] abgeben. Mit dieser Regelung ging die Insel Wollin ebenfalls verloren. Brandenburg wurde von der Oder abgedrängt, denn es mußte auf dem rechten Oderufer noch die Städte Damm und Gollnow und einen noch zu bestimmenden durchgehenden Landstreifen aufgeben. Immerhin verblieb der größere Teil von

Hinterpommern mit Kolberg für Brandenburg. Vor drei Jahrzehnten hatte Gustav Adolf das Zarenreich von der Ostsee abgeschnitten, jetzt war es gelungen, Brandenburg von allen bedeutenden Ostseezugängen fernzuhalten. Doch bekam Brandenburg für den pommerschen Teilverzicht große Kompensationen: das Stift Kammin in Hinterpommern und das Stift Halberstadt am Harz; auf das verkleinerte Erzstift Magdeburg erhielt Brandenburg die Anwartschaft, welche nach dem Tode des Inhabers aus dem kursächsischen Hause zum Herrschaftsrecht aufwachsen sollte.

Mit Vorpommern, Stettin und den drei Odermündungen sind die schwedischen Erwerbungen nicht voll aufgezählt, wenn sie auch für die schwedische Seite am schwierigsten durchzusetzen waren. Das Herzogtum Mecklenburg mußte Schweden das Recht einräumen, in Wismar[41] eine ständige Garnison zu unterhalten, und schwedischen Schiffen Heimatrecht im Hafen zugestehen. Außerdem wurden Schweden die evangelischen Stifter Bremen und Verden als weltliche Herzogtümer übergeben. Damit hatte ein Kaiser erstmals in der Geschichte des Heiligen Reiches der Umwandlung geistlichen Besitzes in weltlichen zugestimmt, für diesmal noch beschränkt auf längst evangelisch gewordenen. Neben der Odermündung gewann Schweden so den Zugang zur Wesermündung. Da das Stift Bremen von Hamburg bis zum Land Hadeln an das linke Elbufer stieß und Stade zu ihm gehörte, konnte Schweden auch die Elbmündung beherrschen. Schweden hatte den Fuß an die Nordsee gesetzt und den letzten geographischen Nachteil gegenüber Dänemark und dem Reich kompensiert. Die Stadt Bremen selbst wurde nicht an Schweden abgetreten. Der Kaiser hatte der Stadt im Jahre 1646 eben noch rechtzeitig die Reichsunmittelbarkeit bestätigt, zum Verdruß der schwedischen Gesandten. Bremen – jetzt anerkannte Reichsstadt – wurde so dem schwedischen Zugriff entzogen. Am 18. Februar 1647 wurde der kaiserlich-schwedische Vorvertrag über die schwedische Staats-Satisfaktion geschlossen. Einen Tag später wurde die Entschädigung Brandenburgs für den pommerschen Teilverzicht vertraglich geregelt. Damit war der zweite „unumkehrbare“ Schritt zum Frieden getan worden.

Eine Grundfrage des Krieges

Trauttmansdorff aber war niedergeschlagen und ziemlich verzweifelt. Was hatte er denn bis jetzt, Ende Februar 1647, erreicht? Gewiß, die französische und schwedische Satisfaktion waren im großen und ganzen abgeschlossen, aber die meisten tief sitzenden innerdeutschen Streitfragen waren nicht einmal ansatzweise geregelt, die Streitfragen, die den Krieg in Gang gehalten und die Einmischung der beiden ausländischen Kronen angezogen hatten. Wie sollten bei der sich abzeichnenden innerdeutschen Isolierung des Kaisers diese Streitfragen gelöst werden? Wie, nachdem jetzt auch Bayern und Kurköln im Begriffe waren, militärisch neutral zu werden? Nachdem es Sachsen und Brandenburg schon Jahre waren und auf Kurtrier nie zu zählen gewesen war?

Für Kaiser Ferdinand III. war es spätestens seit 1645 um den höchsten Einsatz, um das Kaisertum und das Reich, um seine eigenen Erblande und um die Bedeutung des Erzhauses Habsburg gegangen. Für Trauttmansdorff stellte sich Anfang 1647 eine der Grundfragen des ganzen Krieges: würde das Reich zu retten sein oder würde es an seiner Glaubensspaltung zerbrechen? Frankreich fände eine günstige Konstellation vor. Der oberrheinische, der kurrheinische, der schwäbische, der bayrische, der fränkische und der niederrheinisch-westfälische Reichskreis waren ganz oder doch zu Teilen katholisch geblieben oder es mit der Gegenreformation wieder geworden. Das ganze Reich sehnte sich nach Frieden. Die Gefahr bestand, daß – in seiner Friedenssehnsucht – das Reich auseinander driftete, daß die Reichsstände in den westlichen und südlichen Reichskreisen französisch-katholische Protektion suchten, in den nördlichen und östlichen Reichskreisen schwedisch-evangelischen Schutz. Daß die Reichsstände **Friede** wollten, hintangestellt, welche politischen Umwälzungen er mit sich bringen werde! Das wäre das Ende des Heiligen Römischen Reiches Deutscher Nation gewesen und das Ende der Stellung Habsburgs im Reich. Es war vielleicht das erste Mal, daß Trauttmansdorff an den noch ungelösten Fragen zu verzweifeln, in ihnen unterzugehen schien.

Doch die Intervention Frankreichs in der schwedischen Satisfaktion, welche bewirkte, daß Schweden der schon sicher geglaubte Besitz von Hinterpommern wieder entglitt, hatte nicht nur zu der besagten Verstimmung und Enttäuschung bei Vater und Sohn Oxenstierna geführt. Man wollte jetzt auch schwedischerseits eine zu große Machtfülle Frankreichs vermeiden und das Reich zwischen Frankreich und Schweden erhalten. Johann Oxenstierna machte Trauttmansdorff erstaunliche Eröffnungen: Schweden habe gute Gründe, mit Frankreich unzufrieden zu sein, und als künftiger deutscher Reichsstand werde es nicht zulassen, daß das Reich zerstückelt werde; ein weiteres Vordringen Frankreichs werde man nicht mehr dulden. Für eine der noch ungelösten Fragen eröffnete sich mit der entgegenkommenden Haltung Schwedens und mit dem bayrischen Waffenstillstand, geschlossen am 14. März 1647 zu Ulm, ein Lösungsansatz. Trauttmansdorff griff zu.

Die achte Kurwürde

Die sogenannte Pfalzfrage konnte angegangen werden, ohne, daß der Kaiser so stark wie bisher auf Bayern Rücksicht nehmen mußte, da es dem Kaiser seit dem 14. März nicht mehr militärisch beistand. Trauttmansdorff war zu den Ulmer Verhandlungen auf dem laufenden und hatte das Ergebnis kommen sehen.

Gegen den angestammten Herrscher aus dem Hause Habsburg war ganz am Anfang des Krieges der Kurfürst von der Pfalz von den rebellierenden Ständen in Böhmen zu ihrem König gewählt worden. Nach seinen existentiellen militärischen und politischen Niederlagen war er von Kaiser Ferdinand II. geächtet, vertrieben und enteignet worden. Daran hatte auch der Prager Friede nichts geändert, die pfälzischen Lande blieben eingezogen. Die pfälzische Kurwürde war 1623 an Herzog Maximilian von Bayern auf Lebenszeit übertragen worden, mithin an das Oberhaupt der katholischen Liga im Reich und Bundesgenossen des Kaisers. Eines der erklärten Kriegsziele Schwedens war die Amnestie und Wiedereinsetzung des calvinischen Pfälzers als Kurfürst und die Wiederherstellung seiner Rechte, wohingegen Frankreich in dieser Frage mehr den bayrischen Interessen zuneigte, jedoch wirklich bindende Zusagen bisher vermieden hatte.

Die Grundfrage war, ob zukünftig sieben oder acht Kurfürsten den Kaiser wählen sollten. Das Reichsgesetz der Goldenen Bulle hatte vor dreihundert Jahren die Anzahl der Kurfürsten mit „sieben“ festgelegt. Hielten die deutschen Reichsstände an dieser Anzahl fest und wechselten nur die Kurpfalz gegen Bayern heraus, so hätte dies für die Kurpfalz den Rangabstieg vom Kurfürstentum zum „einfachen“ Fürstentum mit allen Folgen für die Stellung im Reich bedeutet. Der Verlust des einzigen arrondierten Territoriums kam hinzu, wenn das neue Kurfürstentum Bayern daneben auch noch die ganze Oberpfalz erhielt. Schweden hingegen vertrat die Position der Erben des glücklosen Pfälzer Kurfürsten: Rückgabe der alten Kur an die Pfalz und lediglich Abtretung der kleinen Grafschaft Cham an Bayern; für

Bayern aber die Schaffung einer achten Kur mit dem letzten Rang im Kurkolleg – nach Mainz, Köln und Trier, der Pfalz, Sachsen, Brandenburg und Böhmen. Im französischen Selbstverständnis lag es, auch in dieser Frage einen eigenen Vermittlungsvorschlag zu machen. Aber auch er beinhaltete eine achte Kur. Diese Frage durfte nicht vom Kaiser, Frankreich und Schweden allein entschieden werden. Das hätte die „Teutsche Libertät" verletzt, welche schützen zu wollen, die beiden auswärtigen Kronen immer wieder betont hatten. Schließlich forderte der Papst in dieser Frage ein Mitspracherecht, weil er das Kaisertum immer noch als ein kirchliches Amt ansah.

Am 16. März 1647 ließ Trauttmansdorff die Kurfrage zugleich in Münster und Osnabrück den katholischen und protestantischen Reichsständen zur Beratung vorlegen. Am 31. März 1647 bewilligten Kurfürstenrat, Fürstenrat und Städterat des Reiches die achte Kur. Wenig Sorge hatte den Reichsständen der päpstliche Einspruch bereitet, den sie kommen sahen, aber die ehrwürdigen Bestimmungen der Goldenen Bulle waren für alle Zeit gedacht gewesen. „Man ahnte wohl, daß man damit (mit Schaffung der achten Kurwürde) den ersten Schritt zum Umsturz alter, geheiligter Ordnungen tun würde, aber man glaubte, dem Frieden dieses Opfer bringen zu müssen."[42]

Die Pfalzfrage war im Prinzip gelöst. Bis zum Juli 1647 kam man zu einem vorläufigen Abschluß. Bayern erhielt die erste weltliche Kur und die Pfalz rückte auf den achten Rang, aber sie wurde doch als Kurfürstentum wiederhergestellt. Bayern erhielt die Oberpfalz und Cham. Auf den ersten Blick hatten sich also die bayrische Anlehnung an Frankreich und der Waffenstillstand mit Frankreich und Schweden gelohnt. Doch auch die Restitution des Kurfürsten von der Pfalz war gelungen. Eines der schwerwiegendsten Versäumnisse des Prager Friedens war beseitigt, unter Zustimmung der Betroffenen und aller Reichsstände eine Befriedung erreicht und eine erste innerdeutsche Frage gelöst worden. Damit war ein dritter Schritt zum Frieden getan.

Ungelöste alte Probleme

Doch die meisten innerdeutschen Probleme waren noch ungelöst, vor allem die Religionsbeschwerden und die Reichsjustizfragen. Beide Probleme überlagerten die territorialen Streitigkeiten und beeinflußten sie.

Die Lutheraner verlangten die volle Gleichberechtigung für die öffentliche Glaubensausübung endlich auch in den Territorien, die von katholischen Landesherren regiert wurden. Dieses Verlangen wurde in dem Begriff (konfessionelle) „Autonomie" zusammengefaßt. Der geistliche Besitz, in den sich die Lutheraner seit der Reformation gesetzt hatten, sollte ihnen ihrer Auffassung nach für immer zugesprochen werden. Darüberhinaus forderten die Anhänger der lutherischen Konfession aller Stände die Rückgabe ihres seit Kriegsbeginn enteigneten Eigentums. Noch komplizierter wurden diese schwerwiegenden konfessionellen und weltlichen Streitfragen dadurch, daß die Protestanten in Lutheraner und Calvinisten gespalten waren und zwischen diesen beiden Bekenntnissen unüberwindlich scheinende Konflikte bestanden. Sollte das, was man den Lutheranern als den Anhängern der „ungeänderten Augsburger Konfession" an Rechten zugestand, auch für die Calvinisten gelten? Bei den Reichsjustizfragen ging es im wesentlichen um die paritätische Besetzung der beiden obersten Reichsgerichte mit Katholiken und Protestanten.

Trauttmansdorff hat sich der innerdeutschen Religionsbeschwerden mit großer Geduld angenommen und nach langwierigen Verhandlungen in Osnabrück mit den protestantischen Ständen einen Religionsvergleich gefunden, aber noch nicht geschlossen. Dabei hatte sich Trauttmansdorff sehr weit vorgewagt und den Protestanten Zugeständnisse gemacht, die auf den erbitterten Widerstand vor allem der radikalen Gruppe unter den Katholiken stießen. Sie bestritten jetzt einfach Trauttmansdorffs Vollmacht in dieser Frage. Nirgends bei den katholischen Ständen fand er Unterstützung. Dennoch war er gewillt, bei seinen Zusagen an die Protestanten zu bleiben. Doch ging er nicht so weit, den Frieden im Namen des Kaisers mit den Schweden und protestantischen Ständen allein zu schließen.

Er ging einen anderen Schritt. Schon im August 1646 hatte er vom Kaiser die Ermächtigung erbeten und erhalten, den Zeitpunkt seiner Abreise vom Kongreß selbst bestimmen zu dürfen. Im Frühjahr 1647 wurde ihm immer deutlicher, daß noch einmal die Waffen sprechen würden – aus kaiserlicher Sicht, **obwohl** der Kaiser militärisch isoliert war; aus Sicht Schwedens und Frankreichs, **weil** er militärisch isoliert war. Trauttmansdorff faßte das Ergebnis seiner Verhandlungen in einem kaiserlichen Entwurf für einen Frieden mit Schweden zusammen, den er am 3. Juni 1647 in Osnabrück vorlegte. Dieses „Trauttmansdorffianum" wies später den Weg zum Frieden, es war der richtunggebende Vertragsentwurf des Westfälischen Friedenskongresses: „... es ist der klarste Beweis für Trauttmansdorffs Größe als Staatsmann, daß man nach langen Wirren und Kämpfen schließlich doch den Frieden auf den von ihm gelegten Fundamenten errichtete."[43] Unter dem 12. Juni 1647 hatte das Hauptquartier der kaiserlichen Armee einen Geleitbrief für Trauttmansdorff ausgefertigt[44], der ihn Ende Juni erreicht haben dürfte. Am 16. Juli 1647 verließ er den Westfälischen Friedenskongreß.

Ungelöste neue Probleme

Trauttmansdorff hat nach der Vorlage seines Entwurfs vom 3. Juni noch die marginalen Restpunkte der Pfalzfrage und die württembergische Frage[45] mit den Schweden ins Reine bringen können. Doch waren bei seiner Abreise an gewichtigen innerdeutschen Problemen offen geblieben:

1. der Streit in den beiden badischen Linien – die eine katholisch, die andere lutherisch[46],
2. der Streit um das Marburger Erbe zwischen dem lutherischen Landgrafen von Hessen-Darmstadt und der calvinischen Landgräfin von Hessen-Kassel[47],
3. die paritätische Besetzung der zwei Reichsgerichte und
4. die Autonomie, Amnestie und Restitution der geflohenen und enteigneten Untertanen (der „Exulanten") aus den Erb- und Kronlanden des Kaisers.

Fast im ganzen Reich war zudem eine ganze Reihe von kleineren, oft nicht weniger verwickelten territorialen Streitfragen zu lösen. Jetzt konnten Schweden und Frankreich der Versuchung nicht widerstehen, zwischen ihren eigenen Interessen und den ungelöst gebliebenen innerdeutschen Problemen ein Junktim herzustellen. Und da beide Kronen zudem vertraglich verpflichtet waren, so lange Krieg zu führen, bis der andere Vertragspartner bereit war, den Frieden zu schließen, hing das Kriegsende von einer doppelten Verkettung ab: von der gegenseitigen „horizontalen" zwischen Schweden und Frankreich und von der Verkettung **jedes** der innerdeutschen Einzelprobleme mit den Interessen der beiden ausländischen Mächte. Schweden und Frankreich benutzten die innerdeutschen Probleme eben als Hebel zur Durchsetzung ihrer eigenen Ziele.

Zu Schweden. Für sich betrachtet, hätte das Königreich wegen der meisten innerdeutschen Probleme unverzüglich den Frieden eingehen können. Doch schwedische Regierung und Gesandte hielten jetzt die deutschen Probleme in der Schwebe. Denn es galt, die Abfindung der schwedischen Armee zu regeln. Nach dem Vorvertrag über die schwedische „Staats-Satisfaktion" vom 18. Februar begann Schweden im Sommer Verhandlungen über die „Militär-Satisfaktion". Dem Grunde nach hatte es eine Geldforderung für seine Armee schon länger angemeldet, sie aber noch nicht der Höhe nach konkretisiert.

Zu Frankreich. **Das** ungelöste Problem war zwischen dem Kaiser und Frankreich die „spanische Assistenzfrage". Der schwedische Gesandte Johan Adler Salvius erläuterte sie gegenüber seiner Königin so:

> Als Kaiser will der Kaiser Spanien nicht gegen Frankreich unterstützen, und das läßt auch die Verfassung des deutschen Reiches nicht zu; aber als österreichischer Erzherzog will er den Spanier unterstützen. Der König von Spanien hat keinen Sohn[48]. Mit seiner Tochter bekommt der Sohn des Kaisers (bei einer Heirat) ganz Spanien. Das Land ohne Unterstützung zu lassen, hieße, sein eigenes Königreich im Stich zu lassen. Frankreich dagegen hält den Frieden mit den Deutschen nicht für einen wahren Frieden, wenn der Kaiser – und sei es nur als Erzherzog – es im Namen Spaniens bekriegen könne[49].

Daß Kaiser Ferdinand III. Spanien keine Hilfe mehr leistete – unter welchem Namen auch immer – wurde für Frankreich dringender, weil sich das Ende des achtzigjährigen Freiheitskampfes der Niederlande abzeichnete. Damit würde die niederländische Militärunterstützung für Frankreich aufhören, indem eine Front für Spanien wegfiel. Frankreich also hatte das größte Interesse daran, daß auch Schweden den Krieg mit dem Kaiser fortsetzte. Frankreich war nicht in den Krieg gegen das Gesamthaus Habsburg eingetreten, um jetzt **allein** gegen Spanien **und** den Kaiser weiterzukämpfen. Aus Ulm wurden Andeutungen der Franzosen berichtet: selbst wenn der Kaiser ganz Deutschland anbieten würde, könne mit ihm wegen Spanien nicht verhandelt werden[50]. Bevor nicht die spanische Assistenzfrage im französischen Sinne gelöst war, sollte – und mußte vertragsgemäß – auch der Bundesgenosse Schweden im Kriege bleiben. Auf gemeinsamen Kriegszielen war die beiderseitige Bundesgenossenschaft seit Kardinal Richelieu gebaut. Strategisch mußte sie sich jetzt so umsetzen, daß die kaiserlichen Armeen überall gebunden blieben; dies war das militärische Bündnisinteresse Frankreichs im Sommer 1647.

Die Waffen mußten die nächste Entscheidung bringen. Die Hauptentscheidung würde in Böhmen fallen, wo sich die kaiserliche und die schwedische Hauptarmee einander näherten. Der kaiserliche Feldmarschall Holzappel und der schwedische Feldmarschall Wrangel waren dort die Akteure, der französische Marschall Turenne stand – auf Weisungen wartend – mit seinen Truppen am Main im Raume Aschaffenburg.

Die Feldherren Holzappel, Wrangel und Turenne

Peter Reichsgraf von Holzappel

Peter Reichsgraf von Holzappel stammt aus Hadamar bei Limburg an der Lahn. Dort war er am 8. Februar 1589 als fünfter Sohn eines Wilhelm Eppelmann geboren worden[51]. Die Eppelmann werden bereits in der ersten Hälfte des 16. Jahrhunderts in Urkunden[52] des Stifts Limburg genannt. Wilhelm Eppelmann war „Landknecht“[53], eine andere spätere Bezeichnung ist „Landbereiter“. Als solcher stand er – berittener Bote und Steuereinnehmer – im Dienste seines Landesherrn, des Grafen Johann des Älteren von Nassau. Bereits Wilhelm Eppelmann hatte es zu Ansehen und einigem Wohlstand gebracht, wozu eine gute Heirat und der soziale Aufstieg seiner Vorfahren beigetragen haben. Wilhelm Eppelmann starb 1592.

Peters kinderloser Onkel Johann nahm Peter und dessen noch lebende Brüder zu sich in die Niederlande, um sie dort zu erziehen. Johann hatte seinem Nachnamen die Form „Melander“ – abgeleitet vom altgriechischen Wort für „Apfel“ – anstelle des ihm vielleicht zu schlicht klingenden „Eppelmann“ gegeben. Den Nachnamen „Melander“ übernahm Peter, daher wird er auch „Peter Melander“ genannt. Johann Melander besaß für die Erziehung seiner Neffen gute Voraussetzungen, denn er war Rat und „Chef de bureau“ des Prinzen Moritz von Oranien. Vermögen und Verbindungen waren vorhanden, in der jungen Republik, die an politischer und wirtschaftlicher Macht einem ersten Höhepunkt zustrebte und vor einer kulturellen Blüte stand.

Im Jahre 1575 war vom Prinzen Wilhelm von Nassau-Oranien die Universität Leyden als Vordenkerin des niederländischen Freiheitskampfes gegründet worden, mit einem „international beeinflußten Betrieb der Wissenschaften … wie er in Deutschland unbekannt war“[54]. Unter ihren Studenten waren die deutschen stark vertreten. Peter Melander war einer von ihnen, nachdem er zwischendurch die Hohe Schule in Herborn besucht hatte. Er hatte sich schon damals den zweiten Nachnamen „Holzappel“ zugelegt. Sein älterer Bruder Hans Georg erwirkte im Jahre 1608 ein Adelsdiplom für die Aufnahme in den Ritterstand für sich und seine Brüder[55]. Peter von Holzappel, alias Peter Melander, entschied sich, Offizier zu werden und erhielt als Page des Grafen Johann Ernst von Nassau-Siegen seine Ausbildung. Im Jahre 1614 war Melander Hauptmann, befehligte eine Reiterkompanie und stand im Jülich-Kleveschen Erbfolgestreit wie Graf Johann Ernst unter dem Oberbefehl des Prinzen Moritz von Oranien. Seine Feuertaufe erhielt Melander bei der Belagerung von Emmerich.

Von 1615 bis 1617 führte die Republik Venedig gegen Erzherzog Ferdinand von Österreich, den späteren Kaiser Ferdinand II., den Gradiscakrieg oder „Uskokenkrieg“, die meiste Zeit ein Belagerungskampf um die Festung Gradisca am Isonzo. „Uskoci“ im Kroatischen sind „die Flüchtlinge“. Gradisca hielt für Innerösterreich und das Reich den Zugang zur Adria und damit zum Mittelmeer offen, sperrte aber gleichzeitig die Landverbindung Venedigs zu dessen Halbinsel Istrien. Politisch ging es in diesem Krieg um das „Dominium culfi“, die ungestörte Herrschaft Venedigs über den Golf von Venedig, für Österreich um die „Freiheit der Adria“ und für beide Seiten um Grenzfragen. Verbündete Östereichs zur See und zu Lande waren die „Uskoken“, meist Kroaten, die vor den Türken geflohen und dann von den innerösterreichischen Herrschern gegen die Türken als Grenzsoldaten angesiedelt worden waren. Sie hatten aber in eigenmächtigen Aktionen den Seehandel Venedigs empfindlich gestört.

Im Februar 1617 segelte Hauptmann Melander unter Graf Johann Ernst mit dessen niederländischen Hilfstruppen von der westfriesischen Insel Texel durch die Straße von Gibraltar nach Venedig. Johann Ernst unterstützte mit seinen Hilfsvölkern in einer Diversion nach Istrien den letzten Großangriff Venedigs im Sommer 1617. Dieser Entlastungsangriff lief sich jedoch bald im ungewohnten Karstgelände Istriens fest. Der Friede vom 26. September 1617 verpflichtete Kaiser Matthias und Erzherzog Ferdinand, die Uskoken weiter landeinwärts anzusiedeln, ließ aber die beiden anderen Fragen – Seerecht im Golf von Venedig und die Grenzordnung – offen. Gradisca und Görz, von den Venezianern nicht eingenommen, blieben dem Kaiser erhalten. So war der Uskokenkrieg kurz vor Ausbruch des Dreißigjährigen Krieges nur ein Wetterleuchten am fernen Horizont des Reiches. Im Frühjahr 1618 hielt sich Melander noch in Venedig auf. Bis zum Sommer 1618 zog sich die Vollstreckung des Friedens hin, während fern in Böhmen der Krieg ausbrach, der dreißig Jahre dauern sollte.

Im Dezember 1621 wurde Melander von der Signoria Venedigs zum Obristen befördert[56]. Zu dieser Zeit weilte er auf Urlaub in den Vereinigten Niederlanden und stand nochmals in Verbindung mit Moritz von Oranien. Die Rückreise führte Melander im Auftrage des Prinzen nach Basel. Graf Ernst von Mansfeld hatte 1622 den Krieg bereits in die Pfalz und das Elsaß getragen. Wegen der Kriegsgefahr in der Nachbarschaft nahm Basel den Obristen kurzerhand in seine Dienste und Melander erwirkte deshalb im August 1622 von Venedig eine Verlängerung seines Urlaubs. Er blieb bis 1624 Stadtkommandant mit dem Befehl über die Basler Truppen in Stärke von etwa 1.000 Mann. In demselben Jahre erhielt er von Venedig einen Werbeauftrag für 2.000 Deutsche und Schweizer, da sich ein Konflikt um das Veltlin anbahnte. Melander machte im Solde Venedigs die Kämpfe im Veltlin mit und den Mantuanischen Erbfolgekrieg von Anfang bis Ende. Einige Wochen lagen sich dabei Octavio Piccolomini und Peter Melander in den Schanzen von Dazzio gegenüber.

Im Jahre 1633 hielt sich Melander erneut in den Vereinigten Niederlanden auf. Nach dem Ende des Mantuanischen Erbfolgekrieges hat er dort die Gewinne seines fünfzehnjährigen Dienstes für Venedig sicher angelegt und wartete auf eine Gelegenheit, ein Kommando in Deutschland zu übernehmen. Daß er noch gegen den Kaiser kämpfen würde, stand außer Frage. Die Gelegenheit für Melander bot sich bald. Landgraf Wilhelm V. von Hessen-Kassel hatte seine Bitte um den Feldmarschall Horn beim schwedischen Reichskanzler Oxenstierna mehrmals vergeblich vorgetragen. Seit Februar 1633 stand Landgraf Wilhelm über einen Rat in Verhandlungen mit dem Obristen Melander. Mit ihm wurde Melander unter der Bedingung einig, daß er der wirkliche und einzige militärische Vertreter des Landgrafen im Felde werden sollte, also der Generalleutnant in Hessen-Kassel, „daß niemals jemand anders zwischen Ihm und dem Herrn Landgrafen den Truppen zu befehlen haben, und daß man Ihm sowohl ein Regiment zu Pferd als eins zu Fuß geben würde."[57] Die Berufung zum hessischen Generalleutnant war ein wichtiger Schritt in der Laufbahn Melanders. Für ihn sprachen die militärische Schule des Prinzen Moritz von Oranien, sein guter Ruf als Kommandeur (Kommandant), erworben in fünfzehnjährigem Dienst für Venedig, seine diplomatischen Fähigkeiten, die Kenntnis der Niederlande und ihrer führenden Persönlichkeiten sowie das reformierte (calvinische) Glaubensbekenntnis, dem Landgraf Wilhelm wie Melander anhingen.

Melanders operatives Geschick war eine Voraussetzung dafür,

daß der Landgraf dem Prager Frieden nicht beitrat. Er hatte ein Sonderbündnis mit Schweden und stieß sich unter anderem daran, daß sein reformiertes Glaubensbekenntnis die Gleichberechtigung nicht erlangt hatte, vor allem aber daran, daß die territorialen Streitigkeiten um Marburg mit seinem evangelisch-lutherischen Vetter, dem Landgrafen von Hessen-Darmstadt, mit dem Prager Frieden als erledigt angesehen wurden. Hessen-Kassel schloß mit dem Vertrag von Wesel am 21. Oktober 1636 ein zusätzliches Bündnis mit Frankreich. Zwischen dem Landgrafen und Melander hat ein gutes Vertrauensverhältnis bestanden, auch als Melander um seinen Abschied bat, weil er ein Befürworter des Beitritts zum Prager Frieden war und er eine starke Abhängigkeit Hessen-Kassels von Schweden und Frankreich voraussah, wenn es diesen Schritt nicht ginge. Landgraf Wilhelm lehnte das Abschiedsgesuch ab und Melander blieb über den frühen Tod des Landgrafen hinaus in hessischen Diensten, worum ihn Wilhelm vor seinem Tode gebeten hatte. Als jedoch erneute Friedensverhandlungen, von kaiserlicher Seite initiiert und auf hessischer Seite von der Witwe Wilhelms und Regentin Amalie Elisabeth verantwortet, wieder scheiterten, verlangte Melander erneut den Abschied, der ihm 1640 gewährt wurde.

Melanders Pläne für eine interkonfessionelle „dritte Partei“, einerseits gegen die Einmischung Schwedens und Frankreichs im Reich und andererseits gegen eine Übermacht des Kaisers nach dem Prager Frieden, scheiterten. Die Reichsstände, die Melander als präsumtive dritte Partei sah und denen er sich als Feldherr andienen wollte, zogen ihr eigenes dynastisches Interesse vor, so wie schon Landgraf Wilhelm und seine Witwe Amalie Elisabeth bei den Friedensverhandlungen mit Erzherzog Ferdinand, dann mit ihm als Kaiser Ferdinand III.

Enttäuscht vom Scheitern seiner Pläne, aus Reichspatriotismus und Ehrgeiz gespeist, ohne Macht und Einfluß, stellte Melander sich vorbehaltlos auf die Seite des Kaisers, spät und deshalb ziemlich illusionslos: „... werfe auch endlich den geflickten, löcherigen Deckmantel weg, worunter das Haus Oesterreich zu bekriegen und die teutsche Freiheit zu retten vorgegeben wird, maßen ja unter dem stinkenden Mantel Brandenburg, Sachsen, Anhalt, der ganze niedersächsische und westphälische Kreis und andere unzählige Fürsten, Grafen und Stände, ja das ganze Reich ohne Unterschied der Person oder Religion bekrieget, ermordet, geplündert, verjagt und ihre Güter als Eigenthum von den Fremden für ewige Tage – ihrer Meinung nach – genommen und gehalten werden ...“,[58] schrieb Melander.

Am 6. Oktober 1645 wurde er durch kaiserliches Patent zum Kriegsobersten und Feldmarschall im niederrheinisch-westfälischen Reichskreis ernannt. Damit hatte er das Kommando über die dortige Armee aus kaiserlichen und kurkölnischen Truppen in Stärke von rund 13.000 Mann erhalten. Daß er dem reformierten Glaubensbekenntnis anhing, hinderte seine Ernennung nicht. Kaiser Ferdinand III. hatte „viel Sinn für die Realitäten" entwickelt und am Kaiserhof hatte sich eine „Säkularisierung des politischen Denkens"[59] angebahnt. Eine bekannte Tatsache war Holzappels Reichtum, welcher für sein neues Kommando von Vorteil war. So schrieb Erzherzog Leopold Wilhelm in einem „Handbriefel" am Jahresausgang 1645 an den Kaiser: „Mich berichtet der von Blumenthal aus Cöln ... waßmaßen der Graff von Holzapfel, nachdeme er Zwainzigtausend Reichstaler darzuschiessen sich anerbotten, in Westphalen zu begeben und des Regiments (Kommandos) halber alle notturft zu disponiren vorhabens sey ..."[60] Angebote für hohe und höchste Kommandostellen von anderer Seite hatte Holzappel abgelehnt. Sie waren ihm erneut von der Signoria Venedigs, von den Königen Philipp IV. von Spanien, von Ludwig XIII. von Frankreich, Karl I. von England, Christian IV. von Dänemark und Johann IV. von Portugal gemacht worden, schließlich auch von Friedrich Wilhelm von Brandenburg, dem Großen Kurfürsten.

Als sich der Mißerfolg des Feldzuges 1646 abzeichnete, für den vor allem Maximilian von Bayern den Erzherzog Leopold Wilhelm verantwortlich machte, schrieb Reichsvizekanzler Graf Kurz[61] am 19. September 1646 an Trauttmansdorff in Münster: „... Kein anders medium (Mittel zur Abhilfe) ist denn Gallas und der Melander ..."[62]. Am 17. April 1647 erhielt Reichsgraf Peter von Holzappel, alias Melander, das alleinige Kommando über die kaiserliche Hauptarmee im Range eines Generalfeldmarschalls.

1643 hatte er vom Grafen Johann Ludwig von Nassau-Hadamar die Freiherrschaft Esterau mit dem Ort Esten als Mittelpunkt und die angrenzende Vogtei Isselbach für 64.000 Reichstaler gekauft[63]. Graf Johann Ludwig steckte in permanenter Geldnot, die sich während seiner Tätigkeit als kaiserlicher Gesandter auf dem Westfälischen Friedenskongreß noch erhöhte. Indirekt hat Melander mit dem Kauf der Allodial-Freiherrschaft Esterau dazu beigetragen, daß Johann Ludwig seinen immensen, durch die diplomatische Tätigkeit verursachten Aufwand wenigstens anfangs bestreiten konnte[64]. Melander ließ seine Herrschaft, bestehend aus dreizehn Dörfern und in der Mitte zwischen Diez an der Lahn und Nassau liegend, zu einer reichsunmittelbaren

Grafschaft[65] erheben. Erst im Besitz der eigenen Grafschaft ließ er sich nennen: „Peter Graf zu Holzappel, Freiherr zu Laurenburg, Herr zu Lülsdorf“. Seine eheliche Tochter Elisabeth Charlotte, welche die Grafschaft erbte und in einem langen Leben sehr segensreich wirkte, erhob Esten zur Stadt und gab dem Ort den heutigen Namen „Holzappel“.

Graf Holzappel hat sich einmal als „armer deutschen Krieger“ bezeichnet[66]. Im wörtlichen Sinne war er dies nicht, ganz im Gegenteil, er „berechnete den baren Erwerb aus seinen Feldzügen auf etwa 770.000 Gulden“[67]. Eher sollten seine Worte eine übertragene Bedeutung haben, „arm“, bedauernswert, in dem Sinne, was er schon alles in dem Kriege mit ansehen mußte.

Nach dem Besuch der Hohen Schule in Herborn und der Universität Leyden war Holzappel ein Mann mit Bildung. Er sprach zudem gut französisch, wie man aus seinen zahlreichen Briefen schließen kann, und – nach seinem langen Dienst für Venedig – vermutlich auch italienisch. Die Zeit der weniger gebildeten Heerführer war abgelaufen. Dennoch hielten sich lange unzutreffende Urteile über die Persönlichkeit Holzappels, einige schleppen sich bis heute fort[68].

Seine spezielle militärische Aus- und Weiterbildung hat Holzappel im Umkreis des Prinzen Moritz von Oranien erhalten. Obwohl Moritz nur eine einzige Feldschlacht geschlagen hat, ist er der große Heerführer seiner Zeit gewesen und das soldatische Vorbild für König Gustav Adolf von Schweden geworden[69]. Moritz ist der Schöpfer der Disziplin in den Heeren der Neuzeit. Bis heute hat diese Leistung die Jahrhunderte überdauert. Seine Sinngebung der Disziplin kam aus dem strengen calvinischen Glaubensbekenntnis und wuchs im Freiheitskampf der Niederlande. Der Glaube gab die Kraft zur Selbstdisziplin, der Freiheitskampf machte sie einsichtig. Prinz Moritz schuf den modernen Offiziersstand. Der Hauptmann war nicht mehr nur Führer und Vorkämpfer seines Fähnleins **in** den Kampfhandlungen, Moritz machte ihn zum Ausbilder, Erzieher und Organisator **zwischen** ihnen. Damit legte er frühzeitig ein Fundament für die stehenden Heere nach dem Dreißigjährigen Kriege, auf dem besonders der Große Kurfürst von Brandenburg aufbaute. Voraussetzung der viel gerühmten Disziplin war eine hohe, gestufte Führerdichte und regelmäßige Soldzahlung[70]. Das hergebrachte Fähnlein von 300 Söldnern drittelte Moritz auf etwas über 100 Mann, die Anzahl der Offiziere aber behielt er ganz bei, die der Sergeanten und Unterführer nahezu.

Holzappel legte in einer Zeit des Umbruchs das Fundament für seine militärische Laufbahn. Das Ziel einer einigermaßen disziplinierten Armee hat er nie aus den Augen verloren, weil er in seiner soldatischen Lehrzeit unter Moritz in einer disziplinierten Armee aufgewachsen war und die unschätzbaren Vorzüge der Disziplin für Marsch, Gefecht, Schlacht und Quartier kennen gelernt hatte. Das Antlitz des Krieges aber wandelte sich mit dem Dreißigjährigen Kriege. Grausam, abstoßend und schrecklich war es von Anfang bis Ende, wie das eines jeden Krieges. Doch wahrscheinlich war es grausamer und schrecklicher als es sich die Phantasie eines einzelnen Menschen zu dessen Beginn vorstellen konnte. Die organisatorischen, taktischen und technischen Neuerungen, die Prinz Moritz in den Vereinigten Niederlanden eingeführt hatte, wurden ohne Bruch von den anderen Heeren Europas übernommen – das hohe Niveau der Disziplin, das Moritz erreicht hatte, aber wurde im Dreißigjährigen Kriege fast hinweggespült und tauchte erst ganz allmählich mit der Schaffung der stehenden Heere wieder auf. Überspült wurde die Disziplin im mangelhaften Soldsystem und dann im Kontributionssystem, durch die nackte Not der Soldaten, die, um überhaupt zu überleben, zur Selbstversorgung schritten bis hin zum Exzeß des Raubes und der Erpressung. Der Verfall der Sitte im Kriege, schließlich Bereicherungssucht und Beutegier taten ein übriges, wobei hohe und höchste Offiziere, aber nicht alle, ein schlechtes Beispiel gaben. Die Disziplin degenerierte zur partiellen Kampfdisziplin, zwischendurch war von ihr weniger zu spüren.

Alle Kurfürsten und Fürsten, die Reichsstädte, die Reichsritter und die Landstände, wenn sie nicht mit Blindheit geschlagen waren, haben dies gesehen und schmerzhaft empfunden oder selbst erlitten. Ein Zeugnis hierfür unter unzähligen ist das Votum der drei kaiserlichen Räte vom Januar 1633, wo sie bei den Kräften und Mitteln des Kaisers das eigene Militär betrachten. Es wird nicht erst 1633 als Last beurteilt, „ohne rechte Disziplin und ein Land nach dem anderen verzehrend“. Die Meinung von ihm ist nicht hoch, was an dieser Stelle nicht etwa einer Abneigung gegen Wallenstein entspringt, schon gar nicht eine grundsätzliche Abneigung wiedergibt, sondern die Verzweiflung zum **Erscheinungsbild** des damaligen, erst im Kriege aufgestellten Militärs ausdrückt. Die Abneigung der Räte entspringt keineswegs modischen, inkonsequenten Gedankengängen, etwa, weil man den Krieg verabscheut, mißachte man die Armee und schaffe sie ab. Ein stehendes Heer, ein Heer im Frieden, hatte es bis zum

Dreißigjährigen Kriege nicht gegeben, trotzdem war der Krieg ausgebrochen.

Carl Gustav Wrangel

Der schwedische Generalfeldmarschall Carl Gustav Wrangel, ab 1651 Graf von Salmis, ist eine ganze Generation jünger als Holzappel, empfing jedoch wie dieser Jugendeindrücke in den Vereinigten Niederlanden. Er gilt als der letzte Feldherr aus König Gustav Adolfs Schule, welche die organisatorischen, taktischen und technischen Neuerungen des niederländischen Kriegswesens mit der Standfestigkeit und Schlagkraft der Truppen in der spanisch-deutschen Aufstellung verband. Gustav Adolf war ein Meister der Schwerpunktbildung und -verlagerung in der Schlacht, und seine Schüler – Horn, Baner, Torstenson und Wrangel – haben diese Meisterschaft rezipiert. Bereits Wrangels Vater war schwedischer Feldmarschall. Am 13. Dezember 1613 war Carl Gustav zu Skokloster, gelegen zwischen Stockholm und Uppsala, geboren worden. Vom Vater in die Vereinigten Niederlande geschickt, eignete er sich dort auch Kenntnisse des Schiffbaus an.

Im Jahre 1631 trat Carl Gustav als Kornett und Kammerjunker in das Leibregiment Gustav Adolfs ein. Er nahm an den meisten Schlachten und an vielen Gefechten der schwedischen Armee in Deutschland teil. Bereits 1634 wurde er zum Obersten befördert, 1638 zum Generalmajor und 1641 war er nach Baners Tod bis zur Übernahme der Befehls- und Kommandogewalt durch Torstenson einer der drei Generäle, welche die schwedische Armee interimistisch führten. Im Oktober 1644 befehligte Wrangel vorübergehend die schwedische Flotte und schlug die dänische bei der Insel Fehmarn. Damit trug er zum Ende des schwedisch-dänischen Krieges von 1643 bis 1645 bei. Bis zum Friedensschluß führte er dann die schwedischen Landtruppen in Jütland. Dänemark wurde erneut auf seine territoriale Ausgangslage zurückgeworfen, diesmal durch Schweden.

Als Torstenson 1646 aus Krankheitsgründen sein Kommando in Deutschland niedergelegt hatte, folgte ihm Carl Gustav Wrangel. 1645 war er zum schwedischen Reichsfeldzeugmeister befördert worden, im April 1646 wurde er Generalfeldmarschall und im August 1646 Reichsrat. Auch Wrangel war ein gebildeter Offizier, selbstverständlich sprach und schrieb er fließend deutsch. Er war gleich befähigt als Feldherr wie als Admiral. Sein noch geringes Alter ließ ihn die

Strapazen des Kriegsdienstes gut ertragen. Bei den Soldaten war er beliebt, die Zügel der Manneszucht hielt er meist ziemlich locker. Wrangels Vater hatte dem Sohn geraten: „Nimm nur, mein Sohn, so viel Du kannst, denn wer da nimmt, der hat!“[71] Wrangel hat eine große persönliche Kriegsbeute gemacht, sein durch den „Teutschen Krieg“ angehäufter Reichtum erlaubte es ihm, Schloß Skokloster prachtvoll auszubauen.

Henri Vicomte de Turenne

Henri de Latour d'Auvergne, Vicomte de Turenne, war ein Sohn des Herzogs von Bouillon und Elisabeths von Nassau-Oranien. Er wurde am 11. September 1611 in Sedan geboren und vom Prinzen Moritz von Oranien erzogen, mit dem er über seine Mutter verwandt war. Wie Prinz Moritz hing auch Turenne dem reformierten Glaubensbekenntnis an, erst 1668 konvertierte er zur katholischen Kirche. Nach dem Tode von Moritz übernahm die Erziehung Turennes Friedrich Heinrich, Prinz von Oranien. Er war der jüngste Bruder von Moritz und dessen Nachfolger als Statthalter der Republik der Vereinigten Niederlande. Bereits 1631 war Turenne Oberst.

Kardinal Richelieu gewann ihn für den französischen Kriegsdienst. 1634 wurde Turenne Maréchal de camp, er führte 1637 ein Hilfskorps zu Bernhard von Weimar, siegte zwei Jahre später bei Casale in Oberitalien, nahm 1640 gegen die Spanier Turin und eroberte 1642 an den Pyrenäen die Grafschaft Roussillon, damals ein Teil von Spanien. Im Jahre 1643 wurde er zum Maréchal de France bestellt. Unter dem nur nominellen Oberbefehl des Herzogs d'Enghien, des Großen Condé, übernahm er im Januar 1644 zunächst die Führung der ehemals weimarischen Truppen, später die der gesamten französischen Armee in Deutschland. Es gelang ihm nicht, Freiburg im Breisgau zu entsetzen, das der bayrische Feldmarschall Franz Freiherr von Mercy im Juli 1644 einnahm. Auf Grund der allgemeinen Kriegslage mußte die bayrische Armee anschließend defensiv operieren und vor allem ihre Verbindungslinien nach Bayern decken. Dies ermöglichte es Turenne, Philippsburg und Mainz zu nehmen und rheinabwärts bis nach Rhens vorzustoßen. 1645 verlor Turenne die Schlacht bei Mergentheim wieder gegen Mercy, siegte dann aber zusammen mit Condé und mit hessen-kasselschen Hilfstruppen bei Alerheim nahe Nördlingen in einer für beide Seiten sehr verlustreichen Schlacht.

Turenne und Montecuccoli sind die beiden bedeutendsten Militärschriftsteller der zweiten Hälfte des 17. Jahrhunderts. Turenne behandelt in seinen etwa 1665 geschriebenen Kriegserinnerungen „Mémoires sur la guerre“ den Zeitraum von 1643 bis 1659 (der Krieg zwischen Frankreich und Spanien, in welchem Turenne eine große Rolle spielte, hat noch bis 1659 gedauert). Turennes Erinnerungen sind „eine kleine Enzyklopädie des Krieges“[72] genannt worden.
Turenne und Montecuccoli sind Meister der ihre Armeen erhaltenden, vorsichtigen und methodischen Kriegführung. Ein Ratschlag Turennes an Condé enthält das Fazit seiner Erfahrungen aus dem Dreißigjährigen Kriege: „Die Hauptsache ist, nur wenige Belagerungen zu führen, doch viele Gefechte (nicht Schlachten) zu liefern. Haben Sie Ihrem Heere die Überlegenheit über den Feind verschafft und sind Herr des flachen Landes, so werden Ihnen die Dörfer so viel wert sein wie die Festungen. Es ist falsch, mehr Ehre in die Eroberung einer festen Stadt zu setzen als in die Einnahme eines ganzen Landes, mag jene auch schwierig, diese leicht erscheinen. Hätte der spanische König die Menschen und Gelder, welche ihm Belagerungen und Befestigungen gekostet, für den offenen Feldkrieg verwendet, so würde er jetzt der mächtigste aller Herrscher sein.“[73] Die **Feldzüge** waren die operative Ausformung der Strategie.

Das Jahr 1647

Die Operationen von Ende 1646 bis Mitte 1647

Die Operationen der schwedischen Armee

Im Jahre 1646 waren die schwedische Armee und die französische Armee gemeinsam nach Bayern durchgebrochen. Im Herbst 1646 lag der Schwerpunkt ihrer Operation[74] im westlichen Bayern und in Schwaben. Anschließend hatten die beiden Armeen ihre Winterquartiere in Oberschwaben bezogen. In Leutkirch lag das schwedische Hauptquartier. Von dort aus war Generalfeldmarschall Carl Gustav Wrangel überraschend mit über 7.000 Reitern, etwas Artillerie und Fußvolk bis zum Bodensee vorgestoßen und hatte gegen den tapferen, aber unkoordinierten Widerstand der aufgebotenen Bürger und Bauern die Stadt Bregenz am 4. Januar 1647 erobert. Es sei dem Höchsten für diese verliehene Gnade höchlich zu danken, weil „... hierdurch nunmehr der Paß in Italia, Tyroll oder die Schweiz Gott lob eröffnet ... ist“[75], was bisher während des „Teutschen Krieges“ noch nicht geschehen sei, so schrieb Wrangel aus seinem neuen Hauptquartier Bregenz.

Das von seinen Bürgern fast ganz verlassene Feldkirch wurde am 18. Januar 1647 kampflos besetzt. Von dort führte ein weiterer Stoß durch Liechtenstein an Schloß Vaduz und an Gutenberg vorbei bis zur Luziensteige, dem Paß nach Graubünden. Die rechte, westliche Flanke der Schweden deckte der Rhein, zugleich die Grenze zur neutralen Schweiz. Ihre linke, östliche Flanke hatten die Schweden mit einem Vorstoß in den Bregenzer Wald bis zur Bregenzer Ache abgesichert. Sie stützten sich auf Bregenz mit Schloß Hohenbregenz, auf Feldkirch mit der darüber stehenden Schattenburg und auf die dazwischen liegende Neuburg. Von Feldkirch aus streiften sie bis in den Inneren Walgau. Luziensteige und das Kloster Sankt Peter bei Bludenz waren die südlichsten Orte, an die schwedische Truppen im Dreißigjährigen Kriege je gelangten, ein Menetekel für den Niedergang der kaiserlichen Waffen.

Das Operationsziel Wrangels waren jedoch, wie sich bald herausstellte, weder die Täler Graubündens noch der Arlbergpaß und Tirol. Wrangel hatte vor, sich am Bodensee festzusetzen, um dieses reiche und fruchtbare Land auszubeuten. Dazu mußte er die Seefestung und Reichsstadt Lindau einnehmen. Er begann die Belagerung noch im Januar 1647. Nach Lindau galt Schloß Langenargen, unterhalb von Lindau gelegen, als der stärkste Posten am Obersee. Schon am 10. Januar besetzten es die Schweden ohne „Schuß und Schwertschlag“ von Land her. Der kaiserliche Kommandant hatte es mit der Besatzung in der Nacht zuvor eigenmächtig verlassen und war nach Lindau geflohen, wofür er vor ein Standgericht gestellt und durch das Schwert hingerichtet wurde. Die Insel Mainau nahmen die Schweden am 12. Februar vom Wasser aus. Siebzehn Schiffe mit 1.000 Musketieren und Geschütz waren von Bregenz abgesegelt. Die kleine Besatzung der Insel, 50 Knechte des Deutschen Ritterordens, ergab sich ohne Widerstand.

Lindau wurde unter dem kaiserlichen Kommandanten Generalfeldwachtmeister Graf Wolfsegg mit 2.000 Mann umsichtig und zäh verteidigt. Jedoch waren Stadt und Festung von Land und See her blockiert. Versorgungsschiffe aus Konstanz erreichten Lindau nicht mehr, da die Schweden im Besitze von Bregenz, Langenargen und der Insel Mainau mit ihren zu Kriegsschiffen umgebauten Segelschiffen auch auf dem Wasser den Meister spielten. So schien es nur noch eine Frage der Zeit zu sein, daß Lindau fallen mußte. Da trat eine neue Lage ein. Der Abschluß des Ulmer Waffenstillstandes wurde immer wahrscheinlicher. Nach dem konzipierten Vertragstext war Heilbronn an Turenne, Überlingen und Memmingen an Wrangel zu übergeben. Er hob die aufwendige Belagerung von Lindau am 6. März auf, hielt die Blockade der Stadt aber weiter zu Land und See aufrecht.

Nach dem Ulmer Waffenstillstandsvertrag, dem „Armistitium“, waren die Gebiete des Kurfürsten in Bayern von Kampfhandlungen und Durchmärschen zu verschonen, nur die Oberpfalz blieb für Truppenbewegungen der schwedischen Armee offen. Wrangel blieb daher nichts anderes übrig, als zurück zu marschieren und über Schwaben, die fränkischen Bistümer und die Oberpfalz nach Böhmen einzufallen, wenn er wieder in den Kampf mit den geschwächten Waffen des Kaisers treten wollte. Bayern südlich zu umgehen, erst über den Arlbergpaß und Tirol, dann über das Erzbistum Salzburg und Oberösterreich, oder gar über Kärnten auszuholen, war selbst für die kavalleriestarke und operationstüchtige schwedische Armee zu riskant.

Wrangel hätte über eine große Wegstrecke die Alpen von West nach Ost durchqueren müssen. Gleich zu Beginn seiner Operation wäre er auf den Tirolischen Landsturm gestoßen. Wenn es um die Verteidigung der Heimat ging, war der ein ernst zu nehmender Feind, welcher bereits Alarmvorbereitungen[76] getroffen hatte. Dem Inntal hätte Wrangel nur am Oberlauf des Flusses folgen können, im äußersten Falle bis in die Gegend von Kufstein, dann begann – wie heute – bayrisches Territorium. Vor allem ließen die Verbindungslinien der schwedischen Armee nach Norddeutschland und an die Ostseehäfen Wrangel keine andere operative Wahl als den Weg über die oberdeutschen Reichskreise Schwaben und Franken. Der Waffenstillstand zwischen dem Königreich Schweden und dem Kurfürstentum Bayern hatte der kaiserlichen Armee eine Atempause verschafft – so hart auch den Kaiser der Abfall seines treuesten Bundesgenossen sonst traf. Zwischen beide Armeen, die kaiserliche und die schwedische, hatte sich das militärisch neutrale Bayern gelegt. Wrangel hatte dies vorausgesehen und sich gegen den Abschluß des Waffenstillstandes gewandt, der aus politischen Gründen am 14. März 1647 dennoch geschlossen wurde. Um keine Zeit zu verlieren, hatte Wrangel die Belagerung von Lindau abgebrochen. So verschaffte er sich operative Handlungsfreiheit, die es ihm erlaubte, früh im Reich oder in Böhmen mit seiner Hauptarmee zu erscheinen. Daß er Lindau nicht eingenommen hatte, konnte er verschmerzen, denn dieser Nachteil wurde mit dem Besitz von Memmingen und der Bodensee-Stadt Überlingen mehr als aufgewogen.

Nachdem die Schweden die Belagerung von Lindau aufgehoben hatten, räumten sie Feldkirch und Bregenz, ließen jedoch die Neuburg zwischen den beiden Städten besetzt. Die Schweden „rasierten in Bregenz Schloß und Schanzen“[77] und zogen gegen Ravensburg. Die Befestigungen der Bregenzer Klause wurden geschleift, Palisaden, Blockhäuser und Holzbrücken verbrannt. Nachdem bekannt geworden war, daß Bayern den Waffenstillstand geschlossen hatte, verließ die schwedische Hauptarmee die Gegend um Ravensburg und damit Oberschwaben, in einer ganzen Reihe von Plätzen Besatzungen zurücklassend. Ende März, Anfang April 1647 erreichte sie im direkten Marsch über Nördlingen und Dinkelsbühl Franken[78].

Bereits im Februar hatte dort die Belegungsdichte schwedischer Truppen auffallend zugenommen. Generalfeldmarschall Wrangel schlug sein Hauptquartier in Kitzingen auf, nach einem Ausspruch Tillys „ein guter Freß- und Saufplatz“. Die verkehrsgünstige Lage am Main kam hinzu. In Kitzingen kreuzten sich die Fernstraßen Wien-Regensburg-

Nürnberg-Würzburg-Frankfurt am Main und Erfurt-Suhl-Schweinfurt-Süddeutschland-Schweiz. Die Stadt gehörte zum Herrschaftsbereich des Hochstifts Würzburg unter der Regierung des Fürstbischofs Johann Philipp von Schönborn[79]. Er gehörte zu den gemäßigten katholischen Landesherren. Nach seinem Regierungsantritt 1642 war er der erste katholische Fürst im Reich, der alle Hexenprozesse in seinem Herrschaftsbereich verbot[80], dasselbe tat er für das Kurfürstentum Mainz, nachdem er dort nach Anselm Casimirs Tod zum Kurfürsten und Erzbischof am 19. November 1647 erwählt worden war.

Von Kitzingen aus erschien Wrangel vor der Main-Festung Schweinfurt und begann die Belagerung am 16. April. Schweinfurt war seit 13 Jahren wieder in kaiserlicher Hand, aber sträflich wenig mit Pulver bevorratet, sodaß die Festungsartillerie kaum wirken konnte. Nach nur neun Tagen übergab der Kommandant die ansonsten starken Bastionen und die Stadt. Hierauf trennte sich General Königsmarck mit seinem Korps von der schwedischen Hauptarmee, um trotz des mit dem Kurfürsten von Köln geschlossenen Waffenstillstandes nach Westfalen und an den Niederrhein zu rücken. Wrangel mit der Hauptarmee marschierte langsam, Mann und Roß schonend, über Bamberg und Kulmbach nach Osten. Ein Heerwurm von 12.000 Reitern, 88 Kompanien Fußvolk, 52 Geschützen und Mörsern, 300 Munitionswagen und etwa 3000 Troßfuhrwerken bewegte sich auf Böhmen zu.

Die Operationen der französischen Armee

Turenne war Mitte März 1647 aus Oberschwaben abmarschiert, nachdem er noch bei Ravensburg vereint mit Wrangel militärische Stärke demonstriert hatte, um die Endphase der Waffenstillstandsverhandlungen mit Bayern druckvoll zu begleiten. Er besetzte die benachbarten Donaustädte Gundelfingen, Lauingen und Höchstädt, verstärkte das ihm im Waffenstillstand mit Bayern zugesagte Heilbronn und fiel in das mit dem Kaiser verbündete Hessen-Darmstadt ein. Sich dann in das „obere Kurfürstentum Mainz“[81] wendend, zwang er den Kurfürsten, im Mai den bereits erwähnten Neutralitätsvertrag zu schließen. Bei seinem Pressionsfeldzug gegen Mainz nahm Turenne die zum Kurfürstentum gehörenden Main-Städte Höchst, Steinheim und Aschaffenburg. Die Stadt Mainz selbst war schon seit September 1644 in französischer Hand. Steinheim war eine der wenigen Festungen des Kurfürsten und seine Sommerresidenz. Die Lande des Kurfürsten waren Turenne ausgeliefert. Die Abgrenzung der Quartiere, die sich Turenne vorsorglich reservierte, zum Operationsgebiet der schwedischen Armee geht aus Weisungen vom 1. und 7. Juni 1647 hervor[82]. Sie regeln in den mainzischen Ämtern Aschaffenburg, Seligenstadt, Obernburg und in den Städten Klingenberg, Miltenberg, Prozelten (Stadtprozelten), Amorbach, Bischofsheim, Lohr, Krautheim, Külsheim die Belegung mit französischen „Salvaguardien" (Schutzwachen) und ihre Verpflegung und Bezahlung durch die betroffenen Orte. Turenne „überschickte" dem Amtmann zu Bischofsheim eine Kompanie, um sie „hin und wieder in die Schlösser, Stätte und Fleckhen" zu verlegen, „damit bey allen uff- und abstreiffenden Schwedischen Partheyen keine Unordtnung vorgehen möge." Wahrscheinlich hat zwischen Wrangel und Turenne eine Absprache bestanden, nach welcher der fränkische Reichskreis der schwedischen Armee zugewiesen wurde, während Turenne im Kurfürstentum Mainz Quartiere nehmen konnte. Turenne nutzte den Schild der östlich von ihm operierenden schwedischen Hauptarmee, um das Mainviereck zwischen Lohr, Wertheim, Miltenberg und Aschaffenburg mit schwachen Kräften zu besetzen. Damit hielt er sich ein Einfallstor nach Süddeutschland offen. Anschließend rückte Turenne mit seinen Feldtruppen über Philippsburg an die Nordfront Frankreichs in Flandern[83].

Die Turenne unterstellte, frühere Armee des Herzogs Bernhard von Sachsen-Weimar bestand fast nur aus deutschen Söldnern. Sie hatten sich nach dem Rheinübergang bei Philippsburg geweigert, ins „Ausland" nach Flandern mitzumarschieren. Zudem waren die Soldzahlungen ausgeblieben. Vor dem Aufstieg zur lothringischen Hochfläche – der „Zaberner Steige" im Elsaß – fielen 11 ehemals weimarische Regimenter von der französischen Armee ab und erreichten am 11. Juni 1647 wieder das rechte Rheinufer. Nur noch unter einem von Geburt deutschen General wollten sie dienen. Anstrengungen, ihre Umkehr zu erzwingen, blieben vergeblich[84].

Turenne war von seiner Regierung nach Flandern beordert worden, um dort die militärischen Kräfte auszubalancieren. Der Text des Friedensvertrages zwischen Spanien und den Vereinigten Niederlanden war am 8. Januar 1647 abgezeichnet (paraphiert), wenn auch noch nicht ratifiziert worden. Spätestens mit der Ratifikation entfiel die militärische Unterstützung der Vereinigten Niederlande für Frankreich und für die Spanier die dortige Nordfront. Die Kampfhandlungen zwischen Spanien und den Niederlanden waren bereits eingeschlafen.

Frankreich konnte es sich leisten, Turenne aus Deutschland abzuziehen, da die schwedischen Armeen im Begriff waren, gegen die kaiserlichen Truppen die Offensive zu eröffnen. Wie von selbst hatte sich eine Aufgabenteilung in der schwedisch-französischen Koalitionskriegführung ergeben, nachdem die Vereinigten Niederlande faktisch aus dem Krieg ausgeschieden waren und Bayern den Ulmer Waffenstillstand eingegangen war. Die französischen Truppen würden 1647 allein gegen die spanischen kämpfen, die schwedischen allein gegen die kaiserlichen.

Der kaiserliche Defensivfeldzug in Böhmen

Der Zustand der kaiserlichen Armee Anfang 1647

Der Waffenstillstand zwischen dem Königreich Schweden und dem Kurfürstentum Bayern hatte der kaiserlichen Hauptarmee eine Atempause verschafft. Sie war bitter nötig, denn die kaiserliche Armee befand sich Anfang 1647 „in gar schlechtem Zustand und Armuth, indem die (Kriegs)Völker ganz nicht gerüstet, sondern nackt und blos waren“[85]. Die durchschnittliche Effektivstärke von 15 kaiserlichen Fußregimentern betrug noch 390 Mann, die von 30 kaiserlichen Reiterregimentern nur 245 „wohl Berittene“[86]. Die Lage für das Reich, den Kaiser und das Haus Habsburg war gefährlich in doppelter Hinsicht. Politisch war die Lage noch bedrohlicher geworden als 1645, militärisch war sie fast aussichtslos. Zum ersten Male während des ganzen nun schon fast 29 Jahre dauernden Krieges stand der Kaiser im Reich ohne Bundesgenossen da[87]. Das Bündnis mit Spanien hielt zwar, das Königreich war aber an allen Fronten gebunden und konnte keine militärische Hilfe leisten; der Wegfall der Front gegen die Vereinigten Niederlande änderte daran nicht viel. Frankreich balancierte dies mit Turennes Armee aus. Zudem gärte es im Königreich Neapel und in der Stadt selbst. Man konnte sich fragen, ob das Bündnis mit Spanien für den deutschen Kaiser nicht zur Belastung geworden war. Ein neuer zermürbender Feldzug stand bevor, vielleicht sogar der letzte Entscheidungskampf, da die beiden Kronen Schweden und Frankreich die militärische Isolation des Kaisers herbeigeführt hatten und sie ausnutzen wollten. Aus Sicht des Kaisers aber hatte Trauttmansdorff auf dem Friedenskongreß bereits die äußersten Konzessionen gemacht.

Die kaiserliche Feldarmee wurde seit der Jahreswende 1646 auf 1647 wieder von Generalleutnant[88] Matthias Graf Gallas geführt, zum dritten Male während seiner langen Laufbahn in kaiserlichen Diensten. Sein Vorgänger im Kommando war der Bruder des Kaisers, Erzherzog Leopold Wilhelm, gewesen. Der operative Mißerfolg des kaiserlich-bayrischen Heeres im Jahre 1646 war vor allem ihm angelastet worden, und Leopold Wilhelm hatte daher selbst um seine Ablösung gebeten, die mit seiner Berufung zum Statthalter der Spanischen Niederlande gut kaschiert worden war. Gallas, ansonsten gesund, litt, wie die Obduktion bestätigte, an Nierensteinen „in einem solchen Zustand, daß er seit der Ankunft (in Wien) nicht auf die Seite gehen konnte." Er starb am 25. April 1647 „infolge des ungeschickten Eingriffs eines italienischen Barbiers, den Gallas selbst verlangt und allen Doktoren vorgezogen hatte"[89].

Sein Nachfolger wurde Peter Reichsgraf zu Holzappel. Nachdem er im Oktober 1645 von Kaiser Ferdinand III. zum „Kriegsobersten und Feldmarschall" der Kreistruppen im Niederrheinisch-Westfälischen Reichskreis bestellt worden war, wurde ihm bereits Ende 1646 befohlen, sich zur Hauptarmee zu begeben. Er kam auf kriegsbedingten Umwegen am 17. Februar 1647 im Hauptquartier der kaiserlichen Armee zu Sulzbach in der Oberpfalz an. Dort erreichte Holzappel die kaiserliche Weisung, zusammen mit Gallas die Armee zu reorganisieren. Gallas und Holzappel faßten einen gewagten Entschluß. Gewagt, obwohl Wrangel und Turenne mit ihren Armeen noch weitab in Oberschwaben in ihren Winterquartieren logierten: die Reste fast der gesamten kaiserlichen Armee wurden in die Erb- und Kronlande des Kaisers verteilt, um die Streitmacht unter gesicherten Verpflegungsbedingungen zu ergänzen und auszurüsten. Neun Regimenter wurden in Niederösterreich einquartiert, dreizehn in der Steiermark, Kärnten und Krain (Slowenien), neunzehn im Königreich Böhmen, vier blieben zunächst in Schlesien stehen. Das kaiserliche Hauptquartier wurde nach Budweis zurückgenommen. Das Wagnis dieser Truppendislozierung lag in ihrer Weiträumigkeit, dafür zeigte sie für die Reorganisation und Auffrischung der Armee den gewünschten Erfolg. Große Städte und Festungen wurden besser bevorratet und befestigt, so Wien und Prag, Eger, Pilsen, Tabor und Budweis. Ihre Bürger wurden zum Schanzen herangezogen.

Anfang April hatte Gallas wegen seiner Krankheit das Hauptquartier verlasssen müssen. Holzappel übernahm die Vertretung. Am 17. April wurde ihm das volle Kommando über die kaiserliche Hauptarmee übertragen[90]. Er wurde nach Wien zu Besprechungen mit dem Kaiser und Reichsvizekanzler Graf Kurz gerufen.

Die Feldzugsvorbereitungen

Der Kaiser und Holzappel stimmten in ihrer Lagebeurteilung überein, daß der kommende Feldzug nur als Defensivfeldzug in Böhmen geführt werden könne[91]. Der Kaiser hatte aus dem Desaster des Feldzuges 1646, dem als Offensivfeldzug die falsche Konzeption zugrunde gelegen hatte, seine Folgerungen gezogen. Außerdem, im Frühjahr 1647 war die kaiserliche Armee kaum marschbereit, geschweige denn kampfbereit. Sie stand mitten in der Reorganisation. Holzappel beließ das Hauptquartier der Feldarmee fast vier Monate in Budweis, von Mitte März bis zum 4. Juli[92]. „Der General Melander (Holzappel) war zu Budweiß bey der Kayserl. Armada angelanget: worselbsten er starck unter den schwachen Regimentern reformiret, und befohlen, daß ein jeder Obrister das Seine completiren solte. Als sie nun Geld begehret, ist ihnen zur Antwort worden, wann die Regimenter complet seyn würden, wolte Feldmarschall selber Geld hergeben ...“[93] Der kaiserlichen Feldarmee mangelte es an vielem, vor allem jedoch an Mannschaften, Pferden, Pulver, Musketen und Bekleidung[94]. Die Artillerie war in einem miserablen Zustand. Deren Aufstellung in Krumau wurde Generalfeldzeugmeister Johann Barwitz Freiherr von Fernemont übertragen.

Eklatante Mißstände waren bei den Truppen in Schlesien aufgetreten. Ihren besonders schlechten Gesamtzustand hatte Holzappel dem Kaiser vorgetragen und auch schriftlich um Abhilfe gebeten. Diese Regimenter waren – anders als die nach Böhmen und Österreich zur Auffrischung verlegten – nicht zur Ruhe gekommen und standen in einem aufreibenden Kleinkrieg mit schwedischen Truppen. Die Gegend war von den Schweden systematisch ausgesogen worden[95] und in der Umgebung der kaiserlichen Quartiere war kaum noch Verpflegung zu requirieren. Außerdem fehlte es inzwischen an der einfachsten Ausrüstung und Bekleidung. Die schlesischen Regimenter waren daher angeblich nicht marschbereit und ihre Mannschaften dienstunwillig[96]. Der Generalfeldmarschall bestand jedoch auf dem Zuzug auch dieser Regimenter nach Böhmen und setzte ihn trotz Gegenvorstellungen unterstellter Befehlshaber durch[97]. Lediglich ein kaiserliches Kürassierregiment verblieb in Schlesien[98] und die kursächsischen Reiterregimenter[99] blieben in Mähren. Ganz durfte man Schlesien nicht von Truppen entblößen, um das Aufwachsen und Einbringen der Ernte zu schützen[100]. Im Einvernehmen mit dem Kaiser lösten Truppen des polnischen Königs die Festungsbesatzungen in Oppeln und Ratibor vorübergehend ab und machten sie zu anderer Verwendung frei[101].

Bereits beim Konzentrieren der in Schlesien dislozierten Truppen waren Meinungsverschiedenheiten Holzappels mit unterstellten Kommandeuren (Kommandanten) nicht ausgeblieben. Solche unterschiedlichen Auffassungen kommen zu allen Zeiten vor. Holzappel sah sich aber gezwungen, gegen Unterschlagungen und andere Unkorrektheiten einzelner höherer Offiziere einzuschreiten. Einigen Offizieren mußte er befehlen, den doppelten Verpflegungsbezug – aus ihrer Garnisonsstadt und dem Umland – zu unterlassen[102]. Einen Feldmarschalleutnant rügte er zu Exzessen eines ihm unterstellten Regiments ungewöhnlich scharf: der Feldmarschalleutnant und sein Kriegskommissar trügen letzten Endes selbst die Schuld daran, weil sie den armen Soldaten nicht den allernotwendigsten Bedarf zukommen ließen; er, Holzappel, müsse es dem Allerhöchsten klagen, daß er seit seiner Jugend und seit er sich unter den Waffen befunden, dergleichen noch nie erlebt habe und daß die Soldaten in Elend, Hunger und Not herumzögen und sich versteckten; die Rädelsführer müßten an Leib und Leben gestraft werden[103]. Demselben Kriegskommissar macht er klar, man müsse den Regimentern geben, was ihnen gebührt, wenn man von ihnen Dienste verlange[104]. Auch der Kaiser selbst schaltete sich ein. Er forderte die Mehrbezüge einzelner schlesischer Regimenter in Höhe von insgesamt 79.893 Gulden zurück[105].

Andererseits schlug Holzappel dem Kaiser vor, den Unterhalt auch an Offiziere ohne Kommando reichen zu lassen „bis sie wieder bey anderen Regimentern untergebracht werden mögen“[106]. Holzappel verwendete sich für in Not geratene Offiziere. So beantragte er beim Kaiser, dem „Commendant in Brieg, der sehr schwach und baufällig“ war, den tapferen, invalid geschossenen Obristen Krafft zur Assistenz beizugeben[107].

Bis Mitte Juni hatte Holzappel mindestens zwei Audienzen[108] beim Kaiser, der sich in Preßburg aufhielt, um die Krönung seines Sohnes zum König von Ungarn vorzubereiten. Ferdinand III. sorgte sich bis ins Detail um die Armierung und Montierung[109] der Armee: „Lieber Graf von Holzapfel, die Judenschaft zu Prag soll verferttigen zwayhundert unnd fünffzig Reüter Mantl, davon sind meiner Böhaimbischen Cammerbericht nach ainhundert fertig ... welche hernach Ihr wol zu thun und hiermit weiter zu disponieren werdet wissen ...“[110].

Es gelang im vorletzten Kriegsjahr ein erstaunlicher Erfolg für die Versorgung der Truppe, die Schonung der deutschen und tschechischen Bevölkerung und das gute Einvernehmen mit ihr. Auf persönlichen Befehl des Kaisers waren Proviantwagen anzuschaffen. Holzappel, die Offiziere und Kriegskommissare setzten diesen Befehl um und fast alle Regimenter konnten mit ihnen ausgestattet werden[111]. Schon am 8. Juni meldete Generalfeldwachtmeister Wachenheim für sein eigenes Fußregiment: „... bei Jedem meines Regiments Fahnen (Kompanien) sich ein dergleichen Wagen mit vier Pferden bespandt befindet ...“[112] Die Proviantwagen wurden reichlich mit „zwiegebackenem Brot und Biskotten“ beladen, gut in Fässer verpackt „wie zu des Friedländers Zeiten“[113]. Ergänzend faßten die Kompanien Mehl[114] in Freistadt und Tabor. In das Hauptquartier mußten Brotproben übersandt werden, die verkostet wurden und zu denen Holzappel Stellung nahm: „Allermaßen mihr nun solches wohlgefällig und für tauglich erachte“[115]. So lange wie möglich wurden die Pferde auf die Weide geschickt, außerdem hielt Holzappel die Reiterregimenter an, sich mit einem mobilen Notvorrat an Heu zu versehen[116].

Mit den vereinten Anstrengungen der Landstände, Kriegskommissare und Offiziere gelang es, das kaiserliche Fußvolk entweder mit Musketen oder Piken (Langspießen) einheitlich auszurüsten[117]. Die Hauptsorge blieb die Artillerie. Zwar konnte der Geschützpark aufgefüllt werden und die Produktion von Kugeln für die schweren Kanonen kam wieder in Gang[118]. Doch der Mangel an Pulver und Lunten (Zündmitteln) konnte trotz aller Anstrengungen nur gemildert werden[119]. In Prag war wochenlang kein Pulver zu bekommen. Holzappel war anläßlich einer Audienz beim Kaiser mitgeteilt worden, daß die Armee aus dem Zeughaus von Prag 100 Zentner übernehmen könne, doch Feldmarschall Colloredo, der territoriale Befehlshaber in Böhmen, teilte Holzappel mit[120], daß keine Vorräte an Pulver vorhanden seien und die Erzeugung wegen Rohstoffmangels stocke. Eine polnische Lieferung von 1.000 Zentnern[121] wurde voller Ungeduld erwartet. Man ging mit nur 60 Zentnern Pulver bei „dem ganzen schweren Zeug“[122] in den Feldzug. Noch im August, bereits mitten in der Kampagne, meldete Generalkriegskommissar Traun, er habe in Regensburg 300 Zentner auftreiben können. Doch werde sofortige Barzahlung verlangt[123].

Insgesamt aber konnte die Einsatzfähigkeit der kaiserlichen Hauptarmee deutlich gesteigert werden und eine bessere Kampfmoral erfaßte Offiziere, Unteroffiziere und Mannschaften. Holzappel teilte das Trauttmansdorff nach Münster mit, und dieser äußerte, „Ihre Kayserliche Mayestet hetten eine schöne armada wiederumb auff den beinen, wie er dan des graffen Melanders schreiben, so ihme zukommen, abgeleßen“[124]. Am 15. Juni schrieb der Kaiser an Holzappel[125], er habe den ungarischen Landtag geschlossen und werde nach Wien reisen, um dann möglichst bald selbst zur Armee zu kommen. Den Sold werde er mitbringen.

Der Aufmarsch

Der kaiserliche Generalstab hatte am 25. Mai 1647 in einem Gesamtbefehl[126] zusammengefaßt, welche Truppen im westlichen, nördlichen und östlichen Böhmen den Aufmarsch der kaiserlichen Hauptarmee zu decken hatten und ihnen ihre Aufträge erteilt. Er bildete drei Kräftegruppen (siehe Aufmarschskizze Seite 67).

Die stärkste aus vier Reiterregimentern[127] unterstellte er Feldmarschalleutnant Georg Adam von Trauditsch. Sie erhielt den Auftrag, sich an der Radbusa südwestlich von Pilsen zu versammeln und „alle Zeit achtung“ zu haben, „was der Feindt vornimbt. Undt wann der Feindt gewiß in diß Königreich hereinkombt, so schicken sie Ihren Troß und Wagen gegen Horazdiowitz, aldar über das Wasser, die Ottowa (Wottowa) genandt. Die Regimenter aber bleiben so lang stehen als sie können“. Die Wottawa ist ein linker Nebenfluß der Moldau und der Ort Horazdiowitz im West-Ostlauf der Wottawa ein nach Norden vorspringender Terrainpunkt. Er war daher für einen Rückzug schnell erreichbar. Trauditsch wurde ferner auf Zusammenarbeit mit den Besatzungen von Eger, Falkenau und Elbogen – sämtlich am Fluß Eger – sowie mit der von Pilsen angewiesen. Damit hatte Trauditsch den Aufklärungs- und Sicherungsauftrag für das westliche und nordwestliche Böhmen[128]. Wertvolle Meldungen erhielt das kaiserliche Armeehauptquartier auch vom Obristen de la Corona, dessen Kürassierregiment – Trauditsch nicht unterstellt – am 17. Juni in Pilsen eingetroffen war[129]. Corona war ein besonders einfallsreicher, rühriger Regimentskommandeur und Stadtkommandant.

Dagegen mußte Holzappel noch am 30. Juni dem Kommandeur des Fußregiments in Pilsen in aller Deutlichkeit anbefehlen, nicht nach Prag abzumarschieren, sondern in Pilsen zu bleiben[130].

Die zweite Kräftegruppe aus einem Kürassierregiment und einem Dragonerregiment[131] erhielt zunächst den Befehl, sich so lange wie möglich auf Brüx in Nordböhmen zu stützen. Die Nichtberittenen und der Troß waren über Laun an der Eger nach Prag zurückzuführen. Der Gegenvorstellung des dienstälteren Regimentskommandeurs, des Kommandeurs der Pachonhay-Dragoner, daß man Brüx bei einer ernsthaften Belagerung nicht werde halten können, gab der Generalfeldmarschall statt: „so hatt der Herr Obrister hiermit einen Befelch, daß er ermelter Statt verlasse, vorher aber die Mauern und Statt Thor daselbst niederreissen solle ..."[132] Holzappel wollte verhindern, daß die Verteidigungsanlagen von Brüx den Schweden unversehrt in die Hände fielen.

Die dritte Kräftegruppe hatte Ostböhmen „am Gebirge" (Sudeten-Gebirge) gegen den schwedischen General Wittenberg zu sichern, der den Kleinkrieg in Schlesien führte. Unterbringungsräume dieser Kräftegruppe[133] aus zwei Kroatenregimentern und etlichen berittenen Freikompanien waren die Städte Jungbunzlau und Königgrätz mit ihrem Umland.

Den übrigen Regimentern, die sich bereits im Königreich Böhmen befanden, wies der Generalfeldmarschall „mit allem, sambt Troß und Wagen" den Versammlungsraum südlich Prag an der Sazawa zu. Hier, in der Mitte Böhmens, konzentrierte er seine schon frei verfügbaren Truppen.

Am 6. Juni 1647 konnte der Aufmarsch der kaiserlichen Hauptarmee befohlen werden, wobei die Zeit für die Befehlsumsetzung bis zu den südlichen Regimentern in Krain mehr als eine Woche gedauert haben dürfte. Seit Wallenstein, des „Friedländers Zeiten", hatte es sich in der kaiserlichen Armee eingeschliffen, die Feldzugsvorbereitungen bis in den Sommer hinein zu dehnen (das Jahr 1645 bildete eine der wenigen Ausnahmen). 1647 aber wurde die Zeit dringend gebraucht, um den desolaten Zustand der Armee zu bessern. Anders die schwedische Armee, sie war meist früher schlagbereit, verließ die Winterquartiere zeitiger und brachte 1647 noch das Kunststück fertig, sich in der langsamen Annäherung an Böhmen weiter zu ergänzen und die Kampffähigkeit zu erhöhen.

Holzappel bestimmte als Versammlungsraum für die Regimenter, die außerhalb Böhmens aufgefrischt worden waren, einen Raum süd-

Der Aufmarsch der kaiserlichen Armee in Böhmen 1647

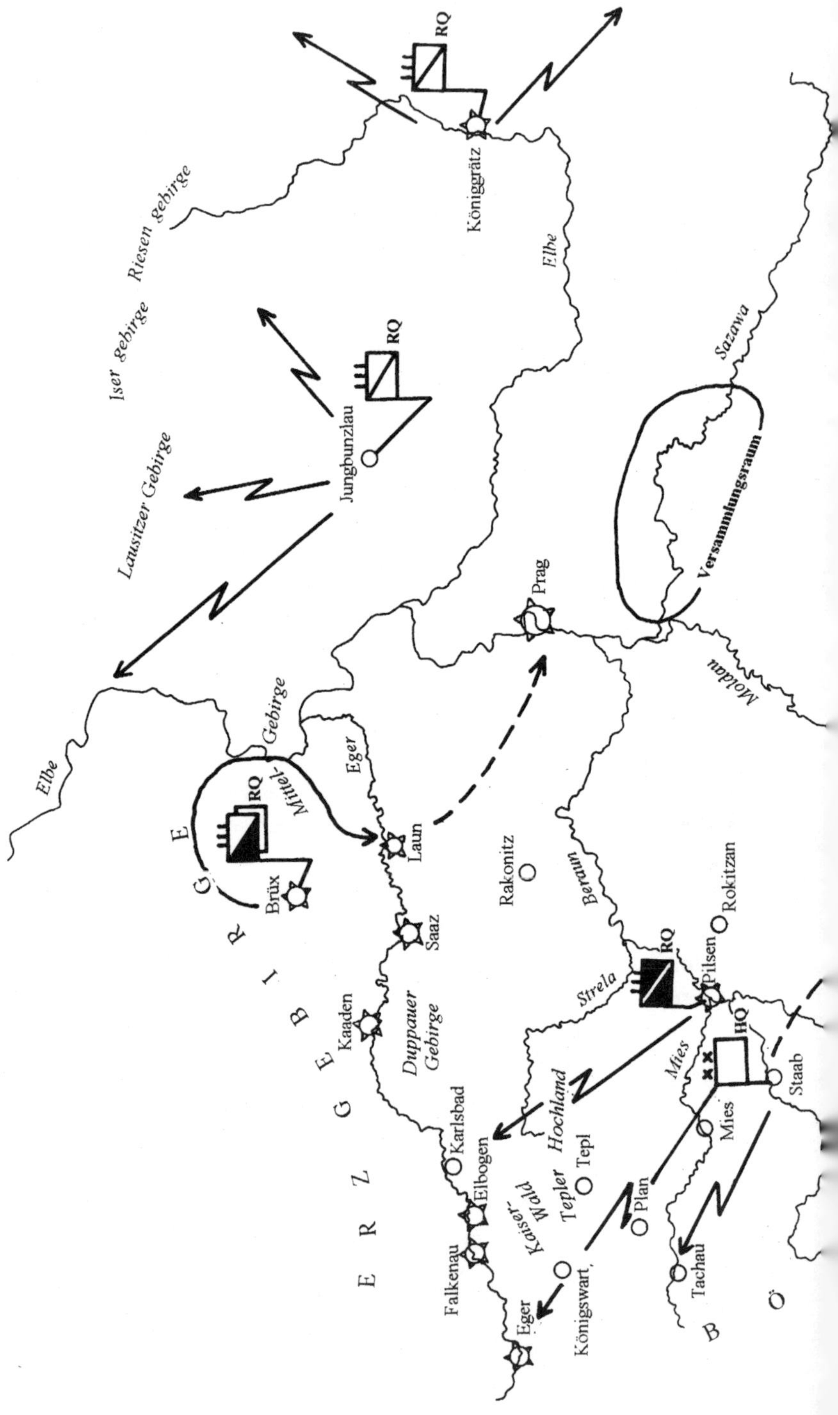

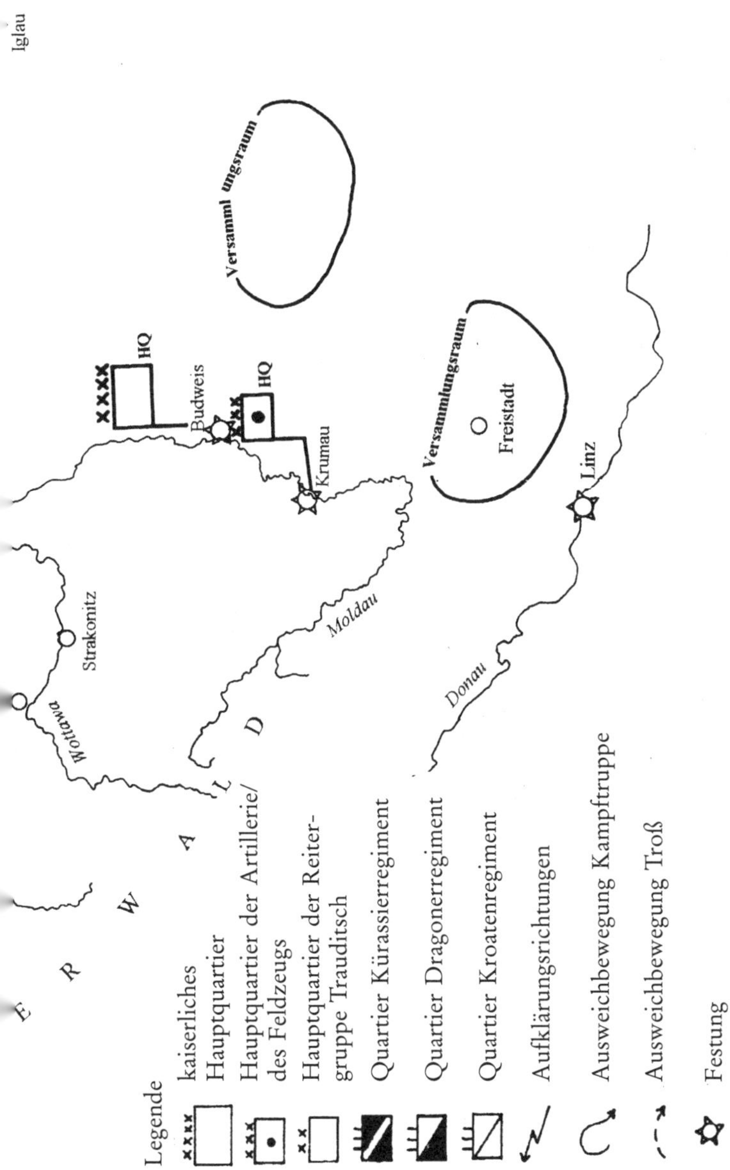

Skizze: Hans-Georg Rejzek

östlich von Budweis, doch noch auf österreichischem Gebiet. Dorthin befahl der Kaiser mit Order vom 6. Juni diese Truppen. Das Kommando über das kaiserliche Fußvolk, welches überwiegend schon in Obererösterreich – aber noch südlich der Donau – zusammengezogen worden war, hatte Feldmarschalleutnant Hans Wilhelm Vogt zu Hunoldstein. Er erhielt unmittelbar vom Kaiser die Order: „So baldt Du vernehmen würdest, daß unsere in denen Innen- und Niederösterreichischen Landten gelegenen Völckher über die Donau gehen, Du auch mit Deinen underhabenden Regimentern gleich aufbrechen, bey Linz über die Donau gehen und zwischen Freistadt und Schlag im Landt ob der Enns an der Böhmischen Grenz so lang stehen bleiben sollst, biß der Graff von Holzappel weitere Verordnung Deines Verhaltens zuschicken wirdt. Bey welchem dann die Haltung guter Disziplin und Ordnung hoch von nöthen sein wird ...“[134]

Das kaiserliche Fußvolk unter Hunoldstein hatte – mit Ausnahmen – die kürzeren Wegstrecken zu marschieren, die größeren Entfernungen die kaiserliche Reiterei zu überwinden. Diese führte Feldmarschalleutnant Pompeji in zwei getrennten Marschgruppen aus Innerösterreich heran[135]. Die Reiterregimenter in Krain und der Steiermark wählten den Weg über das Mürztal nach Niederösterreich, die in Kärnten den direkten Weg nach Norden ins obere Murtal, dann über den Schoberpaß ins Ennstal nach Oberösterreich. Man hatte für den Aufmarsch das einfache Verfahren der Truppenverschiebung „in Reihe“ gewählt; die Regimenter wurden nicht an anderen vorbei- oder durch sie hindurchgeführt. Eine Vermischung der schwerfälligen Regiments-Trosse, oft an Kopfzahl stärker als die Regiments-Kämpfer, wurde so vermieden. Drei Kürassierregimenter und ein Fußregiment wurden für den Verbleib in Mähren[136] bestimmt, sie hatten gegen Iglau und die anderen seit 1645 schwedisch besetzt gebliebenen Festungen zu sichern.

Die Armee marschierte fast reibungslos auf. Nur drei Reiterregimenter Pompejis erschienen nicht rechtzeitig, und Holzappel begann den Defensivfeldzug ohne sie. Dagegen trafen das Fußregiment Fernemont, das am weitesten entfernt in Kärnten gelegen hatte, und das Regiment Deutscher Knechte zu Fuß des Generalfeldwachtmeisters Reich, das an der Mur in der Steiermark seine Quartiere gehabt hatte, pünktlich ein.

Der kaiserliche Generalstab

Der oberste Quartiermeister der kaiserlichen Armee war der Generalfeldwachtmeister Karl Friedrich Reich. Wie die meisten Generale war er zugleich der Inhaber eines eigenen Regiments, hier des eben erwähnten Regiments Deutscher Knechte zu Fuß. Geführt wurden die Regimenter, bei denen Inhaber und Kommandeur (Kommandant) nicht ein und dieselbe Person waren, von einem beauftragten Offizier im Range eines Obristen oder Obristleutnants.

Als Generalquartiermeister leitete Reich den Generalstab der kaiserlichen Armee. Nach der „Lista deß General Staabs" vom 13. Juni 1647[137] umfaßte er folgende Abteilungen:

> das Quartieramt und die Kriegskanzlei, die Generaladjutantur, das Kriegskommissariat, das Kriegszahlamt mit der Kriegskasse, die beiden Generalauditoren (Militärankläger), den Generalprofoß (Scharfrichter) „mit seinen Leuten", die Feldapotheke, das Feldpostamt und die Generalwagenmeister, diese ebenfalls mit „ihren Leuten".

Die Stabstätigkeit wurde im **Quartieramt** vorbereitet und mit Hilfe der Kriegskanzlei geleistet. An einigen Tagen finden sich bis zu 20 Posteingänge und noch einmal so viele Ausgänge: von und an den Kaiser (während Holzappels Kommando ganz selten an den Hofkriegsrat), von und an unterstellte Kommandeure der Feldarmee, territoriale Befehlshaber, Kommandanten der Festungen, von und an oberste Verwaltungsbehörden, nicht zu vergessen die Querinformationen, die empfangen und gegeben wurden. Als Beispiele hierfür seien die Lageinformationen genannt, die an Trauttmansdorff oder Johann Ludwig von Nassau auf dem Westfälischen Friedenskongreß[138] gingen und an Erzherzog Leopold Wilhelm oder Piccolomini in den Spanischen Niederlanden. Selbstverständlich wurden die Meldungen und Berichte an den Kaiser, Schreiben an Fürsten und Städte im Reich und die Orientierungen an Trauttmansdorff von Holzappel selbst unterschrieben, ebenso wie die Befehle an unterstellte Kommandeure (Kommandanten) der Feldarmee. Einige Briefe sind jedoch von Reich unterschrieben, so die Mehrzahl der für Piccolomini[139] bestimmten Informationen. Außer Generalquartiermeister Reich dienten im Quartieramt an Offizieren nur noch zwei Oberquartiermeister und der Stabsquartiermeister, drei „Offiziere im Generalstabsdienst", wie man sie heute nennen würde.

In der **Kriegskanzlei** standen an Gehilfen zwei Sekretäre, ein

Die Gliederung der kaiserlichen Armee

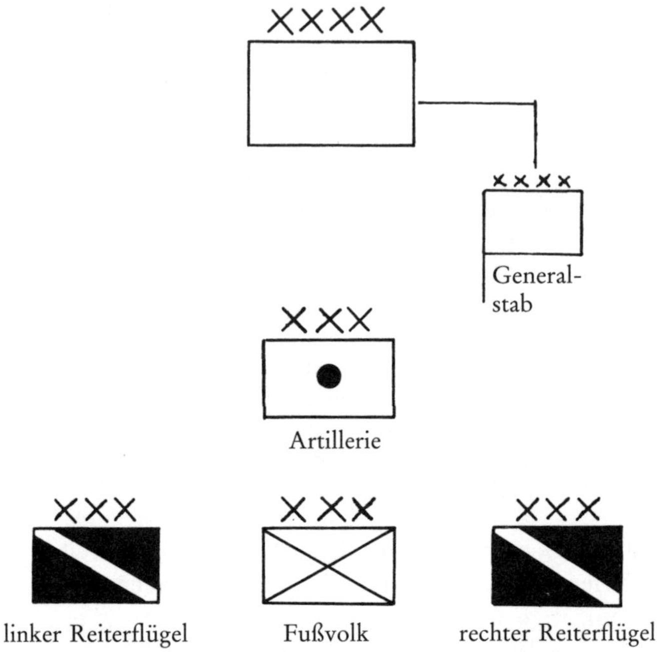

Skizze: Hans-Georg Rejzek

Der kaiserliche Generalstab

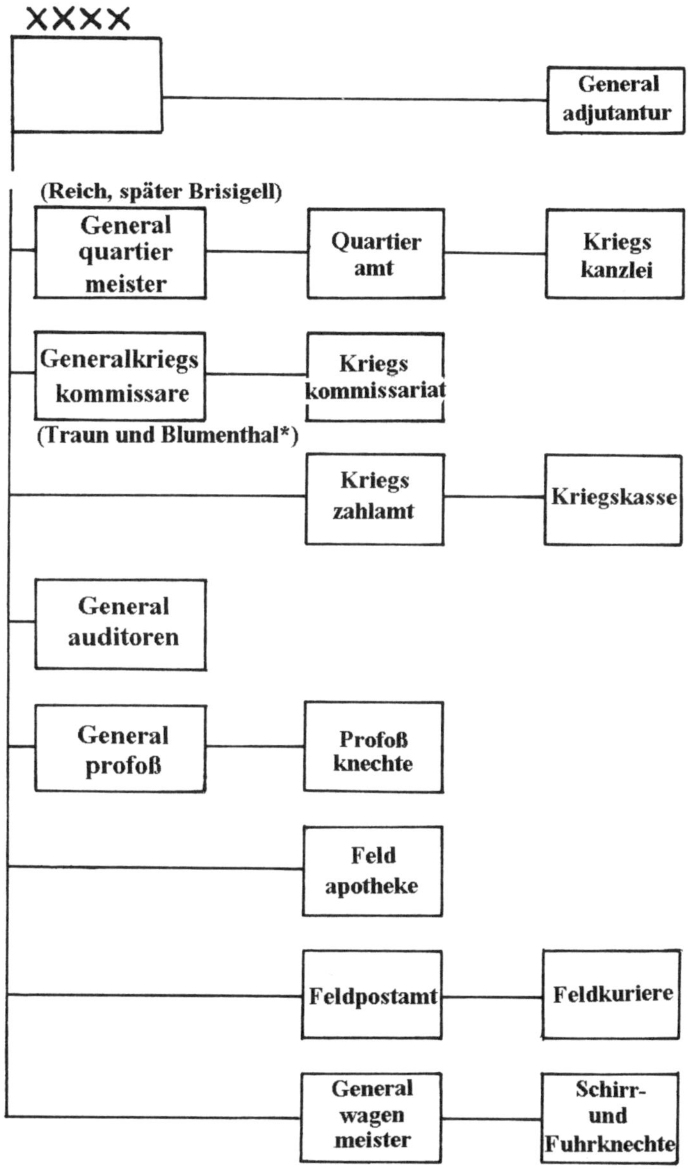

* erst ab September/Dezember 1647

Skizze: Hans-Georg Rejzek

Registrator, ein Konzipist, vier „Cancellisten“ und zwei Knechte bei den „Canzleiwägen“ zur Verfügung. Fast auf jedem eingegangenen Schreiben findet sich eine ganz knappe Zusammenfassung des Inhalts durch das Quartieramt. Es scheint so, daß Reich dem Feldmarschall die Eingänge vortrug, Holzappel die anstehenden Entscheidungen, einzuleitenden Maßnahmen und Antworten mit Reich beriet, und dann – so weit Schriftstücke folgten – Konzepte angefertigt wurden, die Holzappel vorgelegt wurden. Auf einigen dieser Konzepte hat Holzappel eigenhändig Zusätze oder Korrekturen angebracht. Meist jedoch war Holzappel mit den vorgelegten Entwürfen einverstanden. Die Unterfertigung der Reinschriften durch Holzappel dürfte dann mehr oder weniger nur noch ein Routinevorgang gewesen sein. Für technische Fragen konnten Holzappel und Reich zwei Ingenieure des Stabes hinzuziehen, zur mündlichen Befehlsübermittlung und sonstige Aufgaben standen zunächst drei, später vier Generaladjutanten in der **Generaladjutantur** zur Verfügung.

Die Zuarbeit des Generalstabes umfaßte die Vorbereitung der Operationen mit ihren Raum- und Zeitberechnungen, die eigentliche Truppenführung mit der Befehlsausfertigung und -übermittlung und dem Meldewesen, die Organisation der Armee und die Quartier- und Versorgungsfragen im engeren Sinne. Mit seiner Arbeit schaffte Reich den Freiraum für Holzappels Audienzen beim Kaiser, für seine Truppenbesuche, Besprechungen und die Wahrnehmung der unumgänglichen Repräsentationsverpflichtungen. Holzappel und Reich hat bis zu Reichs tödlicher Verwundung ein festes Vertrauen verbunden, so, wie man es sich zwischen dem Generalfeldmarschall über die kaiserliche Armee und seinem ersten Führungsgehilfen nur wünschen konnte und wie es die Kommando- und Stabsarbeit sehr förderte. Reich war ein an Charakter, Können und Leistung herausragender Generalquartiermeister. Er diente der Sache des Kaisers und der Armee mit Hingabe und Holzappel in selbstverständlicher Loyalität. Ohne die Zuarbeit des Generalquartiermeisters und seines Stabes wäre 1647 die (physische) Kampffähigkeit und die (psychische) Kampfbereitschaft der kaiserlichen Armee wohl nicht wiederhergestellt worden. Die Armee konnte wieder kämpfen und wollte es.

Eine für die Versorgung und das Auskommen der Truppe besonders wichtige Abteilung war das **Kriegskommissariat** mit zwei Oberkommissaren und einem Kommissar. Unter anderem hatten die Kriegskommissare neben logistischen Aufträgen die Aufgabe, Kontributionen[140] einzutreiben. Im September 1647 wurde Generalfeldwachtmeister Ernst Adam von Traun vom Kaiser zum Generalkriegskommissär ernannt.

Die ganze **Feldapotheke** beim Generalstab hatte an Personal nur einen studierten Arzt mit „269 Gulden“ monatlich und einen „Chyrurgus“ mit „60 Gulden“ monatlich.

Im **Feldpostamt** verfügte der Feldpostmeister über vier Kuriere; das Feldpostamt war ausgelegt und zuständig nur für den eigenen Postlauf des Armeeoberkommandos.

Den beiden **Generalwagenmeistern** unterstand der Fuhrpark des Generalstabes etwa im Sinne einer Fahrbereitschaft; zu ihren „Leuten“ gehörten die Schirr- und Fuhrknechte.

Ohne diese Knechte, deren vermutlich schwankende Anzahl nicht feststellbar ist, ohne die „Leute“ des Generalprofoß und ohne die Angehörigen des **Kriegszahlamtes**, dienten im Generalstab der Armee insgesamt nicht mehr als 39 Soldaten und Zivilpersonen.

Die Anfänge der heutigen Generalstäbe gehen auf die Endphase des Dreißigjährigen Krieges zurück. Die kaiserliche Armee, die bayrische Reichsarmee und die Königlich Schwedische Armee schufen erste Organisationselemente und wiesen ihnen bestimmte Aufgaben zu, insbesondere für die Marschbefehlsgebung, den Lager- und Stellungsbau und für die Vermessung. Erst nach den napoleonischen Kriegen entwickelte vor allem Preußen die Institution des Generalstabes weiter, nachdem Österreich schon im Siebenjährigen Kriege eine weitere Zwischenstufe erklommen hatte.

Die Absichten des schwedischen Feldmarschalls Wrangel

Welches Lagebild[141] hatte Holzappel bis zum 15. Juni 1647? Er wußte zuverlässig, daß Turenne den Rhein nach Westen passiert hatte. Ein gemeinsames Operieren Wrangels und Turennes konnte daher für den Sommerfeldzug 1647 ausgeschlossen werden. Holzappel vermutete bis zum 15. Juni, daß Wrangel „schwerlich allein“ in das Königreich Böhmen einbrechen, sondern sich zuerst gegen Sachsen und Meißen wenden werde, um Wittenberg **und** Königsmarck mit ihren beiden Korps an sich zu ziehen. Er erachtete es bis dahin nicht für erforderlich, den Aufmarsch der kaiserlichen Armee zu beschleunigen. So richtig auch seine Grundannahme war, daß Wrangel sich mit weiteren Truppen verstärken würde, Holzappel unterlag hier einer doppelten Fehleinschätzung. Erstens marschierte Wrangel nicht dem General

Wittenberg entgegen, sondern hielt seine Armee in Oberfranken an und Wittenberg legte den Weg aus Schlesien quer durch ganz Sachsen mit nicht geahnter Geschwindigkeit zurück, um sich seinerseits mit Wrangel zu vereinigen, und zweitens verzichtete Wrangel auf eine Vereinigung mit Königsmarck.

Am 16. Juni meldet Trauditsch[142], daß der Feind gegen Böhmen anmarschiere. Diese Meldung erreicht das kaiserliche Hauptquartier am 17. Juni. An demselben Tage geht eine Meldung aus Schlesien vom 11. Juni ein[143], Wittenberg sei mit fast allen unterstellten Truppen in die Lausitz abmarschiert und strebe der Elbe zu. Jetzt reagiert Holzappel: er bittet noch am 17. Juni den Kaiser[144], den Zuzug der Kriegsvölker aus Österreich und Innerösterreich mit einem erneuten kaiserlichen Befehl zu beschleunigen, damit nicht „wiederum ein großes Unglück eintreffe". Als zweite Bitte fügt er – zum wiederholten Male – hinzu, sofort Geld für die Pulvererzeugung in Prag flüssig zu machen. Außerdem weist Holzappel de la Corona an[145], alle Maßnahmen zur Pulvererzeugung in Pilsen zu ergreifen. Am 21. Juni meldet Trauditsch[146], daß ganz nahe bei Eger ein Gefangener eingebracht wurde. Nach dessen Aussagen habe der Feind „mit der völligen Armada" am 20. Juni morgens nur noch eine Stunde von Eger entfernt gestanden, Wrangel „in Person" befinde sich bei der Armee und alle ihre Geschütze seien dabei. Trauditsch vermutet, daß ihn die schwedische Reiterei stellen wolle. Er weicht deshalb auftragsgemäß auf Horazdiowitz aus.

Nach dem anonymen Bericht eines Agenten[147] hatte Wrangel vor, sich **unterwegs** mit den 7.000 Mann starken Truppen Wittenbergs zu vereinigen, um Eger noch schneller als Schweinfurt zu erobern und es wie schon Schweinfurt zur schwedischen „Realfestung zu formieren". Wrangel hatte seine Armee in Franken „ganz zur Perfektion" und auf eine Gesamtstärke von 9.000 Reitern und 5.000 Fußsoldaten gebracht. Er hatte den fränkischen Reichskreis in Kontribution gesetzt[148]: für Verpflegung waren monatlich 18.607 Reichstaler aufzubringen, für Befestigungsarbeiten 4.000, für Munition und Material der Festung Schweinfurt 1.000, für Werbungen der alten Kompanien 1.000, für Neuaufstellungen weitere 1.000 Reichstaler; außerdem war die Besatzung von Schweinfurt „nicht allein auf Jahr und Tag genugsam zu füttern", sondern die ganze Königlich Schwedische Armee mit Brot und anderen Lebensmitteln zu versorgen, falls sie wieder im fränkischen Reichskreis erscheinen sollte. Gestützt auf die Versorgungsbasis Franken wollte Wrangel erst einmal tief in Böhmen festen Fuß fassen, um in diesem Erbkönigreich des Kaisers ebenfalls Kontributionen zu erheben, vor allem aber, um die Widerstandskraft des Kaisers endgültig zu zermürben. So wurden die Verhandlungen auf dem Westfälischen Friedenskongreß am besten beeinflußt. Ob sich die Gelegenheit zu einer Schlacht ergab, mußte sich erweisen.

Tatsächlich hatte Wittenberg am 14. Juni die Elbe nach Westen überschritten. Um den 20. Juni war Wrangel weitermarschiert. Die Truppen Wittenbergs hatten sich ihm genähert und folgten jetzt dichtauf, Wittenberg besetzte Hof in Oberfranken. Nach dem Eintreffen auch seines Korps[149] war die schwedische Armee vor Eger 21.000 Kavalleristen und Infanteristen stark, hinzu kamen die Stückknechte der Artillerie[150]. Am 21. Juni begann[151] Wrangel die Belagerung von Eger. Er ließ es „berennen", die Fußtruppen führten ihre ersten Angriffe, Kavallerie schloß die Festung ein. Die schwere schwedische Artillerie war am 26. Juni wirkungsbereit und eröffnete ihr Bombardement[152].

Gleichzeitig war General Mortaigne[153] am Rhein aktiv geworden und hatte mit hessen-kasselschen Truppen die hessen-darmstädtische Festung Rheinfels oberhalb von Sankt Goar erobert, um Darmstadt friedensgeneigter zu machen. Rheinfels war die stärkste Festung Hessen-Darmstadts, wenn nicht die stärkste auf der linken Rheinseite überhaupt. Ende Juni berichtete der schwedische Gesandte Salvius an Königin Christina über die militärische Lage kurz und treffend[154]: „Feldmarschall Wrangel und General Wittenberg stehen nun vereint in Böhmen. Königsmarck belagert hier in nächster Zeit Wiedenbrück. Die Weimaraner haben gemeutert und sind wieder über den Rheinstrom zurück gekommen. Melander (Holzappel) versammelt sich in Böhmen."

Die Kämpfe bis zum Reitergefecht bei Triebl

Kein Zweifel, die schwedische Hauptarmee hatte unter Ausnutzung des Überraschungsmoments einen zeitlichen Vorsprung gewonnen. Holzappel hatte dies erst am 17. Juni erkannt. Am 22. Juni traf die Meldung ein[155], daß Wrangel mit der gesamten Armee vor Eger stehe und die Stadt berenne. Würde Eger der Belagerung standhalten? Der Aufmarsch der kaiserlichen Armee konnte nicht mehr beschleunigt werden, er hatte eben sehr spät begonnen. Am 3. Juli war die Armee bis auf drei Reiterregimenter Pompejis vollständig versammelt.

An demselben Tage traf der Kaiser beim Armeehauptquartier in Budweis ein[156]. Am 4. Juli setzte sich die Armee nach Norden in Marsch. Die Stimmung war so gut wie lange nicht. Die Anwesenheit des Kaisers hob das Selbstgefühl der Truppe. Zudem war sie seit Wochen gut und regelmäßig verpflegt und der Sold gleich für zwei Monate gezahlt worden. Jeder Mann wußte, wie sehr die Kampfkraft der kaiserlichen Armee in den zurückliegenden Wochen gewachsen war. Die Sorgen um den Pulvermangel bei der Artillerie mochten sich der Kaiser, Holzappel, Generalfeldzeugmeister Fernemont und der Generalstab machen. Die Armee kam in der Zahl an die schwedische heran, an Artillerie blieb sie schwächer.

Kaiser Ferdinand ließ nacheinander drei persönliche Befehle[157] an Obrist Paradeiser, den Kommandanten von Eger, absetzen, die Festung bis „zum letzten Blutstropfen" oder bis zum Entsatz zu halten. Trotz der Einschließung Egers gelangten alle drei Befehle in den Besitz Paradeisers, wofür Holzappel dem Obristen de la Corona ausdrücklich dankte[158]. In die militärisch-operative Führung griff der Kaiser nicht ein, was eine enge strategische Abstimmung mit Holzappel nicht ausschloß. Holzappel setzte eigene Armeeaufklärung an: einen Spähtrupp gegen Eger[159], gefächerte Aufklärung gegen die Städte Tachau und Plan sowie gegen die Ortschaft Königswart[160], die wahrscheinlichen Annäherungspunkte des Feindes.

Die Armee marschierte eilig in Richtung auf die Wottawa, um die Übergänge bei Horazdiowitz, Strakonitz und Pisek vor Voraustruppen der Schweden zu gewinnen. Daß schwedische Reiterei schon bis über die Mies und Beraun beiderseits Pilsen vorgestoßen war, um Trauditsch abzuschneiden, war aus dessen Meldungen bekannt. Bereits am 5. Juli stand das kaiserliche Hauptquartier in Strakonitz. Holzappel hatte vor, „mit ganzer Macht" den Feind anzugreifen, um Eger zu entsetzen. Diesen naheliegenden Entschluß hatte der Generalfeldmarschall an Trauditsch zur Lageorientierung übermittelt[161].

Doch Holzappel wußte noch nichts über die heimliche Entwicklung bei der bayrischen Reichsarmee. Um den 28. Juni hatte Holzappel lediglich aus einer Meldung Brisigells[162], des kaiserlichen Kommandanten von Regensburg, erfahren, daß bayrische Truppen die Donau nach Norden passiert hatten und im Anmarsch auf die Oberpfalz waren. Der Zweck dieser Bewegung der doch neutralen bayrischen Truppen war Brisigell und Holzappel verborgen geblieben, mußte es bleiben. Die Augen gingen Holzappel erst auf Grund eines mündlichen Berichts auf, dessen Niederschrift vom 3. Juli datiert ist. Der

Abfall der Generale Jan von Werth und Johann Sporck vom bayrischen Kurfürsten stand unmittelbar bevor. Beide wollten möglichst große Truppenteile der bayrischen Reichsarmada zum Kaiser mitnehmen.

Wahrscheinlich hat Ferdinand III. sofort nach seinem Eintreffen bei der Armee den Generalfeldmarschall über den bevorstehenden Abfall Werths vom bayrischen Kurfürsten und den beabsichtigten Übertritt zum Kaiser informiert. In den anlaufenden Vormarsch der kaiserlichen Armee ist aus Gründen einer eindeutigen Befehlsübermittlung am 3. und 4. Juli 1647 nicht mehr eingegriffen worden. So erklärt es sich, daß bereits am 5. Juli das Hauptquartier in Strakonitz lag. Dann aber wurde die kaiserliche Armee angehalten, um Werth, den man mit abgefallenen Regimentern erwartete, aufzunehmen. Eine Verfolgung Werths durch kurfürstentreue Truppen bis nach Böhmen war nicht auszuschließen. Am 9. Juli kam Werth in Krumau an – jedoch ohne Truppen, nur mit einer kleinen persönlichen Begleitung. In Wodnian, südlich von Strakonitz, traf er am 10. Juli auf kaiserliche Regimenter. An demselben Tage setzte sich die kaiserliche Armee erneut in Marsch und Trauditsch mit seinem Reiterkorps wurde wieder eingegliedert. Jan von Werth wurde vom Kaiser als General der Kavallerie[163], Johann Sporck als Feldmarschalleutnant in die kaiserliche Immediatarmee übernommen.

Der Kaiser nahm vorübergehend Quartier in Pilsen. Von dort ergingen kaiserliche Aufrufe[164] an die bayrische Reichsarmada, dem Kurfürsten von Bayern den Gehorsam aufzukündigen und zum Kaiser überzugehen: das dem Kurfürsten von Bayern früher verliehene Generalat über die Reichsvölker habe infolge seines Waffenstillstandes mit den Reichsfeinden zu bestehen aufgehört; die Kriegsvölker sollten nach Böhmen marschieren und sich unter den unmittelbaren Befehl des Kaisers stellen. Die Aufrufe blieben in der Breite ohne Wirkung. Gegen Ende des Krieges hatte die bayrische Reichsarmee einen überwiegenden Anteil an bayrischen Landeskindern. Sie blieben ihrem angestammten Herrscher treu. Die relativ pünktlichen Soldzahlungen des Kurfürsten mögen mitgewirkt haben. Nur die beiden bayrischen Dragonerregimenter wankten. Das Dragonerregiment Schoch stand abseits der bayrischen Armee, ging geschlossen zum Kaiser über und marschierte nach Tirol. Vom Dragonerregiment Creutz trafen nach und nach die Offiziere, aber nur 60 bis 70 Mannschaften im kaiserlich besetzten Weißenburg in Bayern ein[165].

Je näher zum Feind, desto mehr mußten die kaiserlichen Truppen aufschließen. Feindlage und Gelände ließen es nicht zu, den ausgedehnten Kaiser-Wald südöstlich von Eger zu durchschreiten. Die Enge bei Königswart wurde bereits von schwedischen Truppen mit einer Schanze gesperrt[166]. Holzappel mußte nach Osten ausholen, um diese Enge zu umgehen[167]. Am 18. Juli 1647 fiel Eger nach langem Beschuß, Minenkampf und zweimaligem Sturm in schwedische Hand[168]. Die fünf Tage, welche die kaiserliche Armee auf Werth gewartet hatte, waren ausschlaggebend gewesen. Sie war zu spät gekommen. Die Schweden hatten Eger, das Tor nach Böhmen, aufgestoßen.

Holzappel war östlich des Kaiser-Waldes den Fluß Tepl abwärts marschiert und über Schlaggenwald links eindrehend bei Elbogen an den Fluß Eger gestoßen. Dort nahm er Verbindung mit der kaiserlichen Besatzung auf, die er noch rechtzeitg verstärkt hatte und welche Stadt und Burg inmitten der Egerschleife gehalten hatte. Schwedische Aufklärung wich nach Westen aus und die Kaiserlichen marschierten die Eger aufwärts in Richtung auf die gleichnamige Stadt. Nächst Elbogen liegt der Ort Falkenau. Obwohl Schloß Falkenau befestigt worden war, hatte die geringe Besatzung mit den Schweden einen Übergabevertrag geschlossen und war ehrenrührig ohne Waffen und Pferde abgezogen[169]. Teile der kaiserlichen Armee eroberten Falkenau zurück und die gesamte Armee näherte sich südlich der Eger – entlang des rechten Ufers – der Stadt, die Kroaten, Dragoner und Freikompanien voraus.

Am 28. Juli hatte die schwedische Armee Aufstellung ebenfalls auf dem rechten Ufer der Eger genommen, östlich der Stadt und in der Front gedeckt durch die Wondreb, die dort in die Eger mündet. Holzappel griff die starke schwedische Stellung nicht an. Er schwenkte überraschend auf das linke (nördliche) Eger-Ufer, Werth und Montecuccoli mit der Masse der Reiterei durch Furten eilig voraus. Die übrige kaiserliche Armee folgte durch eine alte Straßenfurt. Die schwachen schwedischen Sicherungskräfte auf dem „Galgenberg“ nördlich der Stadt wurden im ersten Anritt geworfen. Damit hatte Holzappel eine beherrschende Stellung über der Stadt gewonnen. Die schwedische Armee stand jetzt näher zu Böhmen als die kaiserliche. Damit war Wrangel in unangenehme Alternativen hineinmanövriert worden: die erste Alternative, er wagte einen fast tollkühnen Angriff gegen die überaus starke Stellung Holzappels auf dem steilen Galgenberg; die zweite Alternative, er zog nach Böhmen, mußte Eger dann aber dem möglichen Angriff der kaiserlichen Armee überlassen; die dritte Alternative, er deckte weiter die Festung Eger, damit blieb er aber in der Nordwestecke Böhmens gebunden.

Wrangel wählte die dritte Alternative. Er verschanzte sich in einem Lager neben der Stadt und befestigte es mehr und mehr. Die kaiserliche Artillerie, ohnehin an Rohren und Kalibern schwächer als die schwedische, durfte sich wegen ihres Pulvermangels nicht auf längere Duelle einlassen. Und um die schwedische Armee von ihrer Versorgung abzuschneiden, war die kaiserliche nicht groß genug. Wrangel wurde weiter von Franken her mit allem Armeebedarf versorgt, vor allem Nürnberg lieferte Munition. So war Wrangel auf Dauer doch nicht beizukommen. Die kaiserliche Armee gab am 8. August ihre vorteilhafte Stellung auf. Insbesondere der Pulvermangel, aber auch andere Versorgungsschwierigkeiten hatten wieder einmal eine operative Entscheidung bestimmt, wie oft im Dreißigjährigen Kriege. Die Armee brach auf, zurück nach Osten, egerabwärts. Am 12. August war das kaiserliche Feldlager wieder in Elbogen. Am 16. August lag das Armeehauptquartier in Pilsen. Dort blieb der Kaiser, nachdem er sechs Wochen den Feldzug mitgemacht hatte. Die Armee marschierte nach kurzer Pause weiter, aus der Gegend Pilsen-Tuschkau die Mies aufwärts nach Westen. Seit ihrem Aufbruch von Eger am 8. August hatte sie eine Marschroute etwa in Hufeisenform beschrieben (siehe Marschskizze Seite 80).

Wrangel war am 12. August ebenfalls abmarschiert und stieß direkt über die Königswarter Schanze vor. Seine Absicht war, sich aus der Nordwestecke Böhmens zu lösen und mit einem kräftigen Südostvorstoß an Pilsen vorbei Raum in Böhmen zu gewinnen. Immerhin hatte er schon wie festgenagelt fast zwei Sommermonate in der Gegend um Eger gestanden, die für Operationen kostbarste Zeit. Vor dem Übergang über die Mies bezog Wrangel ein Lager unweit der Stadt Plan, wieder nach Osten gedeckt durch ein Gewässer, den tief eingeschnittenen Amselbach, der von Nord nach Süd zur Mies fließt. Wrangel ließ auf der anderen Seite des Amselgrundes das feste Schloß Triebl durch Vorposten besetzen. Vor den unausweichlich kommenden Gewaltmärschen wollte Wrangel seinen Soldaten und Pferden eine Ruhepause gönnen. Vor allem die Dienstpferde der berittenen Truppen und der Artillerie mußten hin und wieder abgesattelt und abgeschirrt werden. Gab man den Pferden nicht diese Ruhepausen, fielen sie reihenweise aus, weniger aus Futtermangel, sondern weil sie anfingen zu lahmen und nässende oder offen blutende Druckstellen von den schweren Sätteln und Geschirren davontrugen.

Der Marsch der kaiserlichen Armee von Eger bis zum Gefecht bei Triebl im August 1647

Skizze: Hans-Georg Rejzek

Das Reitergefecht bei Triebl[170]

Wrangel befand sich am 18. August noch in seinem Feldlager bei Plan, als die gesamte kaiserliche Armee vor ihm, auf der anderen Seite des Amselbaches, auftauchte. An nur einem Tage hatte sie mit ihren Kampftruppen und der gesamten Artillerie die 40 Kilometer aus der Gegend Pilsen-Tuschkau bis zum Amselbach zurückgelegt, eine großartige Leistung. Das einfache kaiserliche Fußvolk marschierte teilweise schon wieder barfuß[171], es hatte die Anmärsche nach Budweis und Eger sowie den hufeisenförmigen Umgehungsmarsch über Falkenau, Elbogen, Petschau, Theusing in die Gegend Pilsen-Tuschkau schon hinter sich.

Holzappel nahm mit der Armee eine Deckungsstellung zum Amselgrund ein, kanonierte Schloß Triebl den ganzen Nachmittag des 18. August und am folgenden Vormittag, brachte die Mauern zum Einsturz und nahm es vor den Augen der schwedischen Armee im Sturm. Wrangel wagte keinen Entsatzangriff über den Amselgrund hinweg. Damit hatte Holzappel die Ostseite des Amselgrundes fest in der Hand. Die Schweden konnten ihn nicht mehr, gestützt auf Schloß Triebl, in der Flanke packen.

Zunächst blieben beide Armeen in ihren Lagern, die schwedische westlich des Amselgrundes, die kaiserliche östlich von ihm, und verstärkten Wälle, Schanzen und vorgeschobene Geschützstellungen, wobei Holzappel nur die Rückseite und Flanken seines Lagers befestigen ließ. Zur Front hin deckte die Kaiserlichen der nahe Amselgrund. Wie immer bildeten die Kroaten ein eigenes Lager im kaiserlichen. Das schwedische Lager war vom Amselgrund weiter entfernt, was den Vorteil leichterer Wasserversorgung hatte, denn flachufrige Nebengewässer des Amselbaches flossen durch das Lager. Dafür mußte Wrangel ständig mehrere Kavallerieregimenter außerhalb als Vorwache gefechtsbereit halten, um vor Überraschungsangriffen sicher zu sein.

In der Nacht vom 21. zum 22. August ließ der kaiserliche Generalfeldmarschall seine Reiterei so geräuschlos wie möglich über den Amselgrund vorgehen und sich in dessen Talwäldern bereitstellen[172]. Das rechte Reitertreffen befehligte Feldmarschalleutnant Raimondo Graf Montecuccoli, das linke General der Kavallerie Jan von Werth. Dessen linke Flanke wiederum deckten die Kroaten. Die Reiter Werths und Montecuccolis führten ihre Pferde abgesessen in Reihe oder Doppelreihe vor, die eine Hand am Zügel, die andere über den Nüstern.

Kompanie auf Kompanie sickerte so in ihre Bereitstellungsräume bis die Regimenter versammelt waren. Ins Zentrum, zwischen beide Reitertreffen, schob Holzappel das Fußvolk – nur Musketiere – und noch einmal fünf Reiterregimenter.

Bei der Masse an kaiserlichen Reitern hatte sich die Bereitstellung doch nicht ganz geräuschlos vollziehen können. Die abgelöste Vorwache der Schweden schöpfte Verdacht und hielt aufgesessen hinter der neuen. In aller Stille, bewegungslos und sichtgedeckt durch die Wälder, wartete jetzt das kaiserliche Heer auf einen günstigen Zeitpunkt zum Losschlagen. Das disziplinierte Ausharren der kaiserlichen Truppen lohnte sich, die alte schwedische Vorwache ritt endlich in ihr Lager zurück. Gegen ein Uhr mittags am 22. August war der Zeitpunkt zum Losschlagen gekommen. Eine kaiserliche Kartaune (Kanone schweren Kalibers) löste einen Schuß, das war das Angriffszeichen. Mit dem Schlachtruf „Jesus Christus" griffen die kaiserlichen Reitertreffen unter Werth und Montecuccoli bergauf an. Werth erschütterte die schwedische Vorwache aus zehn Kavallerieregimentern mit einem frontalen Angriff seiner schweren Reiter, Montecuccoli faßte sie in der linken Flanke und machte Unordnung und Auflösung vollkommen. Wrangel schickte einen weiteren Teil der schwedischen Kavallerie zu Hilfe, der, so schnell es ging, die Gefechtsbereitschaft hatte herstellen können oder noch gefechtsbereit war. Umsonst, das Blatt konnte nicht mehr gewendet werden, diese Schwadronen wurden von den Fliehenden mit fortgerissen. Erst als Wrangel kaltblütig seine Infanterie und Begleitgeschütze aus dem Lager führte, sie sich entfalten und zur Schlachtordnung entwickeln ließ, stand die schwedische Front. Holzappel genügte das Gelingen seines Überraschungsangriffs. Er nahm die Reiterei geordnet und ohne Verluste zurück. Feuerschutz gaben die Musketiere im Zentrum, die bis an die Waldränder im Talgrund dem kaiserlichen Reiterangriff gefolgt waren. Das war die zweite Überraschung für Wrangel. Er hielt seine Infanterie an, seine geschlagene Kavallerie sammelte sich zum eigenen Lager hin.

An Verlusten hatte sie über 1.000 Mann an Toten und Verwundeten zu beklagen, mehr als 300 Mann waren in kaiserliche Gefangenschaft geraten. Unter den schwedischen Gefallenen waren der Generalmajor Helm Wrangel[173], drei Obristen, neun Obristleutnants und Majore sowie 24 Rittmeister[174]. Die Überraschung der schwedischen Kavallerie war vollkommen gewesen, die Verluste der kaiserlichen Armee dagegen waren gering geblieben. Dem bei dem Gefecht verwundeten Obristen Lannan, der sich besonders ausgezeichnet hatte, wurde die

Ehre zuteil, dem Kaiser nach Pilsen die 13 erbeuteten Standarten zu überbringen.

Der Kampf um Schloß Triebl und das Reitergefecht bei Triebl waren ein voller Erfolg für die kaiserliche Armee. Alles hatte gestimmt: die gelungene Aufklärung gegen die schwedische Hauptarmee, wobei auf de la Corona mit seinen Kürassieren und zwei später nach Pilsen detachierte Kroatenregimenter Verlaß gewesen war (zu jeder Zeit wußte die kaiserliche Armeeführung, wo die schwedische Armee stand); die richtige Beurteilung der Feindabsicht durch Holzappel; eine ausreichende Pulverergänzung in Pilsen und der gelungene Gewaltmarsch am 17. August vor das feindliche Lager, der die Schweden abfing. Vor allem aber hatte die kaiserliche Armee, Reiterei wie Fußvolk, eine überlegene Kampfdisziplin gezeigt. Den Angriff hatte die kaiserliche Reiterei mit großem Schwung und Elan geführt. „Meine Kavallerie hat überaus wohl gefochten", schrieb der Kaiser an Kurfürst Ferdinand von Köln[175]. Werth und Montecuccoli erhielten Dankschreiben des Kaisers, die Holzappel überreichte[176]. Das Bild einer kaum noch zusammenhaltenden und desolaten kaiserlichen Armee war gründlich widerlegt worden. Die strategische Konzeption des Feldzuges in Böhmen als Defensivfeldzug[177], der den Feind abfing und ihm schwere Verluste zufügte, ohne existentielle Risiken für die kaiserliche Armee einzugehen, hatte ihre Probe bestanden. Holzappel hat strikt auf dieser konzeptionellen Linie operiert, in voller Übereinstimmung mit dem Kaiser und geraume Zeit in dessen Anwesenheit.

Erneuerte Militärallianz zwischen Kaiser und Bayern

Stillstand auf dem Westfälischen Friedenskongreß

Ferdinand von Köln hatte am 15. August 1647 den Waffenstillstand mit Schweden und Hessen-Kassel offiziell gekündigt[178], weil ihn weder das schwedische Korps unter Königsmarck noch Hessen-Kassel korrekt eingehalten hätten. Graf Trauttmansdorff hatte auf der Rückreise vom Westfälischen Friedenskongreß in der kurfürstlichen Residenz zu Bonn Station gemacht und den politischen Erfolg vollendet[179]. Daß Königsmarck nach der Belagerung von Schweinfurt wieder in den niederrheinisch-westfälischen Reichskreis gezogen war, Fürstenau und Wiedenbrück belagert und eigene Kontributionen ausgeschrieben hatte, bedeutete eine große Enttäuschung für Kurfürst Ferdinand. Er hatte schon kurz vor der offiziellen Kündigung des Waffenstillstandes seine eigenen Truppen angewiesen, den Befehlen des Feldmarschalls Wilhelm Freiherr von Lamboy[180] zu folgen[181], welcher der Nachfolger Holzappels im Kommando über die kaiserlichen Immediattruppen im Niederrheinisch-Westfälischen Reichskreis geworden war. An den Kaiser schrieb Trauttmansdorff am 12. August[182], er hoffe, daß Königsmarck jetzt in Westfalen so viel zu tun bekomme, daß er Wrangel in Böhmen nicht mehr zu Hilfe eilen könne. Dieses Schreiben Trauttmansdorffs ist ein signifikantes Beispiel, wie sehr sich der Kaiser, Trauttmansdorff und Holzappel abstimmten und wie klar Trauttmansdorff die Gesamtlage überblickte. Am 19. August beschied der Kaiser die von Kurköln genannten Bedingungen für den Rücktritt vom „Waffenstillstand mit den Reichsfeinden" im wesentlichen positiv[183]. An demselben Tage noch informierte der Kaiser den Feldmarschall Lamboy über die Verhandlungen mit Kurköln[184]. Darüberhinaus erhofften sich der Kaiser und Graf Trauttmansdorff vom erneuten militärischen Beitritt des Kurfürsten ein „gutes Exempel" für andere Reichsstände.

Ende August kamen mit Kurfürst Maximilian von Bayern Verhandlungen über die Erneuerung der Militärallianz in Gang. Der für den Kaiser günstige Verlauf des bisherigen Sommerfeldzuges hat dem Kurfürsten den Rücktritt zum Kaiser sicher erleichtert. Im September 1647 kündigte Bayern – nach außen ziemlich überraschend – den Ulmer Waffenstillstand mit Schweden und Hessen-Kassel, den es gegenüber beiden noch nicht ratifiziert hatte. Ausschlaggebend für Maximilian war, daß ein mit Frankreich angestrebtes Bündnis nicht zustande gekommen war. Frankreich, vor die Wahl eines Bündnisses mit Schweden oder Bayern gestellt, hielt am Bündnis mit der Großmacht Schweden fest. Jedoch hatte der Waffenstillstand dem bayrischen Kurfürsten endgültig die gewünschte Regelung der pfälzischen Angelegenheit eingebracht, welche inzwischen auch Frankreich und Schweden mit ihrer Unterschrift besiegelt hatten. Seine dynastischen Kriegsziele – Kurwürde und die Oberpfalz – hatte Maximilian erreicht.

Mit dem nichtkatholischen Kurfürstentum Brandenburg suchte der Kaiser ebenfalls wieder Verbindung, weil der Friede mit den beiden Kronen Frankreich und Schweden durch „gütliche Traktaten" nicht mehr zu erlangen sei[185]. Königin Christina von Schweden leitete ein Schreiben an ihren Gesandten Salvius mit den folgenden Worten ein:

„Ich sehe, daß nunmehr die Friedensverhandlungen so gut wie still stehen und daß jedermann den Ausgang der Feldzüge abwartet ...“[186] Überall, bei den Kriegsparteien und auf dem Westfälischen Friedenskongreß, richtete man den Blick auf die kriegerischen Auseinandersetzungen und ganz besonders auf den Ausgang des Zweikampfes zwischen der kaiserlichen und der schwedischen Hauptarmee in Böhmen. Es wurde wieder einmal „laviert“ und kaum noch „traktiert“[187].

Rekonjuktionsverhandlungen des Kaisers mit Kurbayern und der Pilsener Vertrag

Der Kaiser und der Kurfürst von Bayern regelten ihre neue Militärallianz im Pilsener Vertrag[188]. Die **politischen** Festlegungen waren: ohne Wissen und Zustimmung des anderen Vertragsteils dürfen Kaiser und Kurfürst keinen Frieden, Waffenstillstand oder anderen Vergleich mit den Feinden schließen; der Kaiser bestätigt die Kurwürde und den Erwerb der pfälzischen Lande; Kaiser und Kurfürst suchen mit ihrer Konjunktion und der Vereinigung ihrer beiden Armeen einzig und allein den lieben Frieden; der Kaiser verpflichtet sich, sowohl die katholischen wie nichtkatholischen Reichsstände zu veranlassen, sich in den noch strittigen Punkten baldigst zu vergleichen und den Frieden zu schließen. Diese politischen Vereinbarungen waren beiderseits ausgewogen.

Bei den **militärischen** Vereinbarungen des Pilsener Vertrages erreichte der Kurfürst viel, obwohl der Kaiser die Anerkennung seiner obersten Militärhoheit noch einmal durchsetzen konnte[189]. Der Kaiser versprach, seine „Avocatorial-Schreiben“, mit denen er zum Übertritt der bayrischen Reichsarmada aufgefordert hatte, durch eine öffentliche Deklaration zu widerrufen. Er verpflichtete sich ferner, den Teil der bayrischen Reichsarmada, der zur kaiserlichen Immediatarmee stoßen würde, „mit aller Notdurft von Proviant und Munition, Feuerwerk und anderen Requisitis“ in und außerhalb Böhmens zu versorgen und der bayrischen Reichsarmada als Winterquartiere Franken und Schwaben zu überlassen. Sollten diese beiden Reichskreise nicht zurückerobert werden können, sollte die bayrische Reichsarmada jedenfalls außerhalb der Lande des Kurfürsten überwintern. Offen blieb, wo. Außerdem verpflichtete sich der Kaiser zur Zahlung von Hilfsgeldern für den Unterhalt der Reichsarmee. Ihre dismontierten Reiter waren mit Mitteln des Kaisers wieder beritten zu machen. Die Vereinigung der beiden Armeen sollte sich nicht gegen Frankreich richten, jedenfalls so lange nicht, wie Frankreich den Waffenstillstand mit Bayern hielt. Sehr bedenklich war die Vertragsbestimmung, daß dem Kurfürsten „Kommando und Direktion“ nicht nur über die bayrische Reichsarmada zufallen sollte, sondern auch über die kaiserliche Hauptarmee, wenn er in seinen eigenen Landen angegriffen werden sollte.

Nach gleichzeitiger Unterschrift des Kaisers und des Kurfürsten unter das Vertragswerk am 7. September in Pilsen beziehungsweise in München drohte dessen Inkrafttreten daran zu scheitern, daß der Kurfürst auf der Auslieferung und Bestrafung der abtrünnigen Generale Werth und Sporck sowie des Dragonerobristen Creutz bestand (Schoch, der andere Dragonerobrist, wird nicht erwähnt). Der kaiserliche Abgesandte in München fand schließlich den Ausweg, daß die drei abgefallenen Offiziere nicht bei der kaiserlichen Hauptarmee verwendet werden sollten, wenn die bayrische Reichsarmada zu ihr stoßen würde: „Dieses des Grafen Kevenhüllers Erbiethen haben Ihre Churfürstliche Durchlaucht angenommen und darüber einen Receß aufsetzen lassen, den gedachter Graf unterschrieben und verfertiget ...“[190] Der kaiserliche Abgesandte Graf Khevenhüller hatte auf eigene Verantwortung den Kaiser so festgelegt. Bis zur Unterfertigung dieses zusätzlichen Rezesses dauerte es bis zum 23. September. Jetzt erst ergingen die endgültigen Weisungen des Kurfürsten an seinen Generalfeldmarschall Jobst Maximilian Graf von Gronsfeld, mit 10.000 Mann zu Roß und Fuß zur kaiserlichen Hauptarmee in Böhmen zu stoßen und zur Detachierung von 4.000 auserlesenen Landsknechten zur Belagerung von Memmingen. An Feldmarschall Wrangel wurde ein Trompeter mit der Aufkündigung des Waffenstillstandes abgefertigt. Der französische Gesandte erhielt eine Abschrift des Manifestes, mit dem der Kurfürst die Aufkündigung mit Schweden und Hessen-Kassel öffentlich rechtfertigte.

Der kaiserliche Generalfeldmarschall war – da im Felde – nicht in die Rekonjunktionsverhandlungen zwischen Kaiser und Kurfürsten einbezogen, sondern erst nach ihrem Abschluß zum Inhalt unterrichtet worden; die erste Information hatte der Kaiser unter dem 9. September in einem Geheimbefehl übermittelt[191]. Der kaiserliche Generalkriegskommissar Ernst von Traun hatte vorher lediglich die Information geben können[192], daß die Rekonjunktionsverhandlungen „in guten terminis“ stünden und daß sie keine leere Hoffnung mehr seien. Mit den politischen Vereinbarungen war der kaiserliche Generalfeldmarschall sicher einverstanden. Die militärischen Vereinbarungen des Pilsener Vertrages fanden seine Zustimmung nicht[193]. Ganz offensichtlich hatten die kaiserlichen Unterhändler den politischen Erfolg zu Lasten der militärischen Vertragsbestimmungen erreicht, zu Lasten also der kaiserlichen Armee. Wovon sollte die bayrische Reichsarmada mit „aller Notdurft an Proviant und Munition“ versorgt werden, wenn es nur zeitweise vor Triebl gelungen war, den drückenden Pulvermangel der eigenen Armee zu lindern? Bereits am 4. September hatte Holzappel einen Leutnant an den Kaiser mit der Meldung abgefertigt[194], daß Bekleidung sowie 6.000 Paar Schuhe und Strümpfe fehlten und daß Pulver, Blei und Lunten dringend ergänzt werden müßten. Wie sollten die unberittenen Reiter der bayrischen Armee wieder beritten gemacht werden, wenn in der kaiserlichen schon wieder Pferdemangel herrschte? Wieso konnte der kaiserliche Unterhändler eine Verpflichtung zur Zahlung von Hilfsgeldern in dem Zeitpunkt eingehen, in dem der Kaiser den Kommandeuren (Kommandanten) der eigenen Reiterregimenter immer noch Beträge für die Remontierung schuldete[195]? Wo endlich sollte die kaiserliche Armee ihre Winterquartiere nehmen, wenn die noch etwas ergiebigeren Reichskreise, der schwäbische und der fränkische, ausschließlich für die Reichsarmee des Kurfürsten reserviert wurden? Die militärischen Bestimmungen des Pilsener Vertrages bedeuteten eine erhebliche Einengung der späteren Operationsfreiheit der kaiserlichen Armee. Holzappel war enttäuscht und verstimmt[196].

Wieder Kämpfe in Böhmen

Doch zunächst hatte die kaiserliche Armee weiter auf sich allein gestellt den Kampf mit der schwedischen in Böhmen zu führen. Wrangels Armee konnte weiter geschwächt werden, wenn es gelang, ihr die Versorgung aus Franken abzuschneiden. Holzappels Absicht war, sich zuerst der Stadt Tachau zu bemächtigen und dann die Schanze von Königswart zu nehmen. Über die Schanze von Königswart lief die Versorgung aus Richtung Eger. In Tachau vereinigen sich zwei Straßen über den Böhmer Wald, die von Nürnberg-Sulzbach-Waidhaus und die von Hof-Marktredwitz-Tirschenreuth-Bärnau.

Begünstigt vom Morgennebel verließ die kaiserliche Armee am 5. September in aller Frühe ihr Lager bei Triebl[197], überschritt die Mies nach Süden, schwenkte nach Westen und erreichte noch an demselben Tage Tachau. Stadt und Schloß waren von 150 schwedischen Dragonern besetzt[198]. Sie steckten die Vorstadt bei der Annäherung der kaiserlichen Armee in Brand und legten 40 Häuser „in die Asche"[199]. Dann zogen sich die schwedischen Dragoner auf ihre Hauptarmee zurück. In Tachau blieb eine kaiserliche Besatzung von vier Fußkompanien. Die Armee marschierte weiter in Richtung auf die Königswarter Schanze. Wrangel hatte unterdessen seinen Troß in Richtung auf Tepl geschoben. Nachdem er die „übriggebliebene Fütterung zusammengerafft" und zum letzten Male im alten Lager zwischen Plan und Triebl Mensch und Tier verpflegt hatte, folgte er am 6. September mit den Kampftruppen. Durch dieses Manöver vereitelte Wrangel den Handstreich Holzappels auf die Königswarter Schanze: die kaiserliche Armee hätte am Kaiser-Wald die schwedische Armee im Rücken gehabt, vor sich nur die feindbesetzte Schanze und die Enge von Königswart. Selbst wenn im Handstreich genommen, hätte die kaiserliche Armee unversorgt nur noch in Richtung auf Eger marschieren können – oder sie hätte die Entscheidungsschlacht mit der schwedischen suchen müssen. Doch gerade sie war bei der strategischen Konzeption zu vermeiden. Holzappel – laufend mit neuen Aufklärungsergebnissen versorgt – drehte seine Armee sofort ebenfalls auf Tepl, kam Wrangel zuvor und gewann die Stadt ganz knapp vor ihm am 8. September. Das Eindrehen der kaiserlichen Armee auf diese Stadt war ein bravouröses Gegenmanöver in einer besonders gefährlichen Situation, zumal Wrangel Holzappels Absicht auf die Königswarter Schanze[200] erkannt hatte. Mit der Stadt Tepl im Zentrum errichteten die Kaiserlichen ein rundum verschanztes Lager. Die Stadt bot einem Teil der Soldaten feste Unterkunft, dem Generalstab Arbeitsräume und einigen Pferden endlich wieder Stallungen. Das gleichnamige Flüßchen Tepl durchfloß das Lager in ganzer Länge. Die kaiserliche Armada hatte sich das bessere Lager gesichert, seine Ausdehnung verhinderte eine Einschließung. Die schwedische Armee lehnte sich gegenüber Tepl an drei Waldstücke an und verschanzte sich ebenfalls.

In Tepl erhielt Holzappel den Geheimbefehl des Kaisers vom 9. September. Der Kaiser teilte darin mit, „daß an würklicher Coniunction" mit der bayrischen Reichsarmada nicht mehr zu zweifeln sei. Für die kaiserliche Armee stand also die Wiedervereinigung mit der bayrischen Reichsarmee in Aussicht. Das würde Wrangel nicht verborgen bleiben, wenn es nicht bereits zu ihm durchgesickert war. Wie würde Wrangel reagieren? Würde er alles auf eine Karte setzen und versuchen, der kaiserlichen Armee eine Entscheidungsschlacht zu liefern, **bevor** sich die bayrische mit ihr vereinigt hatte? Bei der Operationsfähigkeit der schwedischen Armee, bei dem Selbstvertrauen und Wagemut Wrangels mußte die Möglichkeit einer Entscheidungsschlacht vom kaiserlichen Generalstab ins Kalkül gezogen werden. Vorerst wurde nur deutlich, daß Wrangel Verstärkungen aus dem niederrheinisch-westfälischen Reichskreis heranbeorderte. Die Frage war, ob Königsmarck selbst mit seinem gesamten Korps erscheinen würde oder nur ein Teil davon. Daß Königsmarck die vagabundierenden weimarischen Reiter, die von der französischen Armee abgefallen waren, am 23. August bei Hildesheim in sein Korps eingegliedert hatte, war mittlerweile gemeldet worden[201].

Die Zeit in den Lagern bei Tepl war eine Zeit höchster Anspannung. Täglich wurde hin und her kanoniert, es kam zu Scharmützeln mit wechselndem Ausgang. Der Kaiser erinnerte seinen Feldmarschall noch einmal an Lagebeurteilung, Kräftevergleich und Erhalt der Armee[202]: „Was das Hauptwerk der Operationen gegen den Feind anbelangt, so zweifele ich nicht, Ihr werdet dessen Stärke und was er an sich ziehen kann und das, was Ihr bei der Armada beisammen habt, wohl gegeneinander ausrechnen und Eure „Operationes“ danach anstellen.“ Ferner kündigte Ferdinand baldige Verstärkung an Kürassieren und Kroaten aus Ungarn an. Wegen der bevorstehenden Wiedervereinigung mit der bayrischen Reichsarmee und wegen der Gefahr, daß Wrangel jetzt die Schlacht suchte, verlangte der Kaiser laufende Information durch Holzappel.

In der Nacht vom 17. auf den 18. September aber schickte Wrangel seinen Troß in nordöstlicher Richtung auf Theusing ab. Er selbst gab am 18. September das Lager bei Tepl auf und folgte. Der Abnutzungseffekt bei der schwedischen Armee mußte groß sein. An Theusing vorbei wich Wrangel weiter nach Luditz aus, ein untrügliches Zeichen, daß er ohne Verstärkung jetzt keinen Entscheidungskampf mehr mit der kaiserlichen Armee wagte. Diese folgte – ebenfalls am 18. September – etwas seitlich versetzt bis in die Gegend von Petschau, dann machte sie kehrt und marschierte nach Südosten bis zum Straßenknoten Bela[203]. Nach dem 20. September überschritt die schwedische Armee zwischen Kaaden und Saaz die Eger nach Norden[204] und zog die Verstärkungen, welche Königsmarck geschickt hatte, an sich. Diesen „Sukkurs“ in Stärke von 2.000 Reitern hatte Generalmajor Hammerstein herangeführt[205]. Wieder hatte der kaiserliche Generalstab zutreffende Aufklärungsergebnisse hierüber[206]. Nach Aufnahme von

Hammerstein schlug Wrangel sein Hauptquartier in Saaz auf. Damit hatten die kaiserliche und die schwedische Armee die enge Fühlung miteinander aufgegeben. Selbstverständlich wurde weiter Aufklärung betrieben.

Für den kaiserlichen Befehlshaber ergab sich die Frage, wie weiter zu operieren sei. Wrangel war nach Norden über die Eger zurückgegangen, abgesehen vom anfänglichen Verlust der Festung Eger war der Verlauf des böhmischen Defensivfeldzuges bisher erfolgreich. Holzappel berief am 21. September einen Kriegsrat ins Feldlager von Bela[207]. Von der Generalität versammelten sich: General der Kavallerie von Werth (Führer des linken Reiterflügels[208]), Generalfeldzeugmeister von Fernemont (Befehlshaber der Artillerie), Feldmarschalleutnant Graf Montecuccoli (Führer des rechten Reiterflügels), Feldmarschallleutnant Vogt zu Hunoldstein (Befehlshaber des Fußvolks), Generalfeldwachtmeister Philipp von der Beck (der Stellvertreter Werths), Generalquartiermeister Reich und Generalfeldwachtmeister von Traun, seit kurzem Generalkriegskommissar[209] „bei den Kaiserlichen Armaden". Im Kriegsrat wurde die altbewährte Regel befolgt, daß der dienstjüngere Offizier zeitlich vor dem dienstälteren sprach, Reich also zuerst, dann „Philipp", bis die Reihe an Werth kam[210].

Am weitesten wollte Montecuccoli vorgehen, bis zur Einmündung der Eger in die Elbe unweit Leitmeritz. Die meisten der versammelten Generale, insbesondere Fernemont und Werth, sprachen sich jedoch dafür aus, an Ort und Stelle zu warten, bis die vom Kaiser zugesagte Verstärkung eingetroffen und bis die Vereinigung mit der bayrischen Reichsarmada vollzogen sei. Holzappel stimmte diesem strikt defensiven Vorschlag zu und bat den Kaiser um „allergnädigste Erklärung" hierzu. Tatsächlich stand eine strategische Entscheidung an. War in Ausnutzung von Wrangels Rückzug schon jetzt zur begrenzten Offensive überzugehen oder mit vereinten Kräften erst später zu einer größer angelegten Offensive anzutreten? Schon zwei Tage zuvor hatte Holzappel um einen kaiserlichen Befehl gebeten[211], für den Fall, daß sich Wrangel „in das Reich" zurückziehen sollte: „... werden Euer Kaiserlicher Majestät allergnädigster Befelch nun von nöthen sein, ... ob ich nicht noch vor dem Winter Eger oder Schweinfurt anzugreifen (habe)." Schon am 23. September antwortete der Kaiser mit einem „Handbriefel"[212] aus Prag und verlangte, wieder näher an den Feind zu gehen, bis man ihm mit „der hilff Gottes" weiter beikommen und schädigen könne. Holzappel solle sich davon nicht abhalten lassen, weder durch den geringen Sukkurs Hammersteins, noch durch ausgestreute Gerüchte, daß Königsmarck selbst sich im Anmarsch befinde.

Die Antwort des Kaisers vom 23. September war nur ein Zwischenbescheid, konnte es nur sein, denn erst an demselben Tage war in München endgültig die Wiedervereinigung der bayrischen Reichsarmee mit der kaiserlichen Immediatarmee beschlossen worden. Diese rückte über Kralowitz – dort war das kaiserliche Hauptquartier am 25. September – Rakonitz und an Schloß Lana vorbei in eine Flankenstellung zwischen Schlan und Laun an der Eger. Nach Schlan wurden jetzt die Versorgungsgüter zugeschoben[213], wo sie von den Regimentern und Kompanien der kaiserlichen Armee abgeholt wurden. Selbst wenn es Wrangel gelingen sollte, weitere Verstärkungen an sich zu ziehen, war ihm mit der kaiserlichen Flankenstellung ein erneuter Vorbruch über die Eger hinweg ins Innere von Böhmen verwehrt. Vor allem aber konnte in dieser Stellung der Zumarsch der bayrischen Armee abgewartet werden, um dann zusammen mit ihr zur groß angelegten Offensive überzugehen. Mitentscheidend war sicher die gute Erreichbarkeit von Prag, aus dem inzwischen das meiste an Nachschub floss. Die Armee bedurfte dringend der Materialergänzung, wenn sie zur Offensive übergehen sollte.

Am 26. September schrieb Wrangel aus Saaz[214] an den schwedischen Gesandten Oxenstierna, sollte Bayern wider Verhoffen den Waffenstillstand brechen und sich mit dem Kaiser verbinden, so bleibe kein anderer Ausweg, als sich an die Weser zurück zu ziehen, da dann der Feind weit überlegen sei. Am 28. September erhielt Wrangel tatsächlich die kurbayrische Kündigung des Waffenstillstandes, am 29. September brach er mit seiner lädierten Armee zum Erzgebirge auf und verließ das Königreich[215] über den Paß von Preßnitz.

Beurteilung des kaiserlichen Defensivfeldzuges in Böhmen

Die Operationen der kaiserlichen Armee waren insgesamt so gut gelungen, daß Feldmarschall Wrangel äußerte, er habe einen Feldherrn gleich dem Grafen von Holzappel noch nicht vor sich gehabt. Wrangel, dessen Feldzug offensiv angelegt war, hatte weder die kaiserliche Armee zur Schlacht stellen noch Raum in Böhmen gewinnen können. Die stolze Königlich Schwedische Armee hatte schwer gelitten[216]. Im November 1647 teilte Königin Christina ihren Entschluß, Wrangel als Oberbefehlshaber in Deutschland abzulösen, dem französischen Gesandten in Stockholm im Vertrauen mit[217].

Die kaiserlichen Feldzugsvorbereitungen waren gründlich gewesen, Aufmarsch und dessen Deckung gelungen. Die kaiserliche Armee hatte – nach 29 Jahren Krieg – eine erstaunlich hohe (phsychische) Kampfbereitschaft und (materielle) Kampffähigkeit zurückgewonnen. Unter großen Anstrengungen der Landstände in Österreich und Böhmen war ihre Versorgung im großen und ganzen gesichert worden, abgesehen vom Pulvermangel bei der Artillerie. Vor allem war es gelungen, jederzeit die Armee zu verpflegen[218]. Dazu hatte beigetragen, daß der Verpflegungstransport geordnet lief. Die kaiserliche Armee hat an keinem Tage wirklich Hunger leiden müssen, ein Vorzug, der sich sehr günstig auf die Disziplin der Truppe auswirkte. Die Reiterei, deren Standard 1646 am meisten abgefallen war, hatte mutig und umsichtig gekämpft. Außerdem hat sie mit ihrer dichten Aufklärung ein meist zutreffendes Feindlagebild geliefert und damit die Manöver der kaiserlichen Armee erst ermöglicht. Auf das altbewährte, in seinem Bedarf bescheidene Fußvolk war wie immer Verlaß gewesen. Die Artillerie hatte vor Schloß Triebl Feuerkraft und Treffgenauigkeit bewiesen, obwohl die alten Mängel, wie wir noch hören werden, hier zuerst wieder aufscheinen sollten. Ein Hemmnis für die späteren Operationen war zwar der Anfangsverlust von Eger und der Enge von Königswart, doch war dieser Verlust nicht unheilbar.

Auch ohne die Vereinigung der bayrischen Reichsarmada mit der kaiserlichen Immediatarmee hätte sich Wrangel nicht mehr in Böhmen halten können. In dem schmalen Streifen zwischen Fluß Eger und Erzgebirge fehlten Raum und Mittel für die Winterquartiere, der schwedischen Armee mangelte dort die materielle Lebensgrundlage, die „Subsistenz". Verständlich ist zwar, daß Wrangel als Grund für seinen Rückzug aus Böhmen die bevorstehende Vereinigung der bayrischen Armee mit der kaiserlichen vorschiebt, aber sie mag allenfalls den frühen Zeitpunkt seines Rückzuges bestimmt haben. Der kaiserliche Defensivfeldzug in Böhmen trug alle Elemente eines Verteidigungskrieges in sich. Clausewitz trifft zu[219]: „In dem Verteidigungskriege muß ebensogut wie in dem Angriffskriege ein großer Zweck verfolgt werden. Dieser kann kein anderer sein, als die feindliche Armee aufzureiben, sei es durch eine Schlacht oder dadurch, daß man ihr ihre Subsistenz bis aufs äußerste erschwert, sie dadurch in eine schlechte Verfassung bringt und zum Rückzuge nötigt, wobei sie notwendig großen Verlusten ausgesetzt sein muß."

Die Vereinigung der bayrischen Reichsarmee mit der kaiserlichen Hauptarmee

Schon am 15. September 1647 hatte die bayrische Reichsarmee über eine bei Straubing geschlagene Behelfsbrücke die Donau nach Norden überschritten[220], war jedoch nicht weitergezogen, weil der Kurfürst den Weitermarsch nicht freigegeben hatte. Der Vereinigung der bayrischen Reichsarmee mit der kaiserlichen Hauptarmee stand im Wege, daß die Generale Werth und Sporck noch Dienst bei ihr taten.

Ende September traf im Felde Hofkriegsrat Fürst Lobkowitz mit einer kaiserlichen Instruktion[221] ein, welche Werth und Sporck zur Verwendung an anderer Stelle abforderte, wie es der kaiserlich-kurfürstliche Vergleich vom 23. September vorsah. Werth und Sporck hatten sich „zu gnädigstem Gefallen des Kaisers und dem gemeinen Wesen zum Besten", nicht etwa „aus Ungnade oder wegen Disreputation", eine Zeitlang von der Hauptarmee zu separieren. Mit einem kaiserlichen Handschreiben an Werth, das Lobkowitz übergab, wurden beide Generale zur Audienz beim Kaiser geladen. Am 30. September ritten Werth und Sporck an den Hof in Prag. Holzappel ließ es sich nicht nehmen, beide zu begleiten. Am 30. September und 1. Oktober berieten der Kaiser und Holzappel über die militärische Lage – es sollten Holzappels letzte Audienzen beim Kaiser werden.

Nachdem der kaiserlich-kurfürstliche Vergleich geschlossen worden war, marschierte der Befehlshaber über die bayrische Reichsarmee, Feldmarschall Jobst Maximilian Graf von Gronsfeld, am 26. September[222] mit seinen Truppen von Straubing weiter, um den Anschluß an die kaiserliche Armee zu finden. Cham, sein nächstes Ziel war gut gewählt. Von dort aus konnte die bayrische Armee entweder die Cham-Further Senke aufwärts marschieren und dann den Böhmer Wald überschreiten oder von Cham aus in allgemein nördlicher Richtung ziehen, also westlich des Böhmer Waldes auf oberpfälzischem Gebiet bleiben. Den Dispositionen Holzappels wurde nicht vorgegriffen. Als aber jede Nachricht ausblieb, überschritt Gronsfeld den Böhmer Wald über den Paß bei Furth und rückte über Taus und Staab nach Tuschkau[223] westlich von Pilsen. Gronsfeld beabsichtigte, in die Gegend von Karlsbad[224] zu marschieren und dort auf das nördliche Ufer der Eger zu rücken, um dann über Schlackenwerth und Sankt Joachimsthal das kursächsische Oberwiesenthal[225] zu erreichen. Das Erzgebirge wäre auf einer westlichen Route überschritten worden.

Erst am 11. Oktober traf bei Gronsfeld, als er bereits nördlich von Theusing stand, die Bitte Holzappels ein, daß sich die bayrische Armee bei Kaaden mit der kaiserlichen vereinigen solle. Dort stand die kaiserliche und wartete.

Gronsfeld, der wie sein Generalquartiermeister Marimont keine Geländekenntnis vom nördlichen Böhmen besaß, wurde von den örtlichen Beamten ein solch „leichtfertiger und teuflischer Weg“ vorgeschrieben, wie er ihn in 32 Jahren, seit er Soldat war, „mit keiner Armee marschieren mußte“[226]. Der bayrische Generalfeldmarschall zog über das Duppauer Gebirge – Reiterei voraus und dann „Artolleria, Infanteria, Bagage und Retroguardia (Nachhut)“ hinterher. Dies war zwar der etwas kürzere Weg nach Kaaden, aber er war ungleich schlechter und kräftezehrender als die östliche Umgehung, die Wrangel für seinen Rückzug gewählt hatte. Daß die Marschstrecke der bayrischen Reichsarmee der Beschränktheit der örtlichen Beamten anheim gegeben worden ist, daß sie über das Duppauer Gebirge geführt hat, ist ein nicht mehr erklärbares Versäumnis. Allein dieser Gebirgsmarsch hat zwei volle Tage gekostet. Am 12. Oktober traf Gronsfeld mit der Vorhut der bayrischen Armee bei Kaaden ein [227]. Die bayrischen Reichsvölker, „lauter schönes Volk“[228], zählten 10.000 Mann und führten 20 Geschütze mit, hinzu kam der Troß.

Die Vereinigung der beiden Armeen, die ein entscheidendes Übergewicht über die schwedische bringen sollte, war kein Musterbeispiel gelungener militärischer Zusammenarbeit: zuerst hatte Kurfürst Maximilian die bayrische vom 15. September bis zum 26. September in der Gegend von Straubing festgehalten, dann wurde sie von Holzappel auf Kaaden umdirigiert, was noch einmal drei Tage kostete. Die Chance, frühzeitig mit überlegenen Kräften Wrangel zu stellen, war fürs erste vertan.

Die erneuerte Militärallianz zwischen dem Kaiser und dem bayrischem Kurfürsten war ein großer politischer Erfolg für den Kaiser, weit über Münster und Osnabrück hinaus. Militärisch mußte dieser Erfolg aber erst noch umgesetzt werden.

Die Ausgangslage nach der Rekonjunktion hatte zwei Seiten. Auf der einen konnte die wieder vereinte kaiserlich-bayrische Armee das volle Gewicht ihrer zahlenmäßigen Überlegenheit gegenüber der schwedischen zur Geltung bringen. Auf der anderen Seite waren die Grundlagen hierfür von Anfang an belastet. Denn, um die politische Rekonjunktion zu erreichen, waren Reichsvizekanzler Graf Kurz und Graf Khevenhüller militärische Bedingungen eingegangen, die nicht zu halten waren. Dies war schon bei Abschluß des Pilsener Vertrages am 7. September 1647 offenkundig – oder hätte es sein müssen. Die Finanznot des Kaisers und die angespannte, eben noch gemeisterte Versorgungslage bei der kaiserlichen Armee waren wohl nicht nur den kaiserlichen Grafen Kurz und Khevenhüller bekannt, sondern auch den bayrischen Unterhändlern. Gronsfeld hat gleich bei seiner ersten Verbindungsaufnahme[229] mit Holzappel als das „Fundament" der Vereinigung die militärischen Bedingungen des Pilsener Vertrages bezeichnet. Die Vereinigung der beiden Armeen war weisungsgemäß vollzogen worden. Jetzt waren die Berater des Kaisers und Kurfürsten erneut gefordert, um den beiden Armeen zu geben, was zur Erfüllung ihres Auftrages nötig war.

Restkämpfe in Böhmen (Königswarter Schanze, Eger, Iglau)

Bevor die Offensive des kaiserlich-bayrischen Heeres behandelt wird, sind einige der Gefechte zu beleuchten, zu denen es im auslaufenden Feldzugsjahr 1647 in Böhmen kam. Das Königreich wurde Nebenkriegsschauplatz, doch hatten die Gefechte einen indirekten Einfluß auf die zeitgleichen Operationen des kaiserlich-bayrischen Heeres und der schwedischen Hauptarmee.

Eger und die Schanze von Königswart waren in schwedischer Hand geblieben. Um gegen Eger etwas auszurichten, mußte zuerst die Schanze genommen werden. Hiermit beauftragte der Kaiser am 14. Oktober – einen Tag bevor die vereinte kaiserlich-bayrische Armee aufbrach – den Obristen de la Corona[230]. Mit seinem eigenen Kürassierregiment, den schwachen Fußregimentern Puchheim und de Mers, den heranbeorderten Kompanien aus Tachau und unterstützt von bayrischer Reiterei aus Waldsassen[231] sowie etwas Artillerie begann Corona am 23. Oktober den Angriff, der schon am 25. Oktober zum Erfolg führte[232].

Anschließend übernahm Corona die Blockade von Eger[233]. Der Erfolg blieb zweifelhaft, denn es stand hierfür nur sein eigenes Kürassierregiment und das des Obristen Götz zur Verfügung. Zwar wurden einige für die Stadt bestimmte Versorgungsgüter abgefangen, unter anderem ein Versorgungstransport von 15 Fuhrwerken aus Nürnberg. Immer wieder aber gelangten Versorgungsgüter auch hinein, weil Eger nicht lückenlos eingeschlossen werden konnte. Holzappel erließ einen Aufruf[234] an die Eger benachbarten Orte, mit welchem er jedem, „es seye Mann- oder Weibs-Persohn", für das Einschleusen von Lebensmitteln oder anderen Gütern die damals übliche Strafe der „Abschneidung (von) Nasen und Ohren" androhte. Auf den Wiederholungsfall stand die Todesstrafe. Ein ähnliches Mandat hatte der Kaiser an die Reichsstadt Nürnberg erlassen[235]. Erst ganz allmählich und nach Rückschlägen gelang es Corona, den Ring um Eger dichter zu ziehen, doch konnte die Stadt erst im Winter vollständig eingeschlossen werden[236].

In Mähren waren acht feste Plätze in schwedischer Hand geblieben, die bei dem verheerenden Schwedeneinfall 1645 – nach der Katastrophe von Jankau – verloren gegangen waren[237]. Einer war die alte Bergwerks- und Tuchmacherstadt Iglau in Mähren. Von dort aus hatte die schwedische Besatzung über zwei Jahre lang Kontributionen eingetrieben und Plünderungen vorgenommen. Kaiser Ferdinand als „ein Vater des Vaterlands" wollte dem ein Ende setzen.

Bereits seit Anfang Juli 1647 hatten Teile zweier Kürassierregimenter versucht, die Stadt zu blockieren[238]. Im August übertrug der Kaiser Generalfeldzeugmeister Hans Christoph Graf Puchheim das territoriale Kommando in Mähren, Schlesien und Niederösterreich mit Berichtspflicht an Holzappel[239]. Zugleich erhielt Puchheim den Auftrag, Iglau zurückzuerobern[240]. Ende August verdichtete Puchheim die Blockade und ging am 24. September zur förmlichen Belagerung über. Nach wochenlangen, für beide Seiten sehr verlustreichen Kämpfen[241] forderte Wittenberg die schwedische Besatzung noch einmal zu äußerstem Widerstand auf[242]. Jedoch drang der zugesagte Entsatz nicht durch. Der Nachfolger des gefallenen schwedischen Kommandanten ging daher am 7. Dezember einen Übergabevertrag ein, der seiner Besatzung freien Abzug gewährte, Iglau aber mit allen Vorräten an Munition, Proviant und Bekleidung an Puchheim übergehen ließ.

Die Belagerung von Iglau hatte insgesamt zehn kaiserliche Regimenter[243] gebunden, welche die Offensive des kaiserlich-bayrischen Heeres nicht mitmachten. Die Einnahme von Iglau hatte keine strategische Bedeutung, zumal Olmütz in schwedischer Hand blieb. So fürsorglich die Motive des Landesvaters Ferdinand waren, geboten gewesen wäre eine Konzentration der Iglau belagernden Feldtruppen bei der Hauptarmee. Dort fehlten sie. Wenn aber für eine Belagerung abgezweigt, wären sie besser zur Rückeroberung von Eger eingesetzt worden. Es sollte sich 1648 rächen, daß das Einfallstor nach Böhmen in schwedischer Hand geblieben war.

Der Vorstoß des kaiserlich-bayrischen Heeres zur Weser

Der Zweck der kaiserlich-bayrischen Offensive

Am 15. Oktober 1647 brach die kaiserliche Hauptarmee, gefolgt von der bayrischen Reichsarmee, aus der Gegend von Kaaden in Richtung auf das Erzgebirge auf[244]. Das kaiserlich-bayrische Heer ging zur Offensive über. Um dieselbe Zeit marschierte die schwedische Armee bereits weit nördlich des Gebirges in Richtung auf die (sächsische) Saale bei Halle und Merseburg[245].

Kaiser Ferdinand III. hatte zunächst nur ganz allgemein der Hoffnung Ausdruck gegeben, daß seine und die kurfürstliche Armee vereint etwas „fruchtbarliches“ ausrichten und dem Feind nicht weiter Luft lassen werde, damit der Krieg nicht länger fortgesetzt werden müsse[246]. Zugleich betonte er die Übereinstimmung in „Meinung und Intention“ mit dem Kurfürsten von Bayern. Das war vor allem anderen die Übereinstimmung im Friedenswillen, wie der Kaiser ausdrücklich feststellt. In einem weiteren Schreiben[247] zeigte sich Ferdinand überzeugt, daß sein „lieber Feldmarschall Graf von Holzappel“ nach der Vereinigung mit der bayrischen Reichsarmada sein Bestes tun werde, um in die Nähe des Feindes zu ziehen und um mit Gottes Hilfe „zu versuchen, was das Glück und die Kriegsräson an die Hand geben möchte“. Erst am 29. Oktober wird der Kaiser konkreter und nennt einen Operationszweck, der nicht von den Bewegungen des Feindes bestimmt wird. Der Feldmarschall hatte angefragt, wie weit er zu folgen habe, wenn sich der Feind in das „Herzogtum Lüneburg“[248] oder bis nach Mecklenburg oder Pommern zurückziehen sollte. Des Kaisers chiffrierte Antwort lautete: „... daß Ihr dem Feind soviel nachgehen sollt, wie Ihr genugsam Länder haben werdet, meine Kaiserlichen Waffen darin zu setzen und selbige aufs beste in einen guten Stand zu bringen.“[249] In einem Punkte allerdings wurde Ferdinand ganz deutlich. Falls Königsmarck mit seinem Korps zu Wrangel stoßen sollte, müßte sich die niederrheinisch-westfälische Kreisarmee unter Feldmarschall Lamboy unweigerlich mit dem kaiserlich-bayrischen Heer unter Holzappel vereinigen, um das erreichte Übergewicht zu halten.

Auf den **Erhalt der Armee** kommt es also dem Kaiser vor allem anderen an. Dieser Zweck ist der Schlüssel für das Verständnis der folgenden Operationen, ja, der Operationen bis zum Ende des Krieges überhaupt. Kaiser Ferdinand III. setzte seit Ende

1645 auf einen **Verhandlungsfrieden** in Münster und Osnabrück, mit einem Sieg rechnete er nicht mehr. Deshalb hatte er mit dem Grafen Trauttmansdorff den Vorsitzenden des Geheimen Rates und seinen obersten Beamten dorthin gesandt und, man muß hinzufügen, seinen erfahrensten und besten. Die eigenhändige Geheiminstruktion Ferdinands[250] für Trauttmansdorff vom 16. Oktober 1645 ist in der Vielzahl der Dokumente ein unumstößlicher Beleg für den festen Friedenswillen des Kaisers. Sie beginnt: „Nachdem ich die Langwierigkeit des gegenwärtigen Krieges bedacht habe, den dadurch erfolgten Ruin des Heiligen Römischen Reiches und insbesondere meiner Erbkönigreiche und -länder, die mehr und mehr wachsenden feindlichen und demgegenüber abnehmenden eigenen und verbündeten Waffen und Kräfte, die fast gänzliche Ermanglung der Mittel, das allgemeine Seufzen nach dem Frieden und aus alledem die Notwendigkeit desselben …"

Mit dem erfolgreich abgeschlossenen Defensivfeldzug in Böhmen hatte der Kaiser die Bedrohung seiner Macht**basis** in den Erb- und Kronlanden – nicht nur in Böhmen – abgewendet. Jetzt war es entscheidend, auch sein Macht**instrument**, die kaiserlichen Waffen, in einem guten Zustand zu halten. Das war eine weitere Voraussetzung für den Verhandlungsfrieden in Münster und Osnabrück. Deswegen bestimmte der Kaiser als Operationsziel nur „Raumgewinn", ohne ihn „geographisch" festzulegen. Nur von der eigenen Armee spricht der Kaiser, die schwedische wird in dem Zusammenhang nicht einmal erwähnt, etwa in dem Sinne, daß sie zu schlagen sei.

Der Rückzug der schwedischen Armee

Es scheint so, daß Wrangel auf seinem Rückzug die Saale in Merseburg passieren wollte, um – zwischen Harz im Norden und Finne, Kyffhäuser, Hainleite, Eichsfeld im Süden – die Gegend Duderstadt-Göttingen zu erreichen. Er wäre nördlich der Unstrut geblieben und auf der Route Querfurt-Sangerhausen / Artern durch die Goldene Aue über Nordhausen marschiert.

Der starke „Vortrab" der schwedischen Kavallerie hatte bereits die Saale überquert, als die Merseburger Brücke unter der Last einer mit 16 Pferden bespannten Kanone[251] einbrach. Wrangel dirigierte daraufhin seine Armee um, die eben südlich am alten Schlachtfeld von Lützen vorbeirückte. Er lenkte sie auf Weißenfels und Naumburg[252], ein Beispiel meisterhafter Befehlsgebung in der laufenden Marschbewegung. Südwestlich Naumburg überschritt sie am 19. Oktober die Saale über die Brücke von Kösen[253]. Durch den Einsturz der Merseburger Brücke hatte die schwedische Armee zwei Marschtage verloren. Doch die kaiserlich-bayrische Armee war immer noch so weit entfernt, daß keine Gefechtsberührung zu besorgen war, ein Glück für die schwedische Armee. Denn die vordere Kavallerie und ein Teil der Artillerie standen schon westlich der Saale, während Fußvolk, übrige Artillerie und schließende Kavallerie auf dem östlichen Saale-Ufer notgedrungen nach Süden in Richtung auf den Feind eingedreht werden mußten, um den noch brauchbaren Übergang bei Kösen zu gewinnen. Das nächste Hauptquartier legte der schwedische Generalstab nach Buttstädt[254] (nördlich Weimar), um von dort aus die getrennten Teile der Armee wieder zusammenzuführen. Die zusammengeführte Armee setzte den Rückzug[255] nördlich an Erfurt vorbei fort. Von dort wurden ihr am 23. Oktober Versorgungsgüter zugeschoben. Dann nahm sie die zwangsläufig neue Marschroute über Langensalza-Mühlhausen-Dingelstädt-Heiligenstadt-Friedland, sparte Göttingen aus und erreichte über Uslar die Weser-Stadt Holzminden. Dort traf sie Anfang November ein.

Von einer Verfolgung der schwedischen Hauptarmee im strengen Wortsinne kann man nicht sprechen. Der Rückzug verlief dank der energischen, wendigen Führung Wrangels geordnet und ohne Auflösungserscheinungen, obwohl die Armee in Böhmen schwer erschüttert und zum Weichen gebracht worden war. Ihre Regimenter waren im einzelnen noch führbar. So sehr Wrangels Armee an einsatzfähiger Kavallerie und an Infanterie abgenommen hatte, es war ihm gelungen, seine Artillerie ohne Marschausfälle zu retten, abgesehen vom Verlust beim Saale-Übergang. In keinem Moment degenerierte der schwedische Rückzug zur Flucht. Das kaiserlich-bayrische Heer konnte den schwedischen Vorsprung nicht einholen.

Der Vormarsch des kaiserlich-bayrischen Heeres bis nach Thüringen

Das kaiserlich-bayrische Heer war nach seinem Aufbruch am 15. Oktober 1647 „mit schwerer Mühe über das Gebirge" gezogen und zunächst der schwedischen Marschstrecke gefolgt, die über den Paß von Preßnitz bis nach Weipert geführt hatte, einem Grenzort zu Sachsen. (siehe Marschskizze Seite 100).

Der Marsch des kaiserlich-bayrischen Heeres von Böhmen zur Weser 1647

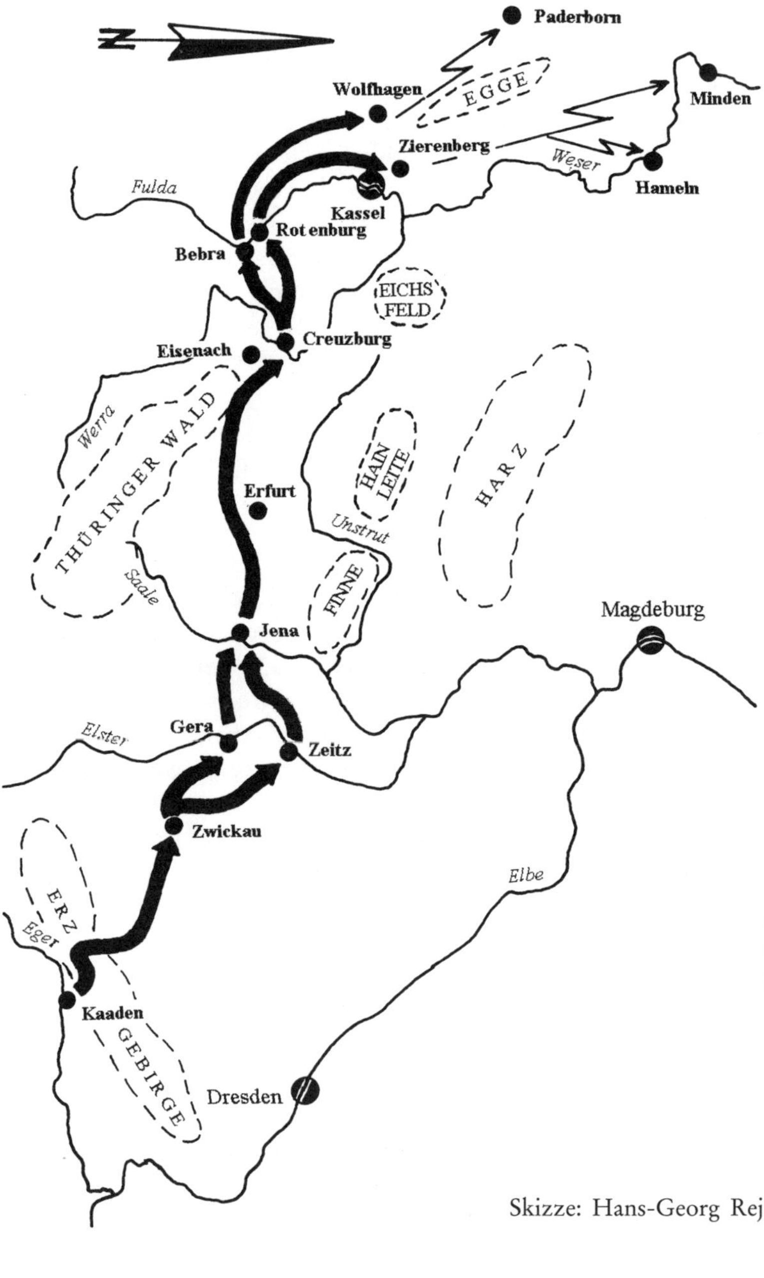

Skizze: Hans-Georg Rejzek

Dann war das Heer nach Westen abgebogen[256] und bis nach „Elterlein, 3 Meilen von Zwickau und 1 Meile von Annaberg, ...“ gerückt[257]. Der kaiserliche Generalfeldmarschall hatte „in den Wäldern und Morasten Tag und Nacht gestecket und zu thun gehabt“, um die Truppe vorwärts zu bringen. Während die schwedische Armee vier Tage gebraucht hatte, um das Erzgebirge zu überwinden, hatte das kaiserlich-bayrische Heer diese Strecke in drei Tagen bewältigt. Danach jedoch mußten drei Ruhetage gewährt werden.

Generalfeldmarschall Gronsfeld gab einen Verhaltensbefehl an alle Obristen der bayrischen Reiterei heraus[258]: die Reichsarmee müsse mit den Kaiserlichen „nebeneinander leben, stehen und fechten, wie auch den Feind verfolgen“; jeder Soldat und Troßangehörige solle sich mit den Kaiserlichen „schiedlich und friedlich betragen und in Quartieren, Marschieren und Fouragieren keiner dem anderen mit Wegnahme von Vieh und Pferdt, Sack oder Pack oder mit Absetzung (Herabsetzung) der Weiber und Jungen ein Leid zufügen“. Holzappel schärfte seinen Feldmarschalleutnanten Hunoldstein, Montecuccoli und Trauditsch eine geordnete, friedliche Fouragierung[259] im militärisch neutralen Sachsen und in den thüringischen Fürstentümern ein (Hunoldstein befehligte nach wie vor das kaiserliche Fußvolk, Montecuccoli den rechten Reiterflügel, Trauditsch war als Nachfolger Werths Befehlshaber des linken Reiterflügels geworden).

Von Zwickau aus näherte man sich der sächsischen Saale. Die Kaiserlichen marschierten auf einer nördlichen Route über Crimmitschau, Eisenberg und Bürgel, die Bayrischen auf einer südlichen über Werdau, Ronneburg, Gera und „Roda“ (Stadtroda). In Jena wurde der Fluß am 29. Oktober nacheinander überschritten[260], zehn Tage nach Wrangels Übergang bei Kösen. Die kaiserliche und bayrische Armee hielten am 3. November bei Arnstadt „General-Rendezvous“[261] im Beisein des Herzogs Wilhelm von Sachsen-Weimar. Diese Heerschau bestätigte den guten Zustand der Truppe. In Wandersleben, zwischen Erfurt und Gotha, bildeten die beiden Generalstäbe eine 3.000 Mann starke Vorausabteilung aus dem rechten kaiserlichen Reiterflügel und bayrischer Reiterei und unterstellten sie Montecuccoli. Er erhielt folgende Aufträge[262]:

1) auf dem kürzesten Wege Creuzburg bei Eisenach zu erreichen und dort die Werra nach Westen zu überschreiten,
2) bis zum Bistum Paderborn aufzuklären und zur Lage bei der niederrheinisch-westfälischen Kreisarmee unter Feldmarschall Lamboy zu melden,

3) mit seiner gesamten Reiterei Lamboy zu Hilfe zu kommen, falls der schwedische General Wittenberg das Korps Königsmarck verstärken sollte,
4) selbst zu entscheiden, ob er einen Vorstoß zur Unterstützung von Lamboy unternähme, wenn der Feind weiter weserabwärts zurückginge,
5) alles, was er an „Mann und Weib, adelig und unadelig, jung und alt", Pferden, Kühen, Schafen, Schweinen und sonst antreffe, wegzunehmen, dabei aber alles Sengen und Brennen bei Leib- und Lebensstrafe zu unterlassen, es sei denn, daß Widersätzlichkeit kein andere Wahl lasse.

Montecuccoli hatte vor allem die Aufklärungsergebnisse für den weiteren Vorstoß des kaiserlich-bayrischen Heeres zu liefern. Da im feindlichen Hessen-Kassel „Ihrer Kayserlichen Mayestät Kriegsvölckern noch etliche hunderttausendt Reichsthaler Contribution" ausstanden, konnte man versuchen, sie einzutreiben. Eine zusätzliche Absicht dürfte gewesen sein, die Verpflegung der Armee und die Winterquartiere im künftigen Operationsgebiet Hessen zu sichern. Dafür waren „Mann und Weib" als Geiseln zu nehmen.

Die Entscheidung über die Operationsrichtung und der weitere Vormarsch bis zur Fulda

Bevor im 20. Jahrhundert Menschenhand mit dem Bau von Staudämmen eingriff, hatte die sächsische Saale extrem schwankende Wasserstände. Ende Oktober 1647 ging ihr Wasser hoch. Die grundsätzliche Entscheidung über die Operationsrichtung hat Holzappel erst zwischen dem 26. und 28. Oktober unmittelbar vor dem Saale-Übergang gefällt. Von dieser Entscheidung hing es ab, ob die Saale überschritten wurde oder nicht. Sämtliche Brücken zwischen Saalfeld und Merseburg waren von den Schweden zerstört worden. Nur die Brücke in Jena war „noch in solchem Standt, daß man sie innerhalb wenig Stunden repariren" konnte[263]. Zwar war klar geworden, daß der Feind „ruiniert war, wie noch nie vorher"[264] und dem kaiserlichen Hauptquartier lagen Meldungen vor, daß Wrangel am 25. Oktober bis nach Mühlhausen in Thüringen zurückgegangen war. Dennoch wagte man noch keine Prognose über sein endgültiges Rückzugsziel. Eine Möglichkeit war, daß sich Wrangel nach Franken wandte, um dort Turenne mit der französischen Armee zu erwarten[265]. Andere

Möglichkeiten nannte Reich in einem Schreiben vom 26. Oktober an Piccolomini: „Was aber der Feind vornehmen wird, ob er sich Königsmarck und der Weser oder der Elbe zuwenden will, wird in zweien Tagen erfahren werden ...“

In einem kaiserlich-bayrischen Kriegsrat war erwogen worden, zur Elbe oder in den Raum nördlich des Harzes um Halberstadt und Osterwieck zu marschieren – ohne Rücksicht auf den Rückzug Wrangels[266]. Die zur Versorgung geeigneten Landstriche lagen eher dort als in Hessen. Doch der Generalfeldmarschall hatte die dominierende Weisung des Kaisers vom 29. Oktober noch nicht erhalten, solche Länder zu erobern, um die „Kaiserlichen Waffen darin zu setzen und selbige aufs beste in einen guten Stand zu bringen“. Die Feindlage klärte sich tatsächlich am 28. Oktober, wie von Reich vermutet. Der Feind zog sich zur Weser zurück. „Ich werde demselben nach aller Möglichkeit, undt so viel das schwere Geschütz nur immer zulässet, nacheylen ...“[267], schrieb Holzappel und entsprach damit den ihm bis dahin **bekannten** Weisungen des Kaisers vom 12. und 19. Oktober.

Ausschlaggebend dafür, daß sich Holzappel für das Operationsziel „Hessen und Weser“ entschied, war neben Wrangels Rückzug dorthin ein anderer Grund: die Rücksicht, die der Kaiser auf den wieder an seine Seite getretenen Kurfürsten von Köln zu nehmen wünschte. Königsmarck hatte mit seinem Korps bis zum 14. September vergeblich das kurkölnische Paderborn belagert[268]. Dann aber hatte er Feldmarschall Lamboy mit dessen kaiserlichen und kurkölnischen Feld- und Kreistruppen bei Rheine an der Ems in eine sehr ungünstige Stellung manövriert. Glaubte man den Meldungen Lamboys, so war er eingeschlossen und der Untergang seiner Regimenter nur noch eine Frage der Zeit, wenn nicht bald Hilfe käme. Zudem standen in den kurkölnischen Landen links des Rheins keine feldverwendungsfähigen Truppen mehr, da Lamboy sie sämtlich bei sich konzentriert hatte. Das „Städtchen Brühl“[269] in der Nähe der kurfürstlichen Residenz Bonn war von hessen-kasselschen Truppen überfallen und geplündert worden. Der Kurfürst hatte einen Hilferuf nach dem anderen an den Kaiser gesandt[270]. Am 12. Oktober schließlich hatte der Kaiser seinen Generalfeldmarschall ersucht[271], eine Diversion nach Westfalen zu erwägen, um Lamboy zu entlasten. Nach Auffassung des Kaisers genügten für eine Diversion 1.500 Reiter. Am 23. Oktober wiederholte der Kaiser seine Aufforderung[272], diesmal dringender, jetzt war von 2.000 Reitern die Rede.

Holzappels Aufträge an die Vorausabteilung unter Montecuccoli und die Entscheidung, mit der **gesamten** Armee zur Weser vorzustoßen, waren die Folge. Holzappel war nicht gewillt, eine weitere Kräftezersplitterung zuzulassen, zumal nicht alle kaiserlichen Truppen Böhmen, Mähren und Schlesien verlassen hatten, um die Offensive mitzumachen. Er folgte der schnellen Vorausabteilung Montecuccolis. Während das kaiserlich-bayrische Heer seinen Vormarsch fortsetzte, wechselten die Reste der schwedischen Hauptarmee mit der gesamten Artillerie bei Holzminden und Kloster Corvey auf das linke, westliche Weserufer und verschanzten sich bei Höxter.

Vom Werra-Übergang in Creuzburg an marschierten die kaiserliche und die bayrische Armee wieder getrennt in zwei parallelen Marschkolonnen, aber gleichauf, Holzappel nördlich, Gronsfeld südlich. Am 6. und 7. November hatte man die Werra überquert. Am 10. erreichte die bayrische Armee die Fulda bei Bebra, die kaiserliche bei Rotenburg. Nach einem Ruhetag wurde auf das Westufer hinübergerückt. Das Wetter hatte sich mehr und mehr verschlechtert. Immer wieder setzte Regen ein. Es ist bewundernswert, was damals Mensch und Tier leisteten. In nicht einmal 7 Tagen war die Entfernung von Arnstadt zur Fulda[273] bewältigt worden. Die bayrische Armee hatte fünf Tage hintereinander ohne Ruhetag marschieren müssen, um das schwere Gelände zu überwinden. Allein vor Solz bei Bebra hatte sie „vor tags, bis in die fünstere Nacht auf anderthalb Meill zugebracht“[274], weil die Geschütze und Fuhrwerke auf den ausgefahrenen und glitschigen Wegen immer wieder stecken blieben oder wegrutschten.

Die Vereinigung des kaiserlich-bayrischen Heeres mit den niederrheinisch-westfälischen Kreistruppen scheitert

Montecuccoli meldete am 10. November aus dem „Feldt bey Melsungen“[275], daß er Aufklärung gegen Königsmarck nicht mehr angesetzt, wohl aber eine Orientierung über den bisherigen Feldzugsverlauf an Lamboy abgesetzt hatte. In Fritzlar lief bereits das Gerücht um, daß Feldmarschall Lamboy Luft bekommen habe, weil Königsmarck vor Rheine abgezogen sei. Am 11. November stieß Montecuccolis Vorausabteilung in Homberg an der Efze wieder zum Heer. Jetzt war klar, was Wrangel mit seinem verschanzten Lager auf den Höhen bei Höxter bezweckte. Er wollte Königsmarck mit seinem gesamten Korps an sich ziehen. Dies gelang ihm.

Holzappel tadelte Lamboy am 16. November[276], daß seine viel zu pessimistische Darstellung der Lage bei Rheine und die dadurch veranlaßten Hilfegesuche des Kurfürsten von Köln die Operationen des kaiserlich-bayrischen Heeres in eine ungünstige Richtung gelenkt hatten. Anderenfalls hätte er, Holzappel, die mehr Erfolg versprechende Operationsrichtung zur Elbe eingeschlagen. Nun müsse Lamboy wenigstens ohne den geringsten Zeitverzug „mitt allem Volck" zur Hauptarmee stoßen. Dies fordere der Kaiser und der Dienst am Gemeinwohl. Vielleicht hoffte Holzappel immer noch, Wrangel bei Höxter angreifen zu können, um für sich selbst eine bessere Basis zu gewinnen. Doch nachdem das Korps Königsmarcks bis in die Gegend von Minden herangezogen war, unternahm Wrangel einen genau vorausberechneten Gegenzug. Er gab das Truppenlager bei Höxter auf, wechselte am 18. November über eine schnell zusammengeschobene Schiffsbrücke[277] wieder auf das rechte, **östliche** Weserufer und wich noch weiter nach Norden aus. Erst im Weser-Knie zwischen Hameln und Minden machte er halt und legte sein Hauptquartier nach Hessisch-Oldendorf. Damit war der kaiserlich-bayrische Vormarsch ins Leere gelaufen. Mit dem Fulda-Übergang stand das kaiserlich-bayrische Heer im Großraum **westlich** der Weser, ohne den Feind fassen zu können. Nach dem böhmischen Feldzug hatte Wrangel seinen Ruf als Feldherr wieder hergestellt.

Während kaiserliche Reiterei bis in den Raum zwischen Egge-Gebirge und Weser weit vorstieß, traf Lamboy am 21. November im Hauptquartier in Gudensberg bei Kassel ein[278]. Die Unterredung mit Holzappel brachte ein negatives Ergebnis. Lamboy lehnte es ab, mit seinen Kreistruppen zur Hauptarmee zu stoßen, obwohl sie bis nach Paderborn die Feldüberlegenheit gewonnen hatte. Drei Gründe werden hierfür ausschlaggebend gewesen sein: das Verbot des Kurfürsten von Köln, die vorgeschrittene Jahreszeit und das erneute Ausweichen Wrangels drei Tage zuvor. Dieser militärische Grund und die immer schlechter werdenden Wetteraussichten stützten das politisch motivierte Verbot des Kurfürsten. Seine Bestätigung ließ nicht lange auf sich warten[279]. In aller Form äußerte er Bedenken gegen die Vereinigung „seiner" Kreisarmee mit dem kaiserlich-bayrischen Kriegsheer und schickte zur näheren Erläuterung außerdem einen Gesandten zum kaiserlichen Generalfeldmarschall. Der brachte die nicht mehr verhüllte Absage der Vereinigung. Mit Befehlen ließ sich hier nichts ausrichten. Seit dem Rücktritt des Kurfürsten von Köln zum Kaiser im August und der dabei akzeptierten Neuordnung der Kreisdefension im niederrheinisch-westfälischen Reichskreise hatte Holzappel keine Befehlsgewalt über Lamboy. Die von Holzappel angestrebte Konzentration aller verfügbaren Streitkräfte im Reich kam nicht zustande. Die weitere Offensive gegen Wrangels Hauptarmee war damit aussichtlos geworden, die Gefahr des Unterganges der schwedischen Armee war gebannt.

Beurteilung der kaiserlich-bayrischen Offensive und ihre Folgen

Einen Teilerfolg hatte der Vormarsch des kaiserlich-bayrischen Heeres. Die niederrheinisch-westfälische Kreisarmee hatte Handlungsfreiheit zurückgewonnen, dem bedrängten Kurfürsten von Köln war geholfen worden. Diesen Vorteil für seinen Bruder wollte auch Kurfürst Maximilian von Bayern. Auch dafür waren die Truppen der bayrischen Reichsarmee vereint mit dem kaiserlichen Heer vorgestoßen. Aber der Hauptzweck der kaiserlich-bayrischen Offensive war nicht erreicht worden.

Die Offensive hatte zwar viel Raum gewonnen, doch nicht in solche Länder des Reiches geführt, welche die kaiserliche Armee „in einen guten Zustand setzen“ konnten. Dagegen hätte die von Holzappel erwogene Operation zur Elbe zwei Vorteile in sich vereinigt. Der dominierenden Weisung des Kaisers vom 29. Oktober 1647 wäre im Vorgriff entsprochen worden und die Verbindungslinien der schwedischen Armee zur Ostsee hätten in indirektem Vorgehen abgeschnitten werden können. Doch die Weisung des Kaisers vom 29. Oktober war zu spät eingetroffen. So hatten die Rückzugsrichtung Wrangels und Koalitionsrücksichten die Operationen gelenkt. Und obwohl den Kreistruppen des Kurfürsten dadurch wieder Handlungsfreiheit verschafft worden war, stießen sie gegen Ende der Operationen, als man nur noch direkt vorgehen konnte, nicht zum kaiserlich-bayrischen Heer. Der Kurfürst von Köln dankte dem Kaiser die Hilfe nicht. Der Schutz seiner Lande und die Schonung seiner Kreisarmee ging dem Kurfürsten vor. Vergleichbar der Haltung vieler Reichsstände auf dem Westfälischen Friedenskongreß wurde das Reichsinteresse hintan gestellt. Zu einer abgestimmten Koalitionskriegführung ist es zwischen dem Kaiser und dem Kurfürsten nicht mehr gekommen. Es wurde gegen den Grundsatz verstoßen, im entscheidenden Moment alle Kräfte zu konzentrieren[280]. Die kaiserlich-bayrische Offensive war gescheitert.

Die erste Folge war, daß sich Wrangel mit dem Rest der schwedischen Armee in die starke Stellung im Weser-Knie zurückziehen konnte. Im Süden und Westen war der Fluß zu dieser Jahreszeit ein unüberwindliches Hindernis, im Norden und Osten gaben die Weserberge einen gewissen Schutz. Den Zugang in dieses natürliche Bollwerk versperrte die Festung Hameln. Die Kriegsräson verbot einen Angriff auf diese Stellung, zumal sich die königsmarckischen Truppen mit den wrangelschen vereinigt hatten. Auch ein Teil der hessen-kasselschen Armee hatte Winterquartiere an der Weser genommen, um notfalls den Schweden zu Hilfe eilen zu können. Wrangel war unangreifbar geworden.

Die zweite Folge war, daß Wrangel in einem Raum stand, der ihm gute Voraussetzungen für den Feldzug des Jahres 1648 bot. Winterquartiere und Versorgung waren sicher gestellt. Das schwedische Heer war an seine Basis im nordwestlichen Deutschland zurückgekehrt, ohne daß die Verbindung zur Ostsee bedroht oder gar unterbrochen war.

Die dritte Folge war, daß sich die kaiserliche Armee in einen Raum begeben hatte, der für das Überwintern und die Auffrischung denkbar ungeeignet war. Aber wohin sollte sie sich noch wenden? Es blieb nichts anderes übrig, als die Winterquartiere in Hessen möglichst weiträumig in Anspruch zu nehmen, sie darüber hinaus in die nassauischen Grafschaften bis vor die Tore Frankfurts zu strecken und im Südosten bis nach Thüringen auszudehnen. Das wiederum erschwerte die Operationen des kommenden Jahres. Der noch nicht offenkundige Mißerfolg der Offensive konnte nur kaschiert werden. Das geschah mit der Belagerung und Einnahme der zwischen Hessen-Kassel und Hessen-Darmstadt umstrittenen Stadt Marburg, was dem Landgrafen Georg von Hessen-Darmstadt sehr gelegen kam, denn das „Marburger Erbe" war seit Jahrzehnten umstritten. Das Marburger Schloß aber hielt allen kaiserlichen Angriffen stand.

Die vierte Folge war, daß sich die bayrische Armee notgedrungen wieder von der kaiserlichen trennte und in die Winterquartiere im fränkischen Reichskreis, der für sie reserviert worden war, abmarschierte.

Die Kämpfe des Jahres 1647 in Süddeutschland

Die Wende am Bodensee und in Oberschwaben

Im März 1647 waren die Schweden nach Franken und die Franzosen zum unteren Main abmarschiert. Als ihre Armeen nach Böhmen und Flandern weiterzogen, wurde Süddeutschland zum Nebenkriegsschauplatz.

Dennoch war die Lage in Oberschwaben für die Menschen und den Kaiser drückend geblieben. Neben Überlingen hielten die Schweden weiter Langenargen und die Insel Mainau. Gestützt auf Ravensburg und Wangen im Allgäu sicherten sie ihre Verbindungen vom Bodensee nach Memmingen. Da auch Biberach an der Riß schwedisch besetzt geblieben war, hatten sie zwischen Bodensee und Donau mit dem Viereck der Reichsstädte Memmingen, Wangen, Ravensburg und Biberach eine vermeintlich sichere Basis errungen, die von den Flüssen Iller, Riß, Schussen und Argen eingerahmt wurde.

Alles, was der Kaiser den Reichsstädten und den vorderösterreichischen Landen an Hilfe senden konnte, waren zwei an Kopfzahl schwache, aber hoch motivierte Fußregimenter[281] unter Generalfeldzeugmeister Adrian Freiherr von Enkevoer[282]. Er führte sie über Tirol nach Vorarlberg. Am 10. April 1647 traf Enkevoer in Bludenz ein. Er besetzte Feldkirch, das im März von den Schweden geräumt worden war, und belagerte die Neuburg, die er am 23. Mai zur Übergabe zwang. Anfang Juni trat er den Vormarsch nach Bregenz an, nachdem er die Linie Altems-Hohenems von den Alpen bis zum Rhein mit Graben, Wall und aufgepflanzten Palisaden verbaut hatte. Damit war das südliche Vorarlberg gesichert und der Zugang nach Tirol gesperrt worden.

Wenige Wochen danach – während des bayrischen Waffenstillstandes – war Obrist Caspar Schoch[283], Inhaber und Kommandeur eines der beiden bayrischen Dragonerregimenter, vom Kurfürsten zum Kaiser übergetreten, wie General von Werth. Schoch, der mit seinem Regiment abseits der bayrischen Armee gestanden hatte, war mit allen Offizieren, Unteroffizieren und Mannschaften zur Ehrenberger Klause südlich Reutte in Tirol geritten, hatte den Regimentstroß mit „Weib, Kind und Kegel"[284], dorthin salvieren können und damit das bayrische Territorium verlassen. Das Regiment stand ganz hinter seinem Kommandeur, dem Obristen „Caspar"[285] und zählte acht Kompanien mit einer Dienststärke von über 800 Mann[286]. Der Kaiser wollte das wohlformierte und gut armierte, „schöne“ Regiment in Mähren[287] oder bei seiner Hauptarmee in Böhmen sehen. Generalfeldzeugmeister von Enkevoer aber hatte es seinem Kommando unterstellt und zum Bodensee befohlen.

Im Sommer 1647 hatten Holzappel und Enkevoer ihre dienstliche Korrespondenz aufgenommen. Am 3. September kam Enkevoer auf den Umstand[288], der ihn am meisten bedrückte: der Kaiser habe ihm direkt geschrieben und ihm vorgeworfen, daß durch seinen Ungehorsam das Regiment Schoch am Bodensee zurückgehalten worden sei; er, Enkevoer, habe seine Schuldigkeit aber keineswegs vergessen, „sondern ganz und durchaus Ihrer Kayserlichen Mayestät allergnedigster Ordre gemäß auf die Durchlassung solchen Schochischen Regiments (durch Tirol) mit allen beweglichsten Erinnerungen getrungen. Weilen aber all solches mein instendiges Anhalten bey Ihrer Fürstlichen Durchlaucht, Ferdinand Carl, Erzherzog zu Österreich, und sonderlich bey den tyrolischen Stenden aus Furcht, den Churfürsten in Bayern zu beleidigen und feindlich solchen ihnen sich zuzuziehen, ganz nichts verfangen, sondern der Durchzug mehrerwenten Regiments mir abgeschlagen worden ...“, habe er das kleinere Übel gewählt und das Regiment zum Bodensee führen müssen. Für den Fall, daß er für das Ausbleiben des Regiments verantwortlich gemacht werde, bitte er um seine „Licenz“ (Entlassung).

Beim Landesherrn von Tirol und Vorderösterreich, Erzherzog Ferdinand Carl, hatte Enkevoer mehrmals darauf gedrungen, dem Regiment den Marsch durch Tirol – über den Brenner – und weiter nach Kärnten zu gestatten, damit es von dort aus durch die Steiermark und die österreichischen Erzherzogtümer auf dem böhmischen Kriegsschauplatz erschiene. Ferdinand Carl hatte die Bitten Enkevoers abgelehnt. Auf einem Landtag der Tiroler Stände vom 25. Juni bis zum 20. August hatte der Erzherzog nur „spärliche Bewilligungen“ durchsetzen können. Der Durchzug des Regiments Schoch gehörte nicht dazu.

Der Kaiser hat darauf noch mehrmals, zuletzt am 15. September, Schoch direkt anbefohlen, „den ihm vorgeschriebenen Weg durch Kärnden, weil er durch Bayern und die Oberpfalz doch nit wirdt durchgelassen werden, in Mähren und folgentes zu, meiner Haubtarmada zu ziehen ...“ Schoch solle sich um die Verweigerung des Durchzuges nicht weiter kümmern, „sondern einen Weg als den anderen seinen Zug fortsetzen.“[289]

Die Auseinandersetzungen um das Regiment Schoch beleuchten die eingeengte Handlungsfreiheit des Kaiser gegenüber den Landesherren im Reich. Im eigenen Hause vermag sich der Kaiser nicht gegenüber seinem leiblichen Vetter Erzherzog Ferdinand Carl durchzusetzen, dem diesmal – wie seinen Ständen – Bayern buchstäblich näher liegt als das habsburgische Hausinteresse. Der Kaiser konnte dem Regiment auch nicht den kürzeren Weg über das Erzbistum Salzburg befehlen, sondern mußte den weiteren über Kärnten anordnen. Es mußte ihm genügen, daß der Erzbischof von Salzburg ihn zuverlässig mit Geldern für die Kriegführung unterstützte. Mehr war dem Erzbischof, dem „Primas Germaniae", nicht zuzumuten. Der Kaiser war alles andere als ein absoluter Herrscher. Das Regiment Schoch aber hatte die Bodensee-Gegend gar nicht verlassen. Enkevoer hat mit Hilfe des Regiments die Stadt Wangen und das feste Haus Gießen[290] zurückerobert und damit die Blockade Lindaus durchbrochen. Die Verbindung Lindaus mit Vorarlberg und Tirol war wiederhergestellt worden.

Zur gleichen Zeit wurden die von den Schweden geschleiften Befestigungen an der Bregenzer Klause von Bürgern und Bauern instand gesetzt. Bürger und Bauern waren von den Ständen aufgeboten worden[291] und arbeiteten gemeinsam mit wenigen Fußsoldaten, die Enkevoer zur Anleitung abkommandiert hatte. Im September 1647 bauten bis zu 1.500 Mann. Enkevoer berichtet, daß man noch weiter gekommen wäre, wenn das „höchst verhinderliche Regenwetter nur aufhören möchte", das schon vier Wochen gedauert hatte. Die Landzunge zwischen der Mündung der Bregenzer Ache in den Bodensee und der Stadt Bregenz wurde neu befestigt und mit Blockhäusern verstärkt, um Anlandungen der Schweden abschlagen zu können. Gleiches geschah mit den alten Befestigungen bei Hard, Fußach und Rohr. Damit lehnte man sich mit der linken Schulter der Landesverteidigung an die Schweizer Grenze, die damals wie heute verlief. Diese Verteidigungsvorkehrungen stützten die nach Oberschwaben anlaufende Offensive Enkevoers ab.

Außerdem leisteten die neutralen Schweizer Nordkantone[292] logistische Unterstützung – gegen gute Reichstaler. Das meiste an Gütern lieferten sie nach Konstanz, von wo Versorgungsschiffe nach Lindau absegelten. Sie konnten den schwedischen Kriegsschiffen auf dem Bodensee entkommen, wenn sie in der Nähe des Südufers blieben und bei Gefahr die Schweizer Häfen von Romanshorn, Arbon oder Rorschach aufsuchten und dann die Stichfahrt direkt nach Lindau wagten oder zwischendurch Bregenz anliefen.

Enkevoer urteilt, wenn der Feind „sein Handwerk besser verstanden und das Schloß Pfannenberg“ (Schloß Hohenbregenz) besetzt gehalten hätte, wäre der Verlust von Lindau nicht zu vermeiden gewesen; nun aber sei Lindau zu „Wasser als Landt wieder frey“. Bei dem geringen Schaden, den das Regiment Schoch im notwendigen Hin- und Hermarsch verursacht habe, würde es der Feind nicht gelassen haben. So aber übertreffe der Nutzen den Schaden bei weitem.

Ohne das Regiment Schoch, ohne eine Kavalleriekomponente, hätte Enkevoer seine Erfolge nicht erringen können. Mit dem Regiment hat er die Waagschale der Kräfte zu seinen Gunsten gesenkt. Erst mit ihm konnte zur Offensive übergegangen werden. Ganz selten im Dreißigjährigen Kriege hat ein einzelnes Regiment so viel bewirkt. Sein geschlossener Übertritt zum Kaiser hatte die Lage in Süddeutschland gewendet.

Die Offensive Enkevoers mit begrenztem Ziel

Die Besatzungen zu Offenburg in der Ortenau und zu Aschberg hatten sich als „gut kaiserlich“ erklärt. Dieselbe Erklärung hatte die Reichsstadt Rottweil mit ihrem bayrischen Kommandanten, dem Obristen Bißinger[293], am 21. August „zu ihrem unsterblichen Ruhm“ abgegeben. Das weiter in französischem Solde stehende weimarische Regiment Alt-Rosen, 400 Dragoner stark, hatte einen Angriff auf Rottenburg am Neckar vor. Mit Bürgern Rottweils und seinen Soldaten überraschte Bißinger das sorglos dahinziehende Regiment „im freyen Veldt“ – wohl in der Rast und ohne aureichende Sicherung durch Feldwachen. Er „zertrümmerte“ es in einem blutigen Gefecht: „... den Obristen Schlagmann mit vier Schüssen verwundet, so bereits auch gestorben. Den Maior, drey Capitain neben etzlich und zwainzig Underofficieren und viel gemeinen Soldaten gefangen. Den Rest, was nicht ausgerissen, worunder zween Capitain, etzliche Leutenant und Fendrichs, niedergehauen und alle Bagage bekommen.“

Am 1. September war Enkevoer mit dem Fußregiment Rübland und aus Konstanz herangeschaffter Artillerie vor Ravensburg gerückt und hatte durch sein bloßes Erscheinen die schwedische Besatzung „verführet“, die Stadt eilfertig zu verlassen und sich nach Überlingen zurückzuziehen. Damit war dem Feind die „Communication“ zwischen Überlingen und Memmingen abgeschnitten worden. „Es reift die Zeit, den Fuß wieder weiter ins Reich zu stellen und dafür ein Corpus aufzurichten“, faßte Enkevoer seine bisherigen Erfolge zusammen.

Mittlerweile hatte Schoch das feindliche Regiment Paumbach geschlagen und dabei elf Fahnen erbeutet. Ein Rittmeister Schochs hatte die Siegesnachricht dem Kaiser überbracht. Am 30. September war Holzappel – wie erwähnt – zusammen mit Werth und Sporck zum kaiserlichen Hof nach Prag geritten. Wahrscheinlich haben der Kaiser und Holzappel auch über das Regiment Schoch beraten, zumal Enkevoer in seinem Schreiben vom 9. September, das Holzappel am 19. zugegangen war, die Bitte um Entlassung erneut vorgetragen hatte, falls er weiter für das Ausbleiben des Regiments verantwortlich gemacht werden sollte. Jedenfalls wiederholte der Kaiser seinen Befehl zur Heranziehung des Regiments nach Böhmen oder Mähren nicht mehr. Die Entscheidung des Kaisers wird beeinflußt haben, daß die Vereinigung der bayrischen Reichsarmee mit der kaiserlichen Hauptarmee in Böhmen unmittelbar bevorstand, der Kurfürst aber zur Bedingung gemacht hatte, daß die von ihm abgefallenen Generäle Werth und Sporck die kaiserliche Hauptarmee verließen. Da war es nicht zweckmäßig, neuen Konfliktstoff anzuhäufen, indem man ein ganzes Regiment heranzog, das ebenfalls vom Kurfürsten abgefallen war. Wenn Enkevoer auf die Klärung des Verhältnisses zwischen Kaiser und dem Kurfürsten gesetzt hat, so hat er sich nicht getäuscht. Werth und Sporck kehrten für Monate nicht mehr zur kaiserlichen Hauptarmee zurück. Eine nachträgliche Zustimmung zum Ausbleiben des Regiments Schoch kann man darin sehen, daß der Kaiser dem Obristen Schoch und seinem Stellvertreter, Obristleutnant Flettinger, für ihre Verdienste im Felde goldene Ketten schenkte. Die Verleihung einer goldenen Kette war eine hohe Auszeichnung, Kriegsorden gab es nicht. Wer keine Skrupel empfindet, allein den persönlichen Erfolg zur Richtschnur seines Handelns zu machen, mag Enkevoer gerechtfertigt sehen.

Mitte September verließ die schwedische Besatzung von Biberach die Stadt und zog sich nach Überlingen zurück. Magistrat und Bürgerschaft hatten sehr wohl bemerkt, daß Enkevoer die Feldüberlegenheit gewonnen hatte. Da war die Besatzung lieber aus freien Stücken abgezogen, ehe die an Zahl weit stärkeren Bürger aufsässig wurden, falls Enkevoer zur Belagerung schritt. Er legte 200 Mann Schochs in die Stadt. Im Viereck der Reichsstädte Wangen, Ravensburg, Biberach und Memmingen hielten die Schweden jetzt nur noch die letzt genannte.

Französische Truppen unter einem General Schmidtberg standen am Oberrhein, sie waren Turenne nicht nach Flandern gefolgt. Eine Zeitlang hat die Gefahr ihrer Vereinigung mit der starken schwedischen Besatzung von Überlingen bestanden. Erste Anzeichen hatte ein Agent an Enkevoer bereits vor dem 31. August gemeldet[294]: der schwedische Kommandant von Benfeld[295] (linksrheinisch, südlich Straßburg) habe Infanterie und Kavallerie über den Rhein geführt, um zu den Truppen Schmidtbergs zu stoßen. Enkevoer vermutete, daß diese schwedischen Truppen nach ihrer Vereinigung mit den französischen Schmidtbergs das Tal der Kinzig aufwärts marschieren wollten, um über Villingen und Donaueschingen den Bodensee zu erreichen. Die schwedische Absicht war offensichtlich. Die „kleinere" Vereinigung schwedischer Truppen von links des Rheins mit französischen rechts des Rheins sollte den Anstoß geben, sich – gemeinsam – zur „größeren" Vereinigung mit der Besatzung Überlingens in Bewegung zu setzen. Weitere französische Truppen aus Breisach konnten dazu stoßen. Die schwedische Absicht scheiterte schon im Ansatz.

Zu diesem kaiserlichen Erfolg haben die Stadt Rottweil und ihr Kommandant einen wesentlichen Beitrag geleistet, als sie das Regiment Alt-Rosen aufrieben. Die hohen Verluste des Regiments, detailliert von Enkevoer genannt, waren für Schmidtberg ein Grund, den Marsch zum Bodensee nicht anzutreten. Bei der Aktion Bißingers und der Bürgerschaft Rottweils hat es sich nicht um eine der häufigen „Razzien" von nur lokaler Bedeutung gehandelt, die ebenfalls vorgenommen wurden. Nur weil sich die gesamte Reichsstadt „gut kaiserlich" erklärt hatte, konnte Bißinger eine Aktion solchen Umfanges wagen, war doch der Waffenstillstand zwischen dem Kurfürstentum Bayern und dem Königreich Frankreich nach wie vor in Kraft. Zwischen der Bürgerschaft Rottweils und der Besatzung muß ein gutes Verhältnis geherrscht haben, sonst wäre die bayrische Besatzung wohl nicht dem Beispiel der kaisertreuen Stadt gefolgt. Bürger und Soldaten hätten sich auch „ducken", hinter den Mauern der Stadt tatenlos zusehen können, wie das neckarabwärts liegende Rottenburg angegriffen wurde. Die Reichsstadt Rottweil und ihre Besatzung gaben ein selten gewordenes Beispiel „eigenständischen" und einmütigen Handelns für Kaiser und Reich. Beim Feinde dagegen verhielt sich der Kommandant der Bergfeste Hohentwiel, auf der die französische Fahne wehte, völlig ruhig. So trug das Kriegsglück zum Erfolg Enkevoers sein Scherflein bei.

Auf Schloß Langenargen war Anfang September eine Feuersbrunst ausgebrochen. Die schwedische Besatzung war deshalb gezwungen, sich im Vorhof des Schlosses aufzuhalten. Der Kommandant war bei dem Feuer verletzt worden, der Proviant verbrannt. Enkevoer zog alle entbehrlichen Kriegsschiffe aus Konstanz und Lindau zusammen, um diesen der „Festung Lindau besonders impertinenten Ort" von See her einzunehmen, bevor die Besatzung Langenargens von neuem mit Lebensmitteln versorgt wurde.

Dennoch wurde die Lage am und auf dem Bodensee nicht völlig wiederhergestellt. Die Festung Überlingen, die Insel Mainau und Langenargen blieben in schwedischer Hand. Der Anschlag Enkevoers auf Langenargen mit Zusammenziehung der „Lindauischen und Konstanzischen Kriegsschiffe" war Mitte September fehlgeschlagen und da die Schweden die besseren Seesoldaten waren, behielten sie bis zum Ende des Krieges die Überlegenheit auf dem Bodensee.

Doch auf dem Lande haben die wenigen kaiserlichen Regimenter offensiv und beweglich agiert, im Unterschied zu den schwedischen Streitkräften. Sie verharrten nicht untätig in Vorarlberg zwischen Alpen und Rhein, sondern gingen in räumlich und zeitlich begrenzten Angriffen vor. Eine zweckmäßige Befehls- und Kommandostruktur hat Enkevoer das Agieren erleichtert. Er kommandierte die kaiserlichen Feldtruppen **und** die Territorialkräfte der Stände Erzherzog Ferdinand Carls. Enkevoer konnte je nach Erfordernis zwischen „zwei Hüten" wählen, dem Befehlshaberhut der kaiserlichen Feldtruppen und dem des Generalkommandanten in Tirol und Vorarlberg. Er vereinigte in seiner Person die verfügbare militärische Macht des Kaisers **und** des Landesherrn. Dennoch ist erstaunlich, mit welch geringer Zahl an Feldtruppen Enkevoer seine Erfolge errang. Aber er befehligte drei ganz hervorragende Regimenter, die von der Bevölkerung einhellig unterstützt wurden. Enkevoer ist die herausragende Gestalt am Bodensee und in Schwaben im Jahre 1647, trotz Rückschlägen, die auch ihm nicht erspart blieben. Einen schwedischen Gegenspieler kann man nicht nennen. Der in französischen Diensten stehende General Schmidtberg wagte nichts und blieb erfolglos. Zu einem Zusammenwirken französischer und schwedischer Feldtruppen ist es im Herbst 1647 dort, wo es am leichtesten möglich gewesen wäre, nicht gekommen. Wrangel hat intern die Erfolge Enkevoers bestätigt. An den schwedischen Gesandten Oxenstierna schrieb er, die Kaiserlichen eroberten in Schwaben mittlerweile einen Ort nach dem anderen[296]. Die Lage im schwäbischen Reichskreise hatte sich gründlich gewandelt (siehe Lageskizzen Seiten 116 und 117).

Der Kampf um Memmingen (das Bild einer Belagerung)

Memmingen gehörte seit 1286 zum Kranz der Reichsstädte. Sie lagen im Westen, besonders im Südwesten, und nannten sich „Des Heiligen Reiches freie Städte“[297], untertan allein dem Kaiser, als Gemeinwesen frei und selbstverwaltet. Memmingen war mit Mauern und Toren gut bewehrt und besaß ein eigenes ländliches Territorium von zwölf Dörfern. In Memmingen hatte die Reformation Einzug gehalten. Die Stadt war im Ulmer Waffenstillstand vom Kurfürsten von Bayern den Schweden eingeräumt worden, was er konnte, denn es hatte eine bayrische Besatzung. Ob er über eine Reichsstadt verfügen durfte, ist eine andere Frage.

Am 29. September 1647 traf Generalfeldzeugmeister von Enkevoer bei Memmingen ein[298]. Seine beiden Fußregimenter „Enkevoer“ und „Rübland“ folgten. Kurfürst Maximilian von Bayern war mit dem kaiserlich-bayrischen Rekonjunktions-Rezeß vom 7. September wieder an die Seite des Kaisers getreten. Bis zum 28. September hatten die Bayern acht Fußregimenter, drei Reiterregimenter und das Dragonerregiment Barttels vor den Toren Memmingens versammelt[299]. Ihre Streitmacht umfaßte 83 Kompanien[300]. Die bayrische Belagerungsartillerie mit dem Fuhrpark an „Stückwagen“, auf ihnen die schweren Rohre, Lafetten[301], Kugel- und Munitionswagen mit Pulver, Pech und Petarden[302], Kränen, Winden und Zugbrücken wurde von 1.074 Pferden bewegt. Noch mehr Dienstpferde der Reiterei und Zugpferde des Tross’ kamen hinzu. Am 30. September übernahm Enkevoer ganz selbstverständlich als der ranghöchste General das Kommando vor Memmingen. Zu seiner Rangautorität kam zweifellos sein persönliches Ansehen, bestätigt durch seine jüngsten Erfolge.

Am 28. September war Feldmarschall Wrangel der Brief zugestellt worden, mit dem der Kurfürst von Bayern den Waffenstillstand mit Schweden widerrief [303]. Zwei Tage zuvor hatte Wrangel ein französisches Eingreifen in Süddeutschland als höchst ungewiß bezeichnet[304]. Der bayrisch-französische Waffenstillstand bestand noch – und hat über die Zeit der Belagerung hinaus gehalten. Feldmarschall Holzappel versorgte Enkevoer mit Lageorientierungen: „Der Kriegszustand hat sich so weit geändert, daß wir uns mit den Churbayrischen nunmehr über das (Erz)gebirge aus dem Königreich ins Meissensche gezogen und entschlossen, dem Feindt auf den Hals zu gehen, welcher den einkommenen Zeitungen nach bey Zeitz stehe. Ob er nun aber an die

Die Lage im März 1647 in Süddeutschland

Skizze: Hans-Georg Rejzek

Die Lage im Dezember 1647 in Süddeutschland

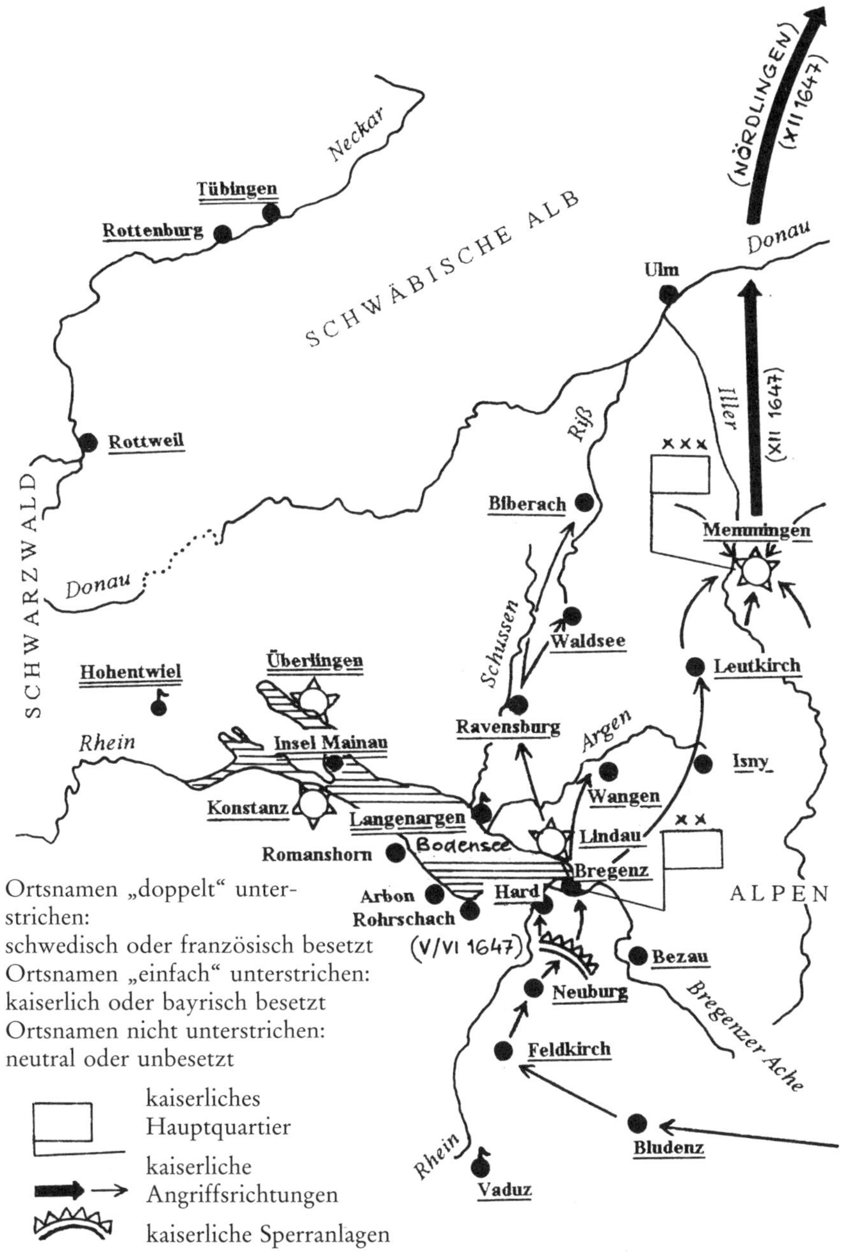

Skizze: Hans-Georg Rejzek

Elbe oder in Niedersachsen gehen wirdt, solches kann man noch nicht eigentlich wissen“ (Lageorientierung vom 18. Oktober).[305] Kaiserliche und Bayern konnten Memmingen belagern, ohne schwedische oder französische Entsatzversuche befürchten zu müssen.

Enkevoer nahm sein Hauptquartier im Dorfe Buxheim nordwestlich von Memmingen, nahe der Iller. Die drei bayrischen Generalwachtmeister de Lapier, Rouyer und Winterscheid mit ihren Frauen und Enkevoer allein bezogen verschiedene Häuser und Säle in der Kartause des Klosters zu Buxheim. Zwischen Buxheim und Hart errichteten die acht bayrischen Fußregimenter ein befestigtes Lager. Die beiden kaiserlichen legte Enkevoer in den Ort Hart, südwestlich Memmingen. Im Süden und Südosten schloß sich die Masse der bayrischen Reiterei bis nach Memmingerberg an. In diesem Dorf stand das Reiterregiment Waldbott und kontrollierte die ostwärts führende Straße nach Mindelheim. Rund um das Dorf wurden Schanzen aufgeworfen. Über die Dörfer Grünenfurt, Ammendingen und Egelsee fand der Belagerungsring aus Schanzen und Redouten[306] in einem nordöstlichen und nördlichen Bogen wieder Anschluß an die Iller. Damit war Memmingen vollständig eingeschlossen.

Die nächsten Städte, auf die man sich zur Versorgung stützte, waren Mindelheim im Osten und Leutkirch im Südwesten. Nach Mindelheim wurden die transportfähigen Verwundeten in feste Unterkünfte gefahren. Leutkirch mußte Brot liefern und „etliche Persohnen und Pferdt hinunder in das Lager nacher Buxheimb schicken und dann Wochentlich offtgemelten General Enckenfort einen Wagen – den die Burger den Freßwagen nenneten – mit allerhand zur Kuchen dienende Sachen, so jedesmahl 100 Gulden kostete.“[307]
Schon am 20. September hatte der bayrische Generalwachtmeister de Lapier mit seiner Reiterei die Stadt von aller Zufuhr abgeschnitten. Kurfürst Maximilian forderte in einem Mahnschreiben den Magistrat auf, weder mit Rat und Tat den Schweden zu helfen, noch der Bürgerschaft zu erlauben, gegen die Waffen des Heiligen Reiches Widerstand zu leisten. Vielmehr solle der Magistrat den Kommandanten dahin bringen, ohne Verzug mit seinen Kriegsvölkern abzuziehen, um allen „Extremitäten und Gefahren“ vorzubeugen, in die sonst die Reichsstadt geraten würde.

Der Kommandant Memmingens, Obrist Sigismund Przyemski, ein gebürtiger Pole, befehligte nur zwischen 400 und 500 Mann, darunter etwa 70 Reiter. Dennoch war er zu äußerstem Widerstand entschlossen. Über die Neutralität Bayerns machte er sich keine Illusionen. Die

Kaiserlichen und die Bayern waren ihm an Zahl und Artillerie um ein Vielfaches überlegen. Für Przyemski zählte seine gute Versorgungslage mit Lebensmitteln und Munition sowie die vorgeschrittene Jahreszeit. Mit jedem neuen Herbsttag würden die Belagerer mehr den Unbilden der Witterung ausgesetzt sein, während seine schwedische Besatzung den Schutz der festen Unterkünfte hatte. Es kam darauf an, die Verteidigunskraft seiner Soldaten so lange wie möglich zu erhalten und den an sich schon hohen Verteidigungswert der Festung weiter zu erhöhen.

Am 21. September, einem Sonnabend, ließ der Kommandant die Bürgerschaft auf die Zunfträume kommen und forderte sie durch seinen Major auf, die Stadt zusammen mit der Besatzung zu verteidigen. Die Bürger weigerten sich unter Hinweis auf ihre kaiserliche Obrigkeit. Sie seien ungewollt als ein „subjektum passivum" unter die schwedische Besatzung geraten. Damit spielten sie auf den Ulmer Waffenstillstand an, der ihre Reichsstadt ungefragt an die Schweden ausgeliefert hatte.

Am anderen Tage ließ Przyemski an mehreren Stellen einen Verteidigungsaufruf anschlagen, den Marktplatz während der Sonntagspredigt einzäunen, von Soldaten unter Gewehr umstellen und seine Kavallerie in den Gassen und am Markt aufreiten. Er rief den Magistrat und die Bürger durch Trommelschläger bei Strafe für Leib und Leben auf den Markt und in die Einzäunung. Dort stand er selbst auf einem Podest. Die Bürger, welche den Gottesdienst besucht hatten, wurden sogleich von den Kirchenstufen zu ihm gelenkt. Jetzt sprach Przyemski, zuerst zum Rat, dann zu den einzelnen Zünften. Sie sollten an Ort und Stelle erklären, ob sie ihn als Kommandanten anerkennen, zu ihm halten und ihm und seinen Soldaten bei der Verteidigung der Stadt beistehen wollten; diejenigen, die sich dazu nicht verstehen wollten, sollten auf die Seite treten, an denen werde er eine scharfe Exekution vornehmen lassen – und der Scharfrichter wartete schon, für alle sichtbar. Niemand trat auf die Seite und der Magistrat beriet sich kurz. „Nachdem nun die Bürger solchen Ernst und Gewalt gesehen, haben sie in sein (Przyemskis) Begehren gezwungen einwilligen müssen."

Zweihundert Handwerksgesellen wurden ausgewählt, bewaffnet und zum Wachdienst unter Aufsicht der regulären Truppe eingeteilt. Für seine Soldaten reduzierte der Kommandant damit das ermüdende Wachestehen. Alle erwachsenen Einwohner, Männer wie Frauen, mußten sich einüben, etwa ausbrechende Feuer zu löschen. Bürger der Stadt, hereingeflohene Bauern aus den umliegenden zu Memmingen gehörenden Dörfern, meist aber die Gesindeleute wurden zum Schanzdienst vor den Mauern herangezogen. Auch Frauen mußten mit hinaus. Vor zwei besonders gefährdeten Stadttoren ließ der Kommandant Erdbastionen aufwerfen und durch ein „Ravelin“[308] verbinden. Vier schon vorhandene Außenwerke ließ er verstärken, und das alles in der kurzen Zeitspanne von etwa Mitte September bis Anfang Oktober. Einen Müllersknecht, der den Schanzdienst eigenmächtig verlassen hatte, ließ er zur Abschreckung an den Pranger stellen und einen Bauern, der lässig gearbeitet hatte, an den Pfahl auf dem Markt. Während fast der ganzen Zeit der Belagerung wurde geschanzt und gebaut, denn erst mit der Anlage der Annäherungsgräben (Approchen) deckten die Belagerer ihre Angriffsrichtungen auf. Zerstörte oder beschädigte Erdwerke ließ Przyemski ohne Verzug – bei Tag und Nacht – neu aufrichten oder ausbessern. Immer wieder gab es dabei Verluste. Einmal wurde „ein Mägdlein beym Schantzen tod geschossen“, später eine erwachsene Magd. Das Dach über dem Pfarrhof ließ Przyemski abtragen und in der so gewonnenen Feuerstellung eine schwedische Geschützbatterie auffahren, welche die Kaiserlichen und Bayrischen nicht zum Schweigen brachten.

Die Besatzung wagte elf Ausfälle, teils zu Pferd, teils zu Fuß, einmal sogar mit „zwey Regiment-Stücklein“. Mit mehreren dieser Vorstöße drang sie bis in die Approchen vor. Jedesmal kam es dabei zu blutigen Nahkämpfen mit Blankwaffen und Handgranaten (die es schon gab). Ein Ausfall am 5. Oktober mit 150 Mann und allen schwedischen Reitern führte bis in die Geschützstellungen des Belagerungskorps. Die kaiserlich-bayrischen Truppen verloren dabei fünf Gefallene, 49 Verwundete und 17 Gefangene, außerdem fünf Kanonen, die unbrauchbar „genagelt“ wurden. Nach einem Ausfall am 10. Oktober, bei dem die Bayern 20 Tote und 52 Verwundete beklagen mußten, wurde für den folgenden Tag eine beiderseitige Waffenruhe vereinbart, in der die Toten geborgen und übergeben wurden. Bei einem Nachtangriff der Schweden erlitt das Regiment Rübland hohe Verluste, nach Aussagen von Gefangenen waren angeblich 50 Mann gefallen, die „Gequetschten“ (Verwundeten) nicht gerechnet. Bei ihren Ausfällen hatte die schwedische Besatzung das Überraschungsmoment meist für sich. Von der Stadtmauer und den Toren konnte sie schwächer besetzte Abschnitte bei den Kaiserlichen und den Reichsvölkern ausmachen und dort ihre Angriffe ansetzen, wobei sie sich gedeckt in dem Graben vor der Stadtmauer bereitstellte, solange er in ihrem Besitz war.

Die Belagerer standen an vielen Stellen bis zu den Knieen im Wasser ihrer Approchen. Dennoch hatte die Belagerung erhebliche Fortschritte gemacht. Die Belagerten hatten zwar, nicht zuletzt wegen der „Beihilfe“ der Bürgerschaft, stärkeren Widerstand geleistet, als von Enkevoer vermutet. Doch hatten sich die Fußsoldaten der Reichsvölker an einigen Stellen bis zum Graben vor der Stadtmauer vorgeschanzt und vorgekämpft. Dabei hatten sie die „Kontre-Escarpe“ durchbrechen müssen, die „Gegenböschung“ vor der Stadtmauer, die in den Stadtgraben hinab führt. Die Schweden mußten ihre Ausfälle einstellen. Enkevoer am 5. November: „... seither meinem jüngsten an Euer Excellenz (Holzappel) Bericht seindt unsere Werkhe, nach geschehener Durchbrüch und Eroberung der Contrescarpa, bis in den (Stadt)graben gebracht, daß nuhn zu allem ernstlichen Angriff geschritten (werden kann). Undt nechstens, wann die schier auch zu endt geführte Minen zu ihrer völligen Anfertigen gelangt sein werden, ein gutter Effectus dieser Operation ... zu hoffen (ist).“[309]

Die Entscheidung mußte der unterirdische Minenkampf und die Belagerungsartillerie bringen. Bis Mitte Oktober waren 53 Bergknappen zur Unterstützung des Belagerungskorps eingetroffen. Sie unterstanden einem Bergmeister und drei Berghauptleuten. Das Krugstor und das Lindauer Tor standen dem Lager der bayrischen Fußregimenter am nächsten. Gegen beide Tore wurden die ersten unterirdischen Stollen, die „Minen“, vorgetrieben. Die Schweden hatten den Erdaushub beobachtet, trieben in Richtung auf die Minen einen Gegengraben vor und bauten einen quer dazu verlaufenden Abschnitt, um von dort in die Minen eindringen zu können. Dennoch ließen die Belagerer unter dem von den Schweden errichteten Erdwerk am Lindauer Tor am 5. November die erste Sprengkammer detonieren. Die Sprengung zeigte kaum Wirkung. Möglicherweise war der Stollen wegen der schwedischen Gegengräben zu tief angelegt worden. Die andere Mine gegen das Krugstor wurde von den Schweden entdeckt und zugeschüttet.

Am 6. November wurde eine zweite Kammer unter dem Erdwerk vor dem Lindauer Tor gezündet, diesmal mit mehr Erfolg, das Werk wurde beschädigt, aber noch nicht zerstört. Die Mine gegen das Krugstor stellten bayrische Fußtruppen nach einem Gegenangriff wieder her und die Knappen ließen eine neue Pulverladung am 7. November „springen“, wieder ohne nennenswerten Effekt. Dennoch stürmten die Belagerer gegen das Werk rechts vom Krugstor, das zuvor sturmreif geschossen worden war. Sie waren bereits auf und in dem

Werk, als die Schweden einen Gegenstoß führten, der die Eingedrungenen wieder zurückwarf. Es wurde so hart und erbittert gekämpft, daß die Angreifer wieder sechs Gefallene und 68 Verwundete bergen mußten. Am Tage darauf schossen die Schweden in die Stollen vor dem Krugstor. „Deshalb wurde mit der Mine ein und einen halben Klafter[310] zurückgegangen, selbige mit starken Brettern und großen Nägeln fest gemacht, nach diesem auf der rechten Hand eine Kammer verfertigt und darin drei Tonnen[311] Pulver gethan und dann für den Gebrauch verwahrt". Diese Sprengladung warf nur einige Palisaden um. Doch die folgenden Sprengungen unter den Erdwerken brachten Einsturz und Tod, wie die beim Lindauer Tor am 11. November. Neun „contraminierende" Soldaten der Schweden kamen dabei ums Leben, „etliche Soldaten und Schantzleut wurden auch empor gehebt, die aber beym Leben erhalten worden ..." Teils wurden die den Stadtmauern vorgelagerten Erdwälle und Böschungen zum Einsturz gebracht, teils wurde so gesprengt, daß der Stadtgraben zugeschüttet wurde. Erst dann, bei freiem Schußfeld gegen die Steinmauern und Tore der Stadt, konnte die Belagerungsartillerie ihre volle Wirkung entfalten. Gegen die Erdwerke richteten die Kanonen mit ihren Vollkugeln und damaligen Granaten wenig aus.

An schwerer bayrischer Artillerie, an „Stücken", waren vor Memmingen sechs Mörser und 20 großkalibrige Kanonen in Feuerstellung. Die Mörser oder Böller „warfen" Eisenkugeln, Steinkugeln, Granaten und Feuerballen im Steilfeuer in die Stadt. Die Kanonen auf ihren aufgeworfenen Bastionen schossen im meist direkten Richten mit flacher Flugbahn gegen die Tore und gegen die beabsichtigten oder vorgetäuschten Einbruchsstellen in der Stadtmauer. Am Abend des 5. Oktober wurde – wohl als Antwort auf den gelungenen Ausfall der Schweden – eine grausam erdachte Kanonade eröffnet. Neben dem ohrenbetäubenden Dauerbeschuß mit explodierenden Granaten und schweren Vollkugeln wurden an die 50 Feuerballen, schon im Fluge brennend, in die Stadt geworfen. Zwei Stadel mit noch ungedroschenem Getreide gerieten in Brand, auf den lodernden und funkensprühenden Flammenherd richtete die Belagerungsartillerie jetzt alle Rohre und schoß im zusammengefaßten Geschütz- und Mörserfeuer in das neue, gut sichtbare Ziel. Bei den Löscharbeiten „geriet alles in große Unordnung und ein jeder das seinige zu salviren trachtete." Die Brände wurden kaum noch gelöscht, Wasser kam nicht mehr herbei, die beiden nächst stehenden Wohnhäuser fingen Feuer. Przyemski erschien „in eigener Persohn". Die ihren Hausrat wegtragen wollten, ließ er mit Schelten und Schlägen davon abbringen, trieb sie wieder zum Wasserschleppen und ließ von seiner Begleitung den herausgeretteten Hausrat aufnehmen und in die Flammen werfen. Die Menschen löschten wieder, ihre einzige Chance, verbliebenes Hab und Gut zu retten: „... daher durch des Kommandanten Fleiß und Vorsichtigkeit verhütet wurde, daß das Feuer weiter kam.“ Przyemski publizierte erneut einen Befehl, wonach alle Scheunen und Häuser von Stroh zu räumen waren und es nur noch unter freiem Himmel, in Gärten und an abgelegenen Orten, gestapelt werden durfte. Am 19. Oktober brach noch einmal an drei Stellen zugleich Feuer in der Stadt aus, das aber bald gelöscht werden konnte.

Gleich anderen erfolgreichen militärischen Befehlshabern war es Przyemski in die Wiege gelegt, bei Freund wie Feind die Psyche zu beeinflußen. Einmal wurde eine Soldatenfrau aus dem kaiserlich-bayrischen Troß aufgegriffen und vor ihn gestellt. Er schenkte ihr einen halben Taler, damit sie sich in der Stadt Weißbrot kaufe, und schickte sie dann mit dem Brot zu den ihrigen vor die Mauer zurück. Man kann sich ausmalen, was sie dort alles zu erzählen hatte. Von Hungersnot in der Festung wird sie nichts berichtet haben. Wie Przyemski die Bürger zur Teilnahme an der Verteidigung Memmingens brachte, wie er dabei seinen Major vorschickte, wie er Stimmung und Haltung der Bürger testete, wie er auf dem Marktplatz selbst sprach, einzeln zum Rat und zu den Zünften, mit der sichtbaren Drohung seiner bewaffneten Soldaten und des Scharfrichters, wie er seine Ansprache aufbaute, das alles war ein psychologisches Meisterstück. Einen Tag nach dem 5. Oktober, nach der gerade noch unter Kontrolle gebrachten Feuersbrunst, als „alles voller Schrecken und Angst war,“ versammelten sich Frauen der Stadt, die Przyemski mit einem Fußfall bitten wollten, daß er rechtzeitig einen Übergabevertrag schloß, damit Stadt und Bürgerschaft samt „Weib und Kindern“ nicht zu Grunde gingen. Er ließ sie gar nicht erst vor, sondern ausrichten, er wisse auch ohne sie sehr wohl, was er zu tun und zu lassen habe. Sie sollten sich heim begeben und das ihre tun. Wenn sie aber etwa wieder bei ihm vorstellig werden wollten, und selbst wenn es noch mehr seien und dabei die vornehmsten Frauen der Stadt, so werde er sie trotzdem alle ohne Ausnahme nach draußen zum Schanzen führen lassen. In dieser Antwort lag zugleich eine unverhohlene Warnung an den Rat der Stadt, kein Weiberregiment[312] zuzulassen.

Przyemski tat viel, damit das Geld seinen Wert behielt, „daß in Brodt, Korn, Fleisch, Schmaltz und andern Sachen kein Aufschlag oder Steigerung fürlieff, sondern alles in dem Preiß bleiben mußte, wie es vor der Belagerung gewesen. Wer darüber that, gegen den verfuhr er mit strenger Execution." Auch mit drakonischen Strafen hätte er wohl auf Dauer den Geldwert nicht stabil halten können, wenn die **notwendigen** Lebensmittel zur Neige gegangen wären. Aber die im Menschen schlummernde Bereicherungssucht und den Wucher dämpfte er doch. An Grundnahrungsmitteln waren genügend Vorräte angelegt und den Sommer 1647 über aufgestockt worden. Die einfachen Soldaten gaben den Bürgern Memmingens immer wieder zu verstehen, daß ihr Kommandant und seine Offiziere sehr erfahren seien. Nie wurde bei den einfachen Soldaten Unwillen oder Ungeduld bemerkt. Sie „hatten solchen Eyffer und Begierd, daß die Verletzte, ehe sie gar heil worden, den Posten, wann sie nur kondten, zu eileten. Wann ein Ernst oder Anstalt zum Stürmen wahrgenommen worden, seyn auch der Officier Knecht und Jungen mit Gewehr auff die Werck geloffen und helffen fechten, ob sie dessen schon keinen Befelch gehabt."

Insgesamt verschossen die Belagerer bis in die zweite Hälfte November um die 5.200 Schuß aus Kanonen und Mörsern. Sie verbrauchten dabei etwa 550 Zentner Pulver und 140 Zentner Lunten. Allein an die bayrischen Fußvölker waren rund 125.000 Musketenkugeln ausgegeben worden. Die schwedische Besatzung verbrauchte etwa 200 Zentner Pulver.

Am 12. November war ein Feldtrompeter Enkevoers vor die Stadtmauer Memmingens geritten. Auf gekennzeichnete Trompeter, die bestimmte Signale schmetterten, wurde nicht geschossen; sie waren die Parlamentäre zwischen feindlichen Truppen und den Kriegsparteien. Der Trompeter überbrachte ein Schreiben Enkevoers, „darinnen guter Accord zu geben anerbotten", die Aufforderung, die Stadt durch einen Vertrag zu übergeben. Und der Trompeter rief über die Mauer, man habe sechs Minen fertig, die sofort gezündet werden könnten. „Extremitäten und Gefahren" wurden immer größer, ein Sturm auf die Stadt, nachdem Minen die Breschen gesprengt hatten, die Freigabe der Stadt zur Plünderung und Willkür für die stürmenden Soldaten, nach damaligem Kriegsbrauch, praktiziert von allen Armeen. Der Trompeter wurde nicht in die Stadt eingelassen, sondern mit einer mündlichen Antwort „manierlich" abgewiesen.

Endlich, am 20. November, schickte Przyemski seinen Trompeter zu Enkevoer mit dem Wunsch, ihn sprechen zu wollen. Zunächst machte Enkevoer zur Bedingung, daß ein schwedischer Major und ein bayrischer Obristwachtmeister gegenseitig als Geiseln auf Zeit genommen wurden. Dann schwiegen alle Waffen. Przyemski ritt im Vertrauen auf das ihm gegebene Kavalierswort Enkevoers zu ihm, um über die Übergabe zu verhandeln. Hauptgrund war der Mangel an Kugeln und Pulver. Am Ende der Belagerung hatten die Bürger als Bleiersatz ihr Zinngeschirr abgeben müssen und in Memmingen „hat man nach der Schwedischen Abzug mehr nicht dann nur zwei Tonnen Pulver, an Bley und Kugeln aber fast nichts gefunden".

Przyemski ritt in die Stadt zurück, er war mit den ersten Übergabebedingungen nicht einverstanden. Die beiden Geiseln wurden zurückgestellt, die Feindseligkeiten wieder aufgenommen. Doch stürmen ließ Enkevoer noch nicht, noch wartete er zu und vertraute seiner Kriegserfahrung. Am 22. November nahm die Belagerungsartillerie die Beschießung wieder auf, am Abend wurden zusätzlich Granaten geworfen und zwei Häuser zerstört. Jetzt wurde der Rat der Stadt bei Przyemski vorstellig und schilderte die Not. Przyemski zeigte sich zunächst erzürnt – er schickte aber doch ein Schreiben mit neuen Übergabepunkten an Enkevoer. Schon seit Wochen hielt Przyemski Reiter auf dem Markt in Bereitschaft und ließ sie in den Gassen patrouillieren, „damit von Burgern und Inwohnern nichts wider die Schwedische Völcker practicirt werde." Am Abend des 23. November traf die Antwort der kaiserlich-bayrischen Belagerer bei Przyemski ein: ein bereits von Enkevoer abgezeichneter „Accord" zur Übergabe der Reichsstadt und Festung Memmingen, mit dem eigenhändigen Zusatz Enkevoers, „daß es dabey sein Verbleiben haben werde." Dieses Angebot war sein letztes.

Unterschrieben wurde der Übergabevertrag von Przyemski für die schwedische Seite, von Enkevoer, Lapier, Rouyer und Winterscheid für die kaiserlich-bayrische. Enkevoer hat die drei bayrischen Generalwachtmeister mit unterzeichnen lassen, das honorierte ihren Anteil am Belagerungserfolg und enthob ihn langatmiger Rechtfertigung der Übergabebedingungen vor Kurfürst Maximilian. Die kaiserlich-bayrischen Truppen besetzten das ihnen eingeräumte Krugstor. Die beiderseitig gemachten Gefangenen wurden ohne Zahlung oder Verrechnung von Lösegeld ausgewechselt. Die Schweden hatten 55 Tote und etwa 60 Verwundete. Sie begruben ihre Toten und setzten die gefallenen Offiziere in der Sankt Martinskirche bei. Am 25. November zog die schwedische Besatzung in mustergültiger Ordnung mit noch 260 Musketieren und 66 Reitern unter 12 wehenden Fahnen ab. Alle mobilen Waffen und 20 Bagagewagen führten sie mit. 100 bayrische

Reiter eskortierten sie durch die eigenen Reihen aus der Stadt in Richtung auf Leipheim an der Donau. Enkevoer und Przyemski nahmen nebeneinander stehend den Ausmarsch ab.

Przyemskis Marschziel war die zentral gelegene Festung Erfurt, der große schwedische Etappenplatz zwischen Ostsee und Süddeutschland, zwischen Niedersachsen und Böhmen, zwischen Schlesien im Osten und Hessen im Westen. Sein Marsch führte ihn von Leipheim zur Festung Schweinfurt, von da zur Festung Königshofen im Grabfeldgau, nach Suhl, dann über den Thüringer Wald nach Erfurt. In Erfüllung der Übergabebedingungen wurden die zurückgelassenen schwedischen Verwundeten versorgt und gepflegt. Auch ihnen war freier Abzug nach Gesundung zugesichert.

Memmingen beklagte elf getötete Einwohner und Flüchtlinge. Beim Schanzen waren eine Magd und ein „Mägdlein", ein Bauer und ein Müllersknecht umgekommen. Ein Bierwirt, der sich auf der Mauer aufhielt, wohl um auszuschenken, war während einer Kanonade von einem herabstürzenden Stück Holz erschlagen worden. Direkt durch Artilleriebeschuß oder Minensprengung waren eine Frau, zwei Bürger, ein Bauer und ein Knecht ums Leben gekommen. Einen Weberknappen hatte ganz am Ende sein Schicksal ereilt, als ihm von einer Kanonenkugel „der Kopff hinweg geschossen worden." Die überstandenen Verletzungen, leichte und schwere, waren zahlreicher. Dennoch ist der Kelch der Belagerung an der Bürgerschaft, den hereingeflohenen Bauern und beider Anhang noch einigermaßen glimpflich vorüber gegangen. Dafür kann man einige Erklärungen heranziehen, der Chronist[313] aber dankt Gott.

Die überwiegende Anzahl der durchschlagenden, einschlagenden oder aufschlagenden Geschosse waren Vollkugeln oder Steine ohne Sprengwirkung. Sie mußten ein Ziel genau treffen oder blieben fast ohne Wirkung irgendwo stecken, liegen, oder sie zersprangen. Die Treffgenauigkeit war nicht besonders hoch. Einige Kugeln flogen über die Stadt hinweg und schlugen ins freie Feld dahinter. Nur etwa ein Zehntel der Geschosse waren bereits Granaten mit Sprengwirkung, jedoch noch in der alten Kugelform. Von ihnen blieben viele als Blindgänger liegen, vereinzelt wurden sie sogar von der schwedischen Besatzung aufgelesen und zurückgeschossen. Die Sprengwirkung erreichte mit den damals bekannten Pulvermischungen nicht die späterer Jahrhunderte. Vor allem aber konnte die nicht diensttuende Bevölkerung während der Kanonaden Zuflucht in den Gewölben der öffentlichen Gebäude finden, die weitgehend beschußresistent waren.

Die Bürgerwachen wurden aus Verteidigungsinteresse meist auf Nebenplätze gestellt, bei Angriffen kämpften in der vordersten Front die alarmierten Soldaten. Die Zivilisten und besonders die Frauen, die draußen schanzen mußten, werden von den Soldaten an die weniger gefährdeten Arbeitsplätze gestellt worden sein. Die tonangebenden Veteranen des Krieges hatten schon so manche Not am eigenen Leibe verspürt, sie waren für gewöhnlich nicht die hartgesottenen Söldner, als die sie manchmal geschildert werden.

Die Schäden an Gebäuden und Toren der Stadt waren groß. Als sich die Belagerung ankündigte, hat Przyemski mehrere Fachwerkgebäude, darunter auch Wohnhäuser, abtragen lassen, um genügend Bauholz zur Stabilisierung der Erdwerke und für Palisaden zu gewinnen. Am 4. November hat die Belagerungsartillerie mit etwa 200 Schuß das Krugstor sturmreif geschossen. Bei der Feuerbrunst am 5. Oktober waren zwei Wohnhäuser völlig in Asche gelegt worden. Einige andere Gebäude waren so lange bombardiert worden, bis sie zusammenstürzten, so zuletzt am 22. November. Die meisten Schäden aber waren an den Dächern der Häuser entstanden, allein schon durch das Steilfeuer der Mörser. Wenn dann noch die speziellen „Hagelgranaten" – den Namen hatten Soldaten und Bürger gefunden – einmal in der vorausberechneten Höhe über den Dächern der Stadt explodierten, ergossen sich ungezählte Mengen von Stein- und Metallsplittern und prasselten durch die Dächer. Schließlich wird vom „Dunst", dem Luftdruck, berichtet, der die Fensterscheiben aus Glas zu Bruch gehen ließ oder Fensterfüllungen aus anderen Materialien zerriss.

Am schwersten hatte das kaiserlich-bayrische Belagerungskorps gelitten. 199 Soldaten waren gefallen, 478 verwundet worden und 258 hatten die Fahnenflucht den harten Bedingungen und tödlichen Gefahren der Belagerung vorgezogen. Über 900 Mann, oder – in der durchschnittlichen Iststärke kaiserlicher Regimenter am Kriegsende gerechnet – fast drei Fußregimenter waren bei der Belagerung verloren gegangen.

Zwar war Memmingen mit dem Ulmer Waffenstillstand den Schweden von Kurfürst Maximilian selbst eingeräumt worden, im herbstlichen Rekonjunktions-Rezeß mit dem Kaiser aber hatte Maximilian sich auch den schwäbischen Reichskreis ausbedungen, um seine Reichsarmee zu unterhalten. Damit der ganze Kreis vor dem Winter in Kontribution gesetzt werden konnte, mußte Memmingen erobert werden. Deshalb hatte Maximilian seine Armee geteilt, deshalb zwölf Regimenter vor Memmingen beordert und nicht alle Truppen

Feldmarschall Gronsfeld unterstellt. Für die weiteren Operationen spielte Memmingen keine Rolle mehr, doch Maximilians Fixierung auf Memmingen hat nicht nur an den kaiserlich-bayrischen Kräften gezehrt, sie hat auch die Konzentration der Kräfte bei der Hauptarmee vermindert.

Der polnisch-schwedische Kommandant Przyemski hingegen hat während seiner energischen, an Initiativen reichen und psychologisch geschickten Verteidigung Memmingens – in der Phase des Rückzuges der schwedischen Hauptarmee – starke kaiserlich-bayrische Kräfte gebunden. Der 29. September 1647 stellt den inneren Zusammenhang her. An dem Tage trat Wrangel seinen Rückzug zur Weser an, an dem Tage war das bayrische Belagerungskorps vor Memmingen vollständig versammelt, an dem Tage traf Enkevoer ein, die Belagerung begann. Die acht Wochen der Belagerung waren die Zeit der höchsten Gefährdung der schwedischen Hauptarmee. Wenn Caspar Schoch mit seinem Reiterregiment den Ausschlag für die Operationsfreiheit der Kaiserlichen in Schwaben gegeben hat, so trug Sigismund Przyemski dazu bei, die schwedische Hauptarmee bei ihrem schwierigen Rückzug zu entlasten. Operativ gesehen war die Belagerung von Memmingen ein schwerer Fehler der kaiserlich-bayrischen Seite.

Memmingen erhielt erneut eine bayrische Besatzung, diesmal gebildet aus den Regimentern Winterscheid und Mercy. Das Fußregiment Ners wurde nach Augsburg gelegt. Gestützt auf beide Reichsstädte, setzte Generalwachtmeister Winterscheid das Gebiet zwischen Lech und Iller und weiter bis hinauf nach Lindau in Kontribution. Das kurzfristige Ziel der Schonung seiner Staatsfinanzen hatte Maximilian erreicht. Daß es kurzsichtig gesteckt war, sollte sich bald herausstellen.

Memmingen behielt die bayrische Besatzung. Im Februar 1648 bestand sie aus 809 Soldaten mit 356 Pferden. Zu ihrem Troß gehörten „758 Weiber, Kinder und Gesind und 74 Esel." Fast ein Jahr über den Friedensschluß hinaus blieb die Besatzung, die jedoch mehr und mehr verkleinert wurde. Am 5. Oktober 1649 wurden die verbliebenen Soldaten des Regiments Winterscheid von Memmingen aus entlassen. Das Regiment, das sich tadellos gehalten hatte, wurde als eines der letzten der bayrischen Reichsarmada aufgelöst. Genau zwei Jahre nach einem der schwärzesten Tage in der Geschichte der Stadt endeten damit die unmittelbaren Folgen des Krieges. Memmingen war kein „subjektum passivum" mehr, sondern wieder freie, selbst bestimmte Reichsstadt, allein untertan der milden Friedensobrigkeit des Kaisers.

Das Kampfgeschehen in Süddeutschland am Ende des Jahres

Am 8. Dezember 1647 hatte Enkevoer aus Memmingen gemeldet[314], daß er mit seinem und dem Rübländischen Regiment nach Böhmen aufbreche. Er hatte im September zum Anmarsch gegen Memmingen auch das Regiment Schoch mitgenommen, es dann jedoch nach Norden über die Donau angesetzt. Koalitionsrücksichten haben hierbei sicher eine Rolle gespielt. Das Memminger Belagerungskorps war auch ohne Schochs Reiter stark genug, ein enges Lagerleben der bayrischen Truppen gemeinsam mit dem abgefallenen Dragonerregiment hätte Enkevoers Koalition mehr Schwierigkeiten bereitet als Nutzen gebracht. Außerdem entsprach es den Regeln umsichtiger Kriegführung, eine starke Abteilung jenseits der Donau sichern zu lassen. Am 29. Oktober[315] hatte Schoch das Schloß Wallerstein, nahe Nördlingen, mittels einer Kriegslist und ohne Blutvergießen erhalten. Mit einem fingierten Marschbefehl hatte er die schwedische Besatzung auf die Straße nach Nördlingen gelockt und dann gefangen genommen. Neben 20 schweren und leichten Geschützen hatte er „Handtgranaten, Proviant und andere Munition“ erbeutet und das Schloß zu „bequemer“ Beobachtung Nördlingens besetzt[316]. Außerdem belegte er Harburg, Oettingen und Gunzenhausen mit Besatzungen.

„Wie Regensburg als Schlüssel des bairischen, so galt Nördlingen als Schlüssel des schwäbischen Kreises.“[317] In dieser Reichsstadt hatte Wrangel daher eine starke schwedische Garnison zurückgelassen. Maximilian von Bayern befahl im Dezember Enkevoer[318], mit den „vor Memmingen gestandenen Reichsvölkern auf Nördlingen zu marschieren und einen Versuch zu machen“, ob die Stadt zu einer „Entschließung“ gegen die schwedische Besatzung gebracht werden könne. Als äußerstes Mittel sollte Enkevoer dem Versuch durch „hineinwerffung etzlicher bis auf fünfhundert Grenadt(en) undt Feuer“ Nachdruck verleihen. Maximilian verlangte nicht mehr die förmliche Belagerung von Nördlingen, die kräftezehrende von Memmingen mit ihren hohen Verlusten wird ihn gewarnt haben. Außerdem stand der Winter vor der Tür. Eine Belagerung zu dieser Jahreszeit war gegen alle Regeln der Kriegskunst, was jeder Soldat wußte. Die Truppen würden eine Belagerung vom Campus aus, über den Wind und Wetter hinwegfegten, kaum durchhalten. Wenn Dauerregen dazu kam oder das Erdreich durchfror, war ein Minenkampf gegen die Festung unmöglich. Wie Maximilian es gewünscht hatte, wurde der Magistrat schriftlich zum Widerstand gegen die Besatzung aufgefordert. Enkevoer erhielt keine

Antwort. Deshalb gab er den Befehl, die zum Feuer-Einwerfen benötigten Mörser in der Nacht vom 20. zum 21. Dezember in Stellung zu bringen, insgesamt 16 Stück, munitioniert mit neuartigen Feuerballen und Granaten: „So ist anheuth, als den 21., durch das in Nördlingen gethanes Feuereinwerffen zwar ein Viertel der Statt eingeaschert worden. Weilen die schwedische Besazung darin aber stärcker als die Bürgerschafft sich befindet, ist der vermuthenste Zweck, daß die Bürger sie zum Auszug zwingen möchten, nicht diesmal zu erwarten, doch wohl zu hoffen, ... daß die Operation nicht umsonst geschehen", berichtete Enkevoer an Holzappel[319].

Die Beschießung hatte ohne Unterbrechung von 06.00 Uhr morgens bis in die tiefe Nacht gedauert. Zwar waren 141 Wohnhäuser und Scheunen verbrannt, 2.083 Malter[320] Getreide und 282 Fuhren Heu in Flammen aufgegangen, doch die Bürger lehnten sich weder im Dezember 1647 noch später gegen die schwedische Besatzung auf. Kurfürst Maximilian und Enkevoer haben sich getäuscht, eher hatte sich der Widerstandswille der Nördlinger Bürgerschaft noch versteift. Enkevoer hat vergeblich darauf gesetzt, daß „viel Frucht und andere Lebensnothwendigkeiten" verbrannt waren und daß die Stadt danach von Schoch mit seinen – nach den Besetzungen im Umkreis noch frei verfügbaren – Reitern, vom bayrischen Kroatenregiment Guschenitz und vom Fußregiment Rouyer blockiert wurde. Nördlingen, 1634 und 1645 Schauplatz von nahen Schlachten des Dreißigjährigen Krieges, mehrmals Versammlungsort der Königlich Schwedischen Generalität und Artilleriemagazin, blieb bis weit in das Friedensjahr 1650 mit zuletzt 900 schwedischen Festungssoldaten belegt[321].

Mittlerweile waren bei Enkevoer Nachrichten eingetroffen, daß der französische Marschall Turenne mit zweitausend Mann zu Pferdt und fünfzehnhundert zu Fuß auf der rechten Rheinseite[322] seine Winterquartiere beziehen wolle. Rothenburg ob der Tauber und Schwäbisch-Hall waren unbesetzt und wurden von der bayrischen Reichsarmee nicht beansprucht. Deshalb wies Enkevoer, bevor er sich persönlich nach Wien in einen vom Kaiser bewilligten Urlaub begab, den kaiserlichen Feldmarschalleutnant Bönninghausen auf diese beiden Reichsstädte hin. Beide könnten die kaiserlichen Winterquartiere gut ergänzen „und den Franzosen zu größern Schaden benommen werden". Danach meldete sich Enkevoer schriftlich bei Holzappel in den Urlaub ab, um seinen „hängen gebliebenen Geschäften etwas vorzusehen".

Feldmarschalleutnant Lothar Dietrich Freiherr von Bönninghausen war nach einem französischen Zwischenspiel erst im Juli 1647 wieder in kaiserliche Dienste getreten. Er hatte gegen Ende des bayrisch-schwedischen Waffenstillstandes Weißenburg am Sand (Weißenburg in Bayern) und die dabei liegende Bergfestung Wülzburg mit geringen Truppen gehalten und Windsheim veranlaßt, eine kleine kaiserliche Besatzung aufzunehmen. Nach Enkevoers Abreise unterstellte der Kaiser dem Feldmarschalleutnant die beiden zurückgebliebenen Fußregimenter Enkevoer und Rübland und wies Holzappel am 26. Dezember 1647 an[323], zusätzlich ein Regiment zu Pferd aus den nächstgelegenen Winterquartieren an Bönninghausen abzugeben. Am 5. Dezember hatte Bönninghausen vorgeschlagen, eine Diversion zum Rhein zu unternehmen, um französische Kontributionen zwischen Oberrhein und Donau zu unterbinden[324]. Zudem wollten Schwäbisch-Hall, Schwäbisch-Gmünd und die Neckarstädte Esslingen und Rottenburg kaiserliche Besatzungen aufnehmen. Der vereinbarte und geordnete Schutz durch kaiserliche Kriegsvölker war ihnen immer noch lieber als die Gefahr, fremde Besatzungen zu diktierten Bedingungen aufnehmen zu müssen. Die Diversion Bönninghausens kam nicht in Gang. Mit den Enkevoer gemeldeten 2.000 Mann Kavallerie und 1.500 Mann Infanterie war Turenne zwar bei Oppenheim über den Rhein vorgestoßen, hatte sich aber kurz darauf wieder zurückgezogen und seine Winterquartiere links des Rheins genommen. Gründe für den Befehl des Kaisers, die Diversion nicht mehr zu unternehmen, dürften überraschend frühe Feldzugsvorbereitungen Wrangels für das Jahr 1648 gewesen sein und der Truppenmangel bei Holzappels Hauptarmee, die nicht mehr mit der bayrischen Reichsarmee vereinigt war. Die kaiserlichen Kräfte reichten gerade hin, um die Feste Wülzburg, Lindau, Rottweil am Neckar, Offenburg und den Asperg besetzt zu halten. Für Memmingen, Weißenburg und Windsheim waren bayrische Besatzungen vorgesehen. Somit konnte Holzappel nicht nur die Feldregimenter Enkevoer und Rübland an sich ziehen, sondern es wurden auch die Besatzungen von Windsheim und Weißenburg frei. Ausschlaggebend war jedoch, daß Frankreich – auch nach schwedischem Drängen[325] – Ende Dezember 1647 den Waffenstillstand mit Kurbayern gekündigt hatte. Damit fiel der schwäbische Reichskreis als Operationsgebiet, nicht nur zum Unterhalt, der bayrischen Reichsarmada zu. Für Bönninghausen fand sich keine Aufgabe mehr. Er erhielt am 22. Januar 1648 den Befehl, sich zum kaiserlichen Hof nach Prag zu begeben. Damit hatte der Feldzug 1647 in Süddeutschland einen zwar späten, aber dem Kaiser willkommenen Abschluß gefunden, und der Winter brachte wie gewöhnlich die Kriegshandlungen zum Erliegen.

Es war auch wieder Personalpolitik getrieben worden. Am 15. Oktober hatte Kurfürst Maximilian den Kaiser gebeten[326], ihm den Feldmarschalleutnant Hans Wilhelm Vogt zu Hunoldstein zu überlassen, der unter Holzappel die kaiserlichen Fußvölker in der Hauptarmee befehligte. Bei der bayrischen Reichsarmada sei die „Generalzeügmaisterstell noch nit ersezt", beim Korps vor Memmingen sei höchste Gefahr und er, Maximilian, finde Hunoldstein bei der „Memmingischen Belagerung sonderbahr vonnöten". Die Bitte Maximilians war durchsichtig genug. In demselben Schreiben schlug er dem Kaiser vor, Generalfeldzeugmeister Enkevoer vom Oberbefehl über das Memminger Belagerungskorps abzulösen, um Enkevoer anstelle Hunoldsteins bei der kaiserlichen Hauptarmee, oder wo es sonst nötig sei, zu verwenden. Mit dem Tausch der beiden Generäle wollte Maximilian unmittelbaren Einfluß auf die Belagerung von Memmingen nehmen. Ein kaiserlicher kommandierender General vor Memmingen war ihm offenbar nicht so recht. Feldmarschalleutnant Hunoldstein, mit der Beförderung zum bayrischen Generalfeldzeugmeister gelockt und dann bei der Reichsarmee, wäre sein Befehlsempfänger geworden und Enkevoer weit weg im Einsatz. Das Anliegen Maximilians hat der Kaiser zweifellos durchschaut. Er war – wie oft schon – konziliant und zur Abgabe Hunoldsteins bereit, allerdings hätten er und Holzappel gern die Reitergeneräle Werth und Sporck wieder in Verwendung bei der kaiserlichen Hauptarmee gesehen, ohne jedoch expressis verbis ein Junktim herzustellen.

Der Kaiser hat Holzappel am 29. Oktober in einem „Handbriefel"[327] aus Prag aufgefordert, Stellung zur Bitte des Kurfürsten von Bayern zu nehmen. Er trage keine Bedenken, Hunoldstein an die bayrische Reichsarmee abzugeben. Aber vorher, ehe er sich gegenüber dem Kurfürsten äußere, wolle er Holzappels „guttachten" zu folgenden Punkten: wenn Holzappel der Abgabe Hunoldsteins zustimme, wer solle dann „zum Commando über die infanteria" bei der kaiserlichen Hauptarmee bestellt werden; ob Enkevoer diese Aufgabe übernehmen solle und wer dann an seiner Stelle „daroben in Tyrol und Schwaben" die Kriegsvölker und Garnisonen kommandieren solle, oder, ob Enkevoer im Kommando von Tirol und Schwaben zu belassen sei; wer habe dann anstelle Hunoldsteins das kaiserliche Fußvolk zu befehligen?

Die Entwicklung ging über diese Anfrage des Kaisers hinweg. Am 25. November hatten die Schweden Memmingen übergeben. Der Kaiser überließ es jetzt Holzappel[328], den geeigneten Zeitpunkt für

Hunoldsteins Freigabe zu bestimmen: Holzappel möge ihn für die nächsten Operationen noch verwenden, wenn er wolle.

Die schwedische Armee in Leutkirch (Leiden und Handeln der Menschen)

Die schwedische Hauptarmee in Deutschland hatte am 23. Dezember, dem 4. Advent des Jahres 1646, ihr Hauptquartier in der Reichsstadt Leutkirch aufgeschlagen. Zwei Tage zuvor war ein Vorkommando von Quartiermeistern und Stabsfurieren eingetroffen, hatte die Unterkünfte requiriert und sonstige Vorbereitungen getroffen. An schwedischer Generalität waren versammelt: der Oberkommandierende der Königlich Schwedischen Armee in Deutschland, Generalfeldmarschall Carl Gustav Wrangel, im Dezember erst 33 Jahre alt geworden und wie Turenne einer der jüngsten Feldmarschälle der Kriegsgeschichte überhaupt, General der Kavallerie Hans Christoph Graf von Königsmarck, Deutscher aus der Prignitz, der Generalmajor Caspar Cornelius Mortaigne de Potelles, ein Flame reformierten Glaubens, die Generalmajore Friedrich Christoph Freiherr von Hammerstein, Deutscher wie Königsmarck, aber aus der Pfalz, Robert Douglas, aus Schottland gebürtig, Gustav Otto Steenbock und schließlich Helm Wrangel, genannt „der tolle Wrangel". Auch der nobilitierte Generalkriegskommissar Peter Brandt zu Langwedel und Brook und Generalsuperintendent Michael Ludovicus gehörten zum Hauptquartier. Selbstverständlich hatte auch der französische Ambassadeur[329] bei der schwedischen Armee, Charles Dubois Baron d'Avangour, nebenbei Inhaber eines schwedischen Regiments, sein Quartier in Leutkirch genommen.

Die Artillerie stand auf dem „Unteren Oesch", einer Flur außerhalb der Stadtmauern. Alle Häuser und Winkel in der Stadt waren mit Soldaten angefüllt. Es schien fast unmöglich, daß so viele Tausende Menschen und Pferde untergebracht werden könnten. Nach Ankunft der Armee haben die mitziehenden Kaufleute, Krämer, Marketender und Apotheker die Läden und Gewölbe der Stadt belegt, auf dem ganzen Markt Stände aufgeschlagen und „allerhand schöne und köstliche Waren, was man nur erdenken mochte, feil gehalten."[330]

Dort die gerüsteten, derzeit gut versorgten schwedischen Truppen mit ihrer illustren Generalität an der Spitze und einem reichen Troß im Gefolge, hier die verarmte, verängstigte, wehrlose, nach 28

Kriegsjahren durch Hunger, Pest und Gewalt dezimierte Bürgerschaft Leutkirchs.

Die Pestwelle von 1633/34/35, bereits die zweite des Krieges, hatte Leutkirch nicht verschont: „Gleichfalls hatte ... kaiserliches Kriegsvolk, das fast aus lauter Württembergern bestand, von Juli bis Ende August 1635 ihr Quartier hier. Diese Soldaten steckten leider die Stadt mit der Pest an, sodaß alles in allem an die 700 Menschen daran gestorben sind. Es war noch dazu eine große Teuerung und Hungersnot, daß die guten Leute allerhand Speisen wider die menschliche Natur wie Hunde, Katzen, Mäuse und Kuchen von Leinöl essen mußten, wovon sie dann nach ihrem Tode ganz gelb waren, als ob sie an der Gelbsucht gestorben wären." Im Jahre 1635 waren in der evangelischen Pfarre 413 Erwachsene und 269 Kinder gestorben, 52 evangelische Familien waren ganz ausgelöscht, nur 37 evangelische Ehen und 19 Schulkinder hatten Hungersnot und Pest überlebt. In der katholischen Gemeinde waren von den etwa 1.500 Teilnehmern am Abendmahl nach Verebben von Pest und Hungersnot kaum noch 100 am Leben geblieben[331].

Bis zum 23. November 1646 hatte eine bayrische Schutzwache von drei Soldaten, eine aus einem Quartiermeister, einem Kornett und einem Reiter gebildete „Salvagardia", in Leutkirch gelegen. An diesem Tage war die Nachricht eingetroffen, daß eine starke schwedische Abteilung, eine „Partei", in Isny eingefallen war. Der Magistrat Leutkirchs beratschlagte, wie eine „lebendige Salvaguardia" der Schweden zu bekommen sei. Das tote Papier eines Schutzbriefes genügte schon lange nicht mehr. Die „lebendige" Anwesenheit Wache haltender Soldaten mußte hinzutreten. Der Magistrat sandte daher einen eigenen Boten mit der entsprechenden Bitte ab, der jedoch unterwegs abgefangen wurde. Bereits am 24. November morgens stellten sich „unfreundliche Gäste" vor der Stadt ein, wie es der Chronist der „Oberländischen Jammer- und Strafchronik", der „Doktor und bestellte Physikus zu Leutkirch", Gabriel Furtenbach, ausdrückt: „Und da etliche Herren mit ihnen draußen vor den Stadtmauern reden und sich vergleichen wollten, haben sie es keineswegs angenommen, sondern nur böse Worte ausgestoßen. Sie sind mit Gewalt gegen die Tore gesprengt, haben sie geöffnet, sind mit voller Gewalt herein gedrungen, die Stadt auf- und abgerannt, haben angefangen zu plündern, zu rauben und alles zu verderben und zu zerschlagen. Die Herren Bürgermeister und etliche Ratsherren haben sie auf dem Rathause übel geplagt, mit dem Tode bedroht und sind erbärmlich mit ihnen umgegangen, ja etliche haben sie gleichsam wie Übeltäter in der Stadt herumgeführt. Dieser Jammer währte etwa drei Stunden lang. Erst danach haben sie sich wieder zur Stadt hinaus begeben. Und als man meinte, nun sicher zu sein, kamen am Nachmittag abermals 1.000 Reiter, welche der Mannteuffel kommandierte. Die nahmen vollends, was jene übrig gelassen hatten, tribulierten (quälten), schändeten und plagten die guten Leute unbarmherzig und nahmen viele Bürger, Bauern und Kinder gefangen (um Lösegeld oder Lösegut zu erpressen). Und weil die benachbarten Bauern alle ihre Wagen, Rosse und ihr Vieh zuvor herein geflüchtet hatten, haben die Soldaten sich bedient und den Raub – zum Nachteil der guten Bürgerschaft – auf den Wagen mit hinweg geführt. Sobald diese fortmarschiert waren, hat sich gleich wieder eine andere Mause-Partei ... hier eingefunden und nicht besser als die erste gehandelt. Desgleichen ist am 26. des Monats ein Weimarischer Trupp eingebrochen, hat unter dem Rathaus logiert und dem Herrn von Muggenthal wie auch den Klosterfrauen, die in einem verborgenen Kasten noch etwas an Geld und Silbergeschirr davon gebracht hatten, schöne und gute Sachen geraubt. Den 27. wollten abermals etliche Parteien in die Stadt, sie sind aber nicht mehr eingelassen, sondern von den Bürgern und einer eben angelangten Salvaguardia mit Steinen wieder abgewiesen worden. In diesen schrecklichen Überfällen wurden Herr Michael Schnell[332], Geheimer des Rats, und Michael Dorn, ein einfacher Bürger, erstochen. Herr Hans Hau aber wurde mit zwei Stichen tödlich verwundet.“

Viele Bürger hatten sich versteckt. Andere waren in die Wälder geflohen, so der Vater des Chronisten, der sich drei Tage und Nächte im Freien aufhielt, um danach an einem Besenstiel als Stecken und Stab in das noch bayrisch besetzte Memmingen zu wandern, ohne Frau und Kinder zu informieren. Der Chronist läßt offen, ob sein Vater es aus Klugheit unterließ oder weil er es nicht konnte. In Memmingen, „allwo die Leute ihn mit Verwunderung angehört“, berichtete er dem „Hochweisen Magistrat“ von den Überfallen. Der Magistrat sandte eine Beschwerde an den Syndikus Christoph Schorer[333], seinen Abgesandten zum Westfälischen Friedenskongreß. Bei den Überfällen wurden die Bürger „so arm ausgeplündert, daß sie keinen Mantel, kein gutes Paar Schuh noch einen Kragen mehr anzuziehen hatten, ja die Ratsherren ohne Mäntel auf das Rathaus und in die Kirchen gehen mußten.“

Als der Magistrat in der evangelischen Kirche bei Feldmarschall Wrangel wegen der Überfälle vorstellig wurde, soll der geantwortet haben: „Bärenhäuter habens getan! Man hat die Armee wohl im Lande gewußt. Warum hat man sich nicht beizeiten um eine Salvaguardia beworben?“, was bedeutete: Ihr seid selbst schuld, Ihr habt das rechtzeitige Ansuchen um eine Schutzwache verschlafen! Wrangel schwieg zu den Übergriffen und Gewalttätigkeiten. Vielleicht wollte er ein zeitraubendes Disziplinarverfahren gar nicht erst einleiten.

Nachdem die Königlich Schwedische Armee im Sommer 1630 an der deutschen Ostseeküste angelandet war, galt sie als die disziplinierteste Armee auf dem Boden des Heiligen Römischen Reiches, bewundert wegen ihrer Zucht und Ordnung, kaum wegen ihrer militärischen Stärke, dafür war sie noch zu klein. Zu Beginn ihres Erscheinens in Deutschland waren viele, wenn nicht die meisten der schwedischen und finnischen Soldaten von ihrem Glauben erfüllt und von der Mission ihres Königs. Aber so, wie Gustav Adolf die Kriegsziele mit seinen Erfolgen immer weiter steckte und die schon angelegten machtbestimmten Beweggründe die religiösen Motive fast erstickten, so hatte sich auch das Gefüge seiner Armee geändert. Gustav Adolf war bei der geringen Bevölkerungszahl Schwedens von Anfang an für die Vergrößerung, dann Ergänzung seiner Armee auf Söldner aus aller Herren Länder angewiesen, vor allem auf deutsche. Sehr bald kam zur deutschen Mannschaft das französische und deutsche Geld hinzu. Es wurde im Reich durch Kontributionen und Subsidienverträge aufgebracht, schließlich mit dem „Recht des Siegers“ eingetrieben. In eigenen und besetzten Häfen wurden die Ostseezölle, auf Rhein, Main und Donau Flußzölle erhoben. Frankreich zahlte seit dem Vertrag von Bärwalde Subsidiengelder. Der Zustrom schwedischer Landeskinder versiegte nicht, bekam aber nie mehr das Übergewicht. Gustav Adolf hatte zur Zeit seiner höchsten Machtentfaltung, im August 1632, seine Armee im Reich verzehnfacht: von 13.000 Mann, die auf Usedom gelandet waren, auf „über 100.000 Mann im Felde und 30.000 Mann in den Garnisons.“[334] Schon unter Gustav Adolf ließ die Disziplin dieser schnell gewachsenen Heeresmasse zu wünschen übrig, denn die Geldmittel hatten zwar für deren Aufbringung gereicht, nicht aber für ihren geordneten, regelmäßigen Unterhalt.

Bis zum Jahre 1647 waren dem Bild neue düstere Schattierungen aufgetragen worden. Die Heeresstärken waren bei allen Kriegsparteien erheblich abgesunken. Die kaiserliche Immediatarmee im Felde schwankte zwischen 20.000 und 30.000 Mann, ebenso die Stärke der schwedischen Feldarmee. Die bayrische Reichsarmee konnte mit Mühe 20.000 Soldaten ins Feld stellen und die französische Operationsarmee in Deutschland war noch schwächer. Hatte Gustav Adolf bei seiner Landung 10.052 Mann zu Fuß und 2.590 zu Pferde sowie 600 Artilleristen mitgebracht, so bekam im weiteren Verlauf des Krieges bei der schwedischen Feldarmee die Kavallerie immer mehr das Übergewicht, bis sie etwa zwei Drittel der Iststärke ausmachte. Schnelle Operationen mit kleinen Truppenkörpern über große Entfernungen verlangten einen starken Kavallerieanteil. Das galt für alle Armeen. Eine Folge war, daß man in den Kampfgebieten, entlang der Marschrouten und in den Quartierräumen vor weit streifender Kavallerie nicht mehr sicher war. Es ist vorgekommen, daß sie ohne Befehl ausritt, nur um Beute zu machen. Häufiger aber war es die blanke Not, welche die Soldaten zur Selbstversorgung aus nah und fern zwang.

Wenn stark genug, gaben abgestellte Sicherungskräfte der Kriegspartei, die gerade das Land beherrschte, einigermaßen Schutz. Diese Salvagardien mußten aber meist bezahlt werden, wenn man sie angefordert hatte. Unterhalten werden mußten sie in jedem Falle. Große und reiche Reichsstädte wie Ulm konnten es sich leisten, in ihren Territorien eigene Salvagardien abzustellen, ohne dafür Bezahlung zu verlangen. Zudem war Ulm als modern befestigte Stadt ein sicherer Zufluchtsort für seine Landbevölkerung. In der glücklichen, verteidigungsautarken Lage wie Ulm waren aber nur wenige Städte.

Bei allen Armeen war es immer schwieriger geworden, die hohen Abgänge infolge von Krankheiten – besonders Seuchen – Verwundungen und Tod zu ersetzen. Auch Fahnenflucht erhöhte die Abgänge nennenswert. So war es gegen Kriegsende der Mangel an Söldnern, der erst zur Verkleinerung der Armeen zwang, dann die Vorgesetzten mehr und mehr zögern ließ, disziplinare Maßnahmen überhaupt oder gar in barocker Strenge anzuwenden. Strafen in der Breite wurden kaum noch verhängt und vollstreckt. Dagegen kann man den Verlust an Gefangenen auf allen Seiten vernachlässigen. Oft wurden sie innerhalb von Tagen, Wochen, spätestens Monaten nach der betreffenden Kampfhandlung ausgetauscht oder ranzioniert (frei gekauft). Im Jahre 1642 hatten die Oberkommandierenden der kaiserlichen und der schwedischen Armee ein „Kartell“ abgeschlossen, das den Gefangenenaustausch auf eine vertragliche Grundlage stellte, die laufend aktualisiert wurde und zu der man bis zum Kriegsende zwischen den feindlichen Armeen korrespondierte, zum Beispiel zwischen Holzappel und Wrangel zu der Frage, ob die zur kaiserlichen Armee gestoßenen Generäle Werth und Sporck im Falle einer Gefangennahme unter die Kartellvereinbarung fielen oder nicht[335]. Häufig wurden Gefangene „untergesteckt", milder ausgedrückt „untergestellt", das heißt, mehr oder weniger mit Zwang unter die Fahnen der Kriegspartei gestellt, welche die Gefangenen gemacht hatte. Das Unterstecken war ziemlich gang und gäbe zwischen der bayrischen Reichsarmee und der schwedischen Armee. Hier gab es kein Kartell, der Gefangene von heute konnte der Kamerad von morgen sein. Das Kartell und das Unterstecken haben zwar Exzesse gegen Kriegsgefangene in Extremsituationen nicht verhindert, sie blieben aber Einzelfälle. Ab und an wurden höhere Offiziere über längere Zeit gefangen gehalten, wenn aber, dann meist mit Courtoisie und Anstand. Sie wurden als Kavaliere behandelt, wobei sie sich ziemlich frei bewegen durften, etwa in der Festung, die zu ihrem Aufenthaltsort bestimmt worden war[336]. Gefangene noch Jahre nach einem Waffenstillstand oder über das Kriegsende hinaus gab es nicht. Diese Art von kollektiver Freiheitsberaubung blieb dem 20. Jahrhundert vorbehalten[337].

Trotz der wieder geringer gewordenen Mannschaftsstärke war die Disziplin weiter abgesunken, auch die schwedische Armee machte keine Ausnahme mehr. Zweimal hatten Meutereien hauptsächlich des deutschen Anteils diese Armee bis an den Rand des Unterganges gebracht. Unter Wrangels asketischem Vorgänger Torstenson waren diese Krisen der schwedischen Armee gemeistert worden, aber so tapfer ihr einzelner Mann im Felde kämpfte, so gut er im Kampf geführt wurde, vor allem wegen immer wieder auftretender Versorgungsschwierigkeiten und Soldrückstände war über längere Zeitabschnitte nur eine relative Marsch- und Lagerdisziplin aufrecht zu erhalten. Die eigentliche Kampfdisziplin jedoch blieb bis zuletzt hoch.

Die schwedischen Abteilungen, die Leutkirch überfallen hatten, haben nicht übersehen, daß in der Stadt ein „ziemlicher Vorrat an Korn" lagerte, und sie „haben solches den Generalspersonen angezeigt." Den Kriegsläuften entgegen hatte es die Bürgerschaft verstanden, erhebliche Getreidevorräte anzulegen und zu retten. Der Chronist vermutet daher wohl zu Recht, daß Leutkirch deswegen als Hauptquartier gewählt worden war. Brot, und wenn zu haben, Fleisch waren die Hauptnahrungsmittel[338]. Gutes, frisch gebackenes Brot war für den gemeinen (einfachen) Soldaten eine Rarität und Köstlichkeit. Dazu mußte voll ausgedroschenes, unvermischtes Korn verwendet werden, das trocken gelagert und unverdorben war. Das Mehl, frisch aus Weizen und Roggen hergestellt, ohne minderwertige, verlängernde Beimengungen, war schließlich ohne Hast handwerklich einwandfrei zu backen. Diese

Voraussetzungen bot Leutkirch ohne Transportprobleme. Am 27. November 1646, drei Tage nach dem ersten Überfall, hatte daher die Stadt plötzlich ihre erste schwedische Schutzwache. Denn Eile war nun für die schwedische Armeeführung geboten, der Weimarische Trupp vom 26. November gehörte zur französischen Armee und: „Den 29. dito gelangten Turennische oder französische Kommissare und Proviantmeister hier an, die ließen sehr viel Brot abbacken." Im Dezember wurde die Salvagardia noch durch einen Obristleutnant mit 100 Mann zu Pferde verstärkt, der ließ das Untertor „gar mit Mist verlegen" und auch die übrigen Tore Tag und Nacht geschlossen halten. Das in Aussicht genommene Winterquartier mit seinen Vorräten wurde bis zur Verlegung des schwedischen Hauptquartiers nach Leutkirch gehütet, auch vor der verbündeten französischen Feldarmee.

Marschall Turenne war am ersten Weihnachtsfeiertag (heutigen Kalenders) zu Gast im schwedischen Hauptquartier Leutkirch. Der Anlaß war ein familiärer. Die Frau von Generalmajor Douglas hatte einen Knaben geboren und Turenne sollte Taufpate werden, Wrangels Frau die Patin. Das Kind wurde im Beisein vieler hoher Offiziere vom Hofprediger des Hauptquartiers auf der Ratslaube getauft: „Darauf wurde ein überaus köstliches Bankett zugerichtet. Alle hohen Generale wurden in die Zunftstube, die Offiziere in die Schaustube, die Damen (das „Frauenzimmer") in die Wohnstube der Kanzlei gesetzt, und es wurde mit einer trefflichen Musik, Heerpauken und Trompeten aufgewartet. Nach köstlicher Mahlzeit, welche bis in die Nacht dauerte, hat man auf der Ratslauben angefangen zu tanzen. Weil es aber ziemlich unordentlich dabei zuging und dem General Königsmarck solches mißfiel, hat er sich mit herbem, sauren Gesicht in sein Quartier begeben." Marschall Turenne suchte sein Quartier in Waldsee auf, nur etwa vier Meilen – runde 30 Kilometer – von Leutkirch entfernt, so dicht beieinander hatten Franzosen und Schweden ihre Winterquartiere genommen. Die Musikanten aus Ulm, die aufgespielt hatten, geleitete der „tolle Wrangel" bei seinem Abmarsch mit 500 Reitern bis vor die Tore der Stadt.

„Während der Zeit dieses Hauptquartiers sind die Stadtportale Tag und Nacht offen geblieben und das Hin- und Herfahren mit Stücken und anderen Kriegssachen hat eine ganze Nacht gedauert. Es war (danach) bei so vielem Kriegsvolk alles so still, trefflich wohl bestellt und mit großem Geheimnis umgeben, daß man sich höchlich darüber hat verwundern müssen." Wenn die Führung durchgriff und die Truppe keinen Hunger litt, konnte immer noch Disziplin gehalten werden, im Umkreis des Hauptquartiers beispielgebend für die ganze Armee.

Von Leutkirch aus über Wangen leitete Wrangel am 1. Januar 1647 seine Offensive gegen Bregenz und Vorarlberg ein. Die gemeldete Ansammlung der „Breganzische Bauern" im Rücken von Isny war ihm wohl nur ein willkommener Vorwand für seinen Zugriff auf die Stadt Bregenz mit ihren Reichtümern. Die Truppen brachen auf und Leutkirch leerte sich schnell. Der letzte hohe Offizier, der Leutkirch verließ, war Königsmarck. Vor seiner Abreise suchte ihn der Rat auf, um nachzufragen, ob man mit einer Schutzwache versehen werden könne. Er antwortete ihnen: „Was wollt Ihr Leute? ..." Wo lag der Ton? Auf dem ersten Wort? „**Was** wollt Ihr Leute? ... Wo nichts ist, da hat der Kaiser das Recht verloren. Ich will Euch schon salvaguardieren. Am Sonntag werden die sechs Kompanien, die zu Kempten liegen, einquartiert." Diese Worte kündigten eine neue Einquartierung mit Truppeneinheiten, keine Schutzwache aus wenigen Soldaten an. Darauf sind die Ratsherren ganz „trostlos und betrübt von ihm gegangen."

Noch elfmal bis zum Kriegsende und einmal danach wechselten Einquartierungen und Salvagardien in Leutkirch ohne Unterbrechung und in bunter Folge. Auf die Schweden folgte eine Schutzwache der bayrischen Reichsarmee, ein kurzer Zwischenakt, dann etwa ab März / April 1647 ein einzelner „salvaguardierender Reuter" vom Regiment Douglas, abkommandiert von Obrist Przyemski aus Memmingen. Ab Juni bildeten ein schwedischer Sergant, zwei Korporäle und zwei Soldaten die Schutzwache. Am 21. August 1647 folgten einige Fußsoldaten Enkevoers, der die Feldüberlegenheit erkämpft hatte. Dann streifte Obrist Caspar Schoch mit seinen Reitern bis Isny. Zwei zu Leutkirch zurückgebliebene, evangelische Ratsherren beschlossen, bei dem „Herrn Obersten Caspar zu insinuieren und selbigem neben Herrn Michael Maucher, dem katholischen Pfarrer, aufwarten zu lassen, was dann auch sehr wohl abgelaufen ist. Sie haben eine gute Audienz erlangt. Hiesige Stadt hat dieses Regiment dergestalt mit Brot, Korn und Hafer versehen, daß sie während der Einquartierung niemals beunruhigt wurde". Leutkirch war seit der Reformation eine gemischtkonfessionelle Stadt. Gefahr und Not hatten die Schranken zwischen den beiden christlichen Konfessionen überwunden. Selbstverständlich begleitete der katholische Pfarrer die beiden Ratsherren zu dem Katholiken Schoch. Später wachte ein überzähliger („reformierter")[339] Leutnant Enkevoers. Nach der Belagerung Memmingens erholten sich die beiden Fußregimenter Enkevoer und Rübland in Leutkirch, bevor sie nach Nördlingen abmarschierten. Dann wechselten Truppen und Schutzwachen der bayrischen Regimenter Ners, de Lapier und Winterscheid – dann endlich kam der Friede.

Etwa dreißigmal in dieser Zeit hat der Vater des Chronisten, das Ratsmitglied Hieronymus Furtenbach, in beschwerlichen Reisen und Fußmärschen zu Generälen, Obristen und Kriegskommissaren „mit nicht geringer Gefahr für Leib und Leben sich wagen müssen“, um alles Menschenmögliche zum Schutz seiner geliebten Heimatstadt zu tun. Was verdient mehr Bewunderung? Seine Energie, seine Zivilcourage vor Kriegsleuten und auf Reisen oder seine körperliche Zähigkeit? Wenn auch Krieg, Hunger und Pest als Gottesstrafe empfunden wurden, so lähmte dies doch nicht Geist, Herz und Sinne. Lethargie und Fatalismus hat es gegeben, aber sie sind nicht typisch für diese Zeit. Im Gegenteil, aus Glauben und Hoffnung wuchs die Kraft, das Leiden zu ertragen und auch in aussichtslos erscheinenden Lagen noch zu handeln.

Leutkirch hatte mit den Überfällen von November 1646 die schlimmsten Zeiten überstanden. Was danach kam, war zwar noch hart, aber geordneter und damit für die Bürger kalkulierbarer. Der Krieg forderte in der Stadt keine Menschenleben mehr. Nach dem Friedensschluß lagen im Stadtinneren bayrische Soldaten, in der Vorstadt schwedische, „die verstunden sich gar wohl miteinander.“ Ein schwedischer Hauptmann vom Regiment Douglas verließ am 19. August 1650 zusammen mit seinem Sekretär als der letzte Soldat Leutkirch. Damit kann der Chronist seinen Bericht schließen:

> „und also die Statt und das ganze Teütschland völlig von dem schwehren Langwirigen 30Jährigen Krieg, Einquartierungen, Plünderungen, Jammer und Elend durch Gottes gnädige Hilff Befreyet und Erlöset worden. Darfür dem Höchstgüetigen Gott Ewiges Lob, Ehr, Preiß und Danck gesagt.“[340]

Das Jahr 1648

Der Rückzug der kaiserlichen Hauptarmee über den Main

Die politische Lage Anfang 1648

Bevor wir uns wieder den Armeen im Winter 1647 auf 1648 zuwenden, ist auf die politische Lage zur Jahreswende einzugehen[341]. Nach wie vor stockten die Verhandlungen auf dem Westfälischen Friedenskongreß. Der Umschwung des Kriegsglücks zugunsten der kaiserlichen Waffen im Verlaufe des böhmischen Defensivfeldzuges und der anschließende Raumgewinn des vereinten kaiserlich-bayrischen Heeres nach Hessen hatte daran nichts geändert. Trotz des Trauttmansdorffschen Friedensentwurfs vom Juni 1647 waren die deutschen Religionsfragen noch nicht beantwortet. Weder direkte Verhandlungen zwischen den Konfessionsparteien noch die kaiserlich-schwedischen hatten hier einen Durchbruch gebracht.

In der Umgebung des Kaisers wurde jetzt die Möglichkeit des „Vorgriffs" erwogen, mit dem kraft kaiserlichen Schiedsspruchs die offenen konfessionellen Streitfragen entschieden werden und als Reichsgesetz verkündet werden sollten. Letztlich war es aber wieder eine Frage der Durchsetzbarkeit und damit eine Machtfrage, ob man sich im Reich an diesen Schiedsspruch halten würde. Deshalb suchte der Kaiser neben der gewissen Zustimmung Kurbayerns wenigstens noch die von Kursachsen und Kurbrandenburg. Die diplomatischen Bemühungen des Kaisers verlagerten sich bis in den Beginn des Jahres 1648 vor allem nach München, Dresden und Kleve, wo Kurfürst Friedrich Wilhelm von Brandenburg Hof hielt. Der Kaiser wollte im Dreischritt „Konjunktion-Vorgriff-Frieden" dem Kriege endlich ein Ende setzen.

Die Konjunktion, das war der Rücktritt Sachsens und Brandenburgs zum Kaiser, die Aufgabe ihrer militärischen Neutralität. Die Erfolge der kaiserlichen Waffen im abgelaufenen Feldzugsjahr 1647 hatten dafür die Voraussetzungen wesentlich verbessert. Gestützt auf die drei weltlichen Kurfürsten konnte der Kaiser den Vorgriff wagen und dessen Durchsetzung gegenüber den fundamentalen, intoleranten Flügeln in den konfessionellen Lagern anstreben. Den militärischen

Aspekt einer Rekonjunktion trug der kaiserliche Generalfeldmarschall[342] dem Kurfürsten von Brandenburg in Altena, Grafschaft Mark, vor, wo sich Friedrich Wilhelm und Holzappel während der Belagerung von Marburg trafen. Die Belagerung von Stadt und Schloß leitete mittlerweile Generalfeldzeugmeister Fernemont unter Assistenz von Generalquartiermeister Reich.

Doch der Große Kurfürst hatte ganz andere Pläne. Er machte einen letzten Anlauf zur Selbstbehauptung der an Macht mittleren Staaten, indem er versuchte, Kurbrandenburg mit Kursachsen und Braunschweig zu einer Union mit bewaffneter Neutralität zusammenzuschließen. Der Versuch scheiterte an der Ablehnung Sachsens. Es hatte genug von allen Bündnissen, die bisher ohne allen Erfolg geblieben waren, und meinte nach fast dreißig Kriegsjahren, dem ersehnten Frieden mit seiner unbewaffneten Neutralität am besten zu dienen. Auch Sachsen lehnte die kaiserlichen Rekonjunktionsvorschläge ab. Es wünschte eine andere Reihenfolge, erst den kaiserlichen Vorgriff, dann allenfalls konnte man an eine vorsichtige Rekonjunktion denken. Darauf wiederum ließ sich der Kaiser nicht ein.

Die Verquickung der innerdeutschen Konfessionsstreitigkeiten mit – zumindest aus Sicht der Kurfürsten – äußeren Fragen komplizierte die Verhandlungen auf dem Westfälischen Friedenskongreß. Der Kaiser als ein Haupt des Hauses Habsburg bestand weiter darauf, daß der Friede nur als **Universalfriede** unter Einschluß des königlich habsburgischen Spanien zu schließen sei. Geschähe dies nicht, so wollte der Kaiser weiterkämpfen. Frankreich aber hatte inzwischen sein Interesse entdeckt und aufgedeckt, den Krieg mit Spanien fortzusetzen. Die meisten deutschen Reichsstände und voran Bayern, Sachsen und Brandenburg wünschten vor allem den **deutschen** Frieden. Mochten Spanien und Frankreich sehen, wie sie ihre spezifische Auseinandersetzung beendeten. Der Kaiser geriet in den Konflikt zwischen seinen Pflichten für die deutschen Reichsstände und der Bündnistreue zu Spanien. An der spanischen Frage entzündete sich wieder der Gegensatz zwischen reichsständischer und kaiserlicher Friedenspolitik. In das letzte Kriegsjahr wurden daher drei große ungelöste Streitfragen mit Frankreich hineingetragen:

- die spanische Assistenzfrage oder das Verbot habsburgisch-kaiserlicher Militärhilfe für das Königreich Spanien,
- das Verlangen Frankreichs, den burgundischen Reichskreis vom Frieden auszuschließen, denn über ihn war Spanien mit dem Reich verbunden,

- das weitere Verlangen Frankreichs, auch das noch im lockeren Reichsverband stehende Herzogtum Lothringen vom Frieden auszuschließen.

Dagegen war zum Königreich Schweden als Hauptpunkt nur noch die „satisfactio militum", die Geldabfindung der schwedischen Armee, offen. Doch weil die schwedische Forderung mit 20 Millionen Reichstalern unerhört hoch war, lag hier das gleiche Gegeninteresse des Kaisers und aller deutschen Reichsstände vor. Der schwedische Gesandte Johan Oxenstierna schrieb an seinen Vater Axel Oxenstierna, den Reichskanzler, daß sich die Friedensverhandlungen pro facto in einer Krise befänden; er wisse nicht, was er davon halten solle, außer, daß gute Rüstungen das beste und bestimmt das rechtzeitigste Heilmittel seien[343]. Königin Christina erwartete mit Gottes Hilfe von den Waffen einen glücklichen Schlag, der den Feind zu anderen Bedingungen und auf andere Gedanken bringen könnte, sie wolle mit großem Eifer dafür arbeiten, daß die schwedische Armee Verstärkung und Geld zur Unterstützung bekomme[344].

Die spanische Assistenzfrage war für Kurfürst Maximilian von Bayern der Anstoß, einen neuen Rekonjunktionsvertrag mit dem Kaiser anzustreben. Am 24. Februar 1648 lag nach langwierigen Verhandlungen zu Prag ein Vertragstext[345] vor, dem der Kaiser zustimmte, und der von Maximilian am 28. März in München gegengezeichnet wurde. Jede der beiden Vertragsparteien verpflichtete sich, nicht ohne die andere den Frieden zu schließen. Spanien wurde zwar nicht ausdrücklich erwähnt, doch sollte der neue Rekonjunktionsvertrag nur zu einem Frieden führen, wie ihn der Kaiser in Übereinstimmung mit dem bayrischen Kurfürsten, anderen Kurfürsten und mit den meisten und vornehmsten Reichsständen vereinbaren würde. Eine nicht im Vertrag genannte geheime Nebenabrede[346] sah vor, daß der Kaiser in einem „Handbriefel" an Maximilian zusagen sollte, sich bei der Beschleunigung des Friedens nicht durch das „spanische Interesse", aufhalten zu lassen. Im übrigen wurden die mit Frankreich und Schweden auf dem Friedenskongreß bereits getroffenen Vereinbarungen zur bayrischen Kurwürde und zur Pfalzfrage bekräftigt. Der Kaiser ging erneut schwerwiegende finanzielle und militärische Verpflichtungen gegenüber dem Kurfürsten ein. Maximilian konnte seine **und** des Kaisers Armee jederzeit zur eigenen „Defension abfordern", wenn es die Not erforderte. Dies galt auch umgekehrt für beide „zusammengesetzte Kriegs-Völcker und Armaden" zugunsten der Erb- und Kronlande des Kaisers. Indirekt aber war die darbende kaiserliche

Armee am härtesten durch die finanziellen Bestimmungen des neuen Rekonjunktionsvertrages getroffen. Ihr fehlten die Bayern zugesagten Gelder. Die kaiserliche Politik war noch einmal über die elementaren Bedürfnisse der eigenen Armee hinweg gegangen.

Die militärische Lage Anfang 1648

Die militärische Ausgangslage Anfang 1648 war für die kaiserliche Armee und die bayrische Reichsarmada so verschieden, wie sie es für die schwedische Armee und die französische war.

Die bayrischen Reichsvölker mit dem Hauptquartier Kitzingen am Main waren gut über den Winter gekommen. Sie hatten ihren zufriedenstellenden Mannschaftsstand und Pferdebestand gehalten und waren auch dank der geordneten Finanzwirtschaft des Kurfürsten mit Kriegsmaterial ergänzt und aus dem fränkischen Reichskreis gut verpflegt worden.

Die kaiserliche Armee war 1647 zu Beginn ihrer Offensive gegen die schwedische Hauptarmee noch in einem guten Zustand gewesen[347]. Allerdings hat sie bereits damals von ihrer Substanz gezehrt. Ein besonderer Engpaß, den sie in den letzten Kriegsjahren nie ganz überwunden hat, war der Mangel an guten, schweren Zugpferden. Der Bedarf an Zugpferden und an schwerem Material machte die Artillerie in allen Armeen zur – im Verhältnis – kostenträchtigsten Truppengattung. Die Iststärke an Dienstpferden der kaiserlichen Artillerie betrug schon Mitte September 1647, noch in Böhmen, nur noch 809 gegenüber einer Sollstärke von 1.866 Tieren. Der Pferdemangel wirkte sich zuerst auf die Mobilität des Geschützparks und der zugehörigen Requisiten aus, dann unmittelbar auf die Versorgung[348] der gesamten Armee. Während die Magazine zu Leitmeritz und Tetschen bis an den Rand gefüllt waren[349], stockte der Nachschub. Hinzu kam, daß die Fuhrleute der Artillerie und des Nachschubparks – im Status keine vereidigten Söldner, sondern Lohnknechte – bei den Strapazen der späten Offensive und den Unbilden der Witterung reihenweise davon gelaufen waren. Das größte interne Problem, mit dem die kaiserliche Immediatarmee in den Feldzug des Jahres 1648 ging, war daher das Transportproblem.

Aber auch die kaiserliche Reiterei nahm in ihren Winterquartieren ab. Das obere Werratal zwischen Thüringer Wald und Rhön, jahrzehntelang schon Durchzugsgebiet der Heere von Nord nach

Süd, von West nach Ost und umgekehrt, war eine der Landschaften Deutschlands, die durch den Krieg am meisten gelitten hatte[350]. Trauditsch mit seinem Reiterflügel mußte in diesem schon von Natur aus kargen Landstrich[351] im südlichen Thüringen überwintern. Wegen der starken Zerstörungen in den Ortschaften konnten etwa 1.000 seiner Pferde nicht in Stallungen untergebracht werden und standen im Freien[352]. Zudem war zu wenig Futter vorhanden[353]. Viele der geschwächten, armen Kreaturen erkrankten und starben. Wiederholt beantragte Trauditsch bei Holzappel, seine Winterquartiere wenigstens auf die Stadt Hildburghausen ausdehnen zu dürfen[354]. Er blieb mit seiner Reiterei auf die ausgesogene Grafschaft Henneberg angewiesen, zu der Hildburghausen nicht mehr gehörte, und sein Hauptquartier verblieb in Römhild.

Die Belagerung von Stadt und Schloß Marburg hatte die kaiserliche Armee einen hohen Blutzoll beim Fußvolk gekostet, etwa 400 Mann waren gefallen oder verwundet worden. Generalquartiermeister Karl Friedrich Reich hatte mehrere Wunden empfangen und war am 20. Dezember in Gießen, wo seine Frau weilte, seinen Verletzungen erlegen[355], ein nicht ersetzbarer Verlust für die kaiserliche Armee, ein ganz herber Verlust auch für Holzappel persönlich. Nach Rückkehr von den Unterredungen mit dem Großen Kurfürsten in Altena hob Holzappel die Belagerung von Schloß Marburg unverzüglich auf. Er begnügte sich damit, daß die eigentliche Stadt Marburg am 14. Dezember[356] genommen worden war.

Der schwedischen Armee, zurückgefallen auf ihre Versorgungsbasis im nordwestlichen Deutschland und in passablen Quartieren, gelang es, die Verluste des Jahres 1647 auszugleichen. Mit großer finanzieller Anspannung[357] remontierte sie ihre Kavallerie aus dem niedersächsischem Reichskreis und stattete die Artillerie sowie den Fuhrpark gehörig mit Pferden und mit Munition aus. Angeblich sollen die Schweden aus den braunschweig-lüneburgischen Landesteilen über 14.000 Pferde[358] in geordneter Aufbringung erhalten haben. Eine Zeitlang nahmen sie sogar „auff offener Landstraße“ aus Dörfern im „Holsteinischen undt Lübeckischen“ die Pferde ohne Unterschied weg[359]. Die schwedische Armee zeigte keine Skrupel, illegale Methoden der Ergänzung auch in protestantischen Landesteilen des Reiches anzuwenden, in einer Vorgehensweise, welche für die kaiserliche Armee in den Erb- und Kronlanden des Kaisers undenkbar gewesen wäre. Mannschaftswerbungen hatten Erfolg. Die legale Unterstützung der braunschweig-lüneburgischen Fürstentümer und der reichen, im

Kriege noch reicher gewordenen Hansestadt Hamburg kam hinzu. Wrangel brachte seine Armee wieder auf 11.000 gut berittene Kavalleristen und 6.000 Infanteristen. Ein bayrischer Gesandter auf dem Westfälischen Friedenskongreß faßte seine Beurteilung Anfang 1648 in den Worten zusammen: „... daß der jetzige deutsche Krieg nicht von der Krone Schweden, welche gar zu schwach, noch von den französischen Subsidiengeldern, so viel zu gering, sondern viel mehr von den Protestanten selbst, insonderheit aber dem Niedersächsischem Kreis, dessen mächtigen Fürsten, See- und Hansestädten geführt wird."[360] Wenn dieses Urteil auch den Kriegsbeitrag des Niedersächsischen Reichskreises übertreibt, so weist es doch auf die vereinten Anstrengungen der beiden auswärtigen Mächte und ihre Unterstützung durch deutsche Landesteile hin.

Die französische Armee hatte den Übertritt der 11 ehemals weimarischen Regimenter zu den Schweden noch nicht verschmerzt. Außer diesem empfindlichen Aderlaß an Veteranen hatten der Kampf in Flandern und herbstliche Diversionen über den Rhein[361] ihre Kampfkraft mitgenommen. Nicht viel mehr als 3.000 Kavalleristen, 2.000 Infanteristen und 20 Geschütze konnte sie vorerst zum Krieg in Deutschland beisteuern. Deshalb ließ Frankreich verstärkt Mannschaften anwerben. Der Agent Holzappels in Hamburg gibt an, daß Frankreich 5.000 bis 6.000 Söldner in Norddeutschland hinzuwerben wolle[362].

Im Vergleich sind zwei Tatsachen von großer Bedeutung. Die erste, die schwedische Armee hatte einen stillen Sieg in ihren Winterquartieren davon getragen, indem es ihr gelungen war, die hohen personellen und materiellen Verluste bei Kavallerie und Infanterie auszugleichen. Im Oktober 1647 hat sie vor dem Ruin gestanden, Anfang 1648 war sie in der Lage, früh loszuschlagen. Die zweite Tatsache, die kaiserliche Armee litt unter der schlechten Versorgungslage in ihren Winterquartieren und hat eine stille Niederlage hinnehmen müssen, die nur nicht sogleich offenkundig wurde. Während die kaiserlichen Abgesandten noch mit Kurbrandenburg und Kursachsen über eine Konjunktion verhandelten, hatten sich die strategischen Voraussetzungen hierfür laufend verschlechtert. Die schwedische Armee hat an Kampfkraft gewonnen, die kaiserliche trotz der Ruhe in den Winterquartieren an Kampfkraft verloren.

Der Feldzug bis zum Main

Den Feldzug des letzten Kriegsjahres eröffnete die schwedische Armee überraschend früh im Januar 1648. Offenbar hatte sie die Verwundbarkeit des kaiserlichen Heeres erkannt. Feldmarschall Wrangel hatte aus den Mißerfolgen des vergangenen Jahres Konsequenzen gezogen und unterstellte sich von Beginn an die Truppen Königsmarcks, zu denen die 11 ehemaligen weimarischen Regimenter gestoßen waren. Königsmarck hatte diese 2.000 Mann „reformiert", indem er sie in vier starken Regimentern zusammenfaßte.

Als Vorbote der Schweden tauchte am letzten Tage des Jahres 1647 hessen-kasselsche Reiterei unter Generalmajor Rabenhaupt auf. Sie war bis zur Diemel vorgestoßen[363] und hatte über Grebenstein die Verbindung nach Kassel wieder hergestellt. Dann überquerte schwedische Kavallerie auf einer Schiffsbrücke bei Hessisch-Oldendorf die Weser nach Süden. Das war am 5. und 6. Januar[364]. Es folgte auf breiter Front die gesamte Armee[365] entlang der Achse Kassel-Fritzlar-Borken-Ziegenhain-Merzhausen-Alsfeld-Romrod bis nach Salmünster an der Kinzig. Dort lag das schwedische Hauptquartier Anfang Februar einige Tage. Unterdessen waren die schweren Geschütze auf große Flußschiffe verladen, weseraufwärts transportiert, am 19. Januar in Höxter ausgeladen und der schwedischen Armee wieder zugeführt worden.

Die kaiserliche Armee hatte in ihren Unterbringungsräumen drei Plätze besonders befestigt: Schloß Homberg an der Efze, Schloß Friedewald östlich von Hersfeld – zuerst von bayrischen Reichsvölkern erobert und dann den Kaiserlichen übergeben – und die kurmainzische Burg Gleichenstein im südlichen Eichsfeld. Wrangel kümmerte sich bei seinem Vormarsch nicht weiter um diese Plätze, sondern überließ sie den Angriffen der ihm nunmehr folgenden hessen-kasselschen Truppen und schwedischer Garnisonseinheiten aus dem Hinterland. Er hielt seine Feldtrupen verfügbar.

Burg Gleichenstein war schon einmal im Dezember 1647 vergeblich von Generalmajor Douglas berannt und mehrere Tage kanoniert worden[366]. Die kaiserlichen Dragoner in der Burg hatten sich halten können, weil Douglas verwundet worden war und anschließend die Belagerung aufgehoben hatte. Mitte Februar rückten erneut schwedische Truppen mit schwerem Geschütz an, diesmal aus den Garnisonen Erfurt und Leipzig. Sie standen unter dem Befehl von Obrist Sigismund Przyemski, dem Verteidiger von Memmingen. Obwohl keinerlei

Aussicht auf Entsatz bestand, hielt sich die kaiserliche Besatzung bis zum 9. März 1648 und schloß erst dann einen Akkord, der ihr den freien Abzug nach Paderborn gewährte, bezeichnenderweise jedoch für die Dragoner in den Mannschafts- und Unteroffiziersrängen zu Fuß, weshalb sie „über 3 Meilen deß Tags nicht marchiren" mußten. Die Pferde der Dragoner fielen als Beutegut den Belagerern zu. Anschließend wurde Gleichenstein von den Schweden zerstört „und in einen Steinhauffen"[367] verwandelt.

Schloß Homberg befehligte Obristleutnant Jacques Gérard, der Stellvertreter im Kommando über die Pachonhay-Dragoner, ein besonders kriegserfahrener und entschlossener Offizier[368] der kaiserlichen Armee. Als kleinere Besatzungen wurden gern Dragoner gewählt, denn sie konnten einerseits beritten in die Umgebung eines festen Platzes aufklären und noch requirieren, andererseits nach dem Beginn einer Belagerung die Verteidigung wie Fußsoldaten führen[369]. Das sparte Truppen bei der Feldarmee und beschränkte die Zahl der Esser in der Festung. Obwohl Gérard den Generalfeldmarschall um seine Ablösung gebeten hatte[370], um den kommenden Feldzug mitzumachen, beließ ihn Holzappel als Kommandant des Schlosses. Gérard nahm sich seiner Aufgabe mit Eifer und Härte an. Als ihm die Orte um Homberg die Kontribution verweigerten, requirierte er gewaltsam über weite Entfernungen[371]. Es gelang ihm, sogar im darbenden Hessen einen Vorrat an Früchten, Mehl, Speck, Salz, lebendem Schlachtvieh sowie Wein und Bier anzulegen. Mit etwa 60 Soldaten, die barfuß einmarschiert waren, und etwa ebenso viel Berittenen hatte Gérard Schloß Homberg im November 1647 besetzt. Am 22. Januar 1648 eröffnete Generalmajor Rabenhaupt die Belagerung mit 1.500 Mann zu Fuß, einem Regiment zu Pferde „undt mitt Feuer und Stein mächtig Hineinschmeißen"[372] (siehe abgebildeten Kupferstich im Mittelteil).

Die Besatzung hielt der Übermacht gut bis zum 9. Februar stand. Einen Tag später durften die Verteidiger frei nach Elbogen an der Eger abziehen. Wahrscheinlich hat Wassermangel die Übergabe veranlaßt[373]. Zwei Soldaten der Besatzung, die am Schloß-Brunnen hantierten, hatten Tage zuvor einen Eimer hinein fallen lassen, wodurch der tiefe Brunnen verstopft worden war. Gérard reagierte in einer drakonischen, aber für die Zeit typischen Weise. Er hielt sich nicht lange mit einem Verhör der beiden auf, sondern bestimmte, daß sie „um ihr Leben spielen" – würfeln – sollten. Wer verlor, sollte gehenkt werden. Doch bevor es zum Würfeln kam, sprang einer der beiden

Soldaten über die zerschossene Schloßmauer und lief zu den Hessen über. So unterliefen die beiden die Strafe ihres Kommandanten. Der hatte nur das Ergebnis des verstopften Brunnens gesehen. Ob und mit welcher wirklichen Schuld – ob mit Vorsatz, aus Leichtsinn oder Dummheit – die beiden „Übeltäter" gehandelt haben, ist unbekannt geblieben. Immerhin hat die Besatzung von Schloß Homberg einen Teil der hessen-kasselschen Armee auf sich gezogen und gebunden. Anschließend wandten sich die erfolgreichen Belagerer von Homberg dem Schloß Friedewald zu, welches sie am 19. Februar mit List und ohne Blutvergießen besetzten.

Der kaiserliche Generalfeldmarschall war am 28. Dezember 1647 verletzt worden[374], nachdem er die Belagerung von Schloß Marburg aufgehoben, sein Hauptquartier aber noch in der Stadt belassen hatte. Der Kommandant des über der Stadt stehenden Schlosses hatte auf das Haus, in welchem Holzappel mit Offizieren gerade speiste, eine einzige, überraschende Feuerzusammenfassung seiner Geschütze schießen lassen und Teile des Hauses zum Einsturz gebracht. Holzappel erlitt durch umherfliegende Trümmer eine Gesichtsverletzung mit einem lebensbedrohlichen Blutverlust und wurde nach wenigen Tagen zur besseren Pflege nach Fulda geschafft. Dort erholte er sich trotz seiner 58 Jahre erstaunlich schnell und übernahm, obwohl noch nicht ganz genesen, bereits Mitte Januar 1648 wieder die Armeeführung, nicht zuletzt, weil der Kaiser dies von ihm erwartete und ausdrücklich gewünscht hatte[375].

Die Grenzen der kaiserlichen Winterquartiere entsprachen ganz grob einem Dreieck, dessen südliche Basisseite von Frankfurt am Main bis nach Saalfeld in Thüringen reichte und dessen nördliche Spitze westlich von Kassel lag. Bei der ersten Annäherung der schwedischen Armee waren die kaiserlichen Feldtruppen nach Süden ausgewichen, zunächst die Regimenter der Reitergruppe „Philipp"[376], die um Korbach ihre Winterquartiere hatte und die bis zum Weser-Knie zwischen Minden und Hameln aufgeklärt hatte. Die Ausweichbewegung ergab sich zwangsläufig. Den in Nordhessen dünn verteilten kaiserlichen Regimentern blieb keine andere Wahl. Generalfeldwachtmeister „Philipp" unterstellte sich wieder dem nunmehr rechten Reiterflügel des Feldmarschalleutnants von Trauditsch. Für Generalfeldzeugmeister Fernemont, der die kaiserliche Armee während der Rekonvaleszenz Holzappels interimistisch befehligte, kam es darauf an, die zurückgehenden Regimenter so zu lenken, daß die Armee in der allgemeinen Rückwärtsbewegung wieder mehr und mehr konzentriert wurde[377].

Diese schwierige Aufgabe gelang mit einer Ausnahme. Das Dragonerregiment Fürstenberg[378] in der Reitergruppe Pompeji wurde zwar rechtzeitig in den Versammlungsraum befohlen, traf aber dort die Regimenter Pompeji und Löwenstein, mit denen es sich vereinigen sollte, nicht mehr an. Fürstenberg marschierte mit seinem Regiment allein weiter. Nördlich von Königstein im Taunus wurde ihm der Weg verlegt. Ein Durchbruchsversuch war in dem bergigen, dichten Waldterrain nicht ratsam, eine Umgehung unmöglich. Fürstenberg hätte den Verlust seines „Trosses, der Wägen und der Unberittenen" riskiert. Er warf sein Regiment kurz entschlossen herum, marschierte zur Lahn bei Diez[379], dann zum Ehrenbreitstein gegenüber Koblenz und fand auf der Festung Aufnahme. Die kaiserliche Besatzung dort beschaffte sich den Unterhalt in den kurtrierischen und weltlichen Gebieten an der Lahn und war befriedigend versorgt. Auch die Esterau, die Grafschaft Holzappels, lieferte Getreide auf den Ehrenbreitstein[380].

Feldmarschalleutnant Montecuccoli, der mit seinem Reiterflügel um Frankfurt logierte, nahm die beiden Regimenter Pompeji und Löwenstein auf und erreichte Aschaffenburg. Der Graf von Hanau hatte ihm aus Einsicht in die Stärkeverhältnisse den Durchzug gestattet. Montecuccoli versammelte anschließend seine Reiterei bei Kissingen an der fränkischen Saale.

Die gesamte kaiserliche Armee wurde im Stift Fulda und in Unterfranken nördlich des Mains konzentriert und das Hauptquartier für zwei Wochen in die fürstäbtlichen Kellereigebäude nach Hammelburg gelegt[381]. Damit hatte sich die kaiserliche Immediatarmee wieder der bayrischen Reichsarmada genähert, deren Hauptquartier seit Mitte Dezember 1647 in Kitzingen am Main aufgeschlagen war[382]. Der kaiserliche Generalfeldmarschall schickte am 19. Januar einen seiner Generaladjutanten zum bayrischen Feldmarschall und bat dringend um eine grundsätzliche Unterredung. Im Dezember 1647 hatte der französische Marschall Turenne auf Anordnung der Regierung Mazarin den Waffenstillstand mit dem Kurfürstentum Bayern aufgekündigt. Am 29. Dezember war das Aufkündigungsschreiben dem Kurfürsten in München zugestellt worden[383]. Die von Holzappel verlangte Unterredung zwischen den Befehlshabern der beiden deutschen Armeen war daher dringlicher denn je. Holzappel mußte sich noch schonen und schlug Hammelburg als Ort der Zusammenkunft vor. Gronsfeld antwortete am 20. Januar schriftlich und lehnte eine Zusammenkunft ab, weil ihm von Kurfürst Maximilian befohlen worden sei, „ohne dero Vorwissen nicht aus denen Quartieren zu gehen."[384]

Die kaiserliche Armee war Mitte Januar dabei, vier Reiterregimenter nach Württemberg zu verlegen[385], um kampfkräftige, eigene Aufklärung gegen mögliche französische Diversionen rechts des Rheins treiben zu können. Gronsfeld erhob dagegen Einspruch bei Holzappel: „Nun setze ich außer allen Zweifel, Sie werden sich genugsam erinnern, (daß) von Ihrer Kayserlichen Mayestät Ihrer Churfürstlichen Durchlaucht der Schwäbische, Fränckhische unnd Bayrische Crayß absolute abgetretten unnd zue dero Reichsarmada Unnderhalt ahsignirt worden."[386] Gronsfeld forderte kategorisch die Zurücknahme der vier kaiserlichen Reiterregimenter, sie sollten anderswo ihre Quartiere suchen. Gronsfeld dachte immer noch an die Winterquartiere, während Wrangel der kaiserlichen Armee auf den Fersen war und darüberhinaus eine Vereinigung der französischen Armee mit der schwedischen zu befürchten stand.

Der Übergang der kaiserlichen Hauptarmee über den Main

Am 15. Februar 1648 überschritt die kaiserliche Hauptarmee den Main nach Süden. Sie tat dies, ohne angegriffen worden zu sein oder eine Schlacht gesucht zu haben. Damit wurde Deutschland nördlich des Mains aufgegeben. Diese Operation war der einsame Entschluß des kaiserlichen Generalfeldmarschalls, obwohl der Kaiser von einer gemeinsamen Verteidigung der Main-Linie durch seine Immediatarmee und die bayrische Reichsarmee ausgegangen war[387]. Was hat den Generalfeldmarschall zu seinem Entschluß bewogen?

Am 6. und 7. Februar war Marschall Turenne mit 6.000 Mann[388] und 20 Geschützen bei Mainz über den Rhein gegangen und näherte sich nördlich des Mains der Armee Wrangels. Dieser hatte mittlerweile den Schwerpunkt auf seinen linken Flügel verlagert, welcher im Raum um Fulda stand, der kaiserlichen Armee gegenüber. Holzappel befürchtete die baldige Vereinigung Turennes und Wrangels mit dem Zweck, in gemeinsamer Aktion die kaiserliche Armee anzugreifen und zu schlagen[389]. Die Kaiserlichen standen Anfang Februar isoliert nördlich des Mains, die bayrischen Reichsvölker aber lagen südlich des Flusses noch in ihren Winterquartieren und machten keinerlei Anstalten, mit ihren Hauptkräften zu den Kaiserlichen zu stoßen. Wenn die bayrische Reichsarmee sich nicht nach vorn mit der kaiserlichen Immediatarmee vereinigen wollte, mußte die kaiserliche Armee ihrerseits die Vereinigung nach hinten suchen. Dies ist der operationelle Grund für den Rückzug der kaiserlichen Armee über den Main.

Noch ausschlaggebender war die katastrophale Versorgungslage der kaiserlichen Armee. Denn ausreichend versorgt, hätte sie in der Defensive sogar den vereinten Schweden und Franzosen so lange standhalten können, bis die Reichsvölker unter Gronsfeld herangekommen waren. Wenn nicht, hätte sie kämpfend ausweichen können. Holzappel selbst hat in einem bewegenden Schreiben vom 9. Februar 1648 seine Versorgungslage geschildert[390]:

„... So bitt (ich) Eure Kaiserliche Majestät hiermit nochmals alleruntertänigst, Sie geruhen, die deroselben so oft gemeldete und bei dem Heer bestehende Not allergnädigst wenden zu wollen. Insonderheit aber zu eilen, die Pferde für die unberittenen Reiter herzuschicken, zumal der Feind die seinigen wiederum beritten gemacht hat. Auch mit allerehisten eine ansehnliche Summa Geldes hierher zu verordnen, damit sowohl das Proviantwesen, ohne welches sonst das ganze Heer unfehlbar in Kürze zu Grunde gehen muß, wie auch andere und täglich anfallende unentbehrliche Ausgaben bestritten werden können.

Als sich die ausgeschickten Befehlshaber, die gestern und vorgestern eine gute Anzahl an Gefangenen eingebracht haben, bei mir wegen des ihnen darum gebührenden halben Monatssoldes angemeldet haben, da war kein einziger Kreuzer auch nur zur Abfertigung eines Kuriers oder einer Stafette[391] im Zahlamt mehr vorhanden. Dies ist nicht allein Eurer Kaiserlichen Majestät sehr nachteilig, sondern mir auch schimpflich, daß ich diesen redlichen Leuten, welche ihr Blut dabei wagen und aufsetzen, das ihnen Gebührende nicht geben kann. Ganz zu schweigen davon, daß ich selbigen einiges Entgelt wegen Ihres Wohlverhaltens und, um sie dadurch umso eifriger und fleißiger zu machen, nicht zukommen lassen kann, wie es sonst allzeit der Brauch gewesen ist. In Anbetracht dessen, daß ich bisher, um die im Schwange gewesenen Unordnungen abzuschaffen, allen Ernst und alle Strafe habe verspüren und anwenden lassen, möchte ich auch Mittel und Vermögen haben, denjenigen wiederum etwas Gutes zu tun, die es mit ihrem Blute verdienen. Andernfalls muß ja ein Feldmarschall, wenn er allseits nur von Strafen redet und niemals Mittel zur Vergeltung des Guten haben soll, zuletzt die Liebe bei den ihm untergebenen Soldaten ganz verlieren.

Es sind zwar die Kleider angekommen, die Mäntel aber in so geringer Anzahl, daß auf ein Regiment zu Pferd etwa zehn oder zwölf entfallen und demnach auf jedwede Fahne beinahe nur einer ausgegeben werden konnte. Es wäre nach einer Meinung fast besser gewesen, gar keine zu schicken, damit die übrigen Soldaten keine Ursache gehabt hätten, sich zu beschweren. Hilfe ist doch überall so von Nöten.

Der Unterhalt der Armee erfolgt nicht, weil Eure Kaiserliche Majestät Ihrer Kurfürstlichen Durchlaucht in Bayern den ganzen schwäbischen und fränkischen Kreis überlassen haben und darüberhinaus jetzt Ihre Kurfürstliche Durchlaucht zu Mainz, den Landgrafen von Hessen-Darmstadt und die Grafen zu Hanau von allen Abgaben befreiten. Ihre Kurfürstliche Durchlaucht zu Sachsen und daneben das ganze Erzstift Magdeburg verharren in der Neutralität. Die Herzöge zu Braunschweig und Lüneburg berufen sich auf den mit Eurer Kaiserlichen Majestät geschlossenen Vergleich, vermög dessen sie aller Belastungen enthoben sind. Und Frankfurt und andere Reichsstädte wollen sich nicht allein zu nichts verstehen, sondern leisten dem Feind willig allen Vorschub. Woraus dann klar zu ersehen ist, daß Eure Kaiserliche Majestät zur Verpflegung seines Heeres, auf dessen Unterhalt doch die Wohlfahrt Eurer Kaiserlichen Majestät und des ganzen Reiches beruht, allein auf das schon früher verderbte, kleine Fürstentum Fulda[392] sowie auf die Herzöge von Sachsen-Weimar und Altenburg angewiesen ist, daneben auf die Markgrafen von Kulmbach, die Grafen von Schwarzburg und die Herren von Reuß, die alle zusammen nicht einmal in der Lage sind, nur zehn Regimentern ihren Sold zu reichen.

Dies alles habe ich Eurer Kaiserlichen Majestät hiermit nochmals alleruntertänigst vorstellen müssen. Wie soll das Kriegsheer auf Dauer bestehen und vor dem Untergange gerettet werden, wenn nicht die Mittel aus dero Erbkönigreichen und -landen auf das allerschleunigste herbeigeschafft werden und dadurch dem armen Soldaten wiederum guter Mut eingeflößt wird, den er jetzt verloren hat? ...“

Außerdem schickte Holzappel den Generalkriegskommissar Ernst von Traun zum mündlichen Vortrag vor dem Kaiser nach Prag.

Ein zweites Schreiben ging am 10. Februar[393] an den Kurfürsten von Bayern, ein Schritt, den Holzappel in dieser Form bisher vermieden hatte. Doch die katastrophale Versorgungslage seiner Armee räumte alle Bedenken aus, auch die Sorge, man könne ihm mangelnde Loyalität gegenüber dem Kaiser vorwerfen. In diesem Schreiben betont Holzappel, daß Bespannung und Munition für die Artillerie fehlten. Kern der Klage ist auch hier, daß der schwäbische und fränkische Reichskreis allein der bayrischen Reicharmada zum Unterhalt zugewiesen wurden. Deswegen liegt dem kaiserlichen Armeebefehlshaber „eine große Sorg undt Kummernuß auf dem Herzen", die ihn weder Tag noch Nacht zur Ruhe kommen läßt. Er bittet den Kurfürsten, sich auch seinerseits für die Versorgung der kaiserlichen Armee beim Kaiser einzusetzen.

Schon im Januar hatte Kurfürst Maximilian seinen reaktivierten Feldmarschall Johann Freiherr von Ruischenberg, der noch ohne Kommando war, nach Hammelburg gesandt[394], um sich dessen persönlichen Eindruck zur kaiserlichen Armee – wohl auch zur gesundheitlichen Verfassung Holzappels nach dessen Marburger Verwundung – schildern zu lassen. Ruischenbergs Vortrag, Holzappels verschiedene Schreiben und der Rückzug des kaiserlichen Heeres führten schließlich dazu, daß Maximilian Ende Februar große Mengen Brot an die kaiserliche Armee liefern ließ[395] – nachdem sie den Main passiert hatte.

Wenden wir uns noch kurz der weiteren Vorgeschichte des Mainüberganges zu. Am 29. Januar 1648 war endlich doch ein Kriegsrat zwischen dem kaiserlichen und bayrischen Befehlshaber in Hammelburg zustande gekommen, an dem einerseits Holzappel, Fernemont, Hunoldstein und Traun, andererseits Gronsfeld und sein Generalquartiermeister Obrist Marimont teilgenommen hatten. Das Ergebnis war die grundsätzliche Einigung, daß die „kaiserlichen und bayrischen Waffen zu einem Corpus zusammentreten" sollten, wenn sich Schweden und Franzosen ihrerseits vereinigten. Im anderen Falle sollte die bayrische Armee die französische binden, die kaiserliche Armee dagegen sollte, unterstützt von einigen bayrischen Reiterregimentern, die schwedische abwehren. Holzappel und seine Generalität haben ohne jeden Änderungswunsch diesen bayrischen Vorschlägen zugestimmt. Das nächste Ziel der kaiserlichen Operationsführung – schon angestrebt, aber noch nicht offen genannt – war die Anlehnung an die bayrische Armee[396], die im Vergleich zur kaiserlichen geradezu in einem prächtigen Zustand war.

Nach dem Kriegsrat vom 29. Januar hatten das kaiserliche Fußvolk und die Reiterei Montecuccolis[397] von Hammelburg über Kissingen bis Neustadt zunächst Sperrstellungen hinter der fränkischen Saale eingenommen[398], um die Aufklärungsspitzen der Schweden abzuweisen, einen Durchbruch der schwedischen Armee nach Schweinfurt zu verhindern und um den rechten Reiterflügel unter Feldmarschalleutnant Trauditsch aus Südthüringen heranzuziehen (siehe Stellungsskizze Seite 156).

Die Stellungen der kaiserlichen Armee am 5. Februar 1648 an der fränkischen Saale

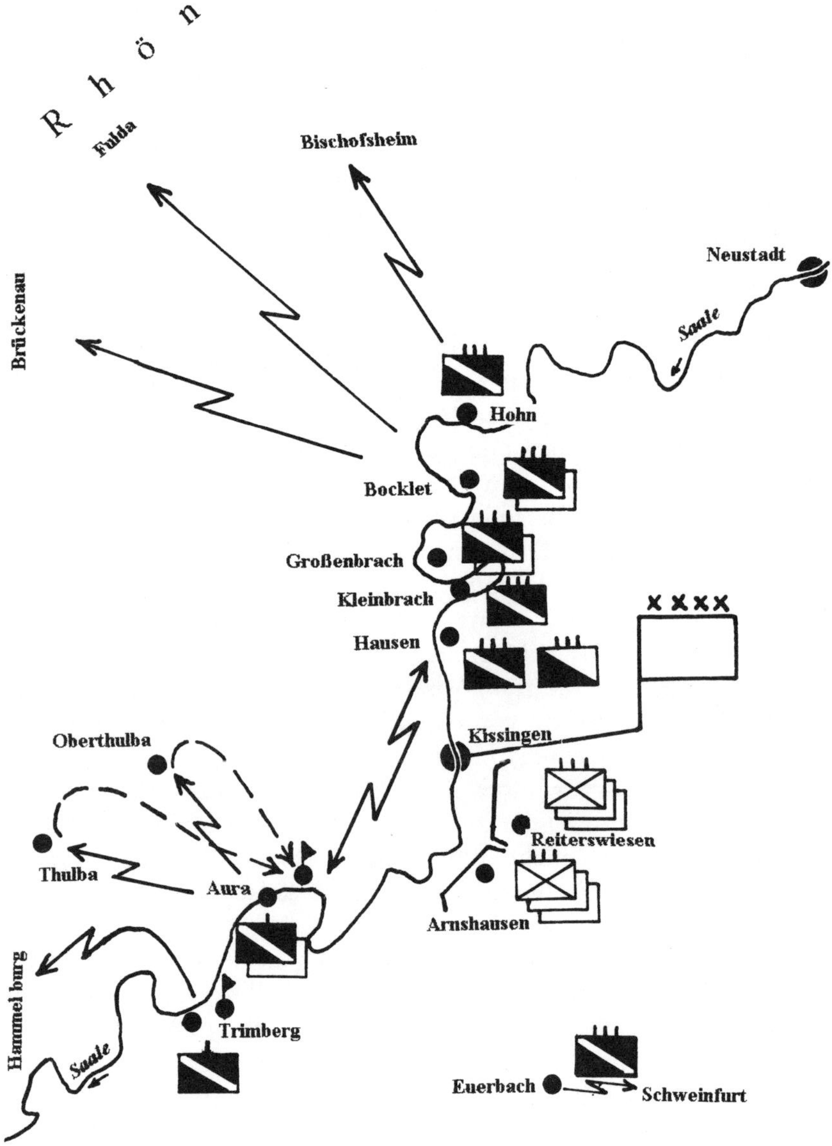

Skizze: Hans-Georg Rejzek

Zum Glück für die noch getrennt stehenden beiden deutschen Armeen hinderte tiefer Schnee ein weiteres schwedisches Vordringen. Als dann immer deutlicher wurde, daß Turenne beabsichtigte, sich mit seiner Armee Wrangel zu nähern und damit zusätzlich die linke Flanke der kaiserlichen Armee in Gefahr geriet, zog sich diese in das Maindreieck von Würzburg zurück, beließ aber Aufklärung an der fränkischen Saale[399]. Von seinem neuen Hauptquartier Arnstein aus hatte Holzappel am 9. und 10. Februar wegen der katastrophalen Versorgungslage seine Hilferufe an den Kaiser und den Kurfürsten von Bayern gerichtet. Er informierte Gronsfeld, daß die Kaiserlichen über den Main zurückgehen würden.

Die Frage war, wo und wie. Die kaiserliche Armee beabsichtigte zunächst, den Main auf einer Schiffsbrücke zu passieren. Doch der neue Kurfürst von Mainz, Johann Philipp von Schönborn, zugleich Fürstbischof von Würzburg und damit ein Landesherr in Unterfranken, wollte zwar die Schiffe und Frohnfuhren hierfür kostenlos stellen, verlangte aber, daß das umfangreiche Zubehör, wie Seile und Bretter, von der kaiserlichen Armee angekauft werde. In seiner Reichstreue war er kein Anselm Casimir. Kurz zuvor noch hatte Johann Philipp mitgeteilt, daß seine Lande für den Durchmarsch der kaiserlichen Armee selbstverständlich offen stünden[400]. Feldmarschalleutnant Hunoldstein verhandelte weiter mit Johann Philipp in Würzburg[401] und der Kurfürst wiederholte seine grundsätzliche Zustimmung zur Behelfsbrücke am 12. Februar[402] gegenüber Holzappel. Der aber hatte inzwischen die Stadt Ochsenfurt wissen lassen, daß die kaiserliche Armee die Stadtbrücke für den Übergang nutzen werde. Dadurch entstanden keine Kosten.

Der Rat Ochsenfurts versammelte am 12. Februar „frühe um 6 Uhre" die Bürgerschaft[403], um Verhaltensmaßregeln wegen des Marsches der kaiserlichen Armee bekannt zu geben. Dem Rat kam es darauf an, die Kaiserlichen ohne alle „Ungelegenheiten" schnell durch Ochsenfurt zu schleusen. Dem dienten alle Anordnungen[404], vom Beherbungsverbot für kaiserliche Soldaten über das Handelsverbot bis zur Feuerbekämpfung. Den ganzen 15. Februar marschierten die Kaiserlichen über die tragfeste, alte, schöne Steinbrücke – sie steht noch heute – nach Ochsenfurt hinein, dann wieder nach Süden hinaus, Richtung Uffenheim. Von Übergriffen der kaiserlichen Armee in Ochsenfurt wird nichts berichtet, nur, daß sie „laut"[405] gewesen sein soll. Ein kleinerer Teil des Trosses überquerte mit der späten Erlaubnis Johann Philipps den Main in Würzburg nach Süden. Am 16. Februar 1648 vereinigten sich in Uffenheim[406] die kaiserliche Armee und die bayrische Reichsarmee. Holzappel hatte sein Operationsziel erreicht.

Vereinigung der französischen mit der schwedischen Armee?

Die kaiserliche Armee hatte mit allen möglichen Aushilfen versucht, marschbeweglich zu bleiben und ihr schweres Gerät zu retten. Ein großer Teil lag zuletzt in Coburg und dessen Umgebung hinter dem rechten Reiterflügel. In Hammelburg waren Zugochsen beschlagnahmt worden[407], der Bischof von Bamberg wurde gebeten, freien Durchmarsch zu gewähren und das „schwere Zeug“ für kurze Zeit in seinen Festungen Kronach und Forchheim zu verwahren[408]. Dennoch mußte der bischöfliche Kommandant von Forchheim zur Aufnahme von Geschützen und Zubehör gezwungen werden und hielt dies schriftlich fest[409], um späteren Repressalien der schwedischen Armee vorzubeugen. Die Anzahl der diensttauglichen kaiserlichen Bespannungen war so stark abgesunken, daß die Zugpferde mehrmals hin und her geschickt werden mußten[410]. In Ochsenfurt war Brot für ein kaiserliches Fußregiment gebacken worden. Es konnte das Brot nicht mehr abholen, sondern verkaufte es „auß Mangel (an) Fuhren“ an die Stadt[411].

Schon am 17. Februar abends ritt eine Abteilung vom Korps Königsmarck über die Ochsenfurter Steinbrücke vor das geschlossene Stadttor an deren Südende und forderte, daß man den Übergang unverstellt halte, weil er den Kaiserlichen und Kurbayrischen „gleichfalls vergönnet“ gewesen war[412]. Weiter verlangte der befehligende Obristleutnant 10.000 Pfund Brot und 100 Sack Hafer für die „herumb in der Nähe stehenden“ schwedischen Regimenter. Die Tor- und Turmwache redete sich damit heraus (antwortete „excusando“), daß man den Kaiserlichen den Mainübergang nicht geöffnet hätte, es habe aber eine gestrenge gegenteilige Order des Landesherrn, des Fürstbischofs Johann Philipp von Würzburg, bestanden. Bei Vorlage einer schriftlichen Order Ihrer Excellenz des Generals Königsmarck werde man bei Tageslicht alle schwedischen Abteilungen ebenfalls durchlassen. Was die Lieferung von Brot und Hafer anbelange, so könne das arme, bedrängte Städtlein Ochsenfurt die verlangte Menge unmöglich aufbringen und bitte um gnädige Moderation der Forderung, da keine Vorräte vorhanden seien[413].

Die schwedische Hauptarmee war von der Kinzig und der Fulda aufgebrochen und hatte Unterfranken erreicht. Doch jetzt stockte der schwedische Vormarsch. Die Armee blieb stehen und dislozierte ihre Regimenter in der Linie Arnstein-Schweinfurt-Haßfurt. In Haßfurt wurde die schwedische Artillerie konzentriert. Königsmarck ging mit seiner Kavallerie bis in den Raum zwischen Kitzingen und Ochsenfurt vor, blieb aber ebenfalls auf dem rechten Flußufer. Nur schwache Aufklärungsabteilungen überschritten den Main nach Süden. Das Hauptquartier behielt Wrangel in Arnstein[414] in Unterfranken.

Er strebte eine Vereinigung mit den französischen Truppen unter Turenne an. Für den französischen Marschall war jedoch ein anderer Grund vordringlich, um sich mit Wrangel zu treffen. Turenne hegte immer noch den Wunsch, die im Sommer 1647 abgefallenen weimarischen Regimenter wieder dem französischen Armeeverband einzuverleiben. Am 24. Februar 1648 trafen sich beide Feldherrren auf halbem Wege in Gemünden am Main[415], wohin Turenne von seinem Hauptquartier Lohr und Wrangel von Arnstein aus geritten waren. Wrangel erklärte sich nur bereit, die weimarischen Söldner, die jetzt bei Königsmarck dienten, durch „gute Worte" zur Rückkehr zu bewegen oder bewegen zu lassen. Die Anwendung jeglicher Gewalt lehnte er wohlweislich ab. Gewalt hätte das innere Gefüge der schwedischen Feldarmee erschüttert, in der überwiegend deutsche Söldner dienten. Außerdem konnte Gewalt auch nicht im französischen Interesse liegen, denn nur freiwillig zurückgekehrte Soldaten würden bei der französischen Fahne bleiben. Im Innersten wußte dies Turenne, doch lehnte er erst einmal eine Vereinigung mit der schwedischen Armee ab. Laut Wrangel spielte bei Turenne in dieser Frage die „Affektion"[416], die Gefühlsaufwallung, eine große Rolle. Weder erreichte Turenne jetzt noch in Zukunft die Reintegration der Weimaraner in seinen Armeeverband[417], noch kam diesmal die Konjunktion der schwedischen mit der französischen Armee zustande.

Wrangel mußte einen Entschluß für die allein stehende schwedische Feldarmee fassen. Vorerst aber hinderten andauernde, heftige Schnee- und Regenfälle sowie grundlose Wege einen Weitermarsch. Mit ihren großkalibrigen Geschützen und schweren Munitionswagen[418] wäre die Artillerie, die eine essentielle Rolle in allen schwedischen Operationen spielte, unweigerlich stecken geblieben. Wrangel mag sich gefragt haben, ob er den Feldzug 1648 nicht doch zu früh begonnen hatte. Schon die Wettereinflüsse ließen jetzt das wieder vereinigte kaiserlich-bayrische Heer unverfolgt.

Es war noch eben vor der Wetterverschlechterung von Uffenheim aus über Windsheim, Langenzenn, Schwabach und Roth in den Raum südöstlich von Nürnberg gelangt und stand mit dem Hauptquartier Freystadt am Rande der Oberpfalz. In der Reichsstadt Windsheim wurde eine kurbayrische Besatzung zurückgelassen. Holzappel hatte gemeinsam mit den bayrischen Reichsvölkern das Südufer des Mains behaupten wollen, doch die bayrische Generalität hatte auf dem weiteren Rückzug bestanden, weil der Feind im Besitze von Schweinfurt war und man sich des „Mainstroms deshalb nicht versichern" könne[419]. Holzappel hatte sich gefügt. Der Rekonjunktionsrezeß ließ ihm keine andere Wahl. Seine Armee stand im fränkischen und bayrischen Reichskreis. Damit fiel dem Kurfürsten von Bayern das „Kriegsdirektorium" auch über die kaiserliche Armee zu. Die Verschiebung der Machtgewichte kam hinzu. In dem Maße, wie die kaiserliche Armee abgenommen hatte, war das Gewicht der bayrischen Reichsarmada bestimmender geworden. Nur noch vereint konnte mit Aussicht auf Erfolg operiert werden. In dem erreichten Unterbringungsraum bei Nürnberg sollten beide Armeen für „zehn oder zwölf Tage die Lebensmittel finden".

Zugleich konnte diese Stellung immer noch Böhmen, die Oberpfalz, Bayern und Schwaben decken[420] – solange die schwedische Armee allein blieb und nicht versuchte, das kaiserlich-bayrische Heer zu umgehen. Für diesen Fall fürchtete Holzappel, zur Schlacht gezwungen zu werden. Die Kernfrage für ihn, den Kaiser und den Kurfürsten aber blieb, ob sich die Königlich Französische Armee mit der Königlich Schwedischen vereinigen würde oder nicht. Das negative Ergebnis der Unterredung zwischen Wrangel und Turenne zu Gemünden war geheim geblieben und alle drei – Kaiser, Kurfürst und Holzappel – waren sich einig in dem Bestreben, eine Vereinigung der beiden feindlichen Armeen zu verhindern. Die Möglichkeit, gegen eine der beiden feindlichen Armeen offensiv vorzugehen, war bei der schlechten Versorgungslage der kaiserlichen Armee von vornherein illusorisch. Es waren zwei Überlegungen übrig geblieben. Die kaiserliche Armee konnte sich wieder nach Böhmen zurückziehen oder man konnte auf eine Diversion Lamboys zum Oberrhein setzen.

Zum Rückzug der kaiserlichen Armee nach Böhmen: der Kaiser hatte diese Möglichkeit ausdrücklich eingeräumt, falls der Zustand seiner Armada wirklich keine andere Wahl ließe. Im äußersten Fall ging dem Kaiser der Erhalt der Armee vor. Mit großen Anstrengungen hatte der Kaiser die Magazine in Böhmen und Oberösterreich wieder füllen lassen, es fehlten aber die Pferde, um die Vorräte ins Reich zu schaffen[421]. Ohne Zweifel hätte ein Rückzug nach Böhmen jedoch die erneute Trennung von der bayrischen Reichsarmee bedeutet. Und ob das damit verbundene Kalkül der Ablenkung der Schweden nach Böhmen aufging, war keineswegs sicher, möglicherweise hätte man die Vereinigung von schwedischer und französischer Armee mit dem Ziel Bayern geradezu angestoßen. Maximilian war gegen die Umsetzung dieser Möglichkeit. Vor allem aus politischen Gründen war sie daher nur die ultima ratio. Holzappel entschloß sich nicht dazu. Allerdings nannte er diese Möglichkeit, um seine Proviantwünsche an Maximilian unabweisbarer zu machen[422].

Zur zweiten Überlegung, einer Diversion Lamboys zum Oberrhein: Holzappel hatte diese Möglichkeit favorisiert und initiiert[423], um die französische Armee wieder aus der Nähe der Schweden abzuziehen und zum Rhein zu lenken. Als Versammlungsraum für die niederrheinisch-westfälischen Kreistruppen Lamboys war der Ehrenbreitstein und Koblenz vorgesehen[424]. Dem Kaiser war – falsch – gemeldet worden, daß Kurfürst Ferdinand von Köln und Lamboy mit der Versammlung bereits „im Werck begriffen seien“. Kaiser und Holzappel hatten erreicht, daß Erzherzog Leopold Wilhelm ein Kontingent von zehn Regimentern seiner spanisch-niederländischen Truppen zur Unterstützung abgeben und Lamboy unterstellen wollte[425]. Als Operationsziel der so verstärkten Armee war Mainz gewählt worden, einer der Punkte, an denen man Frankreich treffen konnte. Die von Frankreich dem verstorbenen Mainzer Kurfürsten Anselm Casimir aufgezwungene Neutralität würde für das Königreich ziemlich wertlos und die oberrheinischen Verbindungslinien Frankreichs gerieten in Gefahr. Diesen Operationsgedanken lag der richtige strategische Ansatz zugrunde. Das bloße Gerücht der bevorstehenden Diversion Lamboys reichte, um Kardinal Mazarin gegenüber Marschall Turenne den Wunsch äußern zu lassen[426], Mainz und die anderen oberrheinischen Plätze zu sichern.

Anfang März 1648 teilte Lamboy Holzappel mit[427], daß eine Diversion geführt werde, jedoch nicht zum Rhein, sondern zur Weser. Die hierfür angeführten Gründe waren offensichtlich fadenscheinig. Hochwasser am Rhein hätte eine linksrheinische Operation nach Mainz nicht verhindert. Die mit dem Hochwasser eingetretenen Erschwernisse waren überwindbar, denn der Rhein mußte nicht überschritten werden, wenn man gegen Mainz vorging. Man konnte auf der linken Stromseite bleiben. Zudem war das Wetter am Rhein besser geworden.

Danach sank der Wasserstand wieder und der vorgeschobene Hinderungsgrund entfiel. Tatsächlich hatte sich der Kurfürst von Köln erneut versagt und Lamboy andere Befehle erteilt. Ferdinand von Köln nutzte die günstige Gelegenheit zu einer Offensive gegen die isoliert stehenden hessen-kasselschen Truppen westlich der Weser und zur Erhebung der ihm zustehenden Kontributionen in Ostwestfalen. Wieder ging ihm Partikularinteresse vor Reichsinteresse. Über die geänderte Operationsrichtung informierte er Erzherzog Leopold Wilhelm direkt, der seine spanischen Unterstützungstruppen schon bereitgestellt hatte[428]. Mit der Offensivrichtung zur Weser entfiel deren Abgabe.

Der sonst so großherzige und langmütige Kaiser reagierte ungewohnt scharf, nachdem er die Falschmeldung erkannt hatte und er Lamboy zum vierten Male befohlen hatte[429], die Diversion zum Oberrhein zu eröffnen. In einem Eventualbefehl[430] enthob er Lamboy „strax" des Kommandos und befahl ihn an das kaiserliche Hoflager zu Prag. Zum Nachfolger ernannte er den Stellvertreter Lamboys, den Generalfeldwachtmeister[431] Otto Christoph Freiherr von Sparr. Doch zur Kommandoübernahme durch Sparr kam es nicht. Sparr hatte sich krank gemeldet. Deshalb wurde Lamboy durch den kaiserlichen Gesandten Lamberg der andere Eventualbefehl des Kaisers zugestellt[432], mit dem Lamboy bei seinem Kopf und zum fünften Male anbefohlen wurde, die rheinische Diversion zu unternehmen. Vergeblich. Die inzwischen zur Weser angelaufene Diversion führte zunächst zur Einschließung von hessen-kasselschen Regimentern bei Geseke[433]. Obwohl ein Entsatzversuch anderer hessen-kasselscher Truppen mißglückte, gelang es den Eingeschlossenen, unter ihrem fähigen Generalmajor Geyso auszubrechen[434]. Die kurkölnische Diversion Richtung Weser blieb als Operation erfolglos und auf die Gesamtlage ohne Einfluß. Kurfürst Ferdinand übernahm jetzt die Verantwortung und stellte sich vor Lamboy[435]. Der Kurfürst berief sich zur Rechtfertigung seiner – gescheiterten – Offensive zur Weser auf den Vertrag vom Vorjahre, mit dem ihm die Direktion des Kriegswesens im niederrheinisch-westfälischen Reichskreis übertragen worden war. Noch bis in den April 1648 drängte der Kaiser auf die Diversion rheinaufwärts, ohne Erfolg[436]. Das kaiserlich-bayrische Heer erfuhr keine Entlastung und Turenne behielt die Option, seine Armee mit der von Wrangel zu vereinigen.

Der Feldzug bis zur Schlacht bei Zusmarshausen

Der Fall der Reichsstadt Windsheim

Ende Februar 1648 faßte Wrangel den Entschluß, mit seiner gesamten, aber immer noch allein stehenden Feldarmee über den Main vorzustoßen. Mehrere Kavallerieregimenter vom Korps Königsmarck ritten voraus, passierten am 27. und 28. Februar die Steinbrücke von Ochsenfurt[437] und schwenkten dann zum Taubergrund. Man sicherte so die rechte Flanke der später folgenden Hauptarmee und lud Turenne ein, ebenfalls den Main zu überschreiten, da man im Taubergrund weit südlich vor seiner Front stand.

Die französische Armee überschritt den Main auf einer Schiffsbrücke bei Lohr. Daß Lamboy seine Diversion nicht zum Oberrhein führen würde, hatte Turenne erkannt. Über Marktheidenfeld, Remlingen und Helmstadt verließ er den Main und erreichte am 7. März die Tauber bei Tauberbischofsheim. Über Königshofen(Lauda) ging er bis in den Taubergrund vor.

Am 8. und 9. März 1648 passierte auch Wrangels Hauptarmee den Main über die Brücken von Kitzingen und Ochsenfurt. Er hatte sein Hauptquartier am 5. März vom unterfränkischen Arnstein nach Kitzingen verlegt und behielt es dort bis zum 9. März. Seine Absicht hatte sich nicht geändert. Nach wie vor suchte er die Vereinigung mit der französischen Armee, um zusammen mit ihr die kaiserlich-bayrische auch noch über die Donau zu drücken. Gelang dies, konnte man mit der so gewonnenen Handlungsfreiheit seine Operationen gemäß den schwedischen Belangen auf dem Westfälischen Friedenskongreß neu ausrichten. Man hatte dann mehrere Optionen. Man konnte nördlich der Donau ungehindert operieren oder in Schwaben, Bayern oder Böhmen einfallen.

Am 18. Februar war die „Kaiserliche und Bayrische Armada in 20.000 Mann effektive zu Roß und Fuß“ durch die Reichsstadt Windsheim[438] marschiert. Feldmarschall Gronsfeld hatte am 19. Februar mehr als 200 Dragoner vom Regiment Barttels und einen Trupp Kroaten vom Regiment Guschenitz in die Stadt als Besatzung gelegt. Sie stand unter dem Befehl des Hauptmanns Bernhard Breuer[439]. Dieser ließ die Stadttore durch äußere Erdaufschüttungen verstärken und Palisaden in den vorgelagerten Wassergräben verankern. Mittlerweile war es so kalt geworden, daß man das Eis aufhacken mußte, damit sie unpassierbar blieben.

Wrangel folgte der Marschroute der kaiserlich-bayrischen Armee. Am 6. März erschienen im Dorf Külsheim nördlich der Stadt 600 schwedische Reiter. Schwedische Kavallerie unter Generalmajor Hammerstein blockierte vom folgenden Tage an die Stadt „an allen orthen“. Breuer führte mehrere Ausfälle mit seinen Dragonern und öffnete den Kroaten den Weg zum kaiserlich-bayrischen Heer mit der Meldung über den Beginn der Belagerung. Die schwedische Kavallerie stellte sich auch nachts in Schlachtordnung, um gegen Angriffe der Belagerten gewappnet zu sein. Am 9. März fiel die Besatzung zum letzten Male mit 100 Mann aus, wobei sich etwa 50 Bürger der Stadt und Bauern zu Fuß beteiligten.

Am 10. März morgens kam die schwedische Hauptarmee in Stärke von 16.000 Mann vor Windsheim an. Wrangel ließ die Stadt durch einen Trompeter zur Übergabe auffordern, wurde jedoch vom Kommandanten ohne Wissen des Magistrates abgewiesen. Breuer ließ Wrangel ausrichten, er solle sich eine „Übergabe nicht im geringsten einbilden.“ Er möge nur vor die Stadt rücken. Breuer wolle ihn erwarten und ihm die Degenspitze bieten.

Darauf wurden 16 Kanonen schweren Kalibers gegenüber dem Strafturm „plantirt“. Um 1 Uhr mittags wurde das Feuer eröffnet. Die Schweden brachen Holzhütten vor den Stadtmauern und in den Weinbergen ab, um mit dem gewonnenen Brennmaterial ihre Lagerfeuer zu unterhalten und sich aufzuwärmen. Auch der hölzerne Fischstand vor dem Seetor wurde verwüstet. Unter diesem Vorwand schickte der Rat der Reichsstadt einen Boten zu Wrangel in dessen Hauptquartier zu Ickelheim, „weiln der Bairische commendant gar von keinem Accord wissen wollen, der sich auch biß auf den letzten Blutstropfen zu wehren resolvirt“.

Unter den Einwohnern ging die Furcht um, daß die Belagerungsartillerie eine nächtliche Kanonade mit Brandgranaten und Feuerballen eröffnen werde. Bürger und Bauern retteten daher ihre besten Sachen in Kirchen, Keller und andere sichere Orte, sich selbst aber hinter die Stadtmauer in kleinere, niedrige Gebäude. Auf Intervention der Reichsstadt Nürnberg und der „beiden Markgrafen“ unterblieb ein „Feuerwerk“, wobei sicher der Wunsch der Belagerer nach unversehrten, festen Unterkünften mitgespielt haben dürfte. Die Besatzung hatte so gut wie keine Möglichkeit der Gegenwehr gegen die Belagerungsbatterien, da ihr Gronsfeld nur Falkonetts (leichte Geschütze) beigegeben hatte, die den schweren, weit reichenden feindlichen Batterien nicht beikommen konnten. Dennoch unterhielt die Besatzung am

10. März und in der folgenden Nacht ein dauerndes Musketen- und Falkonettfeuer gegen die sich vorschanzende schwedische Infanterie. In dieser Nacht schwieg die schwedische Artillerie. Ihre Bedienungen warfen Schanzen für neue Feuerstellungen auf und erhöhten die Zahl der wirkungsbereiten Geschütze auf dreißig.

Am 11. morgens eröffneten drei schwedische Batterien „so grausam und erschröcklich" das Feuer, daß „jederman die haar gehn Berg stunden". Allein auf den Strafturm und die Henser Bastei wurden etwa 400 Schuß abgefeuert, wodurch der Strafturm völlig durchlöchert wurde. Die Verteidiger wehrten sich den ganzen Tag über mit starkem Feuer von der Mauer und den Basteien. Um sie noch kampfesmutiger zu machen, spendierte Breuer seinen Dragonern am Abend ein großes Faß „gar köstlichen Weins", das zur Lieferung nach Nürnberg bestimmt war. „Aber sie soffen sich so voll, daß fast weder ein oder der ander mehr sehen noch Schiltwach stehen kundt." Breuer erreichte das Gegenteil. Während der Volltrunkenheit seiner Soldaten konnte sich schwedische Infanterie in den Approchen so weit annähern, daß sie fast den inneren Wall erreichte. Schwedische Spezialisten bereiteten das Unterminieren vor.

Am 12. März setzte die schwedische Artillerie ihre Kanonade fort und verschoß weitere 200 Schuß. Fußvolk drang durch die Laufgräben bis zum inneren Wall an der Stadtmauer vor. Um 11 Uhr stürmte es auf die neben dem Strafturm geschossene Bresche, verlor 12 Mann und ging zurück. Die Bresche verbauten die bayrischen Dragoner hastig mit Erde und aufgesetzten „spanischen Reitern". Die schwedische Kanonade dauerte an. Der Rat, „die ganze Bürger- und Bauernschaft, wie auch das Weibsvolgg" flehten den Kommandanten an, einen Akkord zu schließen. Obwohl Breuer erst nicht nachgeben wollte und drohte, die Lunten an den Karabinern, die auf die Flehenden gerichtet waren, losbrennen zu lassen, willigte er schließlich doch ein, wohl wissend, daß er sich damit ein Kriegsgerichtsverfahren einhandelte. Für die Stadt wurden der Bürgermeister und der Syndikus, für die Besatzung ein Leutnant ins schwedische Hauptquartier zu Übergabeverhandlungen abgeordnet. Erst danach wurde die „Trummel" auf der Mauer gerührt und eine weiße Fahne[440] auf dem Pfarrturm aufgezogen. Das Trommelschlagen war das Signal, alle Feindseligkeiten von seiten der Besatzung einzustellen. Am Abend kam die Abordnung in Begleitung eines schwedischen Trompeters aus Ickelheim zurück. Beide, Stadt und Garnison hatten sich auf „Diskretion", auf Gnade und Ungnade, ihm zu ergeben, war Feldmarschall Wrangels Diktat.

Bei der Belagerung waren etwa 800 Kanonenschuß[441] auf Windsheim abgefeuert worden, dennoch wurden weder „Menschen und Vieh beschädigt". Dagegen hatten die Schweden etwa 100 Mann an Gefallenen oder Verletzten fast aller Dienstgrade zu beklagen. Einige Gebäude in Windsheim waren zerstört, viele Dächer durchlöchert worden.

Am 13. März ritten die bayrischen Dragoner – an ihrer Spitze Hauptmann Breuer – in aller Frühe auf dem „lateinischen" (katholischen) Kirchhof zusammen und erwarteten das Kommende. Die Schlüssel zu den drei Stadttoren wurden den Schweden übergeben und die Tore von ihnen besetzt. Um 9 Uhr rückte eine schwedische Kompanie zu Fuß ein und stellte Wachen auf dem Markt und bei den aufgesessen haltenden Dragonern auf. Um 11 Uhr ritten die Marschälle Wrangel und Turenne, der einen Besuch in Ickelheim gemacht hatte, sowie General Königsmarck in die Stadt ein. Ihnen gingen die Ratsmitglieder und viele ältere Bürger entgegen und baten Wrangel mit dem üblichen Fußfall, die Bürgerschaft unter seine Protektion zu nehmen. Wrangel antwortete, er wolle erst erforschen, ob der Rat selbst oder die Bürgerschaft die bayrische Garnison begehrt hätten. Welcher Teil für unschuldig erkannt werde, dem solle Gnade widerfahren.

Nachmittags begab sich Wrangel zu Fuß zum Kirchhof. Turenne und Königsmarck ritten dorthin, um die bayrischen Dragoner in Augenschein zu nehmen. Breuer, seine beiden Leutnante und der bayrische Verpflegungskommissar wurden getrennt und in Arrest genommen, die Dragoner desarmiert. Pferde, Sättel und Zaumzeug, Karabiner, Pistolen, Degen und Bandeliere (Schultergurte), die guten Mäntel und Hüte wurden abgenommen und die Dragoner im Rathaus gefangen gesetzt. Nur neun von ihnen, die früher bei den Weimaranern gedient hatten, durften ihr Pferd behalten und sind bei den Schweden als Reiter eingegliedert worden.

Das in der Stadt gelagerte Getreide wurde von den schwedischen Proviantkommissaren mit zwangsweise zugeordneten Ratsdeputierten registriert und von der schwedischen Armee ohne Unterschied requiriert. Am Abend marschierten zwei schwedische Dragonerkompanien unter Obristleutnant Küchenmeister ein, demselben, der auf den Königswarter Schanzen befehligt hatte. In der folgenden Nacht „braucheten sich die Soldaten aller orthen starckh alhier im einbrechen und stehlen an Vieh und anderen Sachen ...", besonders hinter der Stadtmauer und in den kleinen, engen Gässchen.

Am 14. März gingen schwedische Musketiere in alle Häuser und nahmen Geistlichen, Bürgern und Bauern Pferde ab, „solche an die Artollerei zu gebrauchen“, ein Hinweis auf einen Mangel an Zugpferden auch in der schwedischen Armee. Die Pferde der „Adelsherren und Ratsherren wurden nicht verschont“. Am Nachmittag ließ Generalquartiermeister Cornelius von dem Busch die Stadtmauer mit einer zusammengeknoteten Schnur umziehen und vermessen[442] (siehe die beiden abgebildeten Kupferstiche im Mittelteil).

Den Einwohnern wurde das Getreide mit Gewalt von den Böden genommen. Einige Nahrungsmittel wurden bereits knapp. Auch für Geld konnten die eingefallenen Soldaten kein Brot mehr bekommen. Bis zum Abend dauerte das große „Einbrechen und Stehlen“, das Beutemachen. Wagner und Schmiede hatten alle Hände voll zu tun, um die Räder an den schwedischen Geschützen zu reparieren, „ganz umsonst und ohne Dank“.

Am Sonntag, den 15. März, läuteten zum ersten Male wieder die Glocken. Dennoch mußten sich die Bürger und Bauern mit Hauen und Schaufeln auf dem Markt einfinden und die draußen aufgeworfenen Schanzen und Feuerstellungen einreißen, um eine Gegenbelagerung zu erschweren. In die Stadt wurde als Besatzung das gesamte Wankesche Dragonerregiment gelegt. Feldmarschall Wrangel wurden „etliche 1.000 Reichstaler in bar“ als Brandschatzung abgeliefert. Er machte dem wilden, zügellosen Treiben seiner Soldaten ein Ende und ließ mit Trommelschlag verbieten, fortan Wein, Bier, Brot oder Getreide an die im Umland liegenden Regimenter zu liefern.

Am 16. März, in aller Frühe, waren die Gassen wieder voll von durchreitenden Kavalleristen, die einkaufen wollten. Am Nachmittag wurden von dem weitermarschierenden schwedischen Kriegsvolk die umliegenden Orte Buchheim, Ergersheim, Ickelheim und Sontheim angezündet. Viele Gebäude brannten aus. Schon das kaiserlich-bayrische Heer hatte Dörfer und Mühlen nicht geschont und einige Gebäude, sei es aus Unachtsamkeit, sei es aus Mutwillen, eingeäschert. Andere Orte mußten den Schweden Ochsen liefern, „den Officiren in die Küchen, dann auch zum Vorspann“. Am Nachmittag wurden die meisten der bayrischen Dragoner aus der Stadt geführt und in schwedischen Fußregimentern untergestellt, das heißt, mehr oder minder freiwillig unter deren Regimentsfahnen neu vereidigt. Mit dem Soldatenleben hoch zu Roß war es für sie vorbei. 36 Dragoner weigerten sich standhaft, dieses Verfahren mitzumachen, weil sie „Weib und Kind bei der Bairischen Armada hatten“ (sie nahmen das bittere

Los der fortdauernden Gefangenschaft um ihrer Angehörigen willen auf sich, die sonst den bayrischen Troß hätten verlassen müssen).

Am 17. März morgens wurde mit Trommelschlag und unter Androhung von Leibesstrafe ausgerufen, daß sich auf Befehl Feldmarschall Wrangels alle Offiziere und Soldaten, die nicht zur Besatzung gehörten, sofort aus der Stadt zu verfügen hatten. Königsmarck marschierte mit seiner Kavallerie vorüber, die Stadt mußte noch einmal Vieh hinaus liefern, die Ratsherren und vermögenden Bürger Fässer mit Wein. Die gesamte schwedische Armee setzte sich offenbar wieder in Bewegung[443]. So weit der Bericht des Chronisten.

Bei aller bewiesenen Tapferkeit, die Besatzung hätte sich nur noch Stunden gegen die erdrückende feindliche Übermacht halten können. 30 Rohre waren auf die Stadt gerichtet und 13 Brigaden zu Fuß lagerten und standen um die Stadt. Der Rat hat die Lage realistisch eingeschätzt, als er die Übergabe begehrte, um Blutvergießen und weitere Zerstörungen zu vermeiden. Dennoch floß noch einmal Blut. Hauptmann Breuer und seine beiden Leutnante[444] waren aus der schwedischen Gefangenschaft entlassen worden und hatten frei hinwegreiten dürfen. Die drei Offiziere hatten wieder Anschluß an die bayrische Reichsarmee gesucht und gefunden. Der Hauptmann wurde am 4. Mai von einem bayrischen Kriegsgericht aus zwölf Offizieren zum Tode durch das Schwert verurteilt, mit der Begründung, daß er sich nicht bis zum letzten Mann verteidigt habe, wie ihm befohlen worden war. Obwohl Gronsfeld für Breuer um Gnade bat, bestätigte Kurfürst Maximilian das Verdikt und verlangte sofortige Vollstreckung. Dem folgte Gronsfeld am 11. Mai, ohne Rücksicht darauf, daß fast alle Offiziere[445] der Reichsarmada, der kaiserlichen Armee und deren Frauen noch einmal so lange um Aufschub gebeten hatten, bis ein Expreßkurier mit ihrem Gnadengesuch an den Kurfürsten abgefertigt und dessen neuerliche Antwort eingetroffen war. Hauptmann Bernhard Breuer hat das Leben der katholischen und lutherischen Bürger von Windsheim geschont und ist für sie in den Tod gegangen. Bis in den Tod ist er seiner calvinischen Konfession treu geblieben und „hat sich ... nicht bekheren wollen“[446].

Der Feldzug bis zur Schlacht bei Zusmarshausen

Bei Windsheim war eine wichtige Entscheidung gefallen. Wrangel hatte das Zusammentreffen mit Turenne am 13. März 1648 genutzt, um die

Der abgebildete Kupferstich von Caspar Merian aus dem „Theatrum Europaeum" zeigt im Hauptbild die Belagerung von Schloß Homberg (Efze) durch hessen-kasselsche Truppen im Januar und Februar 1648 „mitt Feuer und Stein mächtig Hineinschmeißen". Das Nebenbild rechts oben gibt das zerstörte Schloß am Ende der Belagerung wieder.

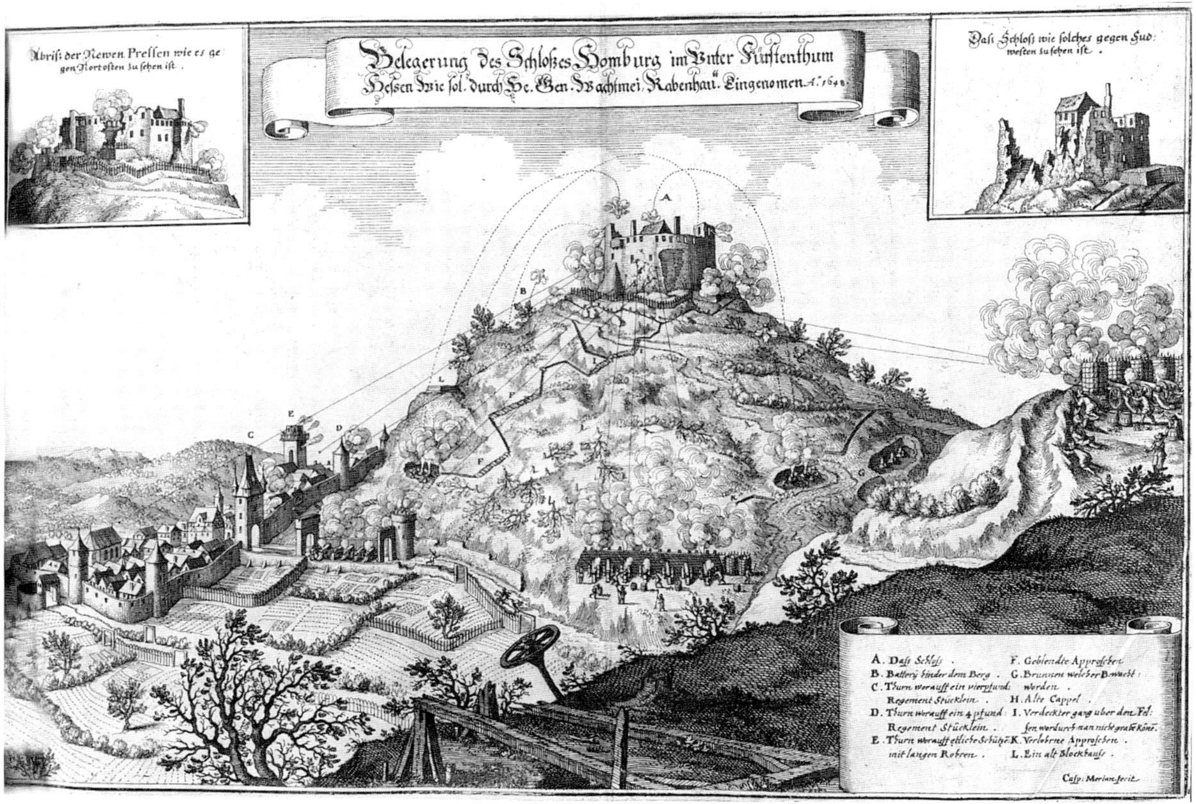

Für mehrere Kupferstiche im „Theatrum Europaeum“ hat der schwedische Generalquartiermeister von dem Busch durch seinen Armee-Ingenieur Carl Heinrich von Osten die Vorlagen zeichnen lassen. Dazu gehört der abgebildete „Eigentlicher Abriß Der Reichsstatt Windesheimb...“ Der Generalquartiermeister ließ nur die Stadtmauer von Windsheim mit Toren und Türmen und die Belagerung im März 1648 wiedergeben. Als Soldaten interessierten ihn vor allem die Verteidigungswerke der Stadt.

Die gegenübergestellte Gesamtansicht von „Winßheim“ stammt von Matthäus Merian dem Älteren aus derselben Zeit. Der Stich gehört „zu den schönsten der ganzen Topographie von Deutschland.“

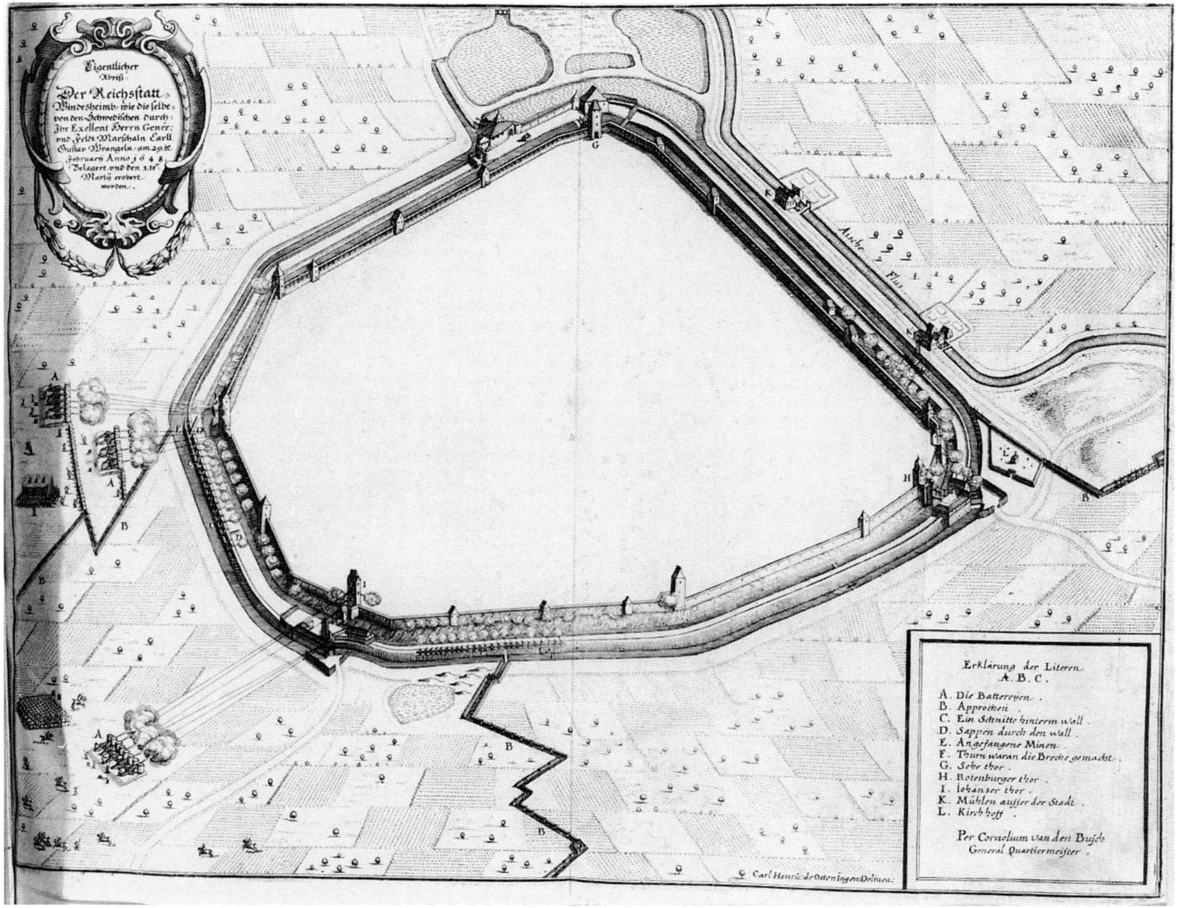

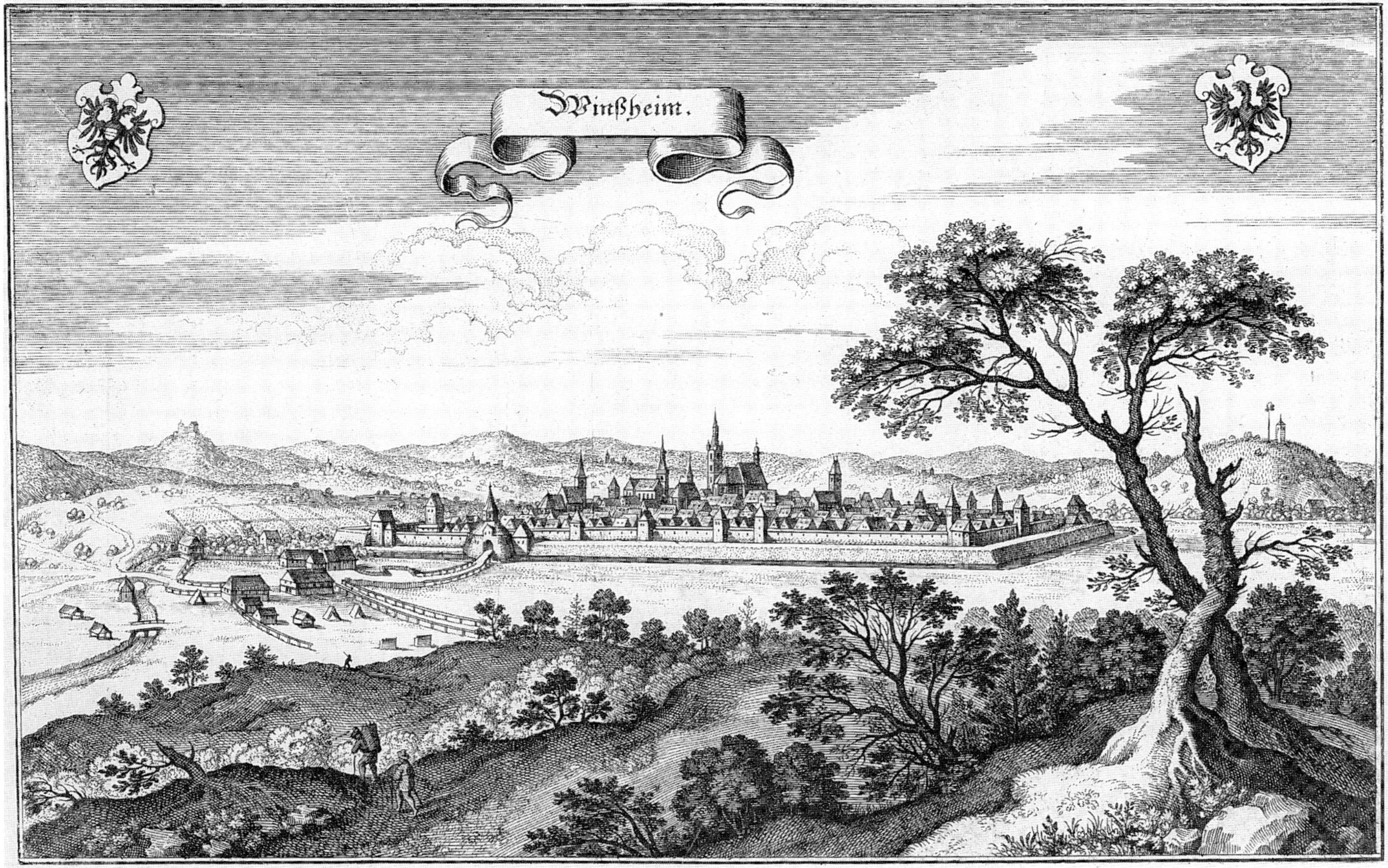
Winßheim.

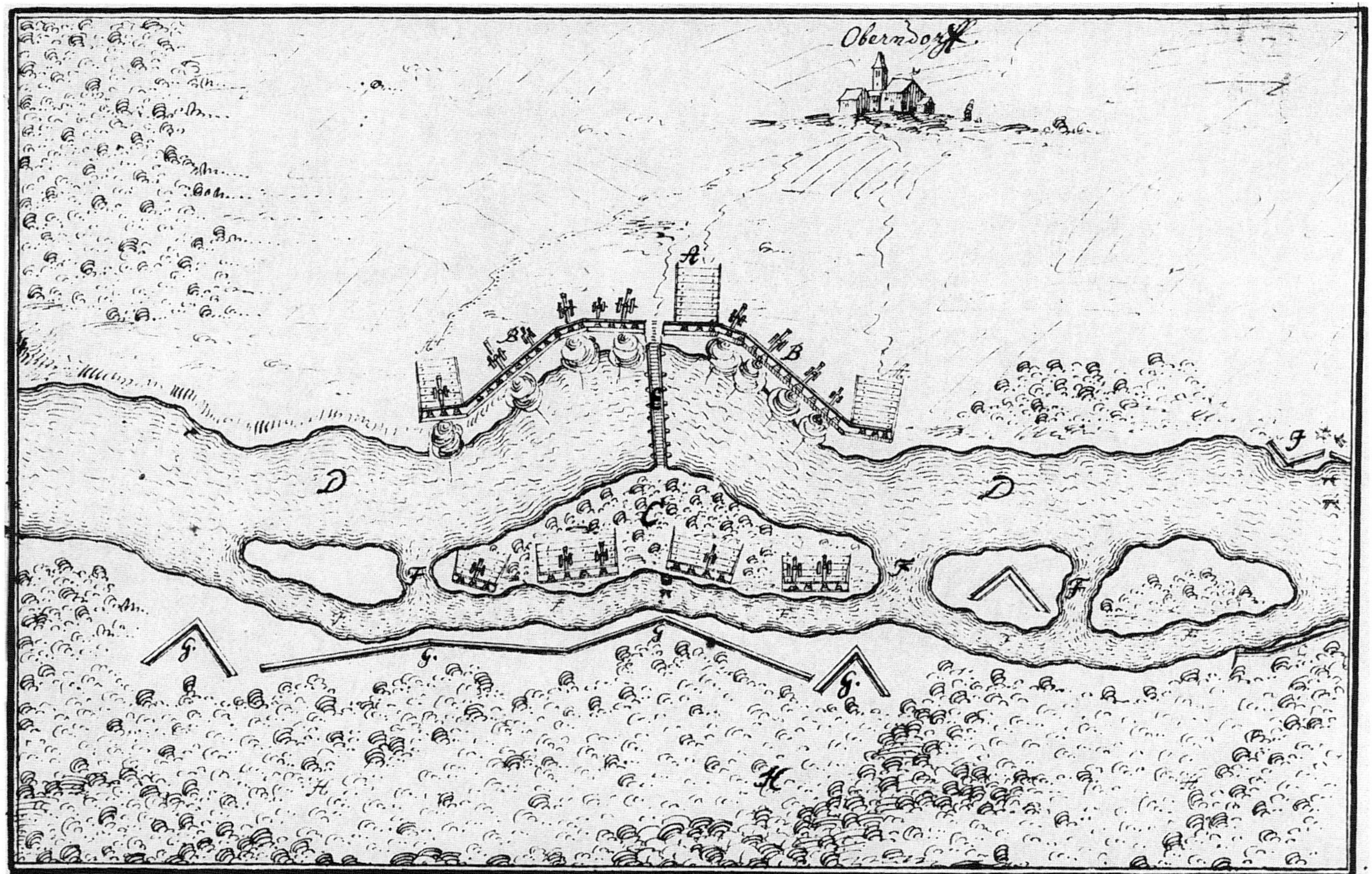
Oberndorff
A
B
C
D
D
F
G
H

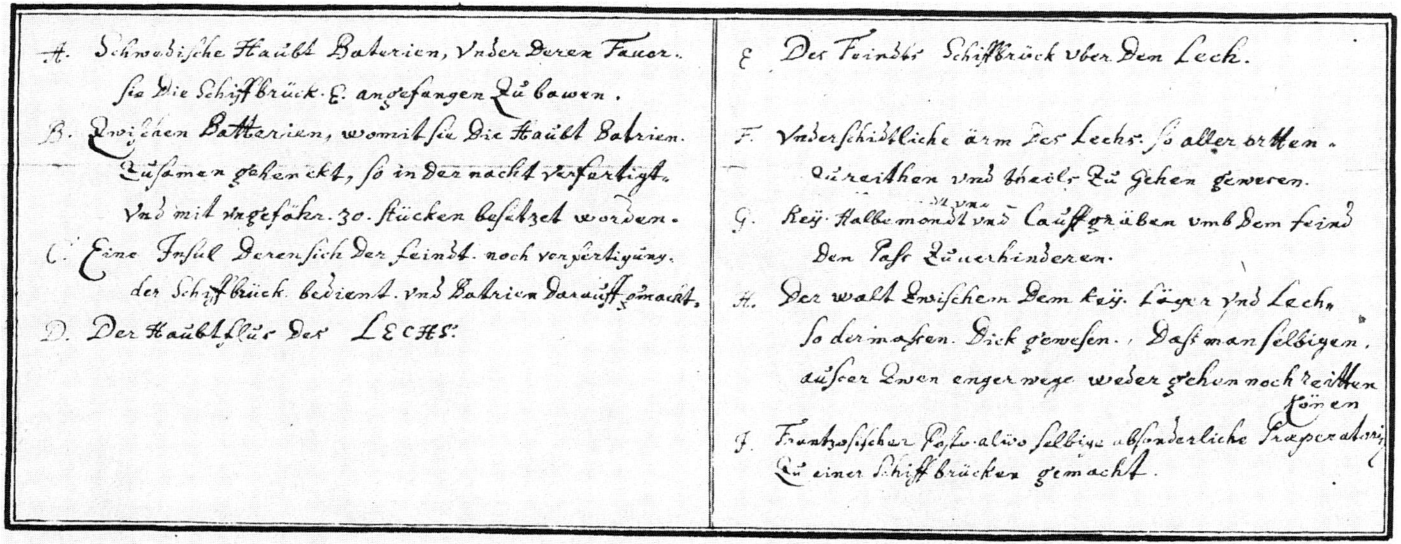

A. Schwedische Haubt Baterien, Under Deren Feuer.
sie Die Schiffbrück .E. angefangen Zu bawen.
B. Zwischen Batterien, womit sie Die Haubt Batrien.
Zusamen gehenckt, so in Der nacht verfertigt.
Und mit ungefähr .30. stücken besetzet worden.
C. Eine Insul Deren sich Der feindt. noch verfertigung.
der Schiffbrück. bedient. und Batrien Darauff gemacht.
D. Der Haubtflus Des LECHS.

E. Des Feindts Schiffbrück uber Den Lech.
F. Underschidtliche ärm Des Lechs: so aller orthen.
Zu reitthen und theils Zu gehen gewesen.
G. Key. Halbemondt und Lauffgräben umb Dem feind
Den Pass Zu verhinderen.
H. Der walt Zwischen Dem key. Läger und Lechn
so dermassen. Dick gewesen. Daß man selbigen.
außer Zwen enger wege weder gehen noch reitten könen
I. Frantzosischer Posto. alwo selbige absonderliche Praeperatoriy
Zu einer Schiffbrücken gemacht.

A — Schwedische Haubt Baterien, under Deren Feuer sie Die Schiffbrücke .E. angefangen zu bawen (bauen).

B — Zwischen Batterien, womit sie Die Haubt Batrien zusamen gehenckt, so in der nacht verfertigt und mit ungefähr -30- stücken (Geschützen) besetzet worden.

C — Eine Insul Deren sich der feindt nach verfertigung der Schiffbrück bedient und Batrien Darauf gemacht.

D — Der Haubtflus Des LECHS

E — Des Feindtes Schiffbrück uber den Lech

F — Underschidtliche ärm Des Lechs, so aller ortten zu reithen und theils zu gehen gewesen.

G — Key(serliche) Halbe mondt und lauffgräben, umb Dem feind Den Pahs (den Übergang) zu verhinderen.

H — Der walt Zwischen Dem key. Läger und Lechn, so dermahsen Dick gewesen, Daß man selbigen, ausser Zwen enger wege, weder gehen noch reitten könen.

I — Frantzosischer Posto, alwo selbige absonderliche (besondere) Praeperatoriy Zu einer Schiffbrücken gemacht.

Die abgebildete historische Skizze mit der zugehörigen Erklärung beschreibt, wo und wie der Lechübergang am 26. und 27. Mai 1648 von dem verbündeten schwedisch-französischen Heer gegen das kaiserlich-bayrische erzwungen wurde. Schweden und Franzosen hatten ihr gemeinsames Hauptquartier in „Oberndorff“ auf der Westseite des Flusses, gegenüber von Rain am Lech. Von Oberndorf aus überschritten sie den Lech nach Osten und fielen in Bayern ein. Die Skizze ist von kaiserlicher Seite im Juli 1648 angefertigt worden. Sie liegt heute in den „Alten Feldakten“ des Kriegsarchivs zu Wien.

Der nebenstehende Kupferstich stammt von Matthäus Merian dem Älteren. Man schaut auf Wasserburg am Inn von Süden. Der gegenüberstehende Kupferstich zeigt, wie ein unbekannter Künstler die vergebliche Belagerung der Stadt durch die schwedische und französische Armee im Juni 1648 sah. Hierbei schaut man auf Wasserburg von Norden. Beide Ansichten geben einen Eindruck von der für die Verteidigung besonders günstigen Lage der Stadt „da selbige gleich als eine Insel mit dem Inn beflossen“ (Wrangel).

Gelegenheit der Statt Wasserburg, und wie die Königl: Schwed: und Frantzösche Armeen ein Versuch darauff gethan den 5. Junij, und dē 8. dito wider abmarschiret Aō 1648.

A. Drey Schwere Schwed: Stuck damit in die Statt gespilt worden
B. Frantzösische Stuck damit das Reitter v. Polackn lager unter der Statt getheilt worden.
C. Zwo Frantzösche Brigaden.
D. Zwo Schwedische Brigaden.
E. Batterie aufm galgenberg.
F. Grub worin die Schwedischen posten gefaßt.
G. Ziegelhütten, und Blendung.
H. Bayerische Schantz aufm berg.
I. Die Statt Waßerburg
K. Das Schloß.
L. Capuciner Closter.
M. Polacken läger.
N. Der Ihn fluß.
O. Tirolisch gebürg.
P. Schloß Bastion, worauf mit halben Carthaunen auff die drey Schwedische Stuck gespilet worden.
Q. Abgehawene Dannen baume.
R. Teich.

Die Vorlage für den abgebildeten Kupferstich stammt von dem schwedischen Armee-Ingenieur Carl Heinrich von Osten. Das schwedisch-französische Heer hatte sich Anfang September 1648 in den Flußwinkel zwischen Isar und Amper zurückgezogen. Es wird nicht nur die Dislozierung der schwedischen und französischen Infanterie, Kavallerie sowie Artillerie festgehalten, sondern auch die verzweigte Flußlandschaft der Isar. Die Stadt Moosburg wird wieder nur im Umriß gezeigt.

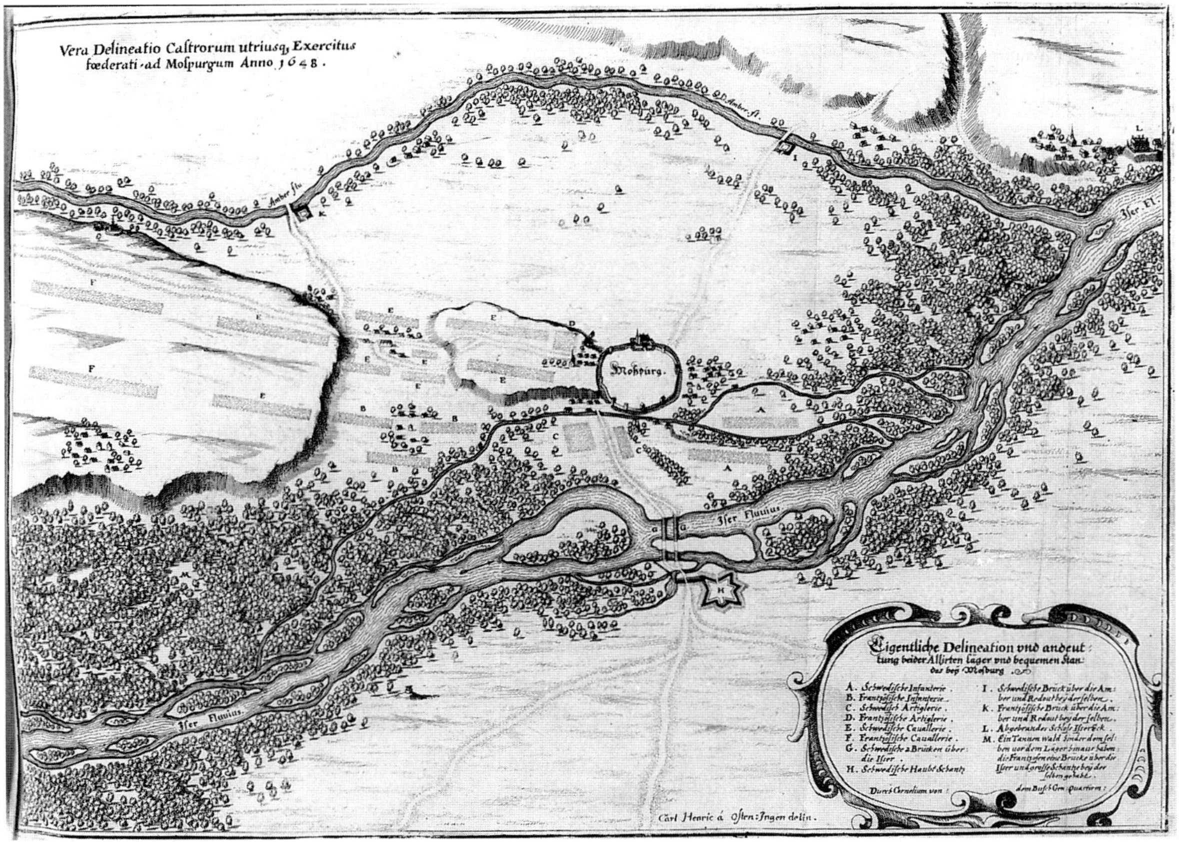

Frage der Vereinigung der beiden Armeen erneut aufzuwerfen. Turenne seinerseits hatte nochmals die Rückgliederung der Weimaraner in seine Armee oder ein Äquivalent dafür angesprochen, aber Wrangel konnte darauf verweisen, daß dieses Problem inzwischen bei Königin Christina lag[447]. Turenne stimmte daraufhin einer Vereinigung seiner Armee mit der schwedischen zu.

Die neun schweren Kanonen, welche die Kaiserlichen in Forchheim eingelagert hatten, waren von der schwedischen Armee erbeutet worden[448]. Sie hat angeblich gedroht, der wehrlosen bischöflichen Residenzstadt Bamberg Schaden zuzufügen, falls die Kanonen nicht ausgeliefert würden[449]. Bischof Melchior Otto entschuldigte die Herausgabe damit, daß 3.000 schwedische Reiter seinen Kommandanten dazu genötigt hätten[450]. Während die schwedische Armee Windsheim belagert hatte, war das kaiserlich-bayrische Heer weiter bis zur Altmühl ausgewichen[451]. Es hielt Stellungen und Quartiere zwischen Eichstätt und Dietfurt. Sein rechter Flügel wurde darüberhinaus bis nördlich Regensburg verlängert[452]. Wenn man diesmal nicht mit den vereinten schwedischen und französischen Armeen nachstieß, bestand die Gefahr, daß sich die kaiserliche Immediatarmee erholen würde. Das kaiserlich-bayrische Heer über die Donau zu drücken, lag nun auch im Interesse Turennes. Dieser operative Erfolg würde ihm mehr Handlungsfreiheit verschaffen. Je größer die Entfernung zwischen der vielleicht nur aufgeschobenen Diversion Lamboys nach Mainz und der kaiserlichen Hauptarmee wurde, desto besser. War das kaiserlich-bayrische Heer erst einmal über die Donau zurückgedrängt, konnte sich die französische Armee wieder von der schwedischen trennen, ohne noch dem Vorwurf mangelnder Bündnistreue ausgesetzt zu sein.

Wrangel war am 17. März mit seiner gesamten Armee aus dem Raum um Windsheim direkt in südlicher Richtung aufgebrochen. Er rückte über Leutershausen[453] und Feuchtwangen[454] auf Wassertrüdingen, das er am 22. März erreichte. Die französische Armee hatte den Taubergrund verlassen und war westlich der schwedischen nach Crailsheim gezogen. Dort hatte Turenne sein Hauptquartier am 18. und 19. März. Das Jagsttal aufwärts marschierend, schwenkte die französische Armee über Ellwangen (20. März) nach Osten. Bei Öttingen an der Wörnitz vereinigten sich am 23. März 1648 die schwedische und die französische Armee[455] unter den donnernden Salutsalven der Kanonen und Musketen.

Die Annäherung von Schweden und Franzosen und ihre Vereinigung genügten. Am 24. März 1648 räumte das kaiserlich-bayrische

Heer das Nordufer der Donau und passierte den Strom unterhalb Ingolstadts auf einer Schiffsbrücke[456]. Obrist Caspar Schoch mit seinem Reiterregiment, das immer noch Nördlingen und Lauingen blockiert hatte, wurde zur Armee gezogen. Auf dem Anmarsch zerstörte er befehlsgemäß die Donaubrücken von Dillingen, Höchstädt und die von Donauwörth. Sein Regiment, das er von 1645 bis 1648 mit so außergewöhnlichem Erfolg geführt hatte, mußte er an die bayrische Reichsarmada zurückstellen, die sogleich zwei Regimenter daraus formierte[457]. Schoch selbst durfte nicht beim vereinigten kaiserlich-bayrischen Heer dienen und wurde auf Fürsprache des Kaisers Obristhauptmann von Vorarlberg.

Die Lage bei der kaiserlichen Armee hatte sich nicht gebessert[458]. Der Kaiser rügte das Desertieren, Plündern und Rauben der Soldaten und forderte scharfe Maßnahmen dagegen[459]. Zudem befürchtete er Auswirkungen auf die feindlichen Operationen und verlangte Zurückhaltung bei den Gesprächen der höheren Offiziere über die Situation seiner Immediatarmee. Holzappel erneuerte seine Bitte an den Kurfürsten von Bayern, Nahrungsmittel zuzuweisen, um das Auslaufen der Soldaten aus ihren Quartieren und ihr Abweichen von der Marschroute abstellen zu können[460]. Die kaiserliche Armee war diesem Winterfeldzug, den ihr Wrangel aufgezwungen hatte, nicht mehr gewachsen.

Kurfürst Maximilian hatte zunächst eine Verteidigung Bayerns an der Altmühl mit Front nach Norden verlangt. Schließlich hatte er zugestimmt, daß die Verteidigung am Lech mit Front nach Westen geführt werde, in der Hoffnung, daß im Norden die Hinderniswirkung der Donau und Sicherungen ausreichten. Holzappel hatte andere Gründe, das schützende Südufer der Donau zu suchen und sich auf keine Schlacht einzulassen. Die vom Kaiser seit langem versprochenen Verstärkungstruppen – 3.500 Mann Fußvolk und 1.400 Reiter – waren zwar im Anmarsch[461], offen war jedoch noch, wann sie eintreffen würden. Generalfeldzeugmeister Puchheim führte sie über Staab (27. März) zunächst die Radbusa aufwärts, marschierte weiter nach Taus, erreichte über die Cham-Further Senke Wörth an der Donau (4. April) und kam am 5. April in Regensburg an[462]. Holzappel vermutete ihn dort schon am 3. des Monats und damit „außer aller Gefahr". Er überließ es Puchheim, ob er mit seinen Truppen die Donau überschritt oder nicht: „Ich verlange sehr zu vernehmen, wo doch der Herr Feldzeugmeister sey und wie es ihm gehe. Bitte mich in aller Eyl zu berichten, damit ich wissen möge, ob ich über die Donau gehe oder ihn alhier (südlich der Donau bei Ingolstadt) erwahrten solle."[463] Die Verstärkungstruppen Puchheims überschritten nicht mehr die Donau[464], sondern das kaiserlich-bayrische Heer kehrte am 8. und 9. April noch einmal zum Nordufer zurück.

Völlig überraschend war eine neue Lage entstanden. So plötzlich sich die schwedische und die französische Armee vereinigt hatten, so schnell hatten sie sich wieder getrennt. Die Trennung war von Turenne ausgegangen. Er sah seine Aufgabe als erfüllt an, nachdem das kaiserlich-bayrische Heer über die Donau zurückgegangen war. Wrangel hatte den wohl nicht ganz ernst gemeinten Alternativvorschlag Turennes abgelehnt, über die Donau nachzustoßen. Südlich der Donau war auf dem flachen Lande „alles öde und wüste, und keine Lebensmittel vorhanden"[465], während sich die Kaiserlich-Bayrischen auf die Vorräte in den festen Plätzen stützen konnten. Das wußte Turenne so gut wie Wrangel. Der scheute mit Recht das Risiko einer „Hauptaktion" unter solchen Bedingungen. Er wollte nicht noch einmal ein Fiasko ähnlich dem böhmischen Feldzug 1647 erleben, nur an anderem Ort, und Turenne wollte wohl nur die Ablehnung des schwedischen Feldmarschalls provozieren, um einen Vorwand für die Trennung zu haben. Im Ergebnis veranlaßte er aber diplomatische Bemühungen von Königin Christina, die am Hof zu Paris auf Turennes schädliches Verhalten hinweisen ließ. Ihr Vorwurf allerdings, Turenne habe damit das Gesetz des Handelns sowohl auf dem Kriegsschauplatz wie bei den Friedensverhandlungen dem Feinde in die Hände gespielt[466], war übertrieben. Der über Turenne verärgerte Wrangel erhielt vorsorglich die Weisung, ein erneutes Waffenstillstandsangebot Bayerns anzunehmen, wenn es denn käme, aber keine Verhandlungen mit den Kaiserlichen zu führen[467].

Wrangel hatte bis zum 28. März versucht, Turenne auf ein gemeinsames Vorgehen in die Oberpfalz einzustimmen, um von dort aus mit der schwedischen Armee Eger zu entsetzen. Die Festung stand kurz vor dem Fall, da Obrist de la Corona nun schon fast ein halbes Jahr mit zunehmendem Erfolg versuchte, sie auszuhungern. Nachdem Turenne ein vereintes Operieren noch einmal abgelehnt hatte, suchte Wrangel allein zum Erfolg zu kommen. Er setzte auf einen der Vorzüge der schwedischen Armee, ihre Kavalleriestärke und Operationstüchtigkeit. Königsmarck mit seinem Korps wurde allein auf Eger angesetzt. Auf seinem Zug dorthin requirierte er umso mehr, je näher er Eger kam. Er durchbrach die Blockade de la Coronas zwischen Wunsiedel und Waldsassen und rückte bereits am 6. April in Eger ein, 300 Wagen vollgeladen mit Proviant und eine Herde von über 100 Stück Vieh im Gefolge. Andererseits ließ es die Diversion Königsmarcks nicht zu, einen Angriff auf die noch isolierten Verstärkungstruppen Puchheims zu führen. Wrangel hatte sich für den Entsatz von Eger entschieden. Puchheim blieb „außer Gefahr“, wozu sicher sein vorsichtiger Anmarsch beitrug.

Turenne kehrte über Rothenburg ob der Tauber in die Main-Gegend zurück, um dort das allererste Aufwachsen des Grünfutters auf den Weiden und Wiesen abzuwarten und Soldat und Pferd eine Ruhepause zu gönnen. Bis Mitte April konzentrierte er seine im Verhältnis kleine Armee südlich des Flusses im Raume Kitzingen-Iphofen-Uffenheim-Ochsenfurt[468]. Der wieder etwas wahrscheinlicher gewordenen Diversion Lamboys nach Mainz konnte so schon im Ansatz begegnet werden. Dann marschierte Turenne, die Truppe schonend, bis Crailsheim an der Jagst.

Nachdem das kaiserlich-bayrische Heer noch einmal auf das Nordufer der Donau zurückgekehrt war[469], verpaßte es die einmalige Gelegenheit, den völlig allein stehenden Wrangel zu stellen und anzugreifen. Königsmarck fand wieder den Anschluß an die schwedische Hauptarmee. Um den 16. April erreichte er die Wörnitz und stieß mit seinem Korps bei Dinkelsbühl zu Wrangel. Dieser ließ die von einer kleinen bayrischen Besatzung verteidigte Reichsstadt belagern und nahm sie nach tapferer Gegenwehr am 21. April.

Zwischen Jagst und Wörnitz trennte die französische und schwedische Armee nur noch die Frankenhöhe, eine Wasserscheide zwischen Donau und Rhein. Zu ihm hielten die Franzosen noch ihre Option offen, während der Blick der Schweden erneut auf Bayern und die Donau gerichtet war.

Ende April 1648 trat die schwedische Generalität in Nördlingen zusammen. An dem Treffen nahm auch Alexander Erskein[470] teil, zu diesem Zeitpunkt noch Kriegs- und Assistenzrat der Königin, aber schon Mittler zwischen der schwedischen Armee in Deutschland und den Gesandten der Krone in Osnabrück. Die Generale legten fest:

> der Krieg sei „vom römischen Reich abzuführen, damit selbiges sich etwas zu der Schwedischen Armee kunfftigem Aufnemmen recolligiren (erholen) könne, ... hingegen sei sedes belli ipsa (der eigentliche Kriegsschauplatz) nach den Erblanden zu transferirn und dort zu conserviren .... Churbaiern vermittelst aller coniungirten Macht ... zu ruiniren“[471].

Diese Beschlüsse hatten die „satisfactio militum“ zum Ziel, die Geldabfindung der schwedischen Armee bei ihrer Abdankung[472]. Ihr ganz eigenes Interesse also stellten die schwedischen Generale in den Mittelpunkt ihrer Überlegungen und wußten sich – dem Grunde nach – in Übereinstimmung mit ihrer Regierung, wenn auch die Vorstellungen über die Höhe der satisfactio militum divergierten. Die schwedische Generalität hat offenbar einen baldigen Friedensschluß nicht mehr ausgeschlossen, jedoch wohl schon damals – über den Friedensschluß hinaus – mit einem längerem Verbleib ihres Heeres im Heiligen Römischen Reich gerechnet, aber außerhalb des österreichischen Reichskreises. Deswegen sollte sich das übrige Deutschland „etwas recolligiren“. Man wollte sich nach dem Ende der Feindseligkeiten passabel im übrigen Deutschland einrichten können. In etwas erholten Reichslanden konnte das Königreich Schweden gelassen Geldabfindung, Abdankung und Abzug seiner Armee betreiben.

Die Entwicklung auf dem Westfälischen Friedenskongreß

Die politische Lagebeurteilung, welche die schwedische Generalität mit großer Selbstverständlichkeit vornahm, war realistisch, denn mittlerweile war wieder Bewegung in die Verhandlungen auf dem Westfälischen Friedenskongreß gekommen. Der Text des spanisch-niederländischen Friedens war am 30. Januar 1648 unterzeichnet und am 17. April nach heftigen inneren Auseinandersetzungen von der Mehrheit der Provinzen in den Vereinigten Niederlanden beschlossen worden. Am 15. Mai 1648 wurde der Friede im Rathaus zu Münster in feierlicher und wahrhaft erhebender Weise beschworen und geschlossen. Der achtzigjährige Freiheitskampf der Niederlande war zu Ende, sie hatten ihre volle Unabhängigkeit erkämpft.

Am 4. März 1648 war der Streit um die Reichsjustiz beigelegt worden. Die volle Gleichberechtigung der Konfessionen bei Prozessen vor den beiden höchsten Gerichten im Heiligen Römischen Reich Deutscher Nation wurde hergestellt[473].

Zum kaiserlichen Vorgriff in den Religionsstreitigkeiten war es, wie erwähnt, nicht gekommen. Ungefähr zeitgleich mit den Verhandlungen des Kaisers waren jedoch gewichtige Stände des Reiches aufeinander zugegangen, so Johann Philipp, der neue Kurfürst von Mainz, und Friedrich Wilhelm von Brandenburg mit dem gegenseitigen, ernsthaften Versprechen, auf ihre konfessionsverwandten Mitstände im

Sinne von Frieden und Verständigung einzuwirken. Der Kurfürst von Sachsen hatte seine Gesandten angewiesen, die konfessionellen Festlegungen zwischen Trauttmansdorff und den schwedischen Gesandten bei den deutschen Ständen endlich zur Anerkennung zu bringen. Die Herzöge in Thüringen, die Häuser Braunschweig und Mecklenburg und der Landgraf von Hessen-Darmstadt stimmten dieser Forderung zu. Kurfürst Maximilian von Bayern machte sich zum Wortführer der gemäßigten katholischen Stände und forderte immer drängender – besonders vom Kaiser – den deutschen Frieden. Grundlage der konfessionellen Einigung konnten nur die Friedensvorschläge des Grafen Maximilian von Trauttmansdorff sein, darüber bestand zwischen den gemäßigten katholischen und protestantischen Ständen nicht der geringste Zweifel. Die Reichsstädte waren ganz überwiegend derselben Ansicht.

Unter Leitung der kaiserlichen und schwedischen Gesandten und mit Teilnahme der meisten verständigungsbereiten deutschen Stände[474] war man in Johan Oxenstiernas Quartier zu Osnabrück am 28. Februar zusammengekommen, um alle noch strittigen Fragen an Ort und Stelle verbindlich zu regeln. Dies war auch eine Art des Vorgriffs, „allerdings nicht unter der Verantwortung des Kaisers, sondern der Reichsstände". Und – es „war der erste Sieg einer über die Konfessionen hinweg sich bildenden politisch orientierten Friedenspartei"[475]. Am 24. März war das Abkommen[476] zwischen Katholiken und Protestanten unter Dach und Fach. Die Protestanten oder Evangelischen hatten im Reich die volle Autonomie und Gleichberechtigung erstritten. Der über 100 Jahre alte Streit – oft blutige Kampf – über die Geltung und Ausbreitung der beiden großen Konfessionen neigte sich seinem Ende zu.

Die eine Konfession, das war das alte, katholische Glaubensbekenntnis. Ende April 1648 wurden die Reformierten den Lutheranern gleichgestellt und in den Friedensvertrag mit aufgenommen. Lutheraner und Reformierte zusammen bildeten fortan als **ein rechtliches Corpus** der Evangelischen die andere Konfession im Reich.

Die Schlacht bei Zusmarshausen

Einwirkungen der letzten Kriegsziele Schwedens und Frankreichs auf die Strategie ihrer beiden Armeen

Da auch der innerdeutsche Konflikt um das Marburger Erbe zwischen dem Landgrafen von Hessen-Darmstadt und der Landgräfin von Hessen-Kassel beigelegt werden konnte[477], spitzte sich die Endphase des Krieges mehr und mehr auf die ungelösten Streitfragen mit den beiden auswärtigen Großmächten zu.

Für Schweden blieb die Geldabfindung seiner Armee („satisfactio militum“) das letzte zu lösende Problem. Eng verknüpft damit war allerdings die Forderung Schwedens an den Kaiser, den protestantischen Flüchtlingen („Exulanten“) aus Österreich und Böhmen Amnestie zu gewähren. Ende März 1648 forderte Schweden noch ihre volle Amnestie und Restitution in konfessioneller und materieller Hinsicht. Amnestie und Restitution, das schloß die Rückkehr der Exulanten in ihre Heimat ein, ebenso ihre Entschädigung für die erlittenen Enteignungen oder die Wiedereinsetzung in ihre Güter, meist Landgüter. Aus diesen materiellen Gründen auch dienten zahlreiche Exulanten im schwedischen Heer oder hatten in ihm gedient und dieses Problem ihrem erwähltem Dienstherrn, der Krone Schweden, anvertraut. Über das Geld hingen ihre Forderungen mit der satisfactio militum zusammen. Ließ sich nämlich der Kaiser auf Amnestie und Restitution in seinen eigenen Erb- und Kronlanden ein, so konnte die satisfactio militum geringer ausfallen. Die deutschen Stände hatten dann weniger an Geld aufzubringen. Blieb der Kaiser aber hart, mußte die satisfactio militum um vieles höher sein, um dann aus ihr auch noch die Exulanten zu entschädigen, denn gegenüber ihnen stand Schweden auf die eine oder andere Weise im Wort. Am 9. Mai 1648 beschlossen die Reichsstände gegen den Willen des Kaisers, in die Verhandlungen zur satisfactio militum einzutreten, ohne, daß über Amnestie und Restitution der Exulanten entschieden worden war. Dies war für den Kaiser eine gefährliche Wendung, da damit die an sich gleiche Interessenlage von Kaiser und Reichsständen bei der Geldabfindung der schwedischen Armee einen Bruch erlitt. Die Reichsstände positionierten sich quasi **zwischen** dem Kaiser und Schweden. Wie der Kaiser wollten sie selbstverständlich, daß die Geldabfindung für die schwedische Armee möglichst gering ausfiel, andererseits hatten sie wie Schweden ein materielles Interesse daran, daß der Kaiser seinen Exulanten irgendwie Amnestie und Restitution gewährte. Auch deswegen war der Krieg aus der Sicht der schwedischen Generalität noch einmal direkt in die „Erblande des Kaisers zu transferieren". So entsprach der politischen Zielsetzung die Wahl des Angriffszieles.

Für Frankreich waren Ende April / Anfang Mai 1648 noch die drei bereits behandelten Fragen offen:

1. die spanische Assistenzfrage oder das Verbot kaiserlicher Militärhilfe für Spanien nach Ende des Krieges in Deutschland
2. der Ausschluß des burgundischen Reichskreises vom Frieden
3. die lothringische Frage, das heißt, auch der Ausschluß Lothringens vom Frieden.

Die europäische Gesamtlage des Krieges hinderte ein offensives Operieren der französischen Armee in Süddeutschland nicht mehr. Erzherzog Leopold Wilhelm hatte in den Spanischen Niederlanden noch die Front gegen Frankreich zu halten und konnte den kaiserlich-bayrischen Truppen keine große Entlastung bringen. Turennes rückwärtige Verbindungen zum Oberrhein und nach Frankreich waren nicht mehr bedroht, da der Kurfürst von Köln nunmehr ganz offensichtlich nur die Truppen Hessen-Kassels band, die trotz der Einigung über das Marburger Erbe weiter an der Seite Schwedens und Frankreichs kämpften. Der Konflikt zwischen Turenne und Wrangel über die Weimaraner war auf die entrückte Ebene der Regierungen in Paris und Stockholm gehoben worden, wo er schließlich ermattete. Zudem gelang es Turenne Ende Mai 1648, einzelne Weimarer Söldner mit viel Geld zur Rückkehr zu den französischen Fahnen zu bewegen.

Die politischen Zielsetzungen Schwedens und Frankreichs führten zu einer abgestimmten Strategie ihrer beiden Heerführer in Deutschland, welche in Ausnutzung der europäischen Gesamtlage den abschließenden Erfolg herbeizwingen sollte. Am einfachsten war es, die Nördlinger Beschlüsse der schwedischen Generalität in ihre operativen Elemente zu zerlegen und ihre Verwendbarkeit für eine gemeinsame Operationsidee zu prüfen. Das Ergebnis waren drei Operatonsschritte:

> zuerst war das Südufer der Donau zu gewinnen. Im zweiten operativen Schritt war das Kurfürstentum Bayern „vermittelst aller coniungirten Macht" Wrangels und Turennes zu erobern. Von dort aus konnte im dritten Schritt der Angriff auf die Erblande des Kaisers eingeleitet werden, etwa mit einem Stoß entlang der Donau tief nach Oberösterreich und Niederösterreich. Eine erneute Bedrohung Wiens konnte Bestandteil dieses dritten Operationsschrittes werden.

Wie weit die französische Armee den dritten Schritt mitgehen oder ob sie diese letzte Phase nur absichern würde, mußte die Lageentwicklung ergeben. Wie auch immer, das vereinigte kaiserlich-bayrische Heer war so zu schlagen, daß es den drei Operationsabsichten Wrangels und Turennes keinen Widerstand mehr entgegensetzen konnte.

Krise zwischen dem Kaiser und dem Kurfürsten von Bayern

Die Beziehungen zwischen Kurfürst Maximilian von Bayern und dem Kaiser hatten sich im Laufe der ersten Monate des Jahres 1648 wieder verschlechtert. Zur kaiserlichen Immediatarmee nahm der Kurfürst ein ambivalentes Verhältnis ein. Einerseits bemängelte er beim Kaiser zu Recht ihren schlechten Zustand[478], andererseits hätte er selbst bei weitem mehr tun können, um die Koalitionskriegführung zwischen ihm und dem Kaiser zu verbessern.

Erst hatte sich Maximilian dagegen gesträubt, daß die kaiserliche Armee in den fränkischen Reichskreis auswich. Nachdem dann die kaiserliche Armee zur bayrischen gestoßen war, unterstützte er kaum die ohnehin schwierige Abstimmung zwischen Holzappel und Gronsfeld[479]. Der kaiserliche Feldmarschall wünschte sich deshalb, daß „Eurer Kayserlichen Majestät Waffen wiederumb allein geführt werden khöndten, indem wir dahier bey dißen Leuten (der bayrischen Generalität) gleichsamb in der Inqusition stehen. Und waß wir auch reden, es sey gleich so gut es wolle, sie solches alsobaldt auffangen und übel außlegen ...“[480] Maximilian leistete anfangs keine Provianthilfe und mußte immer erneut darum gebeten werden[481]. Er hat sich lange geweigert, die Generäle Werth und Sporck[482] wieder in einem Kommando bei der kaiserlichen Armee zuzulassen. Im Mai war endlich eine Koppel der dringend benötigten Zugpferde für die kaiserliche Armee vor Regensburg eingetroffen. Die Eskorte vom Regiment Khevenhüller und die Zugpferde durften die Donau nicht passieren und mußten nördlich des Flusses weiterziehen, um an anderer Stelle zu versuchen, Anschluß an die kaiserliche Armee zu finden[483], die bereits wieder auf dem Südufer stand.

Das Unvermögen der kaiserlichen Seite, die in den beiden Rekonjunktionsrezessen vom September 1647 und März 1648 gemachten materiellen Zusagen einzuhalten, mögen eine Ursache für Maximilians nicht immer kooperatives Verhalten gewesen sein. Die tiefere Ursache der Krise zwischen Kaiser und Kurfürsten aber war, daß Maximilian den Frieden herbeizwingen wollte[484]. Bis zum 30. März war Maximilian nicht im Besitze des „Handbriefels“[485], mit dem der Kaiser zusagen sollte, daß sein „spanisches Interesse den teütschen Frieden“ nicht aufhalten werde. Im Vertrauen auf diese mündliche Zusage hatte der Kurfürst am 28. März den fertigen „Rekonjunktions- und heurigen Zusammensetzungsrezeß“ unterschrieben und ausgefertigt. Der Kaiser antwortete auf die Erinnerung Maximilians zunächst nicht, hatte sie auch erst am 26. April erhalten. Maximlian wurde daraufhin erheblich schärfer. Er monierte das Ausbleiben jeder Reaktion auf seine Schreiben[486] zum Zustand der kaiserlichen Armee, zu den „Operationes“ und zur Herbeiführung des Friedens mit den Worten: „... daß khein Antwortt auch eine und zwar abschlegige seye“. Maximilian stellte ein anderes Vorgehen in Aussicht, um sich und sein Land vor der täglich wachsenden Gefahr zu retten. Diese „anderweitige Salvation“ war unausgesprochen, doch unzweifelhaft ein erneuter Waffenstillstand mit Frankreich und Schweden **vor** dem Beginn des Sommerfeldzuges.

Auch die geheimen Räte des Kaisers befürchteten den erneuten Abfall Maximilians[487]. Der Kaiser hatte ihnen drei Fragen gestellt: erstens, wie und durch welche Mittel der Kurfürst noch bis zum Frieden an der Seite des Kaisers gehalten werden könne; zweitens, wie und durch wen die kaiserlichen Mittel dem Kurfürsten mitzuteilen seien; drittens, wie man notfalls ohne den Kurfürsten durchhalten könne. An demselben 8. Mai 1648, an dem der Kaiser das Gutachten seiner geheimen Räte erhalten hatte, folgte er ihrem Vorschlag und kündigte eine Mission des Reichsvizekanzlers Graf Kurz nach München an[488]. Kurz werde zu allen politischen, militärischen und finanziellen Angelegenheiten vortragen. Der Kurfürst werde dabei erfahren, daß der Kaiser nicht allein das äußerste für den Frieden tun wolle, sondern auch zur Rettung der bayrischen Lande. Der Kaiser bat den Kurfürsten, keine Sonderentschlüsse zu fassen. Dadurch würden die Friedensverhandlungen mehr gestört als gefördert. In die Zeit der Mission des Reichsvizekanzlers beim Kurfürsten fiel das Ereignis der Schlacht von Zusmarshausen.

Die Schlacht

Vorlauf und Marschbewegungen

Ende April/Anfang Mai 1648 vereinigten sich die Armeen der beiden auswärtigen Kronen Schweden und Frankreich erneut. Im Parallelmarsch hatten sie zunächst den Raum östlich und westlich der Frankenhöhe verlassen. Sie zogen Richtung Südwesten und nahmen in Württemberg zwischen Stuttgart und Schwäbischer Alb ihre Quartiere. Hier, am oberen Neckar, an der Fils und am Rande der Schwäbischen Alb holten die Armeen der beiden Königreiche ein letztes Mal Luft vor ihren weitreichenden Operationen. Am 30. April schlug Wrangel in Göppingen sein Hauptquartier auf, Turenne das seine ganz in der Nähe zu Ebersbach an der Fils. Nachdem die gemeinsame Operationsidee – Donauübergang, Eroberung Bayerns, Angriff auf die Erblande des Kaisers – geboren worden war, trafen sie die einfache Regelung, daß zur Führung der vereinten Armeen im Felde der Oberbefehl täglich zwischen ihnen wechseln solle. So kam es, daß Wrangel an den ungeraden Tagen des Mai, Turenne an den geraden Tagen das vereinte schwedisch-französische Heer führte.

Nachdem es dem kaiserlich-bayrischen Heer im April nicht gelungen war, den kurze Zeit um Königsmarck geschwächten, isoliert stehenden Wrangel nördlich der Donau zu stellen, rückte es wieder auf das Südufer des Flusses. Holzappels Absicht war, seinem kaiserlichen Heeresteil im Schutze der Dreiecksspitze Donau-Lech zwischen Ulm und Augsburg eine Ruhepause zu gönnen, Zeit für die anlaufenden Stärkungsmaßnahmen des Kaisers zu gewinnen und diese letzte Deckungsstellung für Bayern zu halten.

Holzappels Absicht gründete in dem Geheimbefehl[489] vom 31. März, den Feldzeugmeister Puchheim persönlich Anfang April überbracht hatte. Der Kaiser befahl seinem Feldmarschall, die Weisungen des Kurfürsten zu befolgen, da der Rekonjunktionsrezeß dies so vorsehe. Holzappel sollte dabei aber jederzeit so operieren, daß die Armee erhalten blieb: „Benebens habe Ich aber Euch die Conservation der Armada vor allem andern hiermit anbefehlen wollen. Und wenn Ihr solches erlangen khendet, ohne was zu hazardiren oder sich in ein Hauptaction oder Schlacht einzulassen, Ihr solches in allweg meiden und unterlassen sollet." Armee, Böhmen, Erblande und getreue Untertanen wurden – in dieser Reihenfolge – dem Kaiser von seinen geheimen Räten anempfohlen[490].

Am 1. Mai überschritt die kaiserliche Armee die Donau über die instandgesetzte Brücke von Donauwörth, in der Nacht zum 2. Mai folgte die bayrische. Die Bande der Marschdisziplin hatten sich weit gelockert, nördlich der Donau war die Not bei beiden Armeen wieder zu groß geworden. Zwischen Augsburg und Ulm wurden vor allem Zusmarshausen, Burgau und die umliegenden Orte, Klöster und Herrensitze geplündert, ohne, daß Holzappel und Gronsfeld dem vorerst Einhalt gebieten konnten[491]. Am 6. Mai wurde das Hauptquartier beider Armeen in Günzburg aufgeschlagen, dort ein befestigtes Lager errichtet, das Heer darin versammelt – so hörten die Plünderungen auf – und eine Behelfsbrücke über die Donau geschlagen, um aus Ulm auch nördlich der Donau Proviant herbeischaffen zu können. Wegen der Übergriffe der Soldaten machte Holzappel seinen Obristen bittere Vorhaltungen[492], versprach aber gleichzeitig, die Not der Regimenter nochmals dem Kaiser zu schildern, was geschah[493]. Außerdem erließ Holzappel vor dem Abmarsch aus dem Lager ein Patent zur Vermeidung von Flurschäden[494] an seine nächsten Befehlshaber. Es waren dies Fernemont, Montecuccoli, Feldmarschalleutnant Eberstein[495], der den rechten Reiterflügel von Trauditsch übernommen hatte, und Generalfeldwachmeister Wachenheim, der an Stelle von Hunoldstein[496] das Fußvolk führte.

Am 11. Mai brach das schwedisch-französische Heer aus seinen Quartieren zwischen Stuttgart und Schwäbischer Alb auf. Es marschierte zur Geislinger Steige und damit Richtung Donau. Ohne jedoch Ulm zu berühren, bog es auf der Höhe nach Osten zur alten Römerstraße ab und erreichte am 12. Mai Langenau. Dort wurde am 13. Mai ein Ruhetag eingelegt. An demselben Tage führten einige Regimenter einen Angriff auf die Behelfsbrücke von Günzburg, wurden jedoch von den Deckungskräften des kaiserlich-bayrischen Heeres zurückgeschlagen. Holzappel ließ die Brücke „abwerfen“ und marschierte am 14. Mai über Burgau bis Zusmarshausen. Nachzügler und die schwere bayrische Artillerie trafen erst am 15. Mai ein, es hatte heftig geregnet.

Am 16. Mai rastete das gesamte kaiserlich-bayrische Heer mit dem Troß in und um Zusmarshausen, noch nicht ahnend, daß der folgende Tag, ein Sonntag, den Kampf bringen würde: „... hat man nötig zu sein erachtet, daß wir uns zu gedachtem Zusmarshausen einen Tag aufhielten, uns nicht übereilten, sondern vorher des Feindes Intention vernehmen thäten.“[497] Die Hauptquartiere beider Armeen lagen im Ort, das kaiserliche wohl im Schloß.

Holzappel hatte nicht erkannt, daß sich diesmal das schwedisch-französische Heer keineswegs zu einer der kurzatmigen Operationen zur besseren Versorgung aufmachte, sondern politisch bestimmte, weitgesteckte Ziele verfolgte. Er rechnete eher damit, daß das Operationsziel des Feindes wieder die reiche Bodenseegegend sei, Schweden und Franzosen die Iller aufwärts marschieren wollten. Der kaiserliche Generalfeldmarschall kam zu seiner Fehleinschätzung, obwohl er über den Verhandlungsstand auf dem Westfälischen Friedenskongreß gut unterrichtet war. Graf Johann Ludwig von Nassau-Hadamar hatte ihn laufend über den Fortgang der Verhandlungen informiert, zuletzt allein dreimal im April[498].

Zwischen Zusmarshausen und Augsburg kam es am 17. Mai 1648 zu mehreren Gefechten und zum Kampf um die Schmutter. Sie verdichteten sich zur „Schlacht bei Zusmarshausen“ und sind unter diesem Namen in die Geschichte des Dreißigjährigen Krieges eingegangen (siehe Schlachtskizze Seiten 182 und 183).

Gelände

Das Gelände reicht von Zusmarshausen bis nahe an Augsburg und erstreckt sich über 25 Kilometer. Schon diese Ausdehnung deutet an, daß nicht eine kompakte Schlacht geschlagen worden ist, sondern sich mehrere Gefechte aneinander reihten. Im Westen begrenzt die kleine Zusam das Schlachtfeld. Im Osten markiert seine Grenze der Lech. Zwischen Zusam und Lech fließt die Schmutter ebenfalls von Süd nach Nord direkt in die Donau. Augsburg beherrscht die Einmündung der Wertach in den Lech.

Achse der Gefechte wird die Landstraße[499] von Ulm nach Augsburg. Von Zusmarshausen kommend, läuft sie zunächst fast genau nach Osten, quert den Roth-Fluß (oder die „Roth“), läßt das auf einer beherrschenden Kuppe frei stehende Hochgericht von Zusmarshausen zur linken Hand und schwingt sanft ansteigend bis zur Ortschaft Herpfenried. Im Norden der Straße ziehen sich mit dem Streitheimer Forst[500] bewaldete Höhen hin. Nach rechts, im Süden, fällt das Gelände ins Roth-Tal ab, das nicht besonders breit ist. Von Herpfenried aus führt die Straße fast ohne Steigung an der Ortschaft Auerbach vorbei und durch Horgau hindurch, schneidet das Quellgebiet der Roth vor den Gehöften von Schäfstoß und fällt nach Biburg, dann ins Tal der Schmutter. Noch westlich der Schmutter liegt links Schlipsheim und

Die Schlacht bei Zusmarshausen

Die Verzögerungsstellungen des verstärkten kaiserlichen Reiterflügels „Montecuccoli“ und die Angriffe der schwedisch-französichen Kavallerie

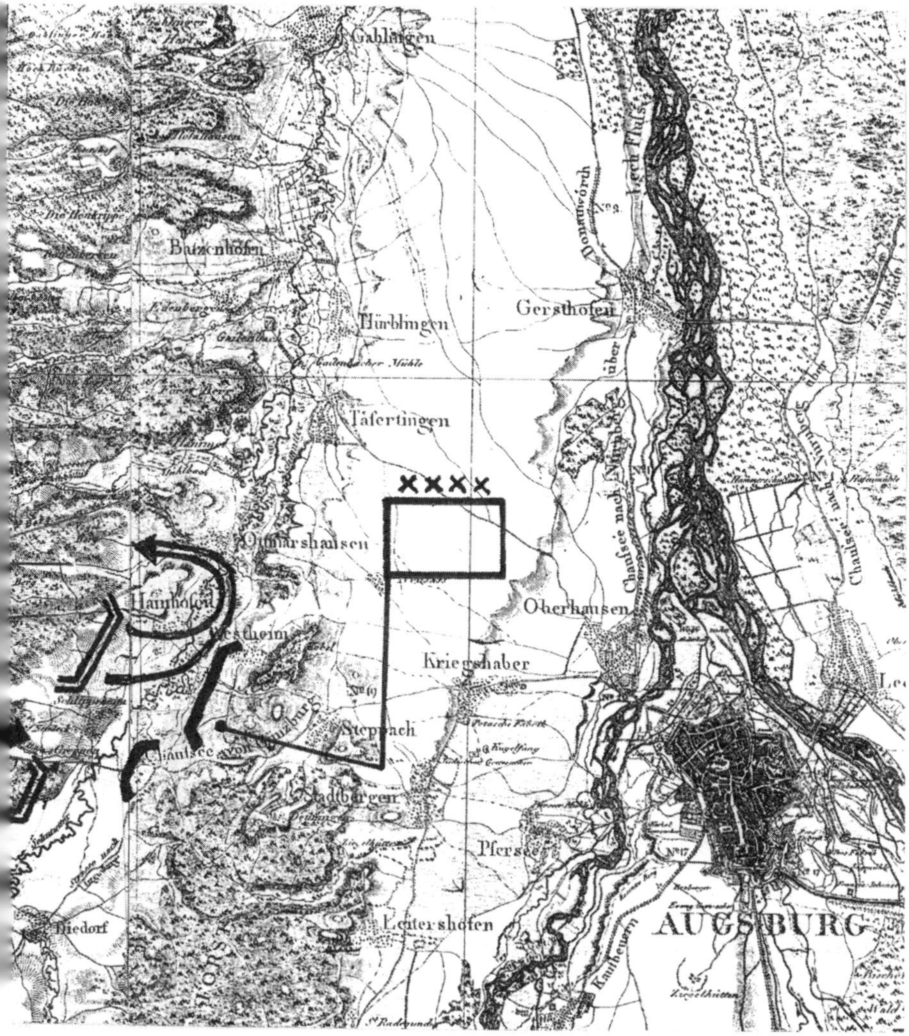

Der Kampf um die Schmutter

rechts die Biburger Mühle. Östlich der Schmutter steigt die Straße stärker an zum Sandberg, von dort führt sie durch Steppach nach Augsburg. In der Nähe steht die Wallfahrtskirche Unserer Lieben Frauen zu Laureta. Die Schmutter hat viele kleine Windungen. Ihr Tal wird westlich der Biburger Mühle und Schlipsheim von steilen Hängen gesäumt, die nur dem kleinen Biberbach und der parallel laufenden Straße zur Schmutter Platz lassen. Soweit zur Bodenform, die sich am besten erhalten hat.

Bodenart und Bodenbedeckung aber sind durch den Menschen erheblich verändert worden. So war der künstliche Roth-See östlich Zusmarshausen noch nicht angestaut. Das Roth-Tal war weithin sumpfig oder morastig und mit dichtem Schilf bewachsen. Schwer gangbare Stellen reichten – engebildend – bis zur Straße, die von Bäumen umrahmt war. Im Quellgebiet der Roth, zwischen Horgau und Schäfstoß, umschloß der Sumpf die Straße wieder zu beiden Seiten. Das höher gelegene Waldgelände mit dem Streitheimer Forst nördlich der Straße war so dicht und durchwachsen, daß es für Reiterei und erst recht für Fuhrwerke unpassierbar blieb. Hinter eine quer ziehende Höhenrippe schmiegte sich Herpfenried. Erst Auerbach, Horgauergreut und Horgau lagen freier, sichtbarer. Östlich des Quellgebietes der Roth, wo sich Sumpfflecken bis heute gehalten haben, ging der Bewuchs unvermittelt in Gebüsch, dann in einen nicht sehr breiten Wald über, der sich bis zu den Saumhöhen der Schmutter hinzog. Dieser Wald beiderseits der Straße bildet die Wasserscheide zwischen der größeren Roth, die nach Westen abfließt und nördlich Zusmarshausen in die Zusam mündet, und dem kleinen Biberbach, der sein Wasser ostwärts zur Schmutter führt. An mehreren Stellen konnte man die Schmutter durchreiten, besonders bei Hainhofen, wo sie etwas breiter dahinfloß. Sie hatte wie die Zusam nur hemmenden Charakter. Ein Hindernis für Kavallerie war sie nicht.

An beiden Schmutterufern wuchsen Büsche und Baumgruppen wie hingetupft, auf der Ostseite aber lockerte dann die Landschaft ganz auf. Wiesen im Schmutter-Grund und Äcker mehr im Anstieg wechselten bis zur Höhe des Sandberges. Dieser kultivierte Boden war, wenn es abgetrocknet hatte, für Truppen aller Gattungen gut gangbar und ließ der Artillerie Beobachtungs- und Schußfeld. Erst südlich des Sandberges stieß der Rauhe Forst an die Straße und zwang Marschbewegungen wieder auf sie zurück.

Aufklärung und Meldungen, Entschlüsse und Befehle

Von Langenau aus war das schwedisch-französische Heer donauabwärts nach Lauingen gezogen, in dem seit dem vorjährigen Waffenstillstand eine französische Besatzung lag, die den Donauübergang sicherte und intakt gehalten hatte. Von dieser Basis aus setzte Turenne im Einvernehmen mit Wrangel noch am 16. Mai kampfstarke Aufklärung nach Süden und Südosten an, drei französische und sechs schwedische Kavallerieregimenter, zusammen zwischen 2.000 und 3.000 Pferde stark: „Als wir nun mit diesen Regimentern über (die Donau) und gegen gemeldtes Flecken Sußmarshausen fortgangen, haben wir daselbst deß Feindes gantze Armeen auff der Höhe noch stehend gefunden." Turenne nahm die Aufklärung etwas zurück, um seine Annäherung nicht dem kaiserlich-bayrischen Heer zu verraten. Noch am 16. Mai abends erhielten beide königliche Armeen den Befehl zum beschleunigten Donau-Übergang über die Brücke von Lauingen. Wrangel setzte in der Nacht einen Stoßtrupp auf das Lager der Kaiserlichen und Bayrischen an, der eine Wache überwältigte und Gefangene einbrachte. Diese bestätigten, daß ihre beiden Armeen noch bei Zusmarshausen versammelt waren. Sie würden aber bei Tagesanbruch gegen Augsburg weiterziehen. Höchste Eile war also geboten, um Holzappel und Gronsfeld mit ihren Armeen zu stellen.

Das Nadelöhr für den Vormarsch des schwedisch-französischen Heeres war die Donaubrücke von Lauingen. Wrangel und Turenne blieb nichts anderes übrig, als starke Kavallerie „vorzuwerfen", die Infanterie und Artillerie jedoch möglichst beschleunigt nachzuführen. Dies war die einzige Chance, sich dem kaiserlich-bayrischen Heere anzuhängen und es zum Stand zu bringen. Das Ziel Wrangels und Turennes war die Schlacht.

Holzappel hatte sich am späten Abend des 16. Mai im Freien unter dem klaren Sternenhimmel zur Ruhe begeben, wie sein Feldprediger Floredus berichtet. Aus einem „kurzen, erquickenden Schlaf" war der Feldmarschall um die Mitternacht geweckt worden. Eigene Vorposten hatten Feindberührung gemeldet und ein treu-tapferer Bauer aus Lauingen, zu Fuß an Schweden und Franzosen vorbeigeeilt, gab an, daß sie um drei Uhr nachmittags mit 8.000 Pferden[501] über die Donaubrücke geritten seien. Schlagartig erkannten jetzt Holzappel und sein neuer Generalquartiermeister Brisigell[502] die drohende Gefahr. Es war offensichtlich, Schweden und Franzosen holten zur Hauptaktion aus.

Holzappel ließ sofort den Reiterflügel Montecuccolis satteln und aufsitzen, um gegen einen nächtlichen Überfall gewappnet zu sein. In Abstimmung mit Gronsfeld beschloß er den vorgezogenen Weitermarsch nach Augsburg bei Tagesanbruch und erarbeitete mit ihm und Brisigell den folgenden Marschbefehl:

Zugordnung den 17. May Anno 1648

Eß solle zuvörderist eine Stundt vor tageß bey dem Kayserlichen Kriegshöre zu Sattel geblasen, die Versamblung geschlagen undt der Zug folgendermaßen angestellet werden, alß folget

1. Ein Churbayrischer Hauptman mit fünffzig Mußquetiren nebenst alle Churbayrischen Bruckmeistern, Schantzgräbern undt Zimmerleuthen.
2. Ebersteinisch Treffen.
3. Churbayrisch Fußvolck.
4. Churbayrische Stück.
5. Kayserliches Fußvolck.
6. Kayserliche Stücke.
7. Churbayrische Zeug- und Hoffstatt.
8. Kayserliche Zeug- und Hoffstatt.
9. Churbayrische Troß undt Wagen.
10. Kayserliche Troß undt Wagen.
11. Vier kleine Kayserliche Stück.
12. Ein Ordnung Kayserliches Fußvolck.
13. Montecuccolisch Treffen.
14. Alle Kayserlichen Croaten.
15. Sollen alle Quartiermeister in dem Vorzuge sich befinden lassen.

Die Churbayrische ganze Cavalleria sambt ihrer Bagage nimbt die öbre Straß undt marchirn auf Dinkelscherben, Häder, Agawang, Nefsried, Rommelsried, Biburg (allwo die Strassen zusammenkommen) undt von dar ins Läger.

Der Römisch Kayserlichen Mayestät Kriegsrath,
Generalveldtmarschalck über dero
Krieghör undt bestelter Obrister
Peter Graff zu Holzappel
(m.p.)

Verzögerungsgefechte

Die Ziffern 11 bis 14 der Zugordnung befehlen die Nachhut oder „Arriergarde“ unter Feldmarschalleutnant Montecuccoli. Sie besteht aus kaiserlichem Fußvolk, das sind 800 Musketiere, abkommandiert aus allen Regimentern, 12 Reiterregimentern mit 1.500 Mann vom „Montecuccolisch Treffen“, dabei auch alle kaiserlichen Kroaten, und vier Feldkanonen[503]. Die Feldmarschalleutnante Sporck und Pompeji leisten Montecuccoli „Assistenz“, das Fußvolk kommandiert Obrist Graf Starhemberg.

Montecuccoli lehnt seine Truppen östlich von Zusmarshausen links an die Sümpfe der Roth und zieht ihre Linie nach rechts über die Kuppe des Hochgerichts bis zum Streitheimer Forst. Die Kanonen nehmen ihre Feuerstellung überhöht im Zentrum, in der Nähe des Galgens, ein. Die Zusam hat Montecuccoli vor sich. An dieser Enge deckt er am besten die Rückzugsstraße nach Augsburg. Etwa 07 Uhr morgens melden die ausgeschwärmten Kroaten, daß sich feindliche Kavallerie, etwa 500 Pferde stark, im vollen Trab nähere. Der schwedische Vortrab steht unter dem Befehl des Obristen Kurcke, kommt aus Richtung Wollbach und muß vor dem Zusammenprall die Zusam „defilieren“, das Hemmnis überwinden, das sie bildet[504]. Montecuccoli läßt drei Kanonenschüsse lösen, das befohlene Alarmzeichen. Sein Kampfverband fängt den ersten feindlichen Stoß auf. Über eine Stunde wogt das Gefecht mit dem sich ständig verstärkenden Feind hin und her, immer wieder gehen die kaiserlichen Reiter zum Gegenangriff über. Sie bringen Gefangene ein, die bestätigen, daß die ganze schwedisch-französische Kavallerie und die Dragoner im Anmarsch seien; die Infanterie und die Artillerie hingen jedoch zwei Meilen zurück. Montecuccoli läßt die Gefangenen Holzappel überstellen, der daraufhin Montecuccoli befiehlt, sich so gut wie möglich zurückzuziehen.

Pompeji führt zuerst die Fußtruppen und die Kanonen zurück. Sie gehen westlich von Herpfenried wieder in Stellung. Von der vorgelagerten Höhenrippe aus beherrschen sie mit der Straße die Angriffsachse des Feindes. Auch hier wird der Feind nur frontal angreifen können, da der Streitheimer Forst im Norden und die Sumpfniederung im Süden eine Umgehung unmöglich machen. Nach einiger Zeit trifft das Reitertreffen Montecuccolis ein, das er und Sporck dicht zusammen halten, auf allen Seiten von feindlicher Kavallerie umringt und attackiert. Turenne, der an diesem Tage die schwedisch-französische Vorhut führt, schickt weitere Regimenter vor, darunter sein Leibregiment. So gewinnt er allmählich die Übermacht. Doch vor Herpfenried stockt sein Angriff erneut im Abwehrfeuer der kaiserlichen Musketiere und Kanonen.

Nach einiger Zeit leitet Montecuccoli die zweite Absetzbewegung zur dritten Verzögerungsstellung ein. Wieder lösen sich planmäßig zuerst seine Musketiere vom Feind,

> „so hat man mehr alß ein große Meil Weges sich retirirt und mehr als vier Stund auf diese Weis gefochten: nichts wenigers daß commandirte Fußvolk ohne Verlust einiges Manns conservirt gehabt, welches nach und nach, die Päss zu praeoccupirn, voran geschickt worden und wieder zu rechter Zeit hernach vortgangen ist."

Die Verluste bei Montecuccoli sind nach über vierstündigem Gefecht gering. Fußvolk und Artillerie sind nach wie vor voll kampffähig geblieben. Sie erfüllen die in sie gesetzten Erwartungen, seine Reiter ebenfalls, obwohl sie seit Mitternacht im Sattel sitzen und die Pferde aufs äußerste angestrengt sind. Dennoch wird die Lage für Montecuccoli immer schwieriger, denn Turenne und Wrangel erhöhen den Angriffsdruck, indem sie sie sich „über alle Proportion" verstärken.

In der kritischen Phase der zweiten Absetzbewegung führt Holzappel persönlich Verstärkungen vor, 500 frische Musketiere unter Obrist Hanser, 400 Reiter unter Obrist Boccomaggiore und zwei Feldkanonen. Der Feldmarschall läßt die Verstärkungen hinter den Quellen der Roth zwischen Horgau und Schäfstoß eine Auffangstellung beziehen, frontal gedeckt durch Sumpf und Morast, angelehnt an den schmalen Wald im Rücken, durch den nur die Landstraße, zugleich Rückzugsstraße, führt. Wie auf einen Trichter zu wird sich der feindliche Angriff stauen müssen. Während Montecuccolis Nachhut versucht, sich vom Feinde zu lösen, fällen die Musketiere Hansers in aller Eile Bäume, um die Stoßkraft der feindlichen Kavallerie auflaufen zu lassen.

Nach und nach treffen die erschöpften Musketiere Montecuccolis und seine vier Feldkanonen ein, rücken durch die offen gelassenen Lücken in den Baumsperren und machen wieder Front. Nach einem Blick auf das Kampfgeschehen reitet Holzappel eine kurze Wegstrecke zurück, um an Fernemont und Gronsfeld den Befehl abzusetzen, sich mit dem gesamten Heer „an einem vorteilhaften Ort in Schlachtordnung" zu stellen und den Feind zu erwarten.

Jetzt galoppieren auch die Eskadronen Montecuccolis dicht gedrängt auf der Landstraße hinter die Sperrlinie der Musketiere und traben zu beiden Flügeln der Auffangstellung. Holzappel reitet mit seiner persönlichen Bedeckung vor, um mit Montecuccoli Verbindung aufzunehmen, der, bei den letzten Reitern des kaiserlichen Nachtrabs, noch vor den eigenen Sperren kämpft. Der Nachtrab wird auf allen Seiten angegriffen, das Gefecht vor den Sperren wird unübersichtlich, löst sich in Einzelkämpfe der Reiter mit ihren Blankwaffen auf. Ihre Schußwaffen – Pistolen bei den Kürassieren und Karabiner bei den Dragonern – werden kaum noch gebraucht. Der Generalfeldmarschall, der seine Rüstung nicht angelegt hat, wird in das Kampfgetümmel hineingerissen. Unweit vor den Sperren trifft ihn ein Schuß und durchschlägt seine Brust am Herzen, „daß er ist gefallen im Treffen nahe bei Augspurg, den 17. May dieses 1648 Jahrs uff einen Sontag zwischen 11 und 12 Uhr." Kaiserliche Reiter bergen seinen Körper und schaffen ihn hinter den eigenen Baumverhau, von dort bringt ihn der Obristwachtmeister vom Capaunischen Kürassierregiment nach Augsburg, wo die Feldmarschallin logiert. Montecuccoli selbst, der von der Straße bereits abgeschnitten ist, reitet nach links, springt vom Pferd und erreicht, durch den Morast watend, die eigenen Linien, die geschlossen werden.

Die kaiserliche Stellung ist frontal „starckh defendirt" und wird wie die erste und zweite Verzögerungsstellung kaum zu durchbrechen sein. Wrangel erkennt dies und setzt aus der Tiefe der Annäherung Regimenter unter Königsmarck links ausholend zur Umfassung an. Turenne seinerseits setzt zur kürzeren Umfassung auf seinem rechten Flügel an. Der Trichter ist nicht breit genug, der Feind fließt vorbei. Dadurch wird Montecuccolis Verband in Flanke und Rücken bedroht. Wenn die gesamte Nachhut nicht eingeschlossen werden soll, muß sie schleunigst ausweichen. „Alß hat man ordiniren müssen, daß die Stückh und Cavalleria voran" zurückgehen, das Fußvolk aber die Stellung frontal noch eine Zeitlang hält. Schwedisch-französische Kavallerie hat jedoch die Landstraße hinter Montecuccolis Stellungen bereits gewonnen. Kämpfend müssen die kaiserlichen Reiter bis nach Biburg durchbrechen. Die sechs Feldkanonen bleiben zwischen liegen gebliebenem kaiserlichen Troß stecken und müssen ausgespannt werden, nur die Zugpferde werden gerettet.

Die Musketiere[505] verteidigen noch geraume Zeit die Front der dritten Verzögerungsstellung. Ihr tapferes Ausharren[506] ermöglicht der Reiterei Montecuccolis den Rückzug und verschafft dem kaiserlich-bayrischen Heer genügend Zeit, die von Holzappel befohlene Schlachtordnung einzunehmen. Dann gehen auch die Musketiere in Einzeltrupps zurück, einer immerhin 100 Mann stark. Sie erreichen noch Stunden nach der Reiterei auf Umwegen ihre Fahnen, darunter Graf Starhemberg, der sich wie seine Musketiere zu Fuß durchschlägt. Einige finden erst in der folgenden Nacht wieder den Anschluß an ihre Regimenter, wenige noch nach Tagen.

Die drei Verzögerungsgefechte haben von 07 Uhr am Morgen bis 02 Uhr am Nachmittag gedauert und über eine Entfernung von 15 Kilometern von der Zusam bis an die Schmutter geführt.

Kampf um die Schmutter

Generalfeldmarschall Gronsfeld übernahm auf die Meldung von Holzappels Tod das Gesamtkommando, stellte mit Fernemont das kaiserlich-bayrische Heer auf dem Sandberge östlich der Schmutter in Schlachtordnung und führte so den Befehl des gefallenen kaiserlichen Generalfeldmarschalls aus. Turenne und Wrangel hatten das kaiserlich-bayrische Heer zum Stand gebracht.

Das in Gevierthaufen dicht stehende Fußvolk der Pikeniere[507] ist das Rückgrat der Verteidigung. Es hält außerhalb des voraussichtlichen Wirkungsbereichs der feindlichen Artillerie überhöht beiderseits der Landstraße nach Augsburg. Unterhalb von ihnen ist die bayrische und kaiserliche Artillerie in je einer Hauptbatterie aufgefahren. Sie steht im Zentrum, kann den Übergang über die Schmutter im Verlauf der Landstraße bestreichen und reicht mit ihren schweren Rohren bis an die jenseitigen Höhen. Nahe am Schmutter-Übergang stehen nochmals Pikeniere und Musketiere im Schutze von schnell aufgeworfenen Erdwällen. Sie sind vom eigenen Fußregiment[508] des gefallenen kaiserlichen Generalfeldmarschalls und vom bayrischen Regiment Elter. Auf den beiden Flügeln formieren die Reiterregimenter ihre Eskadronen und Schwadronen. Gronsfeld macht den rechten Reiterflügel stärker als den linken, weil er im offenen Gelände gegenüber Hainhofen Übergangsversuche der feindlichen Kavallerie für besonders wahrscheinlich hält. Musketiere besetzen in aufgelockerter Front[509] die Uferzone auf der Ostseite der Schmutter, versteckt in Gebüsch und Baumgruppen, gedeckt in Stellungen. Auch hier verstärken sie exponiertes Gelände mit Verschanzungen und Baumverhauen. Die Kaiserlichen brennen die Mühle von Biburg[510] nieder, die zwischen dem bewaldeten Steilhang und der Schmutter im sonst freien Schußfeld liegt. Auf dem Westufer, bei Schlipsheim, beläßt Gronsfeld noch Sicherungsschwadronen, um die Aufnahme von Montecuccoli zu erleichtern. Die bayrische Armee hat noch nicht im Kampf gestanden, die Munitionsaussattung beider Armeen ist reichlich.

Nach 02 Uhr am Nachmittag reitet Montecuccoli mit seinem Reitertreffen in scharfem Tempo über die Schmutter-Brücke im Zuge der Landstraße und ergänzt auf dem linken Flügel die kaiserlich-bayrische Schlachtordnung. Die bayrischen Sicherungsschwadronen auf dem Westufer der Schmutter fassen die Verfolger in der Flanke und halten sie auf. Dann weichen auch sie auf das Ostufer aus, Brückenmeister und Zimmerleute zerstören die Brücke.

„In solcher Positur" finden Wrangel und Turenne das kaiserlich-bayrische Heer vor. Schweden und Franzosen versuchen, mit Kavallerie entlang der Landstraße nachzustoßen und mit Feuerunterstützung der erbeuteten „sechs Stücklein" den Schmutter-Übergang zu nehmen. Als dies mißlingt, stellen sie einen Teil ihrer Kavallerie auf die Höhen westlich der Schmutter, um das Eintreffen ihrer Infanterie und gesamten Artillerie abzuwarten. Mittlerweile durchfurten bei Hainhofen schwedische und französische Reiter die Schmutter, wie von Gronsfeld vorhergesehen. Ehe sie sich auf dem Ostufer formieren können, reitet Feldmarschalleutnant Eberstein mit seinem Flügel an und wirft sie in einem wuchtigen Gegenangriff über das Wasser zurück. Damit hält er sie „von allen ferneren Progessen" ab. Die allmählich eintreffende Infanterie der beiden Kronen führt nur Einzelaktionen und geht nicht mehr zum geschlossenen Angriff über. Auf beiden Seiten wird heftig kanoniert. Die ufernahen Musketiere des kaiserlich-bayrischen Heeres nehmen wieder und wieder das Feuergefecht auf, über 41.000 Schuß geben allein die bayrischen Musketiere ab.

In einer Kampfpause berät sich die kaiserlich-bayrische Generalität auf dem Schlachtfeld und kommt zu dem Entschluß, die Verteidigung fortzusetzen, in der kommenden Nacht aber den Rückzug unter die Kanonen der Reichsstadt Augsburg anzutreten. Offensichtlich ist der Feind an Reitern und Rohren überlegen.

Das schwedisch-französische Heer verharrt in der Nacht zum 18. Mai westlich der Schmutter in Schlachtordnung, während sich das kaiserlich-bayrische mit einem Täuschungsmanöver planmäßig vom Feinde löst und „in größter Stille" bis vor die Tore von Augsburg zurückzieht. Gronsfeld weilt bei den letzten bayrischen Dragonern, die an der Schmutter gegen den Feind sichern. Geschützt zwischen Wertach und Lech schlägt das kaiserlich-bayrische Heer ein Lager auf. Die Verwundeten werden in Augsburg aufgenommen und versorgt[511].

Obwohl Schweden und Franzosen sich alle erdenkliche Mühe gegeben haben, über die Schmutter zu kommen, sind sie „doch sowohl durch den Valor Eurer Kayserlichen Majestät alß der Churbayrischen Völcker männlich und tapffer ab- undt zurückgetrieben worden, daß darüber die Nacht eingefallen und beiderseits die actiones in suspenso verblieben“, so Fernemont an den Kaiser.

Die vereinten schwedischen und französischen Truppen haben nicht mehr die Kraft zur Verfolgung. Wrangel setzt am 18. Mai nur Aufklärung – 2.000 Kavalleristen – über die Schmutter an, die von der kaiserlich-bayrischen Reiterei zurückgetrieben wird.

Bis zum 23. Mai noch lagern Wrangels und Turennes Regimenter westlich der Schmutter in der Nähe des Schlachtfeldes, in und um Hainhofen. Von dort gibt Wrangel seine Schilderung der Schlacht, während Montecuccoli und Fernemont am 18. und 19. Mai aus Augsburg an Kaiser Ferdinand III. berichten.

Beurteilung der Schlacht

Wrangel und Turenne haben die Schlacht gesucht, Holzappel und Gronsfeld das kaiserlich-bayrische Heer gerettet. Nach wie vor stand es zwei feindlichen Zielen – Eroberung des Kurfürstentums Bayern und dann Stoß tief nach Österreich – im Wege.

Wrangel und Turenne sahen den Augenblick für die vermutlich letzte Entscheidungsschlacht des Krieges in Deutschland gekommen, als sie die kaiserliche und bayrische Armee versammelt um Zusmarshausen vorfanden. Doch gingen Schweden und Franzosen mit einem schwerwiegenden Nachteil in den Kampf, der sich bis zu seinem Ende auswirkte. Ihr Heer war auf dem Marsch und noch nicht konzentriert, das Nadelöhr der Donaubrücke von Lauingen zwang es zusätzlich in die Länge. Die schnellen Truppen mußten vorgetrieben werden, um das kaiserlich-bayrische Heer zum Stand zu bringen. Dadurch riß die Verbindung zwischen schwedisch-französischer Kavallerie einerseits und Artillerie und Infanterie andererseits ab.

Doch Kriegsgott Mars hatte die Lose gleichmäßig verteilt. Die kaiserlich-bayrische Aufklärung und die Lagersicherung waren diesmal mangelhaft. Erst spät am Vorabend der Schlacht erkannte der kaiserliche Generalfeldmarschall die drohende Gefahr, während Wrangel und Turenne von seiner Rückzugsabsicht wußten. Als Holzappel um die Mitternacht mit Gronsfeld Einvernehmen zum beschleunigten Rückmarsch herstellte, blieb ihm nur noch wenig Zeit, um wieder einen Vorsprung vor dem Feind zu gewinnen. Holzappels Vorteil war, daß er das Heer beisammen hatte. Sein Marschbefehl, die „Zugordnung", will die „Conservirung der Armada". Es durften nicht alle Kampftruppen an das Ende der Marschsäule gesetzt werden, da die Gefahr der Überflügelung durch den Feind drohte. Man mußte sich so gliedern, daß man den Zugang zum Lech notfalls im Kampf erzwingen konnte. Das Exempel vom Herbst 1646 war sicher noch im Gedächtnis, als Erzherzog Leopold Wilhelm am Westufer des Lech verzweifelt hin und her marschierte und keinen Übergang mehr fand, während sich der Feind ungehindert auf dem Ostufer ausbreitete und das Land verwüstete. Holzappel und Brisigell haben zwei Marschsäulen formiert, um schneller abfließen zu können. Der Marschbefehl eröffnete der bayrischen Reichsarmada die Möglichkeit, unangegriffen die Schlachtordnung neben der kaiserlichen Armee herzustellen.

Die ersten beiden Verzögerungsgefechte entschied Montecuccoli für die kaiserliche Armee. Hierfür gibt es mehrere Gründe:

- in beiden Gefechten, dem bei Zusmarshausen und dem bei Herpfenried, begünstigte das Gelände die Abwehr. Turenne konnte gegen die überlegene Feuerkraft der Kaiserlichen weder frontal durchbrechen noch ihn seitlich umgehen,
- Montecuccoli führte beide Verzögerungsgefechte als Gefecht der verbundenen Waffen, im Konzert von Artillerie, Musketieren, schwerer und leichter Reiterei, mit Feuer und Bewegung. Seine Nachhut war gut gemischt. Turenne dagegen mußte sich allein auf seine Kavallerie verlassen, auf deren größere Stoßkraft und Beweglichkeit, die aber noch nicht voll zur Wirkung kamen,
- Turenne und Wrangel konnten ihre ganze Kavallerie erst allmählich in den Kampf führen. Am Anfang, bei Zusmarshausen konnte Montecuccoli im Stärkeverhältnis sogar mithalten. Die eingebrachten Gefangenen sind ein Beleg hierfür.

Erst im dritten Verzögerungsgefecht, bei Horgau, konnte Wrangel die Kavallerieüberlegenheit des schwedisch-französischen Heeres voll ausspielen. Mit sicherem Blick für das Gelände zögerte er keinen Moment, diesen Trumpf gegen die gemischten Karten der kaiserlichen Nachhut zu ziehen. Königsmarck griff mit der schwedischen Kavalleriereserve in die Kämpfe ein, holte weit links aus und umfaßte so den rechten Flügel der Kaiserlichen. Er löste damit den Zusammenhalt ihrer Nachhut und trennte Reiterei und Artillerie von ihrem Fußvolk, das sich opferte. Holzappel und Montecuccoli haben das dritte Verzögerungsgefecht verloren.

In ihm ist der kaiserliche Generalfeldmarschall gefallen. Wie sein Feldprediger Floredus und Feldmarschalleutnant Montecuccoli übereinstimmend berichten, hat Graf Holzappel kein Wort mehr gesprochen[512], nachdem er getroffen worden war. Dennoch hat sich eine Überlieferung[513] gehalten, wonach er den nächsten Offizieren und Soldaten noch zurief: „Denkt nicht an mich, ich bin tot, suchet über den Fluß zu kommen, wenn Ihr das Glück des Kaisers retten wollt! Vorwärts, vorwärts!" Dieser Ausruf trifft genau die Situation der kaiserlichen Nachhut, des gesamten kaiserlich-bayrischen Heeres und die Zielsetzung des Kaisers. Der Fluß ist die Schmutter. Das Heer war im Begriff, sich auf dem Ostufer in Schlachtordnung aufzustellen. Es kam nicht darauf an, Gelände um jeden Preis zu halten, sondern das kaiserlich-bayrische Heer zu retten. Zwar war es zum Stand gebracht worden, wenn jedoch die Verteidigung gelingen würde, waren die drei Verzögerungsgefechte nicht umsonst gewesen.

In den drei Verzögerungsgefechten kämpften die kaiserlichen Musketiere allein, in der Verteidigung standen Musketiere und Pikeniere bereits getrennt. Die Abschaffung der Pikeniere gegen Ende des Jahrhunderts[514] kündigte sich bei Zusmarshausen an. Die Abwehr wurde beweglich geführt, so mit den Gegenangriffen der Reiterei Montecuccolis, beim Flankenangriff der bayrischen Sicherungsschwadronen nahe Schlipsheim und mit dem Gegenangriff Ebersteins bis zur Schmutter.

Die Schlacht bei Zusmarshausen umfaßte drei Gefechtsarten: Angriff, Verzögerung und Verteidigung. Allein beim Angriff kamen fünf Varianten[515] vor, bis hin zum Angriff über ein Gewässer. Die Schlacht ist gekennzeichnet durch große Beweglichkeit in der Kampfführung, durch das Gefecht der verbundenen Waffen und durch die weite Entfernung, über die sie sich hinzog. In diesen Stigmen hat die Schlacht Jahrhunderten vorgegriffen.

Die Verluste bei der kaiserlichen Armee waren hoch, der Kern der kaiserlichen Armee war jedoch erhalten geblieben. Insgesamt waren 80 Offiziere sowie 1.702 weitere Dienstgrade und Mannschaften einschließlich der Stückknechte bei der Artillerie gefallen, verwundet worden oder in Gefangenschaft geraten. Wrangel nennt als seine Gefangenen namentlich den verwundeten Obristen Boccomaggiore, den Obristen Hanser, weiter zwei Obristleutnante, einen Obristwachtmeister, 40 Dienstgrade vom Hauptmann bis zu den Korporalen und 270 Soldaten. Die beiderseitigen Gefangenen wurden jedoch bald ausgetauscht. 653 kaiserliche Reitpferde und Zugpferde waren gefallen oder ausgefallen. Außerdem waren fünf Standarten, die sechs Kanonen der Nachhut und 353 Bagagewagen zwischen Horgau und der Schmutter verloren gegangen, darunter die Kriegskanzlei[516] des kaiserlichen Generalfeldmarschalls.

Die bayrische Armee hatte beim Fußvolk 43 Tote und 72 Verwundete zu beklagen. Bayrische Gefangene gab es nicht, zur bayrischen Reiterei liegen keine Angaben vor.

Die Verluste bei Schweden und Franzosen waren beträchtlich. Zwar vermeiden es Wrangel und Turenne, Zahlen zu nennen, aber man kann sie auf mindestens 500 Mann schätzen.

Wrangel urteilt, daß das kaiserlich-bayrische Heer so vorteilhaft an der Schmutter Fuß gefaßt hatte, daß „nichts weiters an dem Feind zu richten war“. Weder Fernemont noch Gronsfeld haben die Schlacht bei Zusmarshausen als Niederlage empfunden. Die Verteidigung hat gehalten, obwohl Schweden und Franzosen „um etliche Tausend stärker als die kaiserliche und bairische Armee“ waren. Die Schlacht ist unentschieden ausgegangen. Die „Conservirung“ der kaiserlichen Armee war gelungen und damit der Weisung des Kaisers entsprochen worden. Der Kaiser informierte sofort seine Gesandten auf dem Westfälischen Friedenskongreß in Osnabrück[517]. Doch wie würde sich jetzt Kurfürst Maximilian verhalten?

Die Mission des Reichsvizekanzlers beim Kurfürsten von Bayern

Mitte Mai 1648 war Reichsvizekanzler Graf Kurz in München eingetroffen. Noch einmal – am 18. Mai – im Besitz der ersten Nachrichten über die Schlacht, hatte Maximilian dem Kaiser angedeutet, daß er möglicherweise „zu anderen Rettungsmitteln necessitirt“ sein könnte[518], zu einem erneuten Waffenstillstand also. Graf Kurz erhielt die erste Audienz bei Kurfürst Maximilian am 22. Mai[519]. Auf den – unentschiedenen – Ausgang der Schlacht bei Zusmarshausen ging der Reichsvizekanzler zunächst gar nicht ein. Noch besaß der Kurfürst die besseren Informationen über die Schlacht. Kurz hielt sich an seine selbst verfaßte und vom Kaiser genehmigte Instruktion[520]. Die aufgestauten Beschwerden des Kurfürsten unabhängig von der soeben geschlagenen Schlacht zu behandeln und auszuräumen, war die klügste Diplomatie.

In die Instruktion war die Ablehnung des kaiserlichen Handschreibens zum „spanischen Interesse“ mit eingeflossen. Kurz verwies darauf, daß der Rekonjunktionsrezeß vom 28. März ohne schriftliche Nebenabreden geschlossen worden sei. Bei dem schriftlich Vereinbarten solle es billigerweise verbleiben. Außerdem sei es dem Friedenswerk und dem Heiligen Reich nicht zuträglich, wenn man sich in dem Zeitpunkt, in dem man von der Krone Spanien erneut Hilfe suche und empfinge, anders entschließe und ihr in den Rücken fiele. Schweden habe 1646 selbst die volle Einbeziehung Spaniens in einen **Universalfrieden** gefordert. Jetzt dürfe man das katholische Spanien nicht zum Äußersten treiben, sodaß es sich mit den protestantischen Seemächten England und Niederlande sowie mit den Protestanten im Reich verbinde. Die bayrischen Ansprüche auf die Pfalz gerieten dadurch in Gefahr.

Graf Kurz führte 24.000 Gulden in bar mit, um die bisherige bayrische Provianthilfe für die kaiserliche Armee zu bezahlen. Er erklärte im Namen des Kaisers, daß auch alle zukünftigen bayrischen Hilfen durch die kaiserliche Hofkammer beglichen würden, außerdem, daß der Kurfürst zusätzlich für März und April die Geldraten erhielt, die nach dem letzten Rekonjunktionsrezeß erst ab Mai zugesagt worden waren. Viel wichtiger aber waren die kaiserlichen Entschlüsse, die sich allmählich umsetzen mußten und die für Werbung, Remontierung und Ausrüstung der kaiserlichen Armee einen ähnlichen Erfolg wie 1647 erwarten ließen. Graf Kurz trug dem Kurfürsten vor allem diese Entschlüsse vor, in der Hoffnung, daß er ihn vom Festhalten am Bündnis mit dem Kaiser überzeugen werde. Zu Bündnisfähigkeit und Zuverlässigkeit des Kaisers also sollte Maximilian wieder Vertrauen schöpfen. Die Mission des Reichsvizekanzlers hatte schließlich Erfolg[521]. Dazu hat beigetragen, daß ihn der Kaiser und Graf Trauttmansdorff im Verlauf der weiteren Verhandlungen mit dichten Informationen versorgten[522], die das kaiserliche Vorgehen nach der Schlacht bei Zusmarshausen offen legten: „Piccolomini ist zur Armata verordnet. Voraus etliche Tag wird Ruischenberg hinkommen. Defentir man nur den Lech noch, so soll nach allen Kräften abgeholffen werden.“[523]

Der Kampf um den Lech und die Isar

Die Lageentwicklung vom 20. Mai bis zum 26. Mai 1648

Kurfürst Maximilian hatte es unmittelbar nach Eintreffen der ersten Nachrichten über die Schlacht als „höchst vonnöthen" bezeichnet[524], an die Spitze der kaiserlichen Armee wieder einen Befehlshaber zu stellen. Dafür hatte er dem Kaiser „auf ein interim" den Feldmarschall Ruischenberg[525] vorgeschlagen, der erst vor kurzem aus bayrischen Diensten in kaiserliche gewechselt und am Hof in Prag sofort verfügbar war.

Der Kaiser folgte dem Vorschlag Maximilians und erteilte Ruischenberg eine Instruktion[526], in der wieder der Erhalt der Armee betont wird, wie schon in einem Befehl vom 20. Mai 1648 an Montecuccoli[527]. In der Instruktion für Ruischenberg kündigte der Kaiser an, daß Feldmarschall Piccolomini[528] dem dienstjüngeren Ruischenberg nach kurzer Zeit zur Armee folgen werde, um dann den endgültigen Oberbefehl zu übernehmen.

Bevor Ruischenberg am 31. Mai die Truppen erreichte, führte Generalfeldzeugmeister Fernemont die kaiserliche Armee, der bayrische Generalfeldmarschall Gronsfeld das vereinte kaiserlich-bayrische Heer insgesamt. Piccolomini wurde am 26. Mai zum Generalleutnant[529] ernannt, zum Stellvertreter des Kaisers im Felde, und traf dort am 9. Juni ein.

Am 20. Mai 1648 überquerte das kaiserlich-bayrische Heer südlich von Augsburg den Lech und bezog ein gut gewähltes Lager auf den Höhen von Friedberg. Dem Befehl Gronsfelds lag der richtige Entschluß zugrunde, da es zuvor – eingekeilt zwischen Wertach und Lech – nicht aktiv werden konnte. Das Lager zwischen Wertach und Lech hatte zwar einen guten ersten Schutz nach dem Rückzug von der Schmutter geboten, ließ dem Feind aber zuviel Operationsfreiheit. Jetzt hatte das kaiserlich-bayrische Heer den Lech vor sich und das Ostufer für sich.

Kaiser und Kurfürst gingen davon aus, daß der Lech mit diesem Vorteil verteidigt werde[530]. Das war nicht nur die erklärte Absicht des gefallenen kaiserlichen Generalfeldmarschalls gewesen, auch Fernemont hatte den Rückzug von der Schmutter mit den Worten begründet: „... falls der Feind ober oder unter Augsburg über den Lech zu gehen sich unterstehen sollte, ihm solches möglichst zu hindern."[531] Außerdem waren die Lech-Festungen Rain im Norden,

Augsburg[532] in der Mitten und Landsberg im Süden in bayrischer Hand.

Am 21. Mai hatte das kaiserlich-bayrische Heer im Lager bei Friedberg „still gelegen", nur Wachen längs des Lech aufgestellt.

Am 22. Mai zog feindliche Kavallerie am Westufer des Lech aufwärts, in Richtung auf Landsberg. Das kaiserlich-bayrische Heer folgte langsam auf dem Ostufer und schloß dann zu gleicher Höhe auf.

Am 23. Mai stellte es sich in eine breite Schlachtordnung bei Mering, als Wrangel und Turenne Geschütze bei Bobingen auffahren ließen. Wo Furten durch den Lech führten und in Wege mündeten, hob das kaiserliche Fußvolk Gräben aus. Als Schweden und Franzosen bei Schwabmünchen den Übergang versuchten, eilten alle verfügbaren kaiserlich-bayrischen Truppen nach Prittriching und schlugen den Feind zurück.

Am 24. Mai lag man dort einander gegenüber. Gronsfeld zog zusätzlich den bayrischen Feldmarschalleutnant Truckmüller heran, der mit seinen Reiterregimentern die Lechfurten bei Thierhaupten gesichert und Verschanzungen hatte aufwerfen lassen. Montecuccoli stand mit seinem Reitertreffen und zwei Brigaden zu Fuß südlich von Augsburg auf dem äußersten rechten Flügel der kaiserlich-bayrischen Schlachtaufstellung.

Am 25. Mai, um die Mitternacht, hört er von Augsburg her Alarmschießen im verabredeten Rhythmus: zwei-Schuß–Pause–drei-Schuß. Das schwedisch-französische Heer zieht offenbar wieder an den reichsstädtischen Kanonen Augsburgs vorbei, nun nach Norden, den Lech hinunter. Die kaiserlichen Wachen am Ostufer bestätigen Montecuccolis Vermutung. Er wartet auf keinen Befehl, sondern reitet – unter Meldung an Gronsfeld und Fernemont – mit seinen fünf verfügbaren Regimentern sofort ebenfalls nach Norden ab, er selbst vorn. Das ihm unterstellte kaiserliche Fußvolk läßt er im Eilmarsch folgen. Unterwegs trifft er auf die bayrischen Reiterregimenter Waldbott und Cosalki. Er stellt sie unter sein Kommando, läßt sie kehrt machen und schickt sie und seine eigenen Kroaten in scharfer Gangart gegen Rain vor, das die Einmündung des Lech in die Donau beherrscht. Rain ist Offizieren, Unteroffizieren und Veteranen des kaiserlich-bayrischen Heeres in schlechter Erinnerung. Vor Rain hatte Tilly seine Todeswunde empfangen. Bei Rain war König Gustav Adolf 1632 in Bayern eingefallen und hatte darauf München erobert. Montecuccoli folgt mit seinen Reiterregimentern und Fußtruppen und verteilt sie zwischen

Thierhaupten links und Rain rechts. Als Wrangel und Turenne mit dem Gros ihres Heeres bei Tageslicht des 26. ankommen, steht auf dem Ostufer ein Sicherungsschleier des kaiserlich-bayrischen Heeres mit Reservegruppierungen. Montecuccoli hat die Lage noch einmal gerettet.

Kurz darauf trifft Gronsfeld mit der bayrischen Reiterei und der restlichen kaiserlichen ein. Er verstärkt die Kräftegruppe bei Thierhaupten, die dem kaiserlichen Feldmarschalleutnant Pompeji unterstellt wird, und läßt Arbeiten für ein Lager beginnen. Denn auf der anderen Seite des Lech, bei Schloß und Dorf Oberndorf, konzentrieren Schweden und Franzosen ihre Truppen.

Schließlich kommt am 26. Mai das kaiserlich-bayrische Fußvolk unter Fernemont an. Er hat es zwischendurch bei Augsburg mit in der Reichsstadt gebackenem Brot verpflegen lassen, bevor er weitermarschiert ist. Das kaiserlich-bayrische Lager wird nicht verschanzt. Dafür wird am Lechufer an Geländeverstärkungen gearbeitet und eine nahe dem eigenen Ufer gelegene Flußinsel von Fußvolk besetzt. Am Abend, aber noch bei Tageslicht, belegt der Feind diese Insel mit flankierendem Geschützfeuer, was gut möglich ist, weil das Westufer wie eine Zange zur Insel vorgreift. Das kaiserlich-bayrische Fußvolk kann sich schließlich nicht mehr halten, watet durch eine Furt und rettet sich zum Ostufer. Sofort setzen schwedische Musketiere zur Insel über und graben sich ein. Schweden und Franzosen beginnen mit dem Brückenbau zur Insel. Fernemont verlangt einen Kriegsrat, den Gronsfeld dem Generalfeldzeugmeister als dem ranghöchsten kaiserlichen Offizier nicht abschlagen will. Der Kriegsrat wird ins gemeinsame Hauptquartier beider Armeen im Dorf Peiching, südlich von Rain, einberufen.

Maximilian hegte mehr und mehr Zweifel an den Fähigkeiten Gronsfelds, war mit zunehmendem Alter wohl auch mißtrauischer geworden. Er hatte daher den Generalkriegskommissar[533] Scheffer zur Armee abgeordnet und dem Generalfeldmarschall an die Seite gestellt. Ihm, Scheffer, hatte Maximilian mit höchster Dringlichkeitsstufe am 25. Mai eine erneute Instruktion übermittelt[534]: durch einen unzeitigen Rückzug werde der Feind nur herbeigezogen und veranlaßt, über den Lech zu setzen; dadurch verlege der Feind den Kriegsschauplatz ganz nach Bayern, zu schweigen von der Disreputation, die dadurch der kaiserlichen und bayrischen Armee angehängt werde; der Lech sei der Schlüssel zu anderen Strömen des Landes; wenn der Lech verloren gehe, werde es dabei nicht bleiben, sondern der Feind werde es auch an der Isar versuchen; Scheffer habe dieses Schreiben Gronsfeld und den anderen „Generalspersonen" vorzuweisen.

Der Kurfürst setzt hinzu: „... daß wir uns versehen, Sie (die Generäle) werden den Lech ohne sonderbahre Noth undt augenscheinliche Gefahr beeder Armeen nicht verlassen." In der Einleitung zu seiner Instruktion äußert er: „Unsere Intention ist nicht, sich ieziger Zeidt zu einer Hauptoccasion obligiren zu lassen. Wir wollen aber nicht zweifeln, man werde den Lechstromb ... defendiren können."

Der Kriegsrat am Abend des 26. Mai und der Rückzug vom Lech

Zuerst hat Generalkriegskommissar Scheffer das Wort. Er verliest die kurfürstliche Instruktion und fügt hinzu, wenn der Lech ohne Verlust der Armada verteidigt werden könne, solle man es tun, und sollten dabei auch 4.000 oder 5.000 Mann verloren werden. Wenn aber die Herren Generäle[535] vermeinten, daß dies unmöglich sei, sollten sie einen anderen Entschluß vorschlagen oder verlauten lassen, was ein besseres Heilmittel sei.

Graf Fugger, erst im April 1648 befördert und der jüngste Generalwachtmeister in der bayrischen Reichsarmada, spricht als erster der Generäle: er könne sich nicht vorstellen, daß der Feind schon morgen herüber kommen werde; man solle abwarten und dann tun, was möglich ist.

Zwei weitere bayrische Generalwachtmeister sind derselben Meinung und der vierte, De Lapier, erklärt kurz und bündig, man solle den Lech halten.

Das kaiserliche Fußvolk wird von Generalfeldwachtmeister Wachenheim geführt: „... dem Feind ist der Übergang nicht mehr zu verwehren, da er schon in der Insel steht! Die Herren kennen doch die eigene Stärke. Man soll es nicht zum Äußersten kommen lassen. Dabei werden beide Armeen untergehen und alles wird verloren. Wer den kurfürstlichen Befehl recht beachtet, der wird das nicht tun, sondern zum Abzug raten und dadurch großes Unheil verhüten."

Dann kommen drei bayrische Feldmarschalleutnante zu Wort, zuerst Holz: „... ich sehe das nicht wie Wachenheim, man soll tapfer arbeiten (schanzen) und sich in gute Verteidigungspositur setzen."

Kolb: „... man muß bis morgen alle Kräfte anspannen. Sieht man dann, daß der Lech nicht mehr zu verteidigen ist, muß man auf andere Mittel sinnen. Der Feind wird wohl auch Stöße bekommen."

Truckmüller ist Holzens Meinung.

Graf Montecuccoli stellt als erster eine eingehende Lagebeurteilung an: „... Ich habe zwei Dinge gegeneinander abzuwägen. Zum einen ist der Lech befehlsgemäß so lange wie möglich zu verteidigen, zum anderen ist der Feind an Reiterei und Geschütz überlegen. Nur an Infanterie ist man gleich stark. Diese trägt zwar die Hauptlast der Verteidigung, man hat aber kaum Zeit gehabt, in die Erde zu kommen. Letztlich wird der Feind den Übergang erzwingen. Man soll trotzdem gute Verschanzungen anlegen, um ihn aufzuhalten. Solange die Kleine Paar[536] noch in eigener Hand ist, kann man sich jederzeit zurückziehen. Die Festung Rain wird dabei die Flanke decken."

Wachenheim wirft ein: „Das kaiserliche Fußvolk hat in den letzten acht Tagen 1.500 Mann eingebüßt. Allein seit der vergangenen Nacht habe ich 400 Mann verloren."

Montecuccoli darauf: „Wenn man so schwach ist und den Lech nicht manutenieren kann, soll man sich mit guter Ordnung retirieren."

Generalfeldzeugmeister von Hunoldstein, seit März in bayrischen Diensten: „Ich habe alle Zeit geglaubt, man wird den Lech nicht verteidigen können, es sei denn, man lasse sich in eine Schlacht ein. Damit wird man jedoch nichts gewinnen. Wegen der Reputation soll man es aber trotzdem tun und fechten."

Generalfeldzeugmeister von Fernemont: „... Der Lech ist verloren, das haben doch alle schon gesehen. Der Feind hat inzwischen seine Kanonen auf die Insel geschafft. Den weiteren Übergang des Feindes kann man nicht mehr hindern. Dann steht es ihm frei, sich zu wenden, wohin er will. Wenn er sich dem kaiserlich-bayrischen Heer anhängt, sind Artillerie und Bagage verloren."

Generalfeldmarschall Graf Gronsfeld: „Ich muß mich mit der Mehrheit im Kriegsrat vergleichen und bis morgen am Lech stehen bleiben. Und wenn es unser Untergang sein würde, so habe ich doch den scharfen kurfürstlichen Befehl, den Lech zu halten."

Aber, Gronsfeld befragt nach diesem Entschluß noch den Obristleutnant Willeson, der die Instruktion des Kurfürsten überbracht und bisher geschwiegen hat: „Ich bin geschickt worden, um zu sagen, warum der Lech gehalten werden soll. Ich glaube jedoch, daß dies große Schwierigkeiten bereiten wird, da der Fluß dem Feinde viele Übergänge bietet. Ihre kurfürstliche Durchlaucht wollen es aber nach dem abgelesenen Befehl nicht ad extrema kommen lassen."

Darauf wieder Gronsfeld: „Wir haben unsere Posten auf 6 Meilen bis nach Augsburg besetzt. Die könnten wir noch heute einziehen, morgen wird es schwer fallen. Die Herren Kaiserlichen mögen doch recht valiter anzeigen, wie stark sie denn noch zu Roß und Fuß sind."

Wachenheim: „Laut vorgelegter Spezifikation sind hier nicht mehr als 3.551 Mann kaiserliches Fußvolk. Die übrigen haben sich verloffen, weiß nicht, wohin."

Montecuccoli: „An kaiserlicher Reiterei sind nicht mehr als 3.000 Pferde vorhanden."

Jetzt setzt der Befehlshaber des bayrischen Fußvolks, Feldmarschalleutnant von Holz, hinzu: „Ich getraue mich nicht, über 1.200 Mann zu Fuß zusammen zu bringen. Man hat das Fußvolk trotz meiner Gegenvorstellungen heute zu sehr hin und her verlegt."

Kolb und andere bayrische Generale: „Wir werden nicht über 4.000 Reiter haben."

Gronsfeld: „Was ist bei einer so geringen Macht zu tun? Es ist schon ziemlich spät, bitte fasse sich ein jeder kurz!"

Scheffer: „Ich erschrecke, daß so wenig Truppen vorhanden sein sollen. Bei dieser Beschaffenheit kann ich nicht raten, sich in eine Schlacht einzulassen. Je eher, je besser ist es, sich bei einer so geringen eigenen Macht zurückzuziehen und wenigstens diese zu retten."

Alle bayrischen und kaiserlichen Generäle mit einer Ausnahme votieren jetzt kurz und knapp für den sofortigen Rückzug unter Ausnutzung der Nacht.

Die Ausnahme ist Hunoldstein: „Weiln Ihre Kurfürstliche Durchlaucht uns auf diese Weis' für leichtfertige Vögel halten werden, so rate ich – ob's auch wider die Vernunft ist – wir sollen hier bleiben und fechten!"

Darauf Fernemont: „Bei so wenig Völkern sind wir diesem starken Feind nicht gewachsen. Ich rate daher nochmals, uns nach Ingolstadt zu retirieren. Die Bagage muß sogleich den Befehl hierzu erhalten. Ich kann es nicht verantworten, daß – bei einem längeren Verbleiben hier – mein Kaiser die Infanterie, die Stücke und alles samt Krone und Zepter verliert!"

Mit diesem Beitrag schließt Gronsfeld den Kriegsrat. Er erteilt noch an Ort und Stelle an die einmal versammelten Generäle den mündlichen Marschbefehl für den Rückzug. Dabei bestimmt er die Truppenteile, welche abgezweigt werden und die Festungen Augsburg und Rain sowie die Residenz München zu verstärken haben. Am 27. Mai, eine Stunde vor Tageslicht, verläßt das kaiserlich-bayrische

Heer kampflos den Fluß[537] (siehe Wiedergabe der historischen Skizze im Mittelteil zum schwedisch-französischen Übergang über den Lech).

Politische Konsequenzen für Kurfürst Maximilian

Dem Rückzugsbefehl Gronsfelds lag der richtige Entschluß zu Grunde – wenn es darum ging, die beiden ihm anvertrauten Armeen auf jeden Fall zu retten. An Fußvolk verfügte er noch über 4.750 kaiserliche und bayrische Soldaten, 7.000 Reiter hatte er insgesamt. Schweden und Franzosen hingegen konnten schätzungsweise 14.000 Kavalleristen und 10.000 Infanteristen aufbieten. Die schwedische Feldartillerie war der kaiserlich-bayrischen schon zu Zeiten Gustav Adolfs und Torstensons überlegen; Wrangel hatte alles daran gesetzt, ihren qualitativen und quantitativen Vorsprung zu halten.

Dennoch war Kurfürst Maximilian empört, als er am 27. Mai den Rückzug seiner und der kaiserlichen Armee vom Lech erfuhr. Noch am Tage des Kriegsrates hatte Montecuccoli an Reichsvizekanzler Graf Kurz, der weiter mit dem Kurfürsten verhandelte, geschrieben, daß allein die Kaiserlichen 8.000 Mann zu Fuß befehligten. Montecuccoli ist im abendlichen Kriegsrat selbst überrascht worden, als Wachenheim angab, nur mehr über 3.551 Mann zu verfügen.

Für Maximilian hatte der Rückzug schwerwiegende politische Konsequenzen. Schweden und Franzosen hatten den Feldzug mit überraschendem Erfolg fortgesetzt, Bayern stand jetzt dem Feinde offen. Maximilians Position war schwach geworden. Ein erneuter Waffenstillstand war für die französische und schwedische Armee kaum mehr von Interesse, selbst wenn Maximilian ihn gewollt hätte. Aber auch die Ratgeber des Kaisers haben erkannt, daß die realen Möglichkeiten für einen bayrischen Waffenstillstand geschwunden waren. Also war sogar eine bloße Drohung damit unglaubhafter geworden. Schon in ihrem Gutachten vom 8. Mai hatten die geheimen Räte des Kaisers geurteilt, daß ein neuer Waffenstillstand Bayerns nur **vor** Eröffnung des Sommerfeldzuges eine Wahrscheinlichkeit habe. Maximilian hat ihn nicht gewollt, obwohl einige seiner Ratgeber ihn nochmals erwogen hatten.

Wrangel und Turenne ihrerseits konnten davon ausgehen, ihre operativen Ziele zu erreichen, ob die bayrische Reichsarmee mit den Kaiserlichen nun verbündet blieb oder nicht. **Gegen** Bayern im Kriege konnte die Beute sogar größer werden, das lockte. Von Freising aus sandte Wrangel ein Schreiben an den Kurfürsten und verlangte eine Brandschatzung in Höhe von zwei Millionen Reichstalern[538]. Dann werde man alle örtlichen Brandschatzungen unterlassen und Bayern werde geschont werden. Die Verhandlungen hierüber zerschlugen sich. Kurfürst Maximilian war nicht gewillt und wohl auch nicht in der Lage, diese ungeheure Summe sogleich aufzubringen. Damit war Bayern der Willkür der beiden feindlichen Armeen preisgegeben und der Vergeltung dafür, daß es den Waffenstillstand vom März 1647 gegenüber Schweden aufgekündigt hatte. Kurbayern konnte „vermittelst aller coniungirten Macht ruinirt" werden, wie es die Nördlinger Beschlüsse der schwedischen Generalität bereits vorsahen.

Mit dem Verlust des Lech hatten sich die Grundlagen des kaiserlich-bayrischen Militärbündnisses gewandelt. War Maximilian bisher der Fordernde gewesen, so war er fortan in die Rolle des Bittenden verwiesen, damit die kaiserliche Armee weiter in seinem Sinne operierte. Solange nur bayrische Teillande in Feindeshand, andere bayrische bedroht waren, mochte das angehen. Denn der Rekonjunktionsrezeß mit dem Kaiser gab dem Kurfürsten die vertragliche Grundlage für die „Kriegsdirektion" in den bayrischen Landen. Was aber würde geschehen, wenn der Feind die Erblande des Kaisers wieder direkt bedrohte? Mit jedem Geländegewinn des Feindes zeichnete sich dies deutlicher am Horizont ab.

Das schwedisch-französische Heer überschreitet die Isar

Am 27. Mai erreichte das kaiserlich-bayrische Heer Ingolstadt und lagerte unter seinen schützenden Kanonen. Der Kurfürst war am 24. Mai aus München aufgebrochen und nach Wasserburg am Inn gereist, Reichsvizekanzler Graf Kurz mit ihm. Vorher waren bayrische Landfahnen[539] einberufen und an Isarübergängen postiert worden.

Am 28. Mai empfing Gronsfeld ein sehr scharfes Schreiben seines Kurfürsten mit dem ihm befohlen wurde, die Isar besser als den Lech zu halten. Fernemont hatte von vornherein Bedenken, fügte sich aber.

Am 29. Mai traf das kaiserlich-bayrische Heer bei Landshut an der Isar ein. An demselben Tage verließ Kurfürst Maximilian Wasserburg und begab sich nach Braunau im Innviertel, das damals zum Kurfürstentum gehörte. Aus der Festung Rain erreichte Gronsfeld die

Nachricht, daß der Feind in Richtung auf die Isar abmarschiert sei, ohne die Festung zu belagern. Sie wurde durch ein schwedisches Korps nur beobachtet und blockiert. Es hatte aber die Lechbrücke außerhalb von Rain wiederhergestellt.

Am 30. Mai überschritt das kaiserlich-bayrische Heer die Isar über die Landshuter Brücke und marschierte flußaufwärts, weil Gronsfeld und Fernemont als Ziel des Feindes Freising vermuteten. Alle festen Isarübergänge wurden zerstört.

Am 31. Mai erreichte Generalfeldmarschall Johann Freiherr von Ruischenberg die Truppe, die noch auf dem Marsch war, und übernahm sofort den Befehl über die kaiserliche Armee und den Oberbefehl über das verbündete Heer. Generalfeldzeugmeister Johann Barwitz Freiherr von Fernemont, der sich übergangen fühlte, verließ die Armee, um über Passau an den kaiserlichen Hof nach Prag zu reisen. Ruischenberg hielt das Heer bei Langenpreising an. Es war ihm nicht klar, welchem Isarübergang der Feind zustrebte, dem von Landshut, dem von Moosburg oder doch dem von Freising. Kurz darauf erhielt Ruischenberg die Meldung, daß die Besatzung des links der Isar gelegenen Freising vom Feinde überrascht und gefangen genommen worden war. Ruischenberg rückte vor Freising auf der anderen Seite des Flusses.

Am 3. Juni wiederholte sich die „Beschaffenheit“, die der Kriegsrat am Abend des 26. Mai am Lech konstatiert hatte. Die eigenen Fußtruppen waren noch mehr zusammengeschmolzen, Schweden und Franzosen hatten vorab Inseln in der Isar besetzt. Für die folgende Nacht schien ihr Flußübergang unvermeidlich, zumal die Hinderniswirkung der Isar nicht an die des Lech heranreichte. Einstimmig sprachen sich alle kaiserlichen und bayrischen Generäle, jetzt auch Hunoldstein, für den weiteren Rückzug aus, um die Armeen zu retten. Ruischenberg war sich der Rückendeckung des Kaisers sicher. Er schob den Einspruch des diesmal vom Kurfürsten zum Heer abgeordneten Hofmarschalls Haßlang beiseite. In der Nacht vom 3. auf den 4. Juni verließ das kaiserlich-bayrische Heer auch die Isar ohne zu fechten.

Auf schriftliche Weisung des Kurfürsten war Generalfeldmarschall Graf Gronsfeld noch am Abend des 3. Juni, vor dem Abmarsch, durch Haßlang festgenommen und dann von 200 Reitern in den Arrest nach München eskortiert worden. Bei der Verhaftung waren auch Truckmüller und Holz zugegen. Gronsfeld hatte das Vertrauen des Kurfürsten endgültig verloren, weil er den Lech aufgegeben hatte. Nur das Eintreffen Ruischenbergs hatte noch abgewartet werden müssen, bevor Gronsfeld abgelöst wurde. Maximilian erbat auch die Verhaftung der kaiserlichen Generäle Fernemont und Wachenheim. Der Kaiser ließ zwar den Rückzug vom Lech durch Generalleutnant Piccolomini untersuchen[540], überging dann aber das Verlangen Maximilians mit Schweigen, als sich herausstellte, daß das Verhalten der beiden „Delinquenten" diese Bezeichnung nicht rechtfertigte. Wachenheim blieb in seiner Dienststellung ohne Unterbrechung bis zum Schluß des Krieges, Fernemont in Freiheit.

Die Ablösung Gronsfelds war sicher eine richtige personelle Maßnahme. Nicht nur beim Kurfürsten hatte Gronsfeld das Vertrauen verloren, auch bei der ihm anvertrauten Truppe. Weder er, weder Fernemont noch Wachenheim hatten die schwierige Aufgabe gemeistert, ihre Fußvölker auf den wochenlangen Märschen bei den Fahnen zu halten. Das Zutrauen zu Gronsfeld war nie sonderlich groß gewesen, in der Dauerbelastung nach der Schlacht von Zusmarshausen ist es zerbrochen. Was war aus der kaiserlichen Immediatarmee und der bayrischen Reicharmee geworden, die beide bei Zusmarshausen noch so tapfer und voller Ausdauer gefochten hatten?

Treffsicher in Analyse und Lagebeurteilung, geschickt in der Verhandlung, außerordentlich gewandt mit der Feder[541], war doch – bei aller persönlichen Tapferkeit – Gronsfelds Entschlußkraft und Durchsetzungsvermögen für die oberste Truppenführung nicht ausreichend. Ob jedoch Gronsfelds Inhaftierung gewählt werden mußte, darf bezweifelt werden.

Maximilian war im Begriff, in der Nachfolge Gronsfelds einen neuen Fehler zu begehen. Nach des Kurfürsten Willen sollte Haßlang vorläufig den bayrischen Kriegsrat leiten, Feldmarschalleutnant Georg Truckmüller zu Prunn vorläufig die bayrische Reiterei befehligen, Feldmarschalleutnant Georg Friedrich von Holz weiter das Fußvolk führen. Beide stellten Haßlang vor, daß man den ranghöheren Generalfeldzeugmeister Hunoldstein nicht übergehen dürfe, um „Unordnung und Confusion" bei der bayrischen Armada nicht noch zu erhöhen. Dies spricht für beide Generäle. Und Haßlang hatte die Courage, bis auf „weitere Resolution" seines Kurfürsten daraufhin Hunoldstein das vorläufige Kommando über die bayrische Armee anzutragen. Hans Wilhelm Vogt zu Hunoldstein übernahm das bürdenreiche Kommando „willigst".

Stillstand an Inn und Donau, neue Kämpfe in Böhmen

Generalleutnant Piccolomini trifft beim kaiserlich-bayrischen Heer ein

Am 4. Juni 1648 war das kaiserlich-bayrische Heer über Vilsbiburg nach Gangkofen marschiert. Feldmarschall Ruischenberg sandte am 5. Juni den kaiserlichen Obristen Donepp zum Kurfürsten[542], um die Notwendigkeit eines ganzen militärischen Entschlusses vortragen zu lassen. Dieser Entschluß konnte beim Zustand der beiden Armeen nur der Rückzug hinter den Inn sein. Die Mission Donepps überspielte die Forderung Haßlangs, sich noch vor dem Inn zu verteidigen. Nach der Zustimmung Maximilians[543] marschierte das Heer über Reischach in Richtung auf Braunau, überschritt dort den Inn am 8. Juni[544] und wandte sich nach Schärding. Von Passau kommend, erreichte Octavio Reichsgraf von Piccolomini, Herzog zu Amalfi, am 9. Juni das kaiserlich-bayrische Heer zwischen Braunau und Schärding, das ihn jubelnd begrüßte.

Einen günstigeren Zeitpunkt hätte Piccolomini kaum wählen können. Das Heer hatte einen demoralisierenden Rückzug über nahezu 200 Kilometer, vom Lech zum Inn, hinter sich. Es mußte Stand fassen. Jeder Veteran wußte das, jeder und jede bei Truppe und Troß traute es Piccolomini zu. Gelang es nicht, war Bayern vollständig überrannt und Österreich stand dem schwedisch-französischen Heer offen. Kurfürst Maximilian, im Regierungsinteresse inzwischen in die Residenz des Erzbischofs von Salzburg geflohen, drückte das voller Sarkasmus aus: „Denn wenn man den Inn nicht defendiren sollte, so würde man zwischen hier und dem adriatischen Meer keinen Strom mehr finden, den man defendiren könnte.“[545] Gelang es aber, konnte die Autorität Generalleutnant Piccolominis nur noch größer werden. Auf ihn warfen jetzt die Regierenden, die Regierten und die Soldaten[546] all ihre Hoffnungen.

Schwerpunkte der Verteidigung

Vom Gelände her erschienen die Bedingungen für eine Verteidigung[547] auf den ersten Blick alles andere als günstig. Mit geringen Kräften war eine lange Stromlinie zu halten: der Inn mit seinem doppelten Bogen von Kufstein bis Passau, dazu der angrenzende Donau-Abschnitt zurück bis zur Isarmündung.

Wrangel und Turenne ihrerseits hatten drei Operationsmöglichkeiten: erstens konnte man einen Übergangsversuch an der Donau wagen; zweitens konnte man mit aller Kavallerie überraschend zum Inn zwischen Braunau und Schärding durchstoßen, in der Hoffnung, so einen Brückenkopf bilden zu können; drittens konnte man zum südlichen, vorspringenden Innbogen zwischen Rosenheim, Wasserburg und Mühldorf vorstoßen, um dort überzugehen. Wrangel und Turenne entschieden sich für diese Möglichkeit. Sie hatte den Vorteil der geringsten Entfernung und den, daß die Wasserführung des Inn dort noch schwächer ist, weil Alz und Salzach erst unterhalb einmünden.

Am 12. Juni 1648 war das schwedisch-französische Heer bei Freising vollends über die Isar gegangen, guter Stimmung, weil „die Actiones seither der Rencontre ienseiths Augspurg, als der Feind hernach den Lech und auch die Isar quitiret hat, in Göttlichem Beistande immer mehr und mehr denen confoederirten Waffen zum Vortheil zugewaxen seind", so Wrangel. Den für den Nachschub wichtigen Isarübergang Landshut hatte er „mit Besazung zum Rückhalt wohl versehen" und wieder instand setzen lassen[548].

Fernemont hatte dem kaiserlichen Generalleutnant vorgeschlagen, ihn zu treffen, bevor er zur Armee kam[549], um ihn über die Lage zu informieren. Bei ihrer Zusammenkunft in Passau bat Piccolomini Fernemont, die Inngegend bis Braunau zu erkunden, eine Bitte, der Fernemont selbstverständlich nachkam. Piccolomini konzentrierte daraufhin unter seinem eigenen Kommando die kaiserliche und bayrische Reiterei vorerst als Reserve im Raume Braunau- Obernberg-Schärding. Etwa in der Mitte zwischen Vilshofen und dem südlichen Innbogen disloziert, konnte sie so im Gewaltritt zum Brückenkopf Vilshofen oder in den Raum Rosenheim-Wasserburg-Mühldorf eilen, wenn die Lage es erforderte.

Piccolomini hat den bayrischen Landfahnen die Sicherung des Inn von Kufstein bis nach Rosenheim belassen, dies war der am wenigsten gefährdete Flußabschnitt. In vorsichtiger Beurteilung der Feindabsicht hielt er zunächst auch das kaiserliche Fußvolk zwischen Obernberg und Schärding in Reserve. Ein Teil konnte jederzeit der Reiterei auf Schiffen folgen, die mit Steuermann und Mannschaft in Bereitschaft lagen.

Maximilian hatte mit Patent vom 13. Juni 1648 die couragierte Vorentscheidung Haßlangs gebilligt: „... demnach Wir dem Hunoldstein das Commando über unsere unterhabende Reichsarmada und insonderheit die Versicherung des Innstroms gnädigst anvertraut ...“[550] Später, als das Feindbild an Konturen gewonnen hatte, unterstellte Piccolomini das kaiserliche Fußvolk zusätzlich dem Kommando Hunoldsteins, ungeachtet, daß dieser nun die bayrische Reichsarmee zu führen hatte. Hunoldstein war zu äußerstem Widerstand entschlossen und mehr als ein Jahrzehnt Befehlshaber von Fußvolk gewesen. Als nördlicher Eckpfeiler der Verteidigung entlang der beiden Ströme wurde ein Brückenkopf am Südufer der Donau bei Vilshofen gehalten, ausgebaut und dem Kommando Ruischenbergs übergeben.

Generalfeldzeugmeister Hunoldstein und Generalfeldmarschall Ruischenberg ordneten sich der Autorität Piccolominis unter, ohne ihre Selbständigkeit aufzugeben. Neben Generalleutnant Piccolomini wurden beide die Seele des Widerstandes an Inn und Donau. Unstimmigkeiten oder auch nur Auffassungsunterschiede zur Führung hat es zwischen dem kaiserlichen Generalleutnant und dem bayrischen Generalfeldzeugmeister Hunoldstein nicht gegeben. Piccolomini konnte die kaiserliche Immediatarmee und die bayrische Reichsarmee wie **eine** Armee führen.

Die unterstützenden Verteidigungsmaßnahmen des Kaisers und des bayrischen Kurfürsten

Gerade rechtzeitig waren Verstärkungen aus Böhmen in Passau eingetroffen[551]. Weitere wurden in Budweis versammelt[552] und stießen nach und nach zu Piccolomini. Der Kaiser verzichtete auf einen großen Teil seiner Sicherungstruppen in Böhmen und hielt an dem Entschluß fest, seine Hauptarmee an Inn und Donau zu verstärken[553], obwohl der schwedische General Wittenberg wieder in Schlesien operierte und Königsmarck sich mit seinem Korps von der schwedischen Hauptarmee getrennt hatte, was nicht verborgen geblieben war. Vorsichtshalber aber verlegte der Kaiser seine Hofhaltung von Prag über Linz[554] nach Wien. Im übrigen behielt der Kaiser seine strategische Linie bei: der Inn war mit äußersten Anstrengungen zu halten; solange Bayern der Kriegsschauplatz war, unterstand auch Piccolomini der Kriegsdirektion des Kurfürsten; dessen Befehlen hatte der kaiserliche Generalleutnant „zuverlässig nachzukommen“; so hart aber auch die Kämpfe werden würden, der Bestand der Armee durfte nicht aufs Spiel gesetzt werden[555].

Kurfürst Maximilian tat mit der ihm eigenen, ungebrochenen Energie alles, um beide Armeen, gleich, ob Reichsarmada oder kaiserliche, aus den ihm verbliebenen Landen[556] zu unterstützen. 1.000 Bauern wurden mit Hacken und Schaufeln zu Hunoldstein geschickt, um seinem Fußvolk beim Schanzen zu helfen. Truppe und Troß wurden gut und vor allem regelmäßig versorgt. Verpflegungsnöte gab es bis zum Friedensschluß nicht mehr.

Hunoldstein verteidigt am Inn

Am 15. Juni waren beide „konföderierte" Armeen zunächst vor das noch westlich des Inn liegende Wasserburg gerückt. Wrangel wollte es aus dem Anmarsch heraus besetzen. Er hatte nämlich die Nachricht erhalten, vielleicht auch zugespielt bekommen, daß Wasserburg weder von kaiserlichen noch von bayrischen Truppen verteidigt werde. Die Nachricht war falsch. In der „uffen Berg gelegenen großen Schanze" vor Wasserburg, die den Zugang sperrte, lagen sechs kaiserliche Regimenter[557], insgesamt etwa 1.200 Mann. Ruischenberg hatte sie auf dem Rückzug zum Inn dorthin abgezweigt. Nach einer kurzen, heftigen Kanonade, die aber keine Wirkung bei den Kaiserlichen zeigte, zog das Heer der Schweden und Franzosen ab. Nur unter hohen Verlusten und mit viel Zeitaufwand hätte man Wasserburg einnehmen können. Die Lage der Stadt[558] begünstigte den Verteidiger (siehe die beiden abgebildeten Kupferstiche im Mittelteil).

Am 8. Juni war Hunoldstein noch beim kaiserlich-bayrischen Heer in Braunau gewesen[559]. Auf die Meldung, daß sich Wrangel und Turenne mit ihren Armeen Wasserburg näherten, hatte er etwas bayrisches Fußvolk und die leichte bayrische Feldartillerie zusammengefaßt und war eilig abmarschiert. Bei der Stadt auf dem rechten Ufer angekommen, setzte er in Person über, um die Verteidigung Wasserburgs zu leiten. Die mitgeführten Truppen ließ er zurück. Er folgte dann mit diesen Truppen und Teilen der frei gewordenen Besatzung dem schwedisch-französischen Heer, als es die Belagerung Wasserburgs aufgegeben hatte, jedoch auf der Ostseite des Inn.

Am 18. Juni 1648 erreichten Wrangel und Turenne Mühldorf. Wrangel nahm sein Hauptquartier in Mühldorf selbst, Turenne in Altmühldorf. Alle Übergänge über den Inn waren von den

Bayern zerstört, alle Schiffe, groß und klein, an das Ostufer gesteuert worden.

Am 20. Juni hielt sich bis zur Mittagszeit über der Flußniederung dichter Nebel. Als er sich lichtete, stellte Hunoldstein fest, daß schwedische Infanterie eine Insel noch nahe am Mühldorfer Ufer besetzt hatte. Den schwedischen Brückenmeistern und Zimmerleuten gelang es, von dieser Insel aus zwei Brückenjoche zur Strommitte hin zu setzen. Doch weiter kamen sie nicht, das anlaufende Hochwasser war der beste Verbündete der noch schwachen kaiserlich-bayrischen Truppen, die Hunoldstein gegenüber konzentrierte. Keine 1.000 Mann Fußvolk hatte er bei sich. Er schlug sein Hauptquartier in Unterflossing auf, einem kleinen Dorf gegenüber Mühldorf.

Das kaiserliche Fußvolk bei Piccolomini war wieder auf mehrere tausend Mann angewachsen. Viele Mannschaften waren auf die Nachricht von der Kommandoübernahme Piccolominis zu ihren Fahnen zurückgekehrt, stillschweigend wieder eingereiht und die Regimenter durch die aus Böhmen zugeführten Verstärkungen weiter aufgefüllt worden. Das kaiserliche Fußvolk unter Generalfeldwachtmeister Wachenheim logierte jetzt von Passau über Schärding bis Obernberg. Hunoldstein hatte Piccolomini laufend über die Lage informiert, auch schon von Wasserburg aus und während des Marsches nach Mühldorf. Der Generalleutnant unterstellte ihm daraufhin Wachenheim mit allen seinen Fußvölkern und zog die bayrische Reiterei um Braunau zusammen. Hunoldstein beorderte Wachenheim am 20. Juni mit den „bey sich habenden Brigaden“ zu sich: „... bitte meinen hochgeehrten Herrn Generalwachtmeister bey Tag undt Nacht unverzueglich zu marchiren ...“[560]

Wachenheim war der Befehl Hunoldsteins noch am 20. Juni in Obernberg zugestellt worden. Teils zu Fuß und teils auf Schiffen „embarkiert“ rückten die Kaiserlichen an, insgesamt fast 3.000 Mann stark. Mit ihrem Eintreffen befehligte Hunoldstein wieder dieselben Fußregimenter, die ihm bereits im kaiserlichen Dienst bis März 1648 untergeben waren. Wie früher wurde Wachenheim erneut sein Stellvertreter. Piccolomini hat die Zusammensetzung des Truppenverbandes für Hunoldstein nach rein taktischen Gesichtspunkten befohlen, ohne Rücksicht auf die Zugehörigkeit zur bayrischen oder kaiserlichen Armee. Er hatte die Autorität hierfür. Kurfürst Maximilian konnte das recht sein, diente es doch der Verteidigung Bayerns. Der kaiserliche Generalleutnant besuchte die Truppen am Inn gegenüber Mühldorf[561], verschaffte sich einen eigenen Eindruck von ihrem Zustand, vom Gelände und von den „fleißigen“ Verteidigungsanstrengungen. Er stellt befriedigt fest, daß „das Wasser sehr hoch und der Fluß trefflich starck gehet.“ Er konferiert mit Hunoldstein und den Generalwachtmeistern Holz und Wachenheim. An Maximilian meldet er, daß der Entschluß gefaßt ist, den „Strom aufs äußerste zu manutenieren oder zu crepieren.“

Jeder Flußübergang ist nicht nur ein Kampf gegen den Feind, sondern auch ein Ringen um die Gunst des Geländes. Der Verteidiger sucht es zu verstärken, der Angreifer, es zu überwinden. Nachdem Schweden und Franzosen erfahren hatten, daß es mit ihren Mitteln unmöglich war, eine feste Brücke über den Inn zu schlagen, fertigten sie 30 Flöße gleicher Bauart und große Senkkästen[562], die mit Steinen und Flußkies aufgefüllt wurden, um die Flöße im Strom an Tauen zusätzlich zu verankern. Vergeblich. „Zehenmal versuchte der Feind, eine Schiffbrücke über den Inn zu schlagen, und zehenmal vernichtete sie der Strom“, schreibt Schiller[563], und Wrangel, „es ist aber schwerlich vollbracht, beides: wegen des tieffen und schnellen Lauffes des Strohmbs als auch, daß der Feind sich drüben übern Wasser in einen guten Posten gesezt und lengst des Wassers Schanzen und Laufgräben ufgeworfen“. Turenne soll geäußert haben, er wolle über den Inn und wenn es sein Leben koste. Er und Wrangel verspürten zum ersten Male seit Zusmarshausen wieder erbitterten Widerstand.

Tagelang wurde hin und her kanoniert. Am 29. Juni morgens wurde im schwedischen Lager zum Aufmarsch getrommelt, Wagen mit Balken und Brettern wurden ans Wasser gefahren, es wurde mit dem Bau von neuen Geschützstellungen begonnen und Hunoldstein meldete an Piccolomini: „Der Feindt ziehet sich gantz gegen der Statt hinder dem Berg zusammen unnd halte wohl darfür, es werde auff khommende Nacht oder gegen Tag der Tanz angehen. (Ich) Will thuen wie ein ehrlicher Mann (und kämpfen).“

Doch am folgenden Tage wurde es wieder still beim Feind. Dagegen meldeten sich bei Hunoldstein „die drei vornehmsten Bürger“ aus Mühldorf, denen es irgendwie gelungen war, weit entfernt über den Fluß zu kommen. Sie berichteten, daß, wie der Feind untereinander rede, Wrangel 16.000 Mann und des Turennes Armee 8.000 Mann stark sei, daß Schweden und Franzosen ihre Flöße zerlegt, auf Wagen verladen und flußabwärts gefahren hätten; außerdem hätten sie 15 oder 16 neue Flöße gezimmert, jedes nur aus sechs Bäumen, 16 Schuh (etwa 5m) lang, an den Seiten kniehoch mit Brettern beschlagen; ein Floß könne höchstens 20 Mann tragen; die Schweden würden aber bei diesem Hochwasser nicht viel damit ausrichten, weil die Flöße in der Flut das Gleichgewicht nicht hielten.

Offenbar waren diese kleineren Flöße für die Sturmtruppen gedacht, die zuerst übersetzen sollten. Hunoldstein vermutete, daß der Lärm vom Vortage nur ein Täuschungsmanöver des Feindes gewesen war, und alarmierte seine Kommandanten bis hinunter nach Neuötting, damit sie mit ihren Truppen „in gueter Lust, Wacht und Bereitschaft" stünden. Doch außer starkem Artilleriefeuer, das Schweden und Franzosen am 3. Juli erneuerten, geschah nichts. Ihre Kanonen feuerten aus Stellungen an der Auffahrt zur zerstörten Mühldorfer Brücke und aus Stellungen hinter der niedergelegten Stadtmauer. Sie kämpften eine kleine bayrische Geschützstellung nieder, richteten sonst aber keinen Schaden an. In den folgenden Tagen setzte Hunoldstein seine Verteidigungsanstrengungen fort: „Ich lasse aller Orthen bauen, wo ich es vonnöthen finde, auch eine zimbliche Anzahl spanischer Reutter verfertigen und an die gemachte Werck legen." Seinen Truppen in Neuötting und Kraiburg ließ er Artillerie aus Burghausen zuführen. Die Waagschale mit Kräften und Gelände begann sich zu Gunsten der bayrischen Reichsarmada und der Kaiserlichen zu neigen.

Am 5. Juli abends feuerten die Franzosen mit ihrer Artillerie von Altmühldorf aus, zusätzlich eröffneten sie Infanteriefeuer. Hunoldstein erwartete einen nächtlichen Übersetzversuch und befahl sein Fußvolk ins Gewehr. Am anderen Morgen gegen 04 Uhr hörte man in den kaiserlich-bayrischen Verteidigungswerken das dumpfe Schlagen der Heerpauken und das hellere Wirbeln der Trommeln, das aus beiden feindlichen Lagern herüberklang. Kurz darauf erschien gegenüber einer kaiserlichen Schanze ein einzelner Soldat und rief auf deutsch über den Fluß: „Wir ziehen ab – nach Landshut!" So schnell wie er aufgetaucht war, verschwand er wieder. Wachenheim selbst überbrachte die Neuigkeit Hunoldstein.

Der mißtraute ihr erst einmal, ließ aber schon Transportschiffe in Braunau und Burghausen für das kaiserliche Fußvolk unter Wachenheim bereitstellen. Unter dauernder Sicherung setzte etwas bayrische Reiterei mit Mann und Roß auf Schiffen über, um gegen den abziehenden Feind aufzuklären. Sie meldete, daß sich das schwedisch-französische Heer am 6. und 7. Juli nur bis Neumarkt-Sankt Veit zurückgezogen hatte. Die „Herren Capuziner" vom Kloster Ecksberg bei Mühldorf berichteten, „daß der Feind seine gemachte Flötz nicht mit sich fortgeführt, sondern alle verbrannt habe." Weitere 1.000 Mann kaiserliche Verstärkungen, die im Anmarsch auf Unterflossing waren, ließ Hunoldstein anhalten, bis neue Befehle vom Generalleutnant oder von ihm einträfen. Die Schanzarbeiten ließ er nicht einstellen. Das schwedisch-französische Heer lagerte weiter bei Neumarkt-Sankt Veit und fouragierte kräftig. Der Ort liegt nur zwei Reitstunden von Mühldorf, zwei und eine halbe von Kraiburg und drei von Neuötting am Inn entfernt. Daher entließ Hunoldstein das kaiserliche Fußvolk entgegen den Befehlen des Kurfürsten noch nicht, sondern setzte es erst nach dem 10. Juli mit Dank an Piccolomini in Marsch.

Der kaiserliche Generalleutnant hatte mit seiner Einschätzung vom 20. Juni recht behalten[564], der Feind werde seine Hoffnung, über den Inn zu kommen, von selbst aufgeben, wenn er die kaiserlich-bayrischen Verteidigungsanstrengungen erkenne.

Der kaiserliche Brückenkopf an der Donau

Der über die Donau südlich von Vilshofen gebildete Brückenkopf wurde auf Wunsch des bayrischen Kurfürsten gehalten. Die kaiserlichen Truppen unter Generalfeldmarschall Ruischenberg standen in einer exponierten Stellung. Südlich von ihnen – bei Mühldorf – versuchte das schwedisch-französische Heer den Inn-Übergang. Es konnte sich jederzeit gegen Regensburg, Straubing oder Vilshofen wenden. Nördlich operierte der schwedische General Königsmarck, der sich schon am Lech von der schwedischen Hauptarmee getrennt hatte. Ruischenberg hatte von Piccolomini den Befehl erhalten, den Brückenkopf „nicht ohne Not“ aufzugeben, sich jedoch über die Donau zurückzuziehen, wenn seine Truppen in Gefahr gerieten.

Schneller als erwartet trat sie ein. Am 22. Juni hatte Ruischenberg auf Befehl Piccolominis das Treffen unter Feldmarschalleutnant Eberstein in Marsch gesetzt, um gegen Königsmarck aufzuklären. Damit verfügte Ruischenberg nur noch über 1.500 Berittene unter Feldmarschalleutnant Sporck[565]. Er nahm daher Troß und Bagage auf das Nordufer der Donau zurück und ließ ein Lager bei Windorf, unterhalb Vilshofen, errichten. Nur schwache kaiserliche Sicherungen zu Fuß blieben unmittelbar an der Vilshofener Brücke stehen, deren Zerstörung vorbereitet wurde.

Am 1. Juli verlangte Kurfürst Maximilian von Ruischenberg wieder die Vorverlegung der kaiserlichen Truppen auf das Südufer der Donau.

Der kam dieser Weisung, die an Piccolomini vorbei erteilt worden war, nicht nach, sondern meldete an Piccolomini, daß er ohne dessen Befehl nicht auf das Südufer zurückkehren werde, die Donau aber werde gehalten.

Das war die Lage Anfang Juli 1648: der Vormarsch des schwedisch-französischen Heeres war an Inn und Donau zum Stillstand gekommen. Wrangel und Turenne waren im Juni zu lange an der Isar stehen geblieben. Ohne eigene Aufklärungsergebnisse hatten sie sich an dem von den Kaiserlichen besetzten Wasserburg versucht und weitere drei Tage verloren. Sie hatten die Gelegenheit versäumt, das der Auflösung nahe kaiserlich-bayrische Heer auf dem Rückzug zum Inn zu verfolgen, einzuholen, zu stellen und zu schlagen. Der dritte Operationsschritt, der Angriff auf die Erblande des Kaisers mit einem Stoß entlang der Donau tief nach Oberösterreich und Niederösterreich, war gescheitert.

Königsmarck fällt in Böhmen ein

Nach der Schlacht von Zusmarshausen war Königsmarck aus dem Verbande der schwedischen Hauptarmee ausgeschert und nach Norden über die Donau[566] abgeschwenkt.

Wrangel und Turenne war der jüngste Rekonjunktionsrezeß zwischen Kaiser und Kurfürsten in die Hände gefallen[567]. Es war nicht schwer, dessen Schwachstelle zu erkennen. Wie würde auf kaiserlich-bayrischer Seite die „Kriegsdirektion“ aussehen, wenn der Kriegsschauplatz nach Bayern und in die kaiserlichen Erblande **zugleich** verlagert würde? Daß es dabei zwischen Kaiser und Kurfürsten zu einem Interessenkonflikt kommen würde, war absehbar. Ihn zu schüren und zu nutzen, war jetzt die Strategie Wrangels und Turennes, da ihr direkter Angriff auf Österreich fehlgeschlagen war.

Nach Streifzügen in der Oberpfalz war Königsmarck im Juni 1648, verstärkt durch die Weimaraner, über die Cham-Further Senke in Böhmen eingefallen, am 20. Juni morgens stand er in Taus[568]. Der kaiserliche Feldmarschalleutnant Eberstein folgte ihm befehlsgemäß[569] mit seinem Reitertreffen und meldete[570], daß Königsmarck am 22. Juni über Bischofteinitz vorgegangen sei, offenbar, um die Königswarter Schanze anzugreifen. Anschließend zog sich Eberstein wieder zu Ruischenberg zurück[571], da sein Auftrag mit Rücksicht auf den Kurfürsten ein längeres Verweilen in Böhmen nicht zuließ. Königsmarck belagerte fünf Tage lang das schon im Vorjahr umkämpfte Schloß Falkenau und zwang es am 2. Juli zur Übergabe auf Gnade und Ungnade[572]. Auch die Königswarter Schanze fiel erneut in schwedische Hand. Königsmarck hatte Nordwestböhmen wieder unter seine Kontrolle gebracht. Dann wandte er sich wieder in die Oberpfalz. Nach Wrangels und Turennes Fehlschlag am Inn stand er am 22. und 23. Juli völlig überraschend mit seiner Reiterei in der Umgebung von Pilsen[573]. Dessen Besatzung unter de la Corona war viel zu schwach, um die schnellen Märsche der Kavallerie Königsmarcks auch nur hemmen zu können.

Generalfeldzeugmeister Puchheim hatte im ostböhmischen Königgrätz sein Hauptquartier und sicherte an den schlesischen Gebirgen gegen den schwedischen General Wittenberg. Der hatte sich in die Grafschaft Glatz gezogen[574]. Doch die größere Gefahr ging jetzt von Königsmarck aus. Seine schnellen, überraschenden Operationen fürchtete man bei den Kaiserlichen am meisten. Puchheim rückte daher über Iglau und Tabor ins Innere Böhmens, um sich aus den Festungen zu verstärken und um dann gegen Königsmarck vorgehen zu können. Nun fiel auch Wittenberg in Böhmen ein.

Der Angriff auf Prag

Noch am 23. Juli war Königsmarck mit seiner Kavallerie aus der Umgebung von Pilsen[575] nach Bela geritten, nahm die dort zurückgelassenen Infanteristen auf, die seinem Korps beigegeben waren, blockierte am 24. Juli Rakonitz, rund 40 Kilometer westlich von Prag, und unterbrach die Verbindung von Rakonitz zur Hauptstadt.

Am 25. Juli ließ Königsmarck seinen kleinen Artilleriepark und Troß bei Rakonitz stehen und machte auch seine 600 Infanteristen mit den frei gewordenen Zugpferden beritten. Es muß ein seltsames Bild gewesen sein, das der Komik nicht entbehrte, auf den breiten Rücken der schweren Zugpferde die Musketiere. Mit ihnen und seinen 2.500 Kavalleristen warf sich Königsmarck in das Waldstück „Die lange Mühle“ bei Prag. Erst dort gab er seiner Truppe das Angriffsziel bekannt: „Prag!“, und die Kennung: „Gott mit uns!“.

In Nordböhmen lebte gegen Ende des Krieges mehr schlecht als recht ein abgedankter kaiserlicher Obristleutnant[576] mit seiner Familie. Sein kleines Gut hatten die Schweden 1647 ruiniert, seine Frau wollte die Kinder an die Hand nehmen und betteln gehen. Sie hungerten.

Er war ein Kriegsinvalide, dessen Hilfegesuche in Prag immer wieder dilatorisch behandelt worden waren und den man dabei mehrere Male harsch angefahren hatte, sodaß er sich schließlich schämte, weiter vorstellig zu werden. Allein der Kaiser hatte ihm einmal nach einer Audienz mit Geld ausgeholfen. Königsmarck endlich nahm ihn am 30. Mai 1648 trotz des verlorenen rechten Armes in schwedischen Dienst und Sold.

An der Spitze eines schwedischen Sturmtrupps eingereiht, wies er den nächtlichen Weg in die Stadt. Er zeigte die ersteigbare Stelle an der Stadtmauer nahe des Strahover Tores. Die Stadtmauer wurde erklettert, die Wache überwältigt. Dreißig den Sturmkompanien zugeteilte Mannschaften mit Schmiedehämmern und Äxten zertrümmerten das Tor. Die schwedischen Infanteristen stürmten durch bis zur Mitte der Karlsbrücke, alles niedermachend oder zurücktreibend, was sich ihnen in den Weg stellte. Feldmarschall Graf Rudolf Colloredo konnte sich nur in einem Fischerkahn retten. Erst auf der Brücke gingen die schwedischen Sturmkompanien dichtgedrängt und 200 Mann stark zur Verteidigung über. Unterdessen ritt Königsmarck in die Kleinseite Prags ein.

Der Angriff wurde am Sonntag, den 26. Juli 1648, zwischen zwei und drei Uhr morgens geführt. Er brachte die Schweden in den Besitz der Kleinseite mit dem Hradschin und den Adelspalästen, alle links der Moldau. Die Angreifer hatten nur einen Toten und zwei Verwundete zu beklagen. Viele vornehme Bürger, Mönche, Nonnen und Adelige wurden Gefangene oder Geiseln der Schweden[577], darunter der Generalkriegskommissar in Böhmen, der böhmische Oberhofmeister, der oberste Landrichter, der Kardinal von Harrach und Adam Graf von Trauttmansdorff, böhmischer Oberstlandmarschall und Sohn des ersten kaiserlichen Ratgebers, mit Frau und Kindern. Eine unermeßliche Beute an Kunstgegenständen, ideellen Schätzen[578], materiellen Gütern, Kriegsmaterial und Geld[579] fiel den Schweden in die Hände. Königsmarck quartierte sich in den kaiserlichen Gemächern auf dem Hradschin ein. Die im Zeughaus erbeuteten Geschütze wurden sogleich auf Prag rechts der Moldau gerichtet.

Piccolomini fand es unglaublich, daß ein so schwacher Feind die Kleinseite überrumpelt hatte, ohne einen Schuß abzugeben[580]. Doch noch war nur der kleinere Teil von Prag verloren gegangen, schon am 27. Juli marschierte Puchheim in die Altstadt und die Neustadt, beide rechts der Moldau. Wittenberg setzte sich am 30. Juli mit seinen Truppen vor diesen beiden Stadtteilen fest. Dadurch wurde die Versorgung der Stadt zwar erschwert, aber für eine vollständige Einschließung reichten die schwedischen Kräfte nicht. Wittenberg unternahm später Diversionen nach Südböhmen, bei denen er Tabor und Krumau einnahm. Puchheim geriet in schwedische Gefangenschaft, als er Prag verließ, um Verstärkungen aus Budweis heranzuführen. Den Kampf um die Stadt beeinflußte das kaum. Der Widerstand der Bürger versteifte sich.

Mit der Eroberung der Kleinseite von Prag war ein vierter Kriegsschauplatz auf dem Boden des Heiligen Römischen Reiches entstanden. Inn und Donau mit der schwedischen Hauptarmee und einer französischen Armee bildeten den ersten, der zweite war der Niederrhein und Westfalen, wo Feldmarschall Lamboy mit kaiserlichen Immediat- und kurkölnischen Mediattruppen gegen die Armee Hessen-Kassels kämpfte. Erzherzog Leopold Wilhelm focht auf dem dritten in den Spanischen Niederlanden gegen die französische Hauptarmee. Jetzt verstärkte Schweden noch einmal seine Macht auf dem Festland.

Pfalzgraf Carl Gustav greift in die Kampfhandlungen ein

Am 2. Juni 1648 hatte Pfalzgraf Carl Gustav von Zweibrücken, ein Vetter der Königin, vor ihr und dem Reichsrat den Eid als Generalissimus über das schwedische Gesamtheer in Deutschland geschworen[581], war aber erst Mitte Juli, bis dahin auf günstigen Wind wartend, von der schwedischen Halbinsel abgesegelt. Am 26. Juli, dem Tag des Überraschungserfolges in Prag, landete er mit seinen schwedischen und finnischen Kerntruppen bei Wolgast in Vorpommern.

Sie bestanden zwar aus Landeskindern, deshalb verstärkten sie den Kern des schwedischen Heeres, waren aber noch „unversuchte" Soldaten ohne Kriegserfahrung. Auf dem Marsch durch Pommern, Brandenburg und Sachsen legte Carl Gustav die meisten seiner jungen Infanteristen in die schwedischen Garnisonen und tauschte sie gegen die älteren Besatzungen aus, wobei er mehr Soldaten herausnahm als er hineinlegte. Diese Umorganisation kostete Zeit, brachte seine Streitmacht aber allmählich auf über 8.000 Mann.

Nach einem persönlichen Aufenthalt des Pfalzgrafen in Stettin war seine Streitmacht am 11. August von der pommerschen Küste bei Wolgast aufgebrochen. Sein nächstes Marschziel war die Havel, er überschritt sie am 25. August an der Mündung in die Elbe. Über diesen Strom setzte er bei Aken[582], zwischen Magdeburg und Dessau.

Dann marschierte er über Köthen und Delitzsch in Richtung auf Leipzig. Noch war seine Operationsabsicht nicht erkennbar, wenn seine bisherige Marschroute auch eher eine baldige Vereinigung mit der schwedischen Hauptarmee an Inn und Donau vermuten ließ. Denn der direkte Weg nach Böhmen hätte die Oder und Görlitzer Neiße aufwärts geführt.

Feldpräsident Erskein hatte den Verhandlungsort Osnabrück verlassen und war zur Streitmacht Carl Gustavs abgereist, was er der Königin angekündigt hatte. In Leipzig trafen sich am 15. September Carl Gustav, Erskein und der schwedische General Graf Magnus de la Gardie. Erskeins Auffassung war zunächst gewesen, daß Pfalzgraf Carl Gustav sich zuerst mit Wittenberg in Schlesien und dann mit Königsmarck in Böhmen vereinigen solle, um gemeinsam mit ihnen in die Oberpfalz einzufallen und darauf den Anschluß an Wrangel zu gewinnen. Erskein berechnete die zusammengefaßte Streitmacht Carl Gustavs, Wittenbergs und Königsmarcks auf 15.000 Mann. Nach der Konjunktion mit der Hauptarmee sollten Wittenberg und Königsmarck wieder eigene Wege gehen und eine „Expedition" in ihre alten Operationsgebiete Schlesien beziehungsweise Westfalen unternehmen, während Carl Gustav und Wrangel die ursprüngliche Operationsabsicht der schwedischen Generalität gemeinsam verwirklichen sollten, den Kaiser direkt in seinen Erb- und Kronlanden anzugreifen[583]. Wrangel, dessen Ansicht zu den künftigen Operationen Carl Gustav einholen wollte, legte sich nicht fest[584], sondern stellte die künftige Operationsführung völlig dem Urteil und den Zielen Carl Gustavs anheim. Die Königin erwartete eine Vereinigung Carl Gustavs mit der schwedischen Hauptarmee an der Donau[585].

Schweden und Frankreich brauchten einen baldigen, durchschlagenden „psychologischen" Erfolg, denn die Basis der Kriegführung wurde immer schmaler. Der Gesandte Salvius in Osnabrück, der das Geld für das schwedische Heer in Deutschland beschaffen mußte, hat immer wieder auf den gravierenden Geldmangel hingewiesen[586], auch bei Carl Gustav: „Wo wir nicht bald friede kriegen, so geraten wir wegen geldtmangel in sehr schwere difficulteten ... Gott gebe, daß Ewer Fürstliche Durchlaucht bald, bald den lieben frieden nach hauß bringen möchten."

Der schnelle Fall der Kleinseite von Prag hatte eine neue Chance eröffnet. Sie lenkte den Pfalzgrafen jetzt direkt nach Böhmen[587], zumal ihn Königsmarck dringend gebeten hatte, den Anfangserfolg von Prag zu vollenden. Denn allein kamen Königsmarck und Wittenberg dort nicht mehr vorwärts. Nachdem die Überraschungswelle ihres ersten Angriffs verebbt war, hatte sich der Widerstand in Prag rechts der Moldau gefangen[588]. Studenten der Universität und Bürger der Stadt – Tschechen, Deutsche und Juden[589] – waren zum Rückgrat der Verteidigung zwischen Moldauknie und Wyschehrad geworden. Sie ersetzten die fehlenden kaiserlichen Truppen und damit eine kleine Armee. Carl Gustav gab die Absicht der Vereinigung seiner Streitmacht mit der Hauptarmee ganz auf, weil der Angriff auf den noch nicht eingenommenen Teil von Prag den schnelleren, spektakulären Erfolg versprach.

Nach Böhmen marschierte Carl Gustav über den Paß von Preßnitz. Am 1. Oktober traf er sich in Saaz mit General Königsmarck und erörterte die weitere Belagerung von Prag. Am 4. Oktober erschien die Streitmacht Carl Gustavs westlich der Stadt, rückte dann auf einer Behelfsbrücke über das Moldauknie auf die Ostseite und bezog ein Lager gegenüber der Altstadt, der Neustadt und der Judenstadt. Die schlimmsten Wochen der nun schon 10 Wochen dauernden, verlustreichen Belagerung begannen. Doch Prag rechts der Moldau hielt aller Beschießung, dem Minenkampf und den Stürmen der schwedischen Infanterie stand.

Bisher hatten die Feldzüge und Kriegsereignisse immer wieder die Friedensverhandlungen beeinflußt, deren Beginn nun schon ein halbes Jahrzehnt zurücklag. Jetzt endlich überholte der Friedensschluß den Krieg. Am 2. November 1648 verließen die schwedischen Infanteristen ihre Laufgräben vor Prag. Am folgenden Tage hob Carl Gustav die Belagerung ganz auf und stellte die Kampfhandlungen ein. Der Kaiser hatte schon unter dem 13. Oktober den Verteidigern mitgeteilt[590], die Friedensverhandlungen seien so weit, daß er deren Ergebnisse und die Einstellung der Feindseligkeiten täglich erwarte.

Bayern wird zurückgewonnen

Die militärische Lage Ende Juli 1648

So ungünstig sich die Entblößung Böhmens von kaiserlichen Truppen ausgewirkt hatte, so günstig entwickelte sich der kaiserlich-bayrische Feldzug in Bayern am Ende des Dreißigjährigen Krieges. Im September 1648 ging Piccolomini zum Angriff über. Bis dahin hatte Kurfürst Maximlian immer wieder auf die Eröffnung einer Offensive gedrungen[591], es konnte ihm nicht schnell genug gehen. Er sah die Gefahr, daß bei der möglichen Verschlechterung der Lage auf dem böhmischen Kriegsschauplatz – als Folge der Landung Carl Gustavs in Deutschland – kaiserliche Truppen wieder nach Böhmen abgezogen würden und damit das schwedisch-französische Heer im bayrischen Zentralraum zwischen Inn und Lech, Donau und Alpen verbleiben würde.

Im Juni und Anfang Juli hatte der Kurfürst mit Enkevoer verhandeln lassen, um ihn als Befehlshaber zu gewinnen. Enkevoer trat unter Rangerhöhung zum Generalfeldmarschall in bayrische Dienste[592], wurde von Maximilian am 22. Juli in Salzburg vereidigt und durch Haßlang am 2. August der bayrischen Reichsarmee als neuer Befehlshaber im Felde vorgestellt. Innerhalb von zwei Monaten hatte die bayrische Reichsarmee damit den dritten kommandierenden General[593]. Hunoldstein, ehrbewußt, auch materiell unabhängig, reichte sein Entlassungsgesuch ein, dem der Kurfürst am 7. August entsprach, nachdem Hunoldstein bis zum letzten Tage seine Schuldigkeit getan hatte. An Generalquartiermeister Marimont hielt Maximilian fest.

Zeitgleich mit Enkevoer bei der bayrischen war General der Kavallerie Johann de Werth wieder bei der kaiserlichen Armee eingetroffen[594]. In ihm und Montecuccoli verfügte Piccolomini über zwei der fähigsten Reitergenerale seiner Zeit. Werth führte sieben Reiterregimenter mit und war im Rücken des Feindes nahe Straubing über die Donau gegangen. Bei Landau an der Isar hat er am 3. August Anschluß an das kaiserlich-bayrische Heer gefunden und es damit wieder auf eine Gesamtstärke von rund 24.000 Mann gebracht. Jedoch blieben Wrangel und Turenne an Artillerie um etwa das Dreifache überlegen[595].

Noch Anfang Juli hatte Piccolomini den Zustand des kaiserlich-bayrischen Heeres als nicht befriedigend bezeichnet[596]: es entspreche nicht dem Stand auf dem Papier, weder in Qualität noch in Quantität. Bei der feindlichen Artillerieüberlegenheit schien es nicht ratsam, sich in eine Schlacht einzulassen. Doch dank der besseren Versorgungssituation konnte Piccolomini das schwedisch-französische Heer auch ohne Schlacht so weit zurückdrängen, daß es Ende Juli mit dem Rücken zur Isar stand. Es war von Neumarkt-St. Veit, über Eggenfelden und Pfarrkirchen ausholend, bis nach Dingolfing an der Isar gewichen. Dort hatte es am 27. Juli ein befestigtes Lager bezogen und stand darin bis zum 28. August. Piccolomini hatte unterhalb von Schweden und Franzosen das seine bei Landau aufschlagen lassen, welches wie das feindliche mit der einen Längsseite an die Isar grenzte. In dem Lager blieb er bis zum 8. September.

Das kaiserlich-bayrische Lager war besonders günstig für den eigenen Nachschub positioniert. Die Mengengüter zur Versorgung erreichten es nicht nur auf dem Landwege, sondern auch den Inn abwärts sowie Donau und Isar aufwärts, ohne, daß die Versorgung vom Feinde gestört werden konnte. Piccolomini und Werth manövrierten und patroullierten so, daß Schweden und Franzosen kaum noch zum Inn hin fouragieren konnten. Damit wurde die Versorgungsbasis des schwedisch-französischen Heeres weiter geschmälert. Ganz allmählich verlor es seine „Subsistenz" östlich der Isar. Umso wichtiger wurde, daß es seine rückwärtige Hauptversorgungsroute von Donauwörth über die Schanze und Brücke bei Rain am Lech[597] nach Landshut deckte. Im September verstärkte es die Besatzung von Landshut und wich weiter bis in den Flußwinkel aus, den Isar und Amper bei Moosburg bilden. Dort lagen die Hauptquartiere der beiden Kronen ab dem 4. September. Seine Bewegungsfreiheit sicherte sich das schwedisch-französische Heer mit mehreren Brücken über Amper und Isar. Der Flußwinkel gab ihm Schutz, so daß auf die Befestigung des Lagers verzichtet werden konnte, nur bei den Brücken wurden Redouten aufgeworfen (siehe abgebildeten Kupferstich im Mittelteil).

Die gegenseitige Abhängigkeit von bayrischem und böhmischem Kriegsschauplatz

Kurfürst Maximilian forderte die Offensive des kaiserlich-bayrischen Heeres, um ganz Bayern noch vor dem Friedensschluß vom Feinde zu befreien. Ende August wurde sein Vorgehen immer drängender[598]. Folgerichtig verweigerte Maximilian kategorisch seine Zustimmung dazu, daß auch nur ein Soldat der kaiserlichen Hauptarmee von Bayern nach Böhmen abgezogen wurde, bevor Bayern feindfrei war. Kaiser Ferdinand entschloß sich im August, noch einmal Reichsvizekanzler Graf Kurz nach Salzburg zu entsenden[599]. Graf Kurz sah sehr wohl, daß gegen Wrangel und Turenne möglichst bald in die Offensive gegangen werden mußte, wollte man den Kurfürsten zufrieden stellen. Aber gerade eine Offensive hatte den Nachteil der zu frühen Bindung und des erhöhten Risikos. Die gesamte kaiserliche Hauptarmee wäre dann vorzeitig in Bayern festgelegt worden, während Pfalzgraf Carl Gustav seine strategische Handlungsfreiheit – das „zweite Manöver" –

noch behielt, ganz abgesehen vom Risiko des Scheiterns einer verfrühten Offensive. Piccolomini hielt den Kurfürsten mit der Versicherung hin, er werde trotz der „gebotenen Vorsicht" – das hieß diplomatisch ausgedrückt: vorerst keine Offensive – nichts unterlassen, um den Feind zu schädigen[600]. Graf Kurz dagegen befürchtete entweder den Verlust Böhmens oder den Bruch der Militärallianz mit Bayern und sah in dieser Situation als einzige Rettung den sofortigen Frieden mit Frankreich[601]. Er sprach sich für die Militärallianz mit Bayern und gegen Truppenabgaben der kaiserlichen Hauptarmee nach Böhmen aus[602]. Damit schloß er sich der strikten Weigerung des Kurfürsten an[603].

Piccolomini hatte die Standfestigkeit zu warten, bis die Zeit für einen ganzen, ungeteilten Entschluß reif war. Entweder er intervenierte in Böhmen mit der **gesamten** kaiserlichen Immediatarmee auf Befehl des Kaisers oder er ging mit dem **gesamten** kaiserlich-bayrischen Heer in Bayern zur Offensive über – jedoch zu einem Zeitpunkt, den **er** wählte und an einem Ort, den **er** bestimmte. Weder die anhaltende Belagerung Prags, noch der Verlust von Tabor in Südböhmen am 23. August, noch die anschließende Einnahme von Brandeis an der Elbe durch Wittenberg, noch der Verlust von Krumau Mitte September machten ihn schwankend. Er wartete weiter und gab keine Truppen nach Böhmen ab[604], sondern sammelte seine Kräfte für eine der beiden strategischen Optionen: durchschlagende Offensive entweder in Böhmen oder in Bayern[605]. Das Abwarten Piccolominis hatte den weiteren Vorteil, daß die Entscheidung erst fiel, nachdem Pfalzgraf Carl Gustav seine Operationsrichtung und damit die letzten Kräfte Schwedens auf dem Boden des Reiches festgelegt hatte. Piccolomini behielt das „zweite Manöver".

Doch Maximilian sah in Piccolomini einen Zauderer, der sich nichts sagen lassen wollte. Sein Zorn konzentrierte sich auf Piccolomini, denn den Reichsvizekanzler hatte der Kurfürst auf seine Linie eingestimmt und der Kaiser nahm für kurze Zeit eine diplomatische Sowohl-als-auch-Haltung zu beiden Optionen ein[606], die politisch verständlich, jedoch strategisch nicht erfolgversprechend war. Piccolomini betonte wiederholt, daß er keinen anderen Ehrgeiz habe, als dem Kaiser zu dienen[607]. Er versuchte nicht, beide Optionen **zugleich** umzusetzen, weil er dann mit beider Scheitern rechnete. Die fordernden Schreiben des Kurfürsten waren in der Sache unnachgiebig und im Ton überaus hart, geradezu drohend. Dazu wurde Piccolomini gegenüber dem Reichsvizekanzler in dem Moment deutlich, in dem er die Offensive endlich eröffnete[608]: der Kurfürst täusche sich, wenn er glaube, von Salzburg aus das kaiserlich-bayrische Heer dirigieren zu können; so habe er es geschafft, daß Freund wie Feind in seinen Landen stehen.

Am 29. September trat Piccolomini den weiteren Vormarsch in Bayern an. Das kaiserlich-bayrische Heer hatte in den vorangegangenen drei Monaten erheblich an Schlagkraft gewonnen, das schwedisch-französische an Stärke verloren. Inzwischen war klar geworden, daß der Pfalzgraf kaum noch Wrangel zu Hilfe eilen, sondern sich nach Böhmen wenden werde. Prag rechts der Moldau hatte sich bisher gehalten, das große Risiko der weiteren Entwicklung dort mußte man notgedrungen auf sich nehmen. Die zähe Verteidigung Prags durch seine Studenten und Einwohner[609], die untereinander nichts Trennendes verspürten, war eine der Voraussetzungen für Piccolominis Offensive zur Befreiung ganz Bayerns. Wäre mit Prag das Wahrzeichen des böhmischen Königreichs in schwedische Hand gefallen, hätte Piccolomini in Bayern nicht mehr offensiv vorgehen können, sondern wäre wohl mit der Armee nach Böhmen oder in die österreichischen Erzherzogtümer abgerufen worden. Wie erwähnt, hatte der Reichsvizekanzler den Verlust Böhmens befürchtet. Sogar zur Verteidigung der Stadt Wien rüstete man sich wieder, denn Wittenberg war für kurze Zeit in Oberösterreich eingedrungen[610]. Vor Beendigung des Krieges war nur noch die Frage, wer schneller zum Erfolg kommen werde, der Pfalzgraf für Schweden vor Prag oder der kaiserliche Generalleutnant in Bayern.

Bis zum Ende der Kampfhandlungen in Bayern

Aus seinem Lager bei Landau an der Isar war das kaiserlich-bayrische Heer am 8. September 1648 in ein neues zwischen Vilsbiburg und Geisenhausen abmarschiert und kontrollierte damit wieder Bayern nördlich der Linie München-Wasserburg. Immer noch hielt Piccolomini den gesamten kaiserlichen Heeresteil marschbereit für Böhmen[611]. Ein kaiserlicher Befehl hierzu traf aber nicht ein, sondern nur die Weisung, 2.000 Mann nach Böhmen abzugeben. Dieser Weisung konnte Piccolomini nun nicht mehr ausweichen. Er stellte den Kurfürsten vor vollendete Tatsachen[612] und detachierte 2.000 Mann unter dem Befehl Sporcks nach Böhmen[613], wo sie aber nicht mehr zum Kampfeinsatz kamen. Piccolomini fehlten sie zwar[614], dennoch kam er jetzt ohne diese Abgabe zurecht. Seine Offensive bekam Schwung, weil sie vom kaiserlich-bayrischen Heer geschlossen, unter einem Willen, geführt wurde.

Mit Beginn der Offensive am 29. September rückte das Heer über Dorfen auf Erding vor. Schweden und Franzosen verließen daraufhin den Flußwinkel bei Moosburg, rückten die Amper aufwärts bis in die Gegend von Dachau – dort hatte Wrangel sein Hauptquartier am 2. Oktober – und bedrohten damit München. Nachdem das kaiserlich-bayrische Heer, vom Feinde zu spät aufgeklärt, die Isar nördlich der Residenzstadt überschritten hatte, glückte am 6. Oktober ein Überfall der Reiterei unter Werth und Enkevoer auf die schwedische Kavallerie, die noch im Dachauer Moos stand. Der kaiserlich-bayrischen Reiterei war ihre bessere Geländekenntnis zugute gekommen und die Aufklärungstätigkeit der Kroaten in bayrischen Diensten, die sich damit zum letzten Male in diesem Kriege besonders bewährten. Die schwedische Kavallerie erlitt in dem unwegsamen Sumpfgelände schwere Verluste, ihre Artillerie konnte nicht mehr eingreifen, Wrangel selbst sich nur zu Fuß retten, ein ganzes schwedisches Dragonerregiment opferte sich vor einem Sumpfübergang für die übrige schwedische Reiterei. Schweden und Franzosen gingen nach dem für sie unglücklichen Gefecht bei Dachau bis Kaufering zurück. Aufflammenden und verglühenden Fackeln gleich markierten die von ihnen angezündeten Dörfer den Rückzug bei Tag und Nacht. Nahe Scheuring wichen sie am 10. Oktober und in der folgenden Nacht über den Lech. Nur den Übergang bei Rain hielt Wrangel weiter mit starken Kräften besetzt[615], eine letzte Drohgebärde gegen den Kurfürsten. Piccolomini schrieb an den Reichsvizekanzler, der Kurfürst hoffe, bald in seine Residenz zurückkehren zu können und habe ihm zum ersten Male seine Zufriedenheit über die Operationen ausgedrückt[616].

In keiner Schlacht geschlagen, aber dennoch aus Bayern hinausmanövriert, stellte sich das vereinte schwedisch-französische Heer am 12. Oktober bei Schwabmünchen gegenüber von Scheuring ein letztes Mal in diesem Kriege in eine mustergültige Schlachtordnung, ein deutliches Symbol: „Den Kampf könnt ihr immer noch haben." Piccolomini nahm die Schlacht nicht an. Er folgte dem schwedisch-französischen Heer, das westlich an Augsburg vorbei marschierte, ließ aber immer den Lech zwischen sich und dem Feinde. Dann trennte sich die französische Armee von der schwedischen und marschierte über Lauingen[617] in Quartiere nach Württemberg; acht schwedische Kavallerieregimenter gaben ihr das Abschiedsgeleit über die Donau. Die schwedische Armee überschritt den Strom über die Brücke bei

Donauwörth. Von dort aus besuchte Wrangel am 23. Oktober noch einmal seinen Waffengefährten Turenne, der sein Hauptquartier nach Dillingen vorgezogen hatte. Vom Friedensschluß erhielt Wrangel eine erste vage Kunde am 30. Oktober in Nördlingen, der Reichsstadt, in welcher der schwedische Feldzug für das letzte Kriegsjahr abgesteckt worden war. Turenne führte seine Truppen noch in die Winterquartiere. Er selbst fiel von der Hofpartei in Paris ab und stellte sich auf die Seite ihrer Feinde, der Fronde.

Seit dem 28. Oktober führte Piccolomini die kaiserliche Armee von der Oberpfalz aus nach Böhmen[618]. Dabei hatte er den operativen Vorteil der inneren Linie. Wrangel, westlich stehend, konnte nur nach ihm in Böhmen erscheinen und hätte dabei weit ausholen müssen. Piccolominis einmonatige Offensive war erfolgreich gewesen, Bayern zwischen Inn und Lech feindfrei. Kurfürst Maximilian konnte an den Wiederaufbau seiner Lande denken. Vorerst aber wurde Montecuccoli, zu dem Piccolomini besonderes Vertrauen hegte, zum Kurfürsten gesandt[619]. Montecuccoli sollte den Kurfürsten um Truppenabgaben der bayrischen Reichsarmee bitten, damit man verstärkt durch sie die Schweden in Böhmen unverzüglich angreifen und gemeinsam mit ihnen jetzt auch das Königreich befreien konnte. An den Präsidenten des Hofkriegsrats sandte Piccolomini den Generalkriegskommissar Traun, um die Marschroute der zurückkehrenden kaiserlichen Armee festzulegen und ihre Versorgung zu regeln[620]. Montecuccoli beendete seine Mission beim Kurfürsten ohne Erfolg. Wie Piccolomini schon vermutet hatte, lehnte der Kurfürst eine Hilfeleistung der bayrischen Truppen für Böhmen ab. Am 4. November 1648 erhielt der kaiserliche Generalleutnant die Nachricht vom Frieden[621]. Eine Unterstützung durch die bayrische Reichsarmee war hinfällig geworden.

Die kaiserliche Immediatarmee war in die Winterquartiere zu legen. Es galt, die Armee zu reformieren, zum größeren Teil abzudanken und abzurüsten[622], aber so, daß die Attraktivität des Dienstes für den Kaiser erhalten blieb und die Anhänglichkeit der Soldaten nicht verloren ging[623].

Piccolomini hielt vorerst die Armee noch zusammen, wartete auf Befehle des Kaisers und marschierte langsam die Cham-Further Senke aufwärts in Richtung auf Taus und Klattau in Böhmen. Am 13. und 14. November war er selbst noch in Arnschwang in der Oberpfalz. Von diesem kleinen, aber denkwürdigen Ort aus nahm der kaiserliche Generalleutnant – jetzt im Besitze aller kaiserlichen Vollmachten und einer vorläufigen Instruktion[624] – die Verbindung mit dem schwedischen Generalissimus Pfalzgraf Carl Gustav und mit Generalfeldmarschall Wrangel auf, um den Waffenstillstand zu vollziehen und die beiderseitigen Truppen überall im Reich zu entflechten[625]. Um den 20. November hatten alle kaiserlichen Verbände auch die Oberpfalz verlassen und der Kaiser sprach seinem Generalleutnant eine förmliche Anerkennung aus[626]. Des Kaisers Vertrauen kam erneut in der Berufung Piccolominis zum kaiserlichen Gesandten für den Nürnberger Exekutionstag zum Ausdruck.

Zum Frieden

Die Härte der Kämpfe bis zur Friedensnachricht

Es erstaunt, mit welcher Härte die Kriegsparteien bis zum Eintreffen der Friedensnachricht kämpften. Bis zuletzt gab es kein Nachlassen der Kampfanstrengungen, ungeachtet der Erschöpfung der Menschen, zu deren Lasten gekämpft wurde. Am 11. und 12. Oktober verloren die Schweden bei einem Sturm auf Prag 400 Mann, etwa 180 Bürger Prags und kaiserliche Soldaten büßten allein an diesen beiden Tagen ihr Leben ein, die Verwundeten nicht gerechnet. Am 25. Oktober, einen Tag nach dem – noch nicht bekannten – Friedensschluß zu Münster, ließ Pfalzgraf Carl Gustav einige seiner Kavallerieregimenter absitzen und führte nochmals einen fast verzweifelten Angriff gegen die Altstadt und die Neustadt von Prag. Die Stadtmauer rechts der Moldau wurde auf einer Länge von 600 Schritt erst um die Monatswende von Oktober zu November von der schweren schwedischen Artillerie niedergelegt. Ein letztes Mal wurde am 30. Oktober gestürmt[627].

Für den Pfalzgrafen, den „Jüngling“, wie ihn Piccolomini später einmal nannte[628], hat sicher der Drang eine Rolle gespielt, sich auszuzeichnen, Ehre und Ruhm an seine Fahnen zu heften. Doch eine ähnliche Härte ist auch bei Piccolomini, Enkevoer, Montecuccoli, Wrangel, Turenne und anderen zu spüren. Bei den Generälen auf beiden Seiten herrschte nach dreißig Jahren Krieg und – aus ihrer Sicht – jahrelangen müßigen Friedensverhandlungen ein tiefes Mißtrauen, ob es die Gegenseite ehrlich meine. „Mit den Waffen in der Hand und unter dem Schild nützt man dem Frieden, man kann aber auch – falls nötig – den Krieg fortsetzen“, mahnte Piccolomini[629]. Bei seinem Vormarsch zur Oberpfalz wählte er einen Weg, von wo aus er sofort nach Rain umschwenken und es schnell erreichen konnte, falls sich die Schweden ihrem dortigen Lech-Übergang wieder nähern sollten. Auch danach mahnte er immer wieder zur Vorsicht und zur nur schrittweisen Abrüstung[630].

Am 23. Oktober 1648, beim letzten Zusammentreffen mit Turenne, erreichte es Wrangel, daß einige französische Regimenter auf ihrem Marsch zu den württembergischen Winterquartieren den Umweg über Feuchtwangen machten und sich damit wieder den schwedischen Regimentern näherten, die um Wassertrüdingen logierten und kampierten[631]. Diese schwedisch-französische Truppenannäherung war eine letzte Vorsichtsmaßnahme Wrangels, die seinem Mißtrauen entsprang.

In den Vorverhandlungen zu Prag und in den Verhandlungen auf dem Nürnberger Exekutionstag[632], der die Demobilmachung der Armeen erreichte, änderte sich das Bild. Das gegenseitige Mißtrauen schwand, als man in die mündlichen Verhandlungen eintrat. Insbesondere Pfalzgraf Carl Gustav erwies sich als der geborene, verständigungsbereite Fürst, mit dem Piccolomini, obwohl 23 Jahre älter, gut auskam. Zu Nürnberg wurde am 26. Juni 1650 nicht zuletzt dank der Vor- und Mitarbeit der Diplomaten der schwedisch-kaiserliche Hauptrezeß unterzeichnet, am 2. Juli 1650 der französisch-kaiserliche. Für die Kriegsgenerationen in Deutschland, Österreich und Böhmen endeten erst jetzt die Drangsale und Bedrückungen durch die sieben oder acht Armeen[633], die in der Endphase des Dreißigjährigen Krieges auf ihrem Boden gestanden hatten.

Das labile militärische Gleichgewicht und der Verlauf der letzten Friedensverhandlungen

Bis zur Demobilmachung der Armeen war es ein weiter Weg gewesen. Kehren wir noch einmal kurz zu den letzten Friedensverhandlungen zurück.

Am 9. Mai 1648 hatten sich die Reichsstände gegen den Willen des Kaisers darüber verständigt, die Beratungen über die Abfindung aller Armeen vorzuziehen[634]. Als Zahlungsempfänger wurden nur die Königlich Schwedische Armee, die kaiserliche Immediatarmee und die bayrische Reichsarmee anerkannt, später kam noch die Armee der Landgräfin von Hessen-Kassel hinzu. Für die französische Armee verzichtete ihre Regierung[635]. Die Forderung der schwedischen Krone auf Abfindung ihrer Armee – die „satisfactio militum“ – war die höchste derartige Forderung, die schwedische Krone seit 1635 dem Grunde nach, wenn auch nicht der Höhe nach, gegenüber ihrer Armee gebunden.

Am 12. Juni hatten nach hartnäckigem Feilschen die Reichsstände einem Kompromiß über die Höhe der schwedischen Armeeabfindung zugestimmt. Von ursprünglich 20 Millionen Reichstalern war die schwedische Forderung auf 5 Millionen reduziert worden, die Reichsstände hatten zuerst 1,6 Millionen angeboten. Als Schuldner wurden der obersächsische, der niedersächsische, der niederrheinisch-westfälische, der kurrheinische, der fränkische, der schwäbische und der oberrheinische Reichskreis bestimmt. Der Kaiser wurde für seine Armee allein auf den österreichischen Reichskreis, der Kurfürst von Bayern für die bayrische Reichsarmee auf den bayrischen Reichskreis verwiesen, der burgundische wurde als Schuldner ausgenommen. Die Verhandlungen über den Zahlungsmodus zogen sich noch Wochen hin, ehe sie zu einem vorläufigen Abschluß kamen. Die endgültigen Regelungen dazu blieben dem Nürnberger Exekutionstag vorbehalten.

Die Abfindung der schwedischen Armee war jetzt vertraglich gesichert. Die schwedische Krone konnte deshalb in Osnabrück etwas leichter in der letzten noch offenen Frage einlenken. Sie betraf die Forderung an den Kaiser, den Flüchtlingen aus seinen habsburgischen Erblanden und aus Böhmen „Autonomie, Amnestie und Restitution" zu gewähren. Diese allermeist protestantischen „Exulanten" konnten nunmehr, wenn sie in schwedischen Diensten standen, indirekt über die Abfindung der schwedischen Armee eine finanzielle Entschädigung erhalten. Wenn man sie als Ersatz für eine Naturalrestitution in der angestammten Heimat der Exulanten deutete, hatte man wenigstens etwas getan. Die freie Glaubensausübung („Autonomie") in der Heimat, den Erb- und Kronlanden des Kaisers, blieb den Glaubensflüchtlingen verwehrt. Von der dreifachen Forderung „Autonomie, Amnestie und Restitution" verwirklichte sich nur ein geringer Rest an Entschädigung. Der Zahlende war dabei nicht einmal der Kaiser. Mochten sich auch viele der Flüchtlinge allein gelassen fühlen – so ergeht es Flüchtlingen oft – und tief enttäuscht sein, das höhere Gut, der Friedensschluß des Kaisers mit dem Königreich Schweden, war nicht mehr aufzuhalten. Die protestantischen Reichsstände hatten sich schon vorher nur noch lau für ihre geflohenen Glaubensbrüder eingesetzt.

Am 6. August 1648 wurde im Quartier des Schweden Johan Oxenstierna vor den Gesandten des Kaisers, vor den Gesandten der in Osnabrück mitwirkenden Reichsstände und vor denen Schwedens der Friede verlesen. Durch Handschlag gelobten die kaiserlichen Gesandten, die schwedischen und der kurmainzische, dieser stellvertretend für das Reich, nichts mehr zu ändern, sondern alles so einzuhalten, als sei der Friedensvertrag schon unterschrieben und gesiegelt.

Der Krieg nach der Schlacht bei Zusmarshausen war in einen eigenartigen „Schwebezustand" gesunken und verharrte darin. Nach der Aufgabe von Lech und Isar durch das kaiserlich-bayrische Heer war der Vormarsch des schwedisch-französischen am Inn gestoppt worden; dann waren Schweden und Franzosen wieder bis zur Isar zurückgedrängt worden. Andererseits hatten die Schweden mit der Einnahme der Kleinseite von Prag zwar einen spektakulären Erfolg errungen, aber er blieb ein Teilerfolg, wie immer deutlicher wurde.

Die Vertreter der gemäßigten Parteien auf dem Friedenskongreß waren so friedenswillig wie nie zuvor, jedenfalls die Bayerns und der anderen Reichsstände größerer Bedeutung, darunter das geistliche Kurfürstentum Mainz und die weltlichen Kurfürstentümer Brandenburg und Sachsen. Schließlich waren mit Frankreich und Schweden schon 1646 und 1647 Vorverträge ausgehandelt worden, die vieles geregelt hatten. Daß der Friede mit Schweden endlich **so** geschlossen werden konnte, dafür war **die nicht entschiedene Lage** auf den Kriegsschauplätzen eine der essentiellen, nicht wegzudenkenden Voraussetzungen. Das gilt für den bayrischen Kriegsschauplatz, den böhmischen, den niederrheinisch-westfälischen, den spanisch-niederländischen und alle kleineren nördlich der Alpen. Man darf nicht Ursache und Wirkung verwechseln: beim Abschluß des Friedens mit Schweden am 6. August hatte keine der großen Kriegsparteien in Deutschland den Krieg militärisch gewonnen, Schweden nicht, Frankreich nicht, nicht der Kaiser. Vielmehr waren die Finanzen aller Kriegsparteien erschöpft, die sonstigen Ressourcen aufgezehrt, die europäischen Völker, am meisten das deutsche, ausgeblutet, in einem latenten Zustand zwischen Verzweiflung und Aufstand, je nach Temperament und Möglichkeit. Die Grundlagen der Kriegführung waren überall hinweggeschmolzen, ohne, daß eine der Seiten **den** militärischen Sieg errungen hätte – trotz aller vorangegangenen Einzelsiege in dreißig Jahren.

Schon 1647 hatte sich abgezeichnet, daß die protestantischen Reichsstände zu Schweden auf Distanz gingen. Diese Distanz blieb im letzten Kriegsjahr, die wachsende Distanz der katholischen Reichsstände zum Kaiser trat hinzu. Reichsstände von hohem Ansehen, voran Mainz, bildeten eine „dritte Partei“ über die Konfessionen hinweg, um den Frieden endlich zu erlangen, auch gegen die vier großen kriegführenden Mächte[636] in Europa, von denen man keiner den Sieg mehr zutraute. Hatten doch 30 Jahre für den eindeutigen Sieg nicht gereicht. Kriegsdauer und immer noch unentschiedene Kriegslage zusammen entwickelten ein eigenes Gewicht. Wundert es, daß der Faktor „Zeit“ in den strategischen Gleichungen aller schließlich dominant wurde?

Aber auf den Kriegsschauplätzen selbst war der „Schwebezustand“ des Krieges keineswegs von allein eingetreten. Immer wieder versuchte das schwedisch-französische Heer – unter großer Anspannung seiner im Felde verbliebenen Kräfte – den „Siegestreffer“ zu erzielen, während das kaiserlich-bayrische die längere Zeit in der Defensive kämpfte. Das ist das Mißverständnis einiger Historiker, daß sie den Zustand der anhaltenden Defensive mit der militärischen Niederlage gleichsetzen, so wie sie sich nicht vorstellen, daß eine Schlacht unentschieden ausgehen kann.

Die Gesandten der Reichsstände, der inländischen und ausländischen kriegführenden Mächte und die Vermittler auf dem Friedenskongreß aber verfolgten genau die Entwicklung auf den Kriegsschauplätzen, waren informiert und beurteilten die Kriegslage mehr oder weniger richtig[637]. Richtiger die, welche zu den gemäßigten zählten und deren Blick für die Wirklichkeit nicht zu sehr durch eine konfessionelle Brille getrübt war. Das – wenn auch nur **labile militärische Gleichgewicht**[638] – war eine der Voraussetzungen für Ergebnis und Erfolg, den **Verständigungsfrieden** mit Schweden.

Es war mithin kein Zufall und das letzte Kriegsjahr setzte den Endpunkt einer langen Entwicklung, daß der Kaiser seine Erb- und Kronlande von der Autonomie und der allgemeinen Amnestie ausschloß. Er konnte diese beiden Streitfragen in seinem Sinne lösen, von geringen regionalen Ausnahmen abgesehen. Beide Forderungen aber, 1647 von schwedischer Seite noch unnachgiebig vertreten, hatten die Abreise Trauttmansdorffs vom Friedenskongreß mit verursacht, wie auch die Frage der Abfindung der schwedischen Armee eine weitere Ursache[639] gewesen war.

Wochen vor dem 6. August 1648 hatte es eine große, doch nur kurze Chance für das schwedisch-französische Heer gegeben, als das kaiserlich-bayrische Heer die Isar aufgegeben hatte und Piccolomini noch nicht im Felde eingetroffen war. Bei einem kaiserlich-bayrischen Heer, bis zum Inn eingeholt, gestellt, geschlagen und aus dem Feld geworfen, hätten die Schlußverhandlungen auf dem Friedenskongreß einen ganz anderen Verlauf nehmen können, weitaus ungünstiger für Kaiser und Reich. Doch Wrangel und Turenne versäumten ihre Chance. Im anhaltenden „Schwebezustand" auf den Kriegsschauplätzen kamen die von Trauttmansdorff bis 1647 gelegten Grundlagen des Friedens nicht mehr ins Wanken, ja, man stützte sich wieder auf sie. Und in der letzten mit Schweden umstrittenen Frage, der Glaubenseinheit der Erb- und Kronlande des Kaisers, machte dieser im Prinzip keine Zugeständnisse. Das labile militärische Gleichgewicht entsprach dem 1647 erreichten Verhandlungsstand des Westfälischen Friedenskongresses.

Die Armee des Kaisers war das Gewicht, um dieses Gleichgewicht zu halten. In diesem Sinne war in einheitlicher kaiserlicher Politik die Bedeutung des Machtfaktors „Armee" in der Endphase des Dreißigjährigen Krieges erkannt und gemäß dieser Erkenntnis gehandelt worden. Als der Kaiser im Widerstreit zwischen der Bündnisverpflichtung zum bayrischen Kurfürsten und der Rettung Böhmens einmal schwankend schien, hielt Piccolomini an der strategischen Linie fest. Die kaiserliche Armee wurde weiter geschlossen eingesetzt, jedoch nicht aufs Spiel gesetzt, eine Maxime, nach der durchgängig gehandelt wurde. Für diese Maxime stehen der Kaiser, Trauttmansdorff, Holzappel und Piccolomini. Der Einfluß Trauttmansdorffs auf dem Friedenskongreß ist gewürdigt worden, sein unauffälliger, aber nicht wegzudenkender Einfluß ab Mitte 1647 wieder am kaiserlichen Hof wartet noch auf eine Darstellung. Trauttmansdorff hat mit seinem – für Kaiser und Reich schmerzlichen – Friedensentwurf doch ein politisches Gleichgewicht hergestellt, Holzappel und Piccolomini haben es strategisch gehalten.

Vom Handschlag an, der den Verständigungsfrieden mit Schweden am 6. August bekräftigte, stand dieses Königreich nur noch für seinen Bundesgenossen Frankreich im Kriege[640]. Dennoch versuchte gerade Schweden, das labile militärische Gleichgewicht in Deutschland und Böhmen noch einmal anzustoßen. Dazu war Pfalzgraf Carl Gustav auserkoren. Es fehlte nicht an Plänen für den Einsatz seiner Truppen, doch der große strategische Wurf glückte ihm nicht. Seine Invasionsarmee und die schwedische Hauptarmee unter Wrangel kamen nicht zu ineinandergreifenden Operationen. Wäre Wrangel der geplante Durchbruch über den Inn nach Ober- und Niederösterreich gelungen, so hätten sich beide schwedische Armeen siegreich vereinigen können, Wrangel von Westen, der Pfalzgraf von Norden kommend.

Als sich abzeichnete, daß der Durchbruch über den Inn nicht glücken werde, gab es immer noch zwei schwedische Optionen: die Vereinigung in Bayern oder die in Böhmen[641], um auf dem einen oder anderen dieser Kriegstheater das eindeutige Übergewicht der schwedischen Gesamtstreitkräfte herzustellen. Die Optionen sind nicht einmal versucht worden und Carl Gustav scheiterte an Prag. Es ist müßig darzustellen, warum keine der beiden Optionen angegangen wurde. Es genügt die Feststellung, daß weder die eine noch die andere verwirklicht wurde. Nur so viel sei angedeutet, Pfalzgraf Carl Gustav, so bedeutend seine Leistungen später als König und Feldherr waren, hatte wohl noch nicht den Blick für die gebotene Konzentration der Kräfte am Schluß des Krieges.

Ein militärischer Anstoß in den Spanischen Niederlanden

Doch in den Spanischen Niederlanden fiel am 20. August 1648 eine militärische Entscheidung. Erzherzog Leopold Wilhelm mit seinen spanischen Truppen verlor gegen die französische Hauptarmee die Schlacht von Lens. Nachdem er bis dahin nicht ohne Erfolg operiert hatte[642], wagte er die Schlacht – und verlor sie. Man verglich sie sogleich mit der Niederlage der Spanier im Jahre 1643 bei Rocroy[643]. Piccolomini, sicher einer der besten Kenner der spanischen Truppen, urteilte mit dem gebotenem Abstand[644], selbst wenn es dem Erzherzog gelänge, die spanische Armee unverzüglich zu erneuern, werde er nur die Quantität, nicht die Qualität der früheren Armee erreichen und die verlorene Schlacht werde schwere Folgen nach sich ziehen. Mit beiden Einschätzungen sollte er recht behalten.

Für die französische Regierung unter Kardinal Mazarin bedeutete der Sieg bei Lens die Rettung aus großer Bedrängnis. Im Inneren verlangten Adelsfronde und Volk den Frieden. Das Volk stöhnte unter der Steuerlast. Mit ihm der Adel, da die Steuern an den König die Abgaben an den Adel minderten. Vor allem für Frankreich und Spanien hatte die große europäische Auseinandersetzung zu einem voluminösen und ruinösen Finanzeinsatz geführt. Schon im Januar 1648 war es in Paris zu Straßentumulten gekommen, die sich wiederholten. Die Stellung Kardinal Mazarins war erschüttert, der hohe Adel arbeitete auf seine Entlassung hin, das Parlament in Paris versagte sich. Nach außen standen die Angelegenheiten in etwa unentschieden. In den italienischen Auseinandersetzungen hatte Frankreich bisher keine durchgreifenden Erfolge errungen, im katalonischen Feldzug allerdings im Juli die Festung Tortosa nahe der Mündung des Ebro eingenommen. Der Aufstand im Königreich Neapel gegen die spanische Herrschaft war zusammengebrochen. Der Friede Spaniens mit den Niederlanden hatte die Lage für Frankreich zusätzlich erschwert. Das Königreich Spanien schien sich etwas konsolidiert zu haben. „Wie ein Zeichen des Himmels begrüßte deshalb Mazarin den Sieg der Franzosen über die Spanier bei Lens ...“[645]. Zwar flammten die Unruhen in Paris nach der Schlacht erneut, sogar verstärkt auf, aber die französische Regierung wurde durch den eindeutigen Sieg darin bestärkt, den Krieg mit Spanien fortzusetzen.

Einen letzten diplomatischen Vorstoß der Reichsstände für das Elsaß ließ Frankreich Ende August 1648 ins Leere laufen. Es blieb bei dem zweideutigen Vertragstext, der später die unseligen „Reunionen“ unter Ludwig XIV. begünstigte. Für den Frieden mit Frankreich entscheidend war, ob der Kaiser an seinem Beistand für Spanien festhielt oder nicht. Schon früher war die „spanische Assistenz“ des Kaisers aus der Sicht der Reichsstände nicht nur eine interne Angelegenheit des Hauses Habsburg gewesen. Jetzt war es ein zentrales Problem des Reiches, ob der Friede aufgehalten wurde oder nicht. In der spanischen Assistenzfrage versagten fast alle Reichsstände dem Kaiser die Unterstützung, voran die katholischen Kurfürstentümer Bayern und Mainz. Am meisten noch hielt das Kollegium der Reichsstädte zu ihm, sie lehnten es ab, am Kaiser vorbei zu handeln. Doch die Kurfürsten und Fürsten standen gegen die Reichsstädte.

Am 15. September 1648 wurde der Text des Friedensvertrages mit Frankreich[646] vom französischen Gesandten und von Kurmainz abgezeichnet, so wie ihn die Reichsstände am 9. September Wort für Wort für sich angenommen hatten. Dieser Vertagstext verwehrte dem Kaiser (sei es als Kaiser oder als Erzherzog), dem Reich und jedem einzelnen Reichsstand fortan die Einmischung in die Auseinandersetzung Frankreichs mit Spanien. Damit war die spanische Assistenzfrage erledigt – wenn auch der Kaiser den Friedensvertrag mit Frankreich unterschreiben würde.

Alle neuen kaiserlichen Bemühungen auf dem Friedenskongreß scheiterten, in letzter Minute doch noch den Frieden zwischen Frankreich und Spanien zustande zu bringen und damit dem Zwang zur Entscheidung des Kaisers zwischen Reich und Spanien zu entgehen. Der Kurfürst von Bayern teilte dem Kaiser mit, daß er den Vertrag mit Frankreich auch ohne ihn unterzeichnen werde. Der Kaiser wiederholte daraufhin seine frühere Weisung an die Gesandten, keine Trennung der Kurfürsten und Stände von ihm zuzulassen. Darauf stimmten die kaiserlichen Gesandten ausdrücklich dem Text des Friedens mit Frankreich zu, doch noch nicht den Bestimmungen zu Spanien, zu Lothringen und dem burgundischen Reichskreis. Frankreich blieb unnachgiebig, alles hing von der Zustimmung des Kaisers selbst ab. Schließlich traf sie ein[647]. Kaiser Ferdinand III. hatte sich für den Frieden und das Reich entschieden und damit gegen das mit ihm verbündete habsburgische Spanien.

Die Verkündung des Friedens

Am 24. Oktober 1648 um ein Uhr mittags fuhren die französischen und schwedischen Gesandten bei den kaiserlichen in Münster vor. Die Friedensverträge wurden verlesen, gesiegelt und unterzeichnet. Am Abend wurde der Friede mit Paukenschlag und Trompetenschall dem geduldig wartenden Volk verkündet, dann schossen die 70 Geschütze der Stadt Salut und alle Glocken läuteten.

Nach dem Friedensschluß

Nach dem Friedensschluß erst zeigte sich, wie sehr die deutsche Bevölkerung unter dem Kriege und seinen Folgen gelitten hatte[648]. In Pommern, Mecklenburg, der Neumark, Thüringen, Württemberg und der Pfalz waren die Hälfte der Menschen und mehr durch direkte Kriegseinwirkung umgekommen oder an den Kriegsfolgen gestorben. In einem noch größeren, zusammenhängenden Gebiet des Reiches, das von Brandenburg über das Magdeburgische, weiter über das südliche Niedersachsen und ganz Hessen, Franken, Bayern, Schwaben, den Breisgau und das Elsaß bis nach Lothringen reichte, betrugen die Verluste der Bevölkerung noch ein Drittel bis zur Hälfte. Dagegen waren einige Gebiete im Nordwesten, wie Holstein und Ostfriesland, fast verschont geblieben. In den Städten Hamburg, Bremen, Lübeck und Emden waren sogar Bürgerschaft und Wirtschaftskraft gewachsen. Von den Erb- und Kronlanden des Kaisers hatten Böhmen, Mähren, Schlesien und die jetzt kursächsische Lausitz am meisten gelitten. Der österreichische Reichskreis und Salzburg waren von Verlusten weniger stark betroffen. Insgesamt war der Dreißigjährige Krieg „ein ungeheurer einmaliger Aderlaß". Man schätzt, daß die Gesamtbevölkerung im gesamten Reich am Ende des Krieges nur noch etwa 13 Millionen Menschen betragen hat gegenüber rund 21 Millionen Menschen zu Beginn des Krieges[649].

Der Westfälische Friede schloß die offene Wunde, an der das deutsche Volk zu verbluten drohte. Was bedeutete dagegen der territoriale Verlust, so groß und so schmerzlich er auch war[650]. Denn der Friede schlichtete die innerdeutschen Streitfragen. Er gab Raum für das Leben der beiden großen Konfessionen, ihr friedliches Bestehen nebeneinander und später auch miteinander. In diesem Ergebnis wirkt der Westfälische Friede noch heute fort, das sollten wir nicht vergessen.

Eine beschränkte Weiterentwicklung der Reichsverfassung war möglich geblieben. Das Reichskammergericht wurde umgeformt, 1681 eine vorläufige Reichskriegsverfassung gefunden, die nur der Verteidigung diente. „Das (Alte) Reich war in seinem Kern ein Friedensverband nach innen, kein Machtstaat. Die Ausdehnung der Macht war nicht Staatszweck. Zweck des Reiches war das geordnete, friedliche und rechtliche Zusammenleben."[651] Das galt erst recht für das Alte Reich nach dem Westfälischen Frieden bis zu seinem Untergang am Anfang des 19. Jahrhunderts.

Zeitgenossen rühmen den Charme und die verbindliche, friedfertige Art von Kaiser Ferdinand III., die sich allen Kurfürsten, vielen Fürsten und Reichsstädten wieder auf dem Regensburger Reichstag von 1653 bis 1654 mitteilte. Für dessen zweijährige Dauer machte der Kaiser die Stadt zum glanzvollen Mittelpunkt des ganzen Reiches. Hier wurden die Buchstaben des Westfälischen Friedens mit Leben erfüllt und die friedlichen Formen des Zusammenlebens der beiden großen Konfessionen gefunden. Damit diente Ferdinand III. dem Reich am meisten. Endlich waren ihm Friedensjahre vergönnt. Wenn man die Größe eines Herrschers an seinen Leistungen für den Frieden mißt, so gehört dieser Kaiser zu den großen.

Gleiches gilt für Kurfürst Maximilian I. von Bayern. Zwar hat seine Stärke bestimmt nicht im Umgang mit militärischen Befehlshabern gelegen. Unter ihnen hat Maximilian als Persönlichkeit vielleicht nur den alten, treuen Tilly ganz geachtet, bei Wallenstein dessen überragende strategische Befähigung gesehen und Ehrgeiz gefürchtet. Dem im Arrest einsitzenden Gronsfeld gewährte der Kurfürst nach dem Friedensschluß ein Kriegsgerichtsverfahren, die Richter sprachen Gronsfeld frei. Im Inneren hatten die Fähigkeiten Maximilians sich schon vor dem Kriege entfaltet, die Leistungen hatten bis in die Kriegszeit nachgewirkt. Er hat sein Land vorbildlich verwaltet, entschuldet, geordnete Staatsfinanzen geschaffen und die Wirtschaft Bayerns gezielt gefördert. Dabei war er immer ein großer, doch realistischer Förderer der bildenden Künste. Für die Soldaten seiner Armee sorgte er mit pünktlichem Sold und mit möglichst geregelter Verpflegung. Daß in den letzten Jahren des Krieges die bayrische Reichsarmee im Vergleich zur kaiserlichen Armee, zur schwedischen und französischen Armee das bessere Erscheinungsbild bot, ist ein Verdienst des Kurfürsten. Nach 1648 rüstete Maximilian seine Armee rigoros bis auf den letzten Mann ab, eines der letzten Beispiele dieser Art in der Neuzeit.

Pfalzgraf Carl Gustav wurde 1654 König von Schweden, nachdem Königin Christina dem Thron entsagt hatte. Er behauptete die im Dreißigjährigen Kriege gewonnene Stellung Schwedens als erste Macht im Ostseeraum. Mit Polen und mit Dänemark führte er Kriege, gewann Südschweden mit den Landschaften Halland, Schonen und Blekinge und schob sein Königreich dadurch bis zum Sund vor. Mit Kaiser und Reich hielt er Frieden.

Nach dem Ende des Nürnberger Exekutionstages entsprach der Kaiser der Bitte der Reichsstände, Generalfeldmarschall Octavio Piccolomini zum „Fürsten des heiligen Römischen Reiches teutscher Nation" zu erheben[652]. Der neue Reichsfürst nahm am Regensburger Reichstag teil und blieb Ratgeber seines Kaisers, der in einem Dekret vom 26. Mai 1649 angeordnet hatte, daß acht Regimenter zu Fuß und acht zu Pferd nicht aufgelöst wurden[653]. Ein Gutachten Piccolominis von 1655 nennt die Grundsätze und Details für ein stehendes Heer[654] aus diesen Infanterie- und Kavallerieregimentern sowie einem Dragonerregiment. Piccolomini starb am 10. August 1656 bei einem Reitunfall. Auf einem Ausritt hatte er beobachtet, daß ein Bauer unter einen Heuwagen geraten war. Piccolomini wollte zu Hilfe eilen und stürzte bei dem Versuch, mit seinem Pferd über einen tiefen Graben zu setzen.

Generalfeldmarschall Carl Gustav Wrangel wurde zum Generalgouverneur von Pommern ernannt und 1651 von Königin Christina in den Grafenstand erhoben. 1653 wurde er schwedischer Reichsvizeadmiral. Im schwedisch-polnischen Kriege gewann er die drei Tage dauernde Schlacht bei Warschau. Am Ende seines Lebens mußte er erleben, daß die schwedische Flotte nicht mehr in der Lage war, gegen die Armaden der Dänen und Holländer Verstärkungen nach Deutschland überzusetzen. Das beeinflußte 1675 den Ausgang der Schlacht bei Fehrbellin gegen Brandenburg, in der Wrangel die schwedischen Truppen zum letzten Male befehligte. So sah Wrangel noch den beginnenden Abstieg Schwedens als Seemacht. Am 25. Juni 1676 starb Wrangel auf Rügen, angeblich aus Gram über die politische Entwicklung nach der Schlacht.

Schon im letzten Jahre des Dreißigjährigen Krieges hatten Turenne und Montecuccoli gegeneinander gefochten. Das Schicksal wollte es, daß sie wieder gegeneinander kämpfen mußten, 1673, 1674 und 1675, das Jahr, in dem Turenne bei Sasbach in Baden seine Todeswunde empfing. Turenne, auf die Seite der Hofpartei zurückgekehrt, hatte es 1651 König Ludwig XIV. im Kampf gegen die Adelsfronde ermöglicht, wieder in Paris einzuziehen. Nach Turennes Erfolgen im Krieg gegen Spanien konnte 1659 der Pyrenäenfrieden zwischen Frankreich und Spanien geschlossen werden; der letzte Brandherd aus der Zeit des Dreißigjährigen Krieges war erloschen. Der Pyrenäenfriede war der erste große Erfolg des Sonnenkönigs und schloß das Lebenswerk seines leitenden Ministers Mazarin ab. Turenne blieb ein Vollstrecker der Politik Ludwigs XIV., die sich ab 1667 mehr und mehr über den Westfälischen Frieden hinwegsetzte. Die eigene Politik hat damit die Chance vertan, Frankreich nach 1648 zur europäischen Friedensmacht empor zu führen. Das Königreich hätte nach Ansehen, Volkszahl, Wirtschaftskraft und militärischer Stärke die führende Rolle unter den Friedensmächten übernehmen können.

Montecuccolis größter Erfolg war sein europäischer Sieg über die angreifenden Türken im Jahre 1664. Er hat dabei ein Koalitionsheer angeführt, bestehend aus der kaiserlichen Armee, der Reichsarmee, einer rheinbündischen Armee und einer französischen Allianzarmee. Zuletzt haben nicht mehr viele an den Sieg dieser bunt zusammengewürfelten Streitmacht aus acht Nationen geglaubt, die schon vor der Entscheidungsschlacht 10% ihrer Gesamtstärke an Geflohenen und Versprengten eingebüßt hatte[655]. Die Führung dieses Koalitionsheeres in der Schlacht krönte Montecuccolis Feldherrnkunst. Eine Voraussetzung des Erfolges war seine Integrationskraft[656]. Mit dem Sieg bei Sankt Gotthard an der Raab 1664 schenkte er Europa noch einmal einen Frieden im Osten, der bis 1684 vertraglich abgemacht wurde und welcher fast bis dahin hielt. Im Jahre 1668 wurde Generalfeldmarschall Montecuccoli zum Präsidenten des Hofkriegsrates ernannt. Er baute das kaiserliche Heer aus, straffte dessen Gliederung und brachte die Artillerie auf die Höhe der Zeit. Montecuccoli hat einen Grundstein zur Abwehr des letzten osmanischen Angriffs auf das Abendland gelegt.

Anmerkungen

Abkürzungen
(in den Anmerkungen)

Abb.	Abbildung
Abtlg.	Abteilung
AF	Alte Feldakten
Anh.	Anhang
Anm.	Anmerkung
APW	Acta Pacis Westphalicae
Arch.	Archiv
bzw.	beziehungsweise
DB	Documenta Bohemica Bellum Tricennale Illustrantia
f	folgend, folgende
fl	Gulden
Fn.	Fußnote
fol	folio („auf dem Blatt")
FrA	Friedensakten
frz.	französich, französischen Ursprungs
Fz	Faszikel (Aktenbündel)
ggf.	gegebenenfalls
hrsg., Hrsg.	herausgegeben, Herausgeber
HHStA	Österreichisches Staatsarchiv Wien, Haus-, Hof- und Staatsarchiv
HQ	Hauptquartier
i. a.	im allgemeinen
ital.	italienisch, italienischen Ursprungs
Kap.	Kapitel
KrA	Kriegsakten, Kriegsakten in genere
KrArchiv	Österreichisches Staatsarchiv Wien, Kriegsarchiv
lat.	lateinisch, lateinischen Ursprungs
nr	Nummer
o.	oben
RK	Reichskanzlei
S.	Seite
s.	siehe
schwed.	schwedisch
s.d.	sine dato (ohne Datum)
s.loco	sine loco (ohne Ortsangabe)

span.	spanisch, spanischen Ursprungs
TE	Theatrum Europaeum
u.	unten
u. a.	unter anderem
Urk.	Urkunde
usw.	und so weiter
vgl.	vergleiche
z. B.	zum Beispiel
z. T.	zum Teil
zit.	zitiert
z. Zt.	zur Zeit

Kriegsziele

1 Die Einteilung des Heiligen Römischen Reiches Deutscher Nation in Reichskreise geht auf Kaiser Maximilian I. und das Jahr 1500 zurück. Seit 1512 gab es deren zehn. Die Aufgaben der Reichskreise waren unter anderem die Erhebung von Reichs- und Kriegssteuern, die Wahrung des Landfriedens und – im Kriegsfalle, z. B. bei Türkenkriegen – die Aufstellung von Truppenkontingenten für das Reich.

2 Im Alten Reich war der Erzbischof von Mainz zugleich der „Reichserzkanzler".
Die eigentlichen Geschäfte des Reiches besonders unter den Kaisern Ferdinand II. und Ferdinand III. wurden jedoch in der Reichskanzlei zu Wien unter dem „Reichsvizekanzler", einem Vertrauten des Kaisers, geführt.

3 Votum deputierter Räte, Wien 1633 I 28
(HALLWICH, Briefe und Akten, III. Buch, nr 1801).

4 Die geographischen Namen werden in heutiger Schreibweise wiedergegeben.

5 PEBALL, S. 2.

6 DICKMANN, S. 45 spricht von dem damaligen Schlagwort der „spanischen Universalmonarchie". Aus dem Gesamtzusammenhang seiner Ausführungen ergibt sich, daß auch die „habsburgische Universalmonarchie" gemeint ist, wie sie unter Kaiser Karl V. bestand und wie sie im Zusammengehen der beiden habsburgischen Linien im 17. Jahrhundert wieder als Bedrohung empfunden wurde.
Für den französischen ersten Minister, Kardinal Richelieu, „war der Vorwurf, Habsburg strebe nach der Universalmonarchie, das unentbehrliche Fundament seiner Politik und ihre moralische Rechtfertigung." (DICKMANN, S. 54).

Daß das Alte Reich eine Universalmonarchie sei, wurde bereits im Dreißigjährigen Kriege heftig bestritten (ARETIN, S. 37 f.)

7 Zu den Erb- und Kronlanden des Kaisers gehörten innerhalb der Reichsgrenzen:
das Erzherzogtum Österreich ob der Enns und unter der Enns (Oberösterreich und Niederösterreich); Innerösterreich mit seinen Herzogtümern Steiermark, Kärnten und Krain; die Grafschaft Görz, Österreichisch-Friaul, Österreichisch-Istrien und Triest. Auch sein Königreich Böhmen gehörte in lockerer Form zum Reich.
Außerhalb der Grenzen des Reiches bildete ein schmaler Landstreifen das Königreich Ungarn, das Grenzland gegen „die Gefahr des Türken und anderer benachbarter Feinde" (die „benachbarten Feinde" sind die nahe gelegenen Vasallen des Osmanischen Reiches).
Tirol, Vorarlberg und die vorderösterreichischen Besitzungen beiderseits des Oberrheins gehörten damals zu einer Nebenlinie des Hauses Habsburg.

8 RANKE, Französische Geschichte, 10. Buch, S. 10.

9 Beginn des Stralsunder Manifests, auch „König Gustav Adolfs Manifest" genannt, Stralsund, Juli 1630, zitiert nach GOETZE, S. 349.

10 Strategie:
bis zur Mitte des 20. Jahrhunderts war Strategie die Kunst, **militärische** Macht zur Durchsetzung politischer Ziele einzusetzen. In diesem klassischen Sinne wird der Begriff „Strategie" hier ausnahmslos verwendet. Heute wäre sie als „Militärstrategie" Teil einer Gesamtstrategie.
(Ausgelöst durch das Aufkommen der Atomwaffen, aber nicht als einzige Ursache, hat Ende der 50er / Anfang der 60er Jahre des 20. Jahrhunderts eine Neubestimmung des Begriffes eingesetzt. Unter „Strategie" (ausführlicher: „Gesamtstrategie") versteht man nach dieser Revolutionierung des Begriffes den Einsatz **jeglicher** Macht zur Durchsetzung politischer Ziele: z. B. den Einsatz von wirtschaftlicher Macht, von finanzieller Macht, nach wie vor auch von militärischer Macht oder den gezielten Einsatz ihrer Kombinationen. Dementsprechend spricht man jetzt von Wirtschaftsstrategie, von Finanzstrategie, Militärstrategie usw. So darf man heute formulieren: Strategie ist die Kunst, **Macht** zur Durchsetzung politischer Ziele einzusetzen (das Adjektiv „militärische" vor dem Substantiv „Macht" ist weggefallen). Von der Politik vorgegebenes Ziel der Gesamtstrategie kann es im Zeitalter der Atomwaffen, der Chemischen und der Biologischen Waffen sein, den Frieden zu erhalten oder eine Eskalation zum Einsatz dieser Waffen zu verhindern – und dennoch politische Ziele durchzusetzen.)

11 PUFENDORF, S. 615 bis 617.

12 nach KIPP, S. 69.

13 Worte Oxenstiernas, zitiert nach ZEEDEN, S. 280.

14 Subsidienbündnis von Bärwalde: ein Subsidienbündnis beschränkt sich i.a. auf die rein materielle Unterstützung des Verbündeten, z. B. mit Geld. Truppen werden nicht gestellt.
Bärwalde (polnisch Mieszkowice) liegt östlich des Oderbruchs in der Neumark, gut 20 Kilometer nördlich von Küstrin. Gustav Adolf hatte dort Anfang 1631 sein Hauptquartier.

15 SUVANTO, S. 98.

16 Livres (von lat. libra „Pfund"), französische Rechnungsmünze vor Einführung des französischen Währungssystems auf Dezimalbasis im Gefolge der französischen Revolution und damit vor Einführung des „Franc".

17 Der Begriff **„offener Krieg"** wurde bereits von Kardinal Richelieu, dem leitenden Minister im Königreich Frankreich, gebraucht. Er verwendet ihn am Ende seines Gutachtens vom 1. Januar 1629 über die Außenpolitik Frankreichs.
RANKE überschreibt sein Fünftes Kapitel im Zehnten Buch: „Ausbruch des offenen Krieges zwischen Frankreich und Spanien und dessen erste Jahre." RITTER, S. 552 spricht vom möglichen „offenen Krieg" Frankreichs „gegen Oesterreich und Spanien in Deutschland, in den Niederlanden und in Italien ...".
Neuere Historiker haben dann die indirekte, nichtkriegerische Einflußnahme Frankreichs in Deutschland und anderen Teilen Europas von etwa 1629 bis 1635 als „verdeckten Krieg" oder als „verdeckte Kriegführung" bezeichnet, so DICKMANN.
Unabhängig davon ist die Bedeutung des „verdeckten Kampfes" und des „verdeckten Krieges" in der Lehre der Strategie.

18 Der erst 28 Jahre alte Herzog hatte, nachdem der schwedische König gefallen war, auf dem Schlachtfelde von Lützen den Oberbefehl übernommen und die Schlacht für Schweden siegreich beendet. Ihm, der seit seinem 17. Lebensjahr im Kriegsdienst stand, hätte nach Befähigung, Rang und Geburt am ehesten die Nachfolge Gustav Adolfs im einheitlichen militärischen Oberbefehl übertragen werden können und damit die strategische Umsetzung der Politik Oxenstiernas. Doch Oxenstierna scheute es, einem deutschen Fürstensproß die gesamte Befehls- und Kommandogewalt auch über die schwedischen Truppen in Deutschland zu übertragen.

19 „Kardinal-Infant": Infant ist der Titel der spanischen und portugiesischen Prinzen.

20 DICKMANN, S. 71 f.

21 Das geschah über den sogenannten „Geistlichen Vorbehalt". Der „Geistliche Vorbehalt" behielt bei den gegebenen Machtverhältnissen seine Gültigkeit. Dies war eine eminent wichtige Bestätigung des bisherigen Zustandes durch Sachsen. Denn damit blieben alle geistlichen katholischen Landesherren verpflichtet, bei einem etwaigen persönlichen Glaubenswechsel dem geistlichen Amt und weltlicher Herrschaft zu entsagen. Ihre

bisherigen Untertanen vollzogen mithin den Wechsel der Konfession nicht mit, sie blieben katholisch. Ein neuer – katholischer – Kurfürst war zu wählen und trat an die Stelle des abgedankten.

22 nach WANDRUSZKA, S. 66.

23 BRANDI, S. 486.

24 LAUTEMANN / SCHLENKE (Geschichte in Quellen) S. 328.

25 Diversion als militärischer Begriff: Vorstoß auf einem Nebenkriegsschauplatz; Manöver nicht im Zentrum der Operationen; auch Ablenkungsangriff.

26 Gemeinsames Gutachten der Kurfürsten von Mainz und Köln an den Kaiser, 1634 X 02, FOERSTER S. 18.

27 In einem Gutachten an den Kaiser, nach FOERSTER S. 33.

28 nach FOERSTER S. 33.

29 RANKE, Französische Geschichte, 10. Buch, S. 64.

30 nach WEBER, S. 391.

31 „Intendanten": im alten Frankreich höchste Verwaltungsbeamte des Königs in den Provinzen und Organe, die den königlichen Absolutismus durchsetzten.

32 RANKE, Französische Geschichte, 10. Buch S. 60.

Die Entwicklung bis Mitte 1647

33 WANDRUSZKA, S. 76.

34 Selbstverständlich darf man sich die Strategie nicht etwa als „mathematische Gleichung" vorstellen. Die Strategie ist eine Kunst, zu deren Ausübung der Feldherr auf sein Können und seine Erfahrung zurückgreift und seine Intuition dazugibt. Die erwähnten vier Faktoren sind nur Ausgangsgrößen, die allerdings laufend überprüft werden müssen. **Nur** zur Verdeutlichung der Qualität eines **jeden** einzelnen darf man sie sich aber einen Moment als Faktoren eines Produkts (im mathematischen Sinne) vorstellen: hat auch nur **einer** der Faktoren den Wert „null", so ist der Wert der **gesamten** Gleichung „null" (die vier Größen wären also nicht die Summanden einer Summe).

35 Der kurbrandenburgische Obrist Moriz von der Lüttich wurde mit seinem gesamten Kürassierregiment in kaiserliche Dienste übernommen. Lüttich und sein Regiment fochten bis zum Ende des Dreißigjährigen Krieges auf kaiserlicher Seite.

36 Konstantinopel hat seinen heutigen Namen „Istanbul" offiziell erst im Jahre 1930 erhalten, obwohl der Name „Konstantinopel" auf den römischen Kaiser Konstantin den Großen zurückgeht, der im Jahre 313 das Toleranzedikt von Mailand erließ und damit die christliche Religion im alten Römischen Reich zuließ.

37 Der kaiserliche Delegierte Gebhardt bei den Waffenstillstandsverhandlungen in Ulm an den Kaiser, Wasserburg am Inn 1647 III 03 (Fz 165 fol 113–116).

Der Stand auf dem Westfälischen Friedenskongreß 1647

38 DICKMANN, S. 243.
39 DICKMANN, S. 307.
40 ODHNER, S. 184.
41 Von allen schwedischen Erwerbungen in Deutschland wirkte die wismarische am längsten nach: Schweden war es nach dem kaiserlich-schwedischen Vorvertrag vom 18. Februar 1647 noch gelungen, über das Garnisons- und Hafenrecht hinaus den uneingeschränkten Erwerb von Wismar durchzusetzen. Im Jahre 1803 kaufte das Herzogtum Mecklenburg-Schwerin Wismar pfandweise zurück. 1903 verzichtete Schweden auf seinen Einlösungsvorbehalt für das hingegebene Pfand.
42 DICKMANN, S. 399.
43 DICKMANN, S. 412.
44 Geleitbrief für den von Münster an den kaiserlichen Hof reisenden Obristhofmeister Maximilian Graf Trauttmansdorff, HQ Budweis 1647 VI 12 (Fz 167 fol 176).
45 Der Herzog von Württemberg erhob vor allem Ansprüche auf die reichen Klöster in seinem Gebiet, auch weltliche Herrschaften hatte er verloren. Nach dem Prager Frieden hatte er außer Landes gehen müssen. Er wurde nach dem reinen Stichtagsprinzip in seine ehemaligen, aber heftig umstrittenen Besitzungen wieder eingesetzt, ohne überhaupt weiter in rechtliche Untersuchungen einzutreten, ein neuer Stein des Anstoßes für die radikale katholische Partei.
46 Wie der Herzog von Württemberg hatte der lutherische Markgraf von Baden-Durlach nach dem Prager Frieden außer Landes gehen müssen. Weil er gegen den Kaiser gekämpft hatte, war er nicht amnestiert worden. Mitte 1647 war Baden-Durlach noch in der Gewalt des katholischen Markgrafen von Baden-Baden, dieser genoß neben der kaiserlichen Unterstützung auch die französische. Schweden dagegen unterstützte vornehmlich aus konfessionellen Gründen die Restitutionsansprüche des Durlachers. Wie sollte bei dieser Konstellation eine Lösung gefunden werden?
47 Über das Marburger Erbe hinaus verlangte Hessen-Kassel als beständiger Bundesgenosse der beiden ausländischen Kronen eine eigene „hessische“ Satisfaktion, eine besonders heikle Frage, weil damit ein Präzedensfall innerhalb des Reiches geschaffen worden wäre. Ganz abgesehen davon, wer das alles bezahlen oder in anderer Form leisten sollte.
48 Der einzige Sohn des Königs von Spanien war vor kurzem gestorben.

49 Salvius an Königin Christina, Münster 1647 VI 20/30 (APW II C 3 Nr. 259), übersetzt durch Nordischen Übersetzungsdienst, Bad Honnef.

50 Der kaiserliche Delegierte bei den Ulmer Waffenstillstandsverhandlungen Gebhardt an den Kaiser, Ulm 1647 IV 03 (Fz 166 fol 18–21).

Die Feldherren Holzappel, Wrangel und Turenne

51 Peter Reichsgraf von Holzappel ist zweifelsfrei am 8. Februar 1589 geboren worden. Dies weist der Eintrag im Taufbuch der Kirche von Oberhadamar aus, wo unter dem Jahre **1589** steht: „Den 8t. Februarii Wilhelm Eppelmanns Frau Einen Shon geboren den 16t. getaufft, Gevattern Johann Westerburgk, Peter Schumacher und Davidis Anna, Petrus nomen infantis." (Tauff Buch der Kirchen Obernhadamar angefangen im Jahr 1575 den 13t. Novembris durch Conrad Wenckenbach von Marpurgk damals Pfarrehr zu Obernhadamar, S. 32, Jahr 1589).

52 Hessisches HStA, Abtlg. 40, Urk. 1149, 1193 und 1206.

53 Kirchen-Ehebuch von Hadamar 1576: „Den 29t. Aprilis oder den ersten Sonntag nach Ostern zum erstenmal aufgeruffen Wilhelm Eppelmann, Landknecht zu O=hadamar ..."

54 WOLF, Einleitung.
Im Jahre 1604 erscheint Peter in der Matrikel der Universität Leyden als studiosus literarum: „Petrus Holtzappel, Nassov." (WOLF II, Verzeichnis der Studenten).

55 Kaiser Rudolf II., Prag 1608 X 29 HHStA, Reichsakten.

56 Melanders Dienst oder Verwendung bis 1621 muß noch geklärt werden, insbesondere, ob er eine Rolle bei der Meuterei der niederländischen Söldner Venedigs im März und Juli 1618 gespielt hat.

57 SINCLAIR, S. 41.

58 Holzappel an das Mitglied der hessischen Ritterschaft Otto von der Malsburg, s.loco 1644 IX 22, nach HOFMANN, S. 151.

59 Zwei Formulierungen von RUPPERT (S. 243) im Zusammenhang mit den Verhandlungen über die zwischen Elbe und Weser gelegenen Stifter und mit den Religionsgravamina (Religionsbeschwerden).

60 Leopold Wilhelm an Kaiser, Budweis 1645 XII 30 (Fz 160 fol 25).

61 Reichsvizekanzler Ferdinand Siegmund Graf Kurz, Freiherr von Senftenau, war neben dem Grafen Trauttmansdorff „der politisch einflußreichste Mann am Hof und sicher auch einer der fähigsten." (RUPPERT, S. 30).

62 Kurz an Trauttmansdorff, Preßburg, 1646 IX 19 (APW II A 5 nr 10).

63 „Kaufbrief über die Herrschaft Esterau und Vogtei Isselbach von Johann Ludwig, Grafen zu Nassau-Hadamar, an den Grafen Peter zu Holzappel vom Jahre 1643", Kaufvertrag, Cöln 1643 VII 17, Abschrift, Stadtarchiv Diez an der Lahn.

Darin wird die Esterau als „des Herrn Verkäufers eigenthümliche Allodial – dem heiligen Römischen Reiche ohne Mittel untergehörige Freiherrschaft, ...“ bezeichnet. „ohne Mittel“ hat hier den Sinn von „reichsunmittelbar“, also „ohne Mittelsmann“ direkt unter dem Kaiser. „Allodialgut“ ist heute das Privatvermögen einer fürstlichen Familie, zu unterscheiden vom fiskalischen oder Staatsbesitz in diesem Fürstentum. Damals bezeichnete „Allod“ – aus dem althochdeutschen in der Bedeutung „ganz eigen“ – das volleigene Vermögen.

64 GEISTHARDT, S 48, schreibt: „Hatte er (Graf Johann Ludwig von Nassau-Hadamar) schon 1639 wider besseres Wissen den angeblichen Adelsstand der Familie Melander anerkannt, weil er im Falle der Weigerung militärische Racheakte des damaligen Generalleutnants (Melander in hessischen Diensten) zu befürchten gehabt hätte, so erfüllte er jetzt den Wunsch des Feldmarschalls um Landerwerb: für die Summe von 63.000 Talern verkaufte er 1643 die Esterau ...“.
Dazu ist anzumerken:
a) die Behauptung, Graf Johann Ludwig von Nassau-Hadamar habe „militärische Racheakte“ zu befürchten gehabt, taucht wiederholt auf, ist aber unwahrscheinlich. Holzappel, alias Melander, war zu klug für derartige „Racheakte“:
die spätere Erhebung in den Reichsgrafenstand (1641) wäre erschwert, wenn nicht unmöglich gemacht worden. Zum Reichsgrafen konnte Melander nur vom Kaiser erhoben werden. Graf Johann Ludwig von Nassau aber war bereits 1636 Reichshofrat, 1643 wurde er Geheimer Rat des Kaisers. Graf Johann Ludwig saß „am längeren Hebel“.
b) der ausschlaggebende Grund für den Verkauf der Esterau dürfte in Graf Johann Ludwigs permanenter Geldnot zu suchen sein. DICKMANN bestätigt dies im Zuammenhang mit dem Aufwand aller Gesandten auf dem Westfälischen Friedenskongreß (S. 203): „Ja, Schulden hatten sie alle. Der Graf von Nassau sollte eine monatliche Aufwandsentschädigung von 1000 Gulden erhalten, hatte aber in den ersten zwei Jahren bereits 130.000 Gulden zulegen müssen. Nach weiteren zwei Jahren war er so verschuldet, daß er am liebsten davongezogen wäre, wenn er nicht Schimpf und Skandal von seinen Gläubigern befürchtet hätte. Er habe, so klagt er, sein Silbergeschirr versetzt, wisse sich der Gläubiger nicht mehr zu erwehren, er habe bei Juden und Christen keinen Kredit mehr ...“
Im Juli 1643 waren die kaiserlichen Gesandten auf dem Westfälischen Friedenkongreß erschienen, in demselben Monat, in welchem Graf Johann Ludwig die Esterau verkauft hatte.

65 Holzappel persönlich war bereits 1641 vom Kaiser in den erblichen Reichsgrafenstand erhoben worden; die Esterau gab ihm den gewünschten Landbesitz.

66 Holzappel an Schlick, s. loco 1638 I 25, HOFMANN, S. 86.
67 LORENTZEN, Anm. 1, S. 15.
770.000 Gulden sind mehr als eine halbe Million Reichstaler, den Reichstaler zu eineinhalb rheinischen Gulden gerechnet.
68 So wird einmal ein Gegensatz zwischen dem „derben Bauern“ (Holzappel) und dem „feingebildeten Edelmann“ (Gronsfeld) behauptet (so RIEZLER, S. 634).
Gronsfeld war sicher ein feingebildeter Edelmann, aber Holzappel war kein „derber Bauer“ – einmal ganz abgesehen davon, daß es zu allen Zeiten Menschen aus dem Bauernstande gab, die es zu wahrer Bildung gebracht haben, man denke nur an die Gelehrtheit vieler Mönche mit bäuerlicher Herkunft.
Auch SAMBRAUS, ein Schüler Riezlers, schließt sich der Beurteilung Holzappels durch RIEZLER an. Besonders negativ äußert sich GEYSO über den Charakter Holzappels: „Ich halte seine ganze Propaganda für eine interkonfessionelle dritte Partei für Schwindel, für eine Maske“ (GEYSO „Landgraf Wilhelm der V. von Hessen, ein Glaubensheld des 30jährigen Krieges, seine letzten Taten und sein Ende“,Vortrag, gehalten im Hess. Geschichts-Verein zu Marburg am 17.11.1922). Belege für diese Behauptung fehlen. GEYSO anerkennt jedoch die militärischen Fähigkeiten und Erfolge Holzappels.
Das nicht haltbare Urteil von RIEZLER über Holzappel übernimmt KRAUS (S. 298): „Der vom Kaiser mit dem Oberbefehl betraute nassauische Bauernsohn Pieter Holzappel, der sich selbst Melander nannte, war ein tüchtiger Haudegen, aber kein Stratege ...Außerordentliche Erfolge hatte er nie erzielt; fraglich ist, ob er überhaupt die Kunst beherrschte, große Truppenkörper zu führen.“
Wie im Kapitel „Der kaiserliche Defensivfeldzug in Böhmen“ gezeigt wird, wurde der Feldzug zum Erfolg, weil Holzappel die politische Vorgabe des Kaisers strategisch meisterhaft umsetzte. Holzappels erster großer militärischer Erfolg war die gewonnene Schlacht von Hessisch-Oldendorf im Jahre 1633, bei der er u. a. das Schlachtgelände bestimmt und vorab besetzt sowie den Schlachtverlauf maßgeblich beeinflußt hat. Man darf aber gerade für die Zeit des Dreißigjährigen Krieges sein Urteil nicht allein auf die Schlachten fixieren. Eine der Voraussetzungen dafür, daß Landgraf Wilhelm von Hessen-Kassel seine Frontstellung gegen den Kaiser überhaupt durchhalten konnte, war Melanders Geschick, die Operationsfähigkeit der hessen-kasselschen Armee durchgehend zu sichern. Seine Erfolge als Truppenführer kamen hinzu.
Im übrigen, wie wären sonst die Angebote an Holzappel für höchste Kommandostellen zu erklären, die fünf Könige und der Große Kurfürst gemacht haben? Sollen sich diese Könige und der Große Kurfürst in den strategischen Fähigkeiten Holzappels so getäuscht haben?

BARTHOLD, HOFMANN, LORENTZEN und SCHMIDT beurteilen Holzappel positiv. Das Gesamturteil von HOFMANN ist zu günstig.

69 In nur vier Jahren – von 1591 bis 1594 – hatte Moritz alle Festungen, festen Plätze und Städte, die Spanien in den nördlichen Provinzen der Niederlande noch inne hatte, genommen: durch Überraschung oder mit ausgefeilter Belagerungstechnik, mit der modernsten Artillerie seiner Zeit und im unterirdischen Minenkampf. Die Niederländer wurden gerühmt, sie könnten 2.000 Mann in nicht einmal einer halben Stunde in Kampfformation stellen, während andere Heere für 1.000 Mann eine Stunde brauchten. Moritz übte die Treffenbildung mit gegenseitiger Unterstützung ein, wodurch er auf der Basis seiner Exerzierdisziplin größere Beweglichkeit mit Schwerpunktverlagerungen **während** der Schlacht einführte. Er brachte die Fußvölker zum Schanzen. Er ermöglichte damit langandauernde Belagerungen mit der Zurücknahme seiner Truppen in verschanzte Lager, mit günstigen Folgen für die Wahl des Angriffszeitpunktes und für den Wechsel von Angriff und Verteidigung.

70 Zur Soldzahlung berichtet noch 1620 der venezianische Gesandte, die Generalstaaten (Vereinigten Niederlande) „unterhielten selbst jetzt im Frieden 30.000 Mann zu Fuß effektive Stärke und ungefähr 3.600 Pferde; niemals wäre die Auszahlung des Soldes auch nur um eine Stunde verzögert, möge vorfallen, was wolle, und das habe auf die Disziplin den größten Einfluß. Es sei verblüffend zu sehen, wie die Städte sich um Garnisonen bewerben und die Bürger um Einquartierung, denn sie hoffen an ihnen viel zu verdienen ...Der Bürger trägt kein Bedenken, Frau und Töchter mit Soldaten allein zu lassen, was anderswo nicht ginge." (DELBRÜCK, S. 190).

71 zit. nach RYSTADT in GLASER, S. 434.

72 Der Moralist und österreichische Feldmarschall Reichsfürst Charles Joseph von Ligne (1735 bis 1814), der u. a. mit Goethe, Wieland, Rousseau, Voltaire, Friedrich II. von Preußen und der Zarin Katharina II. in Briefwechsel stand, bezeichnet Turennes Memoiren als „une petite Encyclopédie de guerre".

73 JÄHNS, S. 1157.

Die Operationen von Ende 1646 bis Mitte 1647

74 Die **Operation** ist der Strategie nachgeordnet. Die **Taktik** ist der Operation nachgeordnet.
Operation ist die Führung der Truppen in die Schlacht und auf dem Schlachtfeld sowie bei größeren Belagerungen, sie kann bestimmte Aufmärsche oder Aufmarschphasen und Truppenbewegungen („Manöver") mit umfassen.

Taktik ist die Führung der Truppen ins Gefecht und auf dem Gefechtsfeld nach den Grundsätzen des Kampfes der verbundenen Waffen.

Die Begriffe „Operation“, „Operationes“ werden im Dreißigjährigen Kriege bereits in dem genannten Sinne gebraucht. „Taktik“ kommt erst erheblich später vor.

75 Wrangel, HQ Bregenz 1646 XII 28 (des alten Kalenders, 1647 I 07 nach dem neuen, heutigen Kalender), zitiert nach Byr, S 10.

76 „Feuerzeichen als Allarmsignale in Kriegszeiten für den Tyrolischen Landsturm“ (AF 1647/13/12).

77 Die kaiserlichen „Subdelegierten“ zu Ulm im Postscriptum eines Schreibens, Franz von Öttingen an Gallas s.d.s.loco, jedoch frühestens von 1647 III 08 (Fz 165 fol 42).

Das Schloß hatten die Schweden mit fünf Minenladungen in die Luft gesprengt. Seitdem stehen dort nur noch Ruinen.

78 Der kaiserliche Delegierte Gebhardt an Kaiser, Ulm 1647 IV 02 (Fz 166 fol 7).

79 Kitzingen gehörte

- zu Brandenburg-Ansbach bis 1629 I 20
- zum Hochstift Würzburg bis 1631 X 11
- zur Krone Schweden bis 1633 VII 17
- zum Herzogtum Franken (Bernhard von Sachsen-Weimar) bis 1633 IX 30
- wieder zu Brandenburg-Ansbach bis 1634 IX 21
- von da an wieder zum Hochstift Würzburg (bis 1802).

In Kitzingen waren nur etwa 30 evangelisch-lutherische Familien standund seßhaft geblieben. Sie hatten an ihrem Bekenntnis festgehalten, fast ein Wunder nach den Wechseln der Herrschaft während des Krieges. Sie durften ihre Konfession nicht ausüben. Wrangel mischte sich ein; die Motive des vor 15 Jahren gefallenen schwedischen Königs waren noch nicht ganz untergegangen. Er verhandelte mit dem Fürstbischof und erreichte, daß Johann Philipp seinen evangelischen Untertanen den Gottesdienst zunächst in der Sankt Marienkirche in Etwashausen auf dem linken Mainufer gestattete: „Deswegen hat am Sonntag Judika Wrangels Feldprediger bei großer Versammlung der evangelischen Bürgerschaft in Wrangels Gegenwart darin gepredigt und solche Übergabe der Kirche feierlich verkündigt“ (HERZ, S. 63, nach DIETWAR). Auch aus umliegenden ländlichen Orten waren evangelische Christen herbeigeströmt.

In einem Dekret vom 5. Mai 1647 verkündete Johann Philipp, daß er nicht die Absicht habe, seine „der Augsburgischen Konfession verwandte Bürger zu Kitzingen zu unserer Katholischen Religion jetzt und ins Künftige zu zwingen“ und er gesteht ihnen ausdrücklich „Gewissensfreiheit“ und das „Exerzitium“, die Glaubensausübung, zu. Die Toleranz

Johann Philipps und anderer Kurfürsten und Fürsten sollte sich schließlich segensreich für den Friedensschluß auswirken.

80 „Zu dieser Haltung brachte ihn sein Lehrer Friedrich von Spee, der bekannte, daß er noch keine Hexe zum Scheiterhaufen begleitet habe, von der er sagen könne, daß sie der Zauberei schuldig gewesen wäre." (HERZ, S. 63).

81 Anselm Casimir an Kaiser, Frankfurt 1647 IV 22 (Fz 166 fol 106).

82 Turenne an die Ämter Aschaffenburg, Seligenstadt und Obernburg sowie an die Städte Klingenberg, Miltenberg . . . , Wölfingen (?) 1647 VI 01 und Frankfurt am Main 1647 VI 07 (Archiv der Stadt Lohr am Main II.c.2 Blatt 18).

83 Den Abmarsch der französischen Armee über Philippsburg nach den Niederlanden meldete 1647 VI 07 Obrist Brisigell, der kaiserliche Kommandant von Regensburg, an Holzappel (Fz 167 fol 94).

84 Turenne verfolgte die Abtrünnigen, die den ehemaligen Jenenser Studenten Hempel zum Anführer gewählt hatten, bis in die Gegend von Königshofen an der Tauber, (heute Lauda-Königshofen), vgl. ULMANN. GUSTAV FREYTAG hat diese Episode des Dreißigjährigen Krieges in seinem Romanzyklus „Die Ahnen" im Buch „Der Rittmeister von Alt-Rosen" dichterisch frei gestaltet.

Der kaiserliche Defensivfeldzug in Böhmen

85 HOFMANN, S. 210.

86 Durchschnittsstärke:

1. Stärkemeldung kaiserlicher Fußregimenter Dezember 1646/Januar 1647:
   „Extract der Eingegebenen Regimentslisten wie starkh sich ein
   jedwedes im Monat December 1646 undt Januario 1647
   an Mannschafft befunden"
   (insgesamt 15 Fußregimenter)
2. Stärkemeldung kaiserlicher Reiterregimenter Dezember 1646/Januar 1647:
   „Extract der Eingegebenen Regimentslisten zu Pferdt, wie starckh sich ein
   jedwedes im Monath December 1646 und Januario 1647
   ahn Mannschaft befunden sambt den Officiren"
   (insgesamt 30 Reiterregimenter)

1646 XI-XII s.d. (Fz 163 fol 270–272)
(*gesamte Aufstellung: am Schluß der Anmerkungen*).

87 Diese Aussage trifft ab Mai 1647 zu, nachdem Turenne in Hessen-Darmstadt eingefallen war und das Kurfürstentum Mainz zur Neutralität ge-

zwungen hatte. Beide Bundesgenossen des Kaisers waren damit ausgeschaltet worden.

88 Der Begriff „Generalleutnant“ in den Armeen des Alten Reiches bezeichnet während des ganzen Dreißigjährigen Krieges noch eine Dienst**stellung**, nicht einen Dienst**grad.** Der „Generalleutnant“ steht als der Stellvertreter des jeweiligen Landesherrn im Felde. Es gibt daher immer nur **einen** Generalleutnant der jeweiligen deutschen Streitmacht. Tilly war der Generalleutnant des Kurfürsten von Bayern und – ein einmaliger Fall – nach dem Ende des ersten Generalats Wallensteins zugleich auch der Generalleutnant Kaiser Ferdinands II. Wallenstein selbst hatte den Titel „Generalissimus“ und war ebenfalls Generalleutnant.
Der Generalleutnant des Landgrafen von Hessen-Kassel und später seiner Witwe Amalie Elisabeth war Peter Melander, der spätere Reichsgraf von Holzappel. Gallas und später Piccolomini waren Generalleutnante des Kaisers. Sie rangieren in ihrer Befehls- und Kommandogewalt noch vor dem Feldmarschall.
In der schwedischen Armee und anderen ausländischen Armeen dagegen war „Generalleutnant“ bereits ein Dienstgrad, der nächstniedrige unter dem „General“.

89 Zum Tode von Generalleutnant Gallas: DB nr 1029, 1033, 1036 und 1039.

90 Kaiser an Holzappel, Wien 1647 IV 17 (Fz 166 fol 77–79).

91 z. B. Holzappel an Obrist Pachonhay, Budweis 1647 VI 03 (Fz 167 fol 44) und Colloredo an Reich, Prag 1647 VI 25 (Fz 167 fol 570).

92 Am 12. März 1647 war das Hauptquartier noch in Klattau (Fz 165 fol 125), die erste Meldung von Gallas aus Budweis stammt vom 19. März 1647 (Fz 165 fol 206).

93 TE, S. 1053.

94 zur Ausrüstung und Verpflegung 64 Schreiben in der Zeit von 1647 IV 01 bis 1647 VI 15 in den Kriegsakten in genere der RK im HHStA (Fz 166 und Fz 167).

95 Der Generalkommissar in Schlesien an Holzappel, Neisse 1647 VI 21 (Fz 167 fol 447–450).

96 Feldmarschalleutnant Gonzaga an Holzappel, Neisse 1647 VI 24 (Fz 167 fol 550–551).

97 Holzappel an Montecuccoli, Budweis 1647 VI 28 (Fz 167 fol 664), Colloredo an Holzappel, Prag 1647 VI 05 (Fz 167 fol 76–77).

98 Holzappel an Gonzaga, Budweis 1647 VI 17 (Fz 167 fol 345).

99 Als der Kurfürst von Sachsen 1645 den Waffenstillstand von Kötzschenbroda mit Schweden eingehen mußte, überließ er dem Kaiser vier Reiterregimenter, die fortan vom Kaiser besoldet wurden. Ihre Inhaber waren 1647 die Obristen Linckh, Reichard und Seidewitz. Sie standen unter

dem Kommando des kursächsischen Generalfeldwachtmeisters Hanau, zugleich Inhaber des vierten Reiterregiments.

100 Gonzaga an Holzappel, Neisse 1647 VII 26 (Fz 168 fol 189–191).

101 Kaiser an Gallas, Preßburg 1647 IV 08 (Fz 166 fol 43–46) und Gonzaga an Holzappel, Neisse 1647 VI 28 (Fz 167 fol 626–627). Gonzaga meldet die Ablösung der kaiserlichen Besatzung von Oppeln durch polnische Truppen.

102 z. B. Holzappel an Obrist ..., Budweis 1647 VI 15 (Fz 167 fol 295) wegen der Einstellung doppelten Verpflegungsbezugs und Holzappel an Obristleutnant ..., Budweis 1647 VI 19 (Fz 167 fol 402), den doppelten Unterhaltsbezug unverzüglich einzustellen.

103 Holzappel an Feldmarschalleutnant Zahradetzky, Budweis 1647 VI 22 (Fz 167 fol 514–519).

104 Holzappel an Kriegskommissar ..., Budweis 1647 VI 14 (Fz 167 fol 254–255).

105 Kaiser an Holzappel, Preßburg 1647 VI 14 (Fz 167 fol 243–244).

106 Holzappel an Kaiser, Budweis 1647 VI 03 (Fz 167 fol 56).

107 Der Hofkriegsrat an Traun, s.loco 1647 VI 30 (Fz 167 fol 706–710). In den Akten finden sich weitere Beispiele für die Hilfsbereitschaft Holzappels.

108 Holzappel an Colloredo, Budweis 1647 VI 02 (Fz 167 fol 31) und Holzappel an Hanau, Budweis 1647 VI 13 (Fz 167 fol 212).

109 Montierung: in der damaligen Ausdrucksweise die Bekleidung des Soldaten, später die Uniform („Montur“).

110 Kaiser an Holzappel, Preßburg 1647 VI 01 (Fz 167 fol 1- 4).

111 Fz 166 foliis 295 und 387, Fz 167 foliis 33, 37, 55, 59, 204 und 371.

112 Wachenheim an Holzappel, Kolin 1647 VI 08 (Fz 167 fol 137–138).

113 Generalproviantmeisterleutnant Sitta an Holzappel, Prag 1647 VI 15 (Fz 167 fol 270).

114 Fz 167 foliis 315, 371, 380, 409, 410.

115 Holzappel an Sitta, Budweis 1647 VI 12 (Fz 167 fol 190). In allen Armeen war es vorgekommen, daß Brot mit minderwertigen Beimischungen von Kleie oder Spreu gebacken und nasses oder völlig ungenießbares Brot ausgeliefert worden war (s. auch Unterkapitel: „Die schwedische Armee in Leutkirch“ ... im Kapitel „Die Kämpfe des Jahres 1647 in Süddeutschland“).

116 Holzappel an Obrist de la Corona, Budweis 1647 VI 02 (Fz 167 fol 34).

117 Holzappel an Fernemont, Budweis 1647 VI 03 (Fz 167 fol 60).

118 Holzappel an Colloredo, Budweis 1647 VI 21 (Fz 167 fol 460).

119 Fz 167 foliis 206, 241, 341, 344, 379, 414, 460, 505, 537, Fz 168 fol 47.

120 Holzappel an Kaiser, Budweis 1647 VI 19 (Fz 167 fol 414–415).

121 Holzappel an Colloredo, Budweis 1647 VI 21 (Fz 167 fol 460).

122 Holzappel an Kaiser, Budweis 1647 VI 17 (Fz 167 fol 337).

123 Traun an Kaiser, HQ Engelstadt 1647 VIII 13 (Fz 168 fol 128–129).

124 Trauttmansdorff mündlich zu Wartenberg, 1647 VI 27 (APW III C 3/2 S. 928 f, Diarium Wartenberg). Der Osnabrücker Bischof Franz Wilhelm von Wartenberg war kurkölnischer Prinzipalgesandter auf dem Westfälischen Friedenskongreß.

125 Kaiser an Holzappel, Preßburg 1647 VI 15 (Fz 167 fol 260–261).

126 Gesamtbefehl, s. loco (HQ Budweis) 1647 V 25: „Waß gestern undt heut den 24. und 25. May 1647 anbefohlen worden." (Fz 167 fol 297–298). Ein Gesamtbefehl faßt vorangegangene Einzelbefehle zusammen.

127 Es waren die Regimenter Trauditsch, Philipp (von der Beck), Pallavicini und Teile von Warfuse.

128 Bei Erkundungen stießen Reiter Trauditsch's auf den Bürgermeister von Eger, der nach Budweis verreisen wollte, und Trauditsch schickte ihn zurück nach Eger, „auf seinen Posten", wie es Trauditsch auszudrücken beliebte.
(Trauditsch an Armeehauptquartier, Staab 1647 V 29, Fz 166 fol 409).

129 De la Corona an Holzappel, Pilsen 1647 VI 17 (Fz 167 fol 325).

130 Holzappel an Obrist Colloredo, Budweis 1647 VI 30 (Fz 167 fol 730). Obrist Johann Baptist Graf Colloredo ist nicht zu verwechseln mit dem Feldmarschall Rudolf Graf Colloredo-Wallsee. Obrist Colloredo war Kommandeur (Kommandant) eines Fußregiments, Feldmarschall Colloredo-Wallsee der territoriale Befehlshaber in Böhmen mit dem Sitz in Prag.

131 Das Kürassierregiment Colombo und das Dragonerregiment Pachonhay.
„Die Dragoner sind nichts als aufs Pferd gesetzte Fußsoldaten, mit leichten Musketen bewaffnet, die etwas kürzer sind als die anderen, mit Halbpiken und Degen, um einen Posten rasch zu besetzen, dem Feinde bei einem Übergange zuvorzukommen, daher mit Hacken und Schaufeln versehen ....während sie sonst gewöhnlich zu Fuße kämpfen", und sinngemäß weiter: nur in der Schlacht füllen die Dragoner leere Räume zwischen den Truppenaufstellungen aus und kämpfen dann meist aufgesessen. (MONTECUCCOLI nach VELTZÉ, II. Band, S. 218).
Schneller, eingeübter Wechsel zwischen aufgesessener und abgesessener Kampfweise, je nach Feind und Geländeverhältnissen, zeichnete die Dragoner aus. Sie vereinigten in sich bis zu einem gewissen Grade die Vorteile der Kavallerie und der Infanterie: Schnelligkeit und Beweglichkeit der leichten Reiterei und die Feuerkraft damaliger Musketiere; die Stoßkraft der schweren, gepanzerten Reiterei (Kürassiere) mit ihren Blankwaffen und die Standfestigkeit der Pikeniere, des schweren Fußvolks, aber fehlte ihnen. Die Dragoner waren die „modernste" Waffengattung in den damaligen europäischen Heeren.

132 Holzappel an Obrist Pachonhay, Budweis 1647 VI 03 (Fz 167 fol 44).

133 Die Kräftegruppe bestand aus den beiden Kroatenregimenter Pálffy und Mirco (Markovich) sowie den Freikompanien („Freifahnen") Hannemann, Unger und Augustin.
Freikompanien sind selbständige Kompanien, nicht in einem Regimentsverband organisiert und nicht einem Regimentsstab unterstellt. Das Kroatenregiment Mirco ist das des Obristen Marcovich, mit Vornamen Mirco.
134 Kaiser an Hunoldstein, Preßburg 1647 VI 06 (Fz 167 fol 85).
135 Kaiser an Pompeji, Preßburg 1647 VI 06 (Fz 167 fol 86).
136 Das Fußregiment de Souches, die Kürassierregimenter Schneider, Donepp und Königsegg.
137 „Lista deß General Staabs, wie selber Vermög ihr Kayserlichen Mayestät bestallungen zu verpflegen", Preßburg 1647 VI 13 (als Anlage zu einer Antwort des Kaisers auf eine Anfrage Holzappels, Fz 167 fol 202).
138 An den dritten kaiserlichen Gesandten, Dr. Isaak Volmar, liegen keine Schreiben des kaiserlichen Hauptquartiers aus den Jahren 1647 und 1648 vor, weder in den Kriegsakten in genere der RK des Haus- Hof- und Staatsarchivs noch in den Alten Feldakten des Kriegsarchivs in Wien.
139 Aus dem Jahre 1647 liegen in den Alten Feldakten des Wiener Kriegsarchivs fünfzehn Konzepte von Briefen Reichs an Piccolomini und neun von Holzappel an Piccolomini vor.
140 Kontributionen sind Kriegssteuern, die vornehmlich in den Territorien erhoben wurden, in denen eine Armee gerade stand (vgl. SALM, S. 23).
141 Holzappel an Trauditsch, Budweis 1647 VI 15 (Fz 167 fol 301–302).
142 Holzappel an Trauditsch, Budweis 1647 VI 17 (Fz 167 fol 336). Aus diesem Befehl Holzappels ist auf den Inhalt einer nicht mehr vorhandenen Meldung Trauditsch's vom 16. Juni zu schließen.
143 Feldmarschalleutnat Gonzaga an Holzappel, Neisse 1647 VI 11 (Fz 167 fol 162).
144 Holzappel an Kaiser, Budweis 1647 VI 17 (Fz 167 fol 337).
145 Holzappel an Obrist de la Corona, Budweis 1647 VI 17 (Fz 167 fol 341).
146 Trauditsch an Holzappel, Staab 1647 VI 21 (Fz 167 fol 451–452).
147 Anonymer Bericht eines Agenten Holzappels, **angeblich** Gießen 1647 VI 10 (Fz 167 fol 153–154).
Dieser Bericht trägt keinen Eingangsvermerk, aber mit Sicherheit lag er Holzappel am 16. Juni noch nicht vor. Die Ortsangabe „Gießen" muß nicht zutreffen, sie kann auch zur Täuschung angegeben sein, für den Fall, daß der Agentenbericht in Feindeshand fallen sollte.
148 Proposition Wrangels an den nach Nürnberg zusammengerufenen Kreiskonvent, 1647 VI 18 /1647 VI 28 (Fz 167 fol 365–367).

149 Auch Wrangel und Wittenberg trafen erst vor Eger zusammen (Erskein an Johann Oxenstierna und Salvius, Feldlager vor Eger 1647 VI 29/VII 09, APW IIC3, nr 264).

150 Wrangel selbst hatte 14.000 Mann herangeführt, Wittenberg 7.000 Mann. Die Stärkeangaben erfolgen im Dreißigjährigen Krieg noch meist ohne die Angehörigen der Artillerie, die aber zur Infanterie und Kavallerie hinzuzuzählen sind, wenn man ein zutreffendes Bild von der Kampfstärke einer Armee (ohne den Troß) erhalten will.
In der Literatur wird die Kopfstärke der Artillerie meist nicht genannt, oft einfach vergessen. Wrangels Armee vor Eger dürfte – unter Berücksichtigung seiner starken Artillerie – etwa 24.000 Mann betragen haben.

151 Schmidt, S. 100 nennt als Beginn der Belagerung den 26. Juni, das TE nennt den 25. Juni. Es ist eine Definitionsfrage. Zweifellos begann Wrangel mit der „Berennung“ und Einschließung Egers schon am 21. Juni, seine schwere Artillerie feuerte erst ab dem 26. Juni.

152 Colloredo an Holzappel, Prag 1647 30 VI (Fz 167 fol 716–719).

153 Generalmajor Caspar Cornelius Mortaigne de Potelles war 1647 aus schwedischen in hessen-kasselsche Dienste gewechselt. Bei der Belagerung von Rheinfels wurde er verwundet und starb am 18. Juli 1647 nach Einnahme der Festung an den Folgen seiner Verwundung.

154 Salvius an Königin Christina, Münster 1647 VI 20/30 (APW IIC3, nr 259), übersetzt durch Maj-Lis Ederberg, Stockstadt / Rhein.

155 De la Corona an Holzappel, Pilsen 1647 VI 22 (Fz 167 fol 483).
Diese Meldung ist mit besonders hoher Geschwindigkeit befördert worden.

156 Es war das einzige Mal, daß Ferdinand III. als Kaiser für längere Zeit bei seiner Armee weilte.

157 Holzappel an de la Corona, Budweis 1647 VI 26 (Fz 167 fol 601) und Holzappel an de la Corona, Budweis 1647 VI 29 (Fz 167 fol 680–681).

158 Holzappel an de la Corona, Budweis 1647 VI 30 (Fz 167 fol 726).

159 Holzappel an einen Leutnant (Name?), Budweis 1647 VI 22 (Fz 167 fol 562).

160 Holzappel an Obrist Lannan, Budweis 1647 VI 26 (Fz 167 fol 606).

161 Holzappel an Trauditsch, Budweis 1647 VI 24 (Fz 167 fol 564).

162 Holzappel an Brisigell, Budweis 1647 VI 28 (Fz 167 fol 659).

163 Der Dienstgrad „General der Kavallerie“ war ein Novum in der kaiserlichen Armee. Jan von Werth hatte es in der bayrischen Reichsarmee schon zum „General der Kavallerie“ gebracht, in ihr gab es diesen Dienstgrad bereits. Der Kaiser konnte Werth nicht gut zum „Generalfeldmarschall“ ernennen, diesen Dienstgrad in der **Feldarmee** hatte Holzapell inne. Andererseits hätte der Dienstgrad „Feldmarschalleutnant“ Werth zurückgesetzt. So war es eine besondere Auszeichnung für den fähigen Werth,

daß er der erste „General der Kavallerie“ in der kaiserlichen Armee wurde.
Zum zweiten General der Kavallerie wurde 1648 Feldmarschalleutnant Montecuccoli ernannt.

164 Kaiserliche „Avocatorial-Schreiben“, die Reichsvölker betreffend, Pilsen 1647 VII 14 (Druck, Fz 168 fol 106).

165 Obristleutnant Nounekel, Kommandeur des kaiserlichen Regiments Conti und Kommandant Weißenburgs, an Holzappel, 1647 IX 15 (Fz 169 fol 266).

166 der schwedische Obristleutnant Küchenmeister, „Kommandant der Königswarter Schanze“, an den Schloßhauptmann von Plan, 1647 VII 01,
dito an „Bürgermeister und Rath zu Plan“, 1647 VII 02,
dito, 1647 VII 19: „Anforderung von Zimmerleuten und Arbeitsleuten“ („Briefe im Privatbesitz des Herrn Dr. Michael Urban in Plan“, Abschriften, eingesandt von Oberstleutnant Boxberg 1883, AF 1647/13/14).

167 Die Güter des Grafen Schlick, Präsident des kaiserlichen Hofkriegsrates, in der Gegend von Plan waren von den Schweden bereits geplündert und verwüstet worden (de la Corana an Holzappel, Pilsen 1647 VI 22, Fz 167 fol 483).
Die Behauptung, die kaiserliche Armee habe aus Rücksicht auf die Schlickschen Güter einen Umweg gemacht, ist unzutreffend.

168 Die Übergabeverhandlungen wurden am 16. Juli geführt. Die Festung wurde am 17. Juli erneut von den Schweden beschossen und am 18. Juli vom Kommandanten, Obrist Paradeiser, übergeben.
Paradeiser wurde wegen „vorzeitiger Übergabe der Festung“ von einem Kriegsgericht zum Tode verurteilt. Der Kaiser bestätigte das Todesurteil (Kaiser an Holzappel, Prag 1647 XI 16, Fz 171 fol 4–5). Nachdem Montecuccoli, Hunoldstein und viele andere Offiziere der Armee sich für ihn verwendet hatten, wurde Paradeiser zu Weihnachten 1647 vom Kaiser begnadigt, aber dienstentlassen mit dem ausdrücklichen Zusatz, er solle sich bei Hofe nicht mehr blicken lassen (Kaiser an Holzappel, Prag 1647 XII 24, Fz 172 fol 185–186).

169 Obristleutnant Hundt (Kommandant von Elbogen) an Holzappel, Elbogen 1647 VII 07 (Fz 168 fol 60).

170 Für die Schilderung des Gefechts bei Triebl dienten folgende Quellen:
- Kaiser an die Kurfürsten, Pilsen 1647 VIII 23 (Fz 168, nicht foliiert)
- Auszug aus einem Bericht Holzappels über das Reitertreffen bei Triebl, Feldlager bei Triebl, 1647 VIII 26 (Fz 168, nicht foliiert).

171 Zwar bemühten sich fürsorgliche Truppenführer um gutes Schuhwerk für ihre Soldaten. In der damaligen, häufig schlechten Qualität und bei den vielen Märschen „über Stock und Stein“ hielt es nicht lange. Oft fehlten auch passende Strümpfe.

172 Die nächtliche Bereitstellung zum Angriff in Feindnähe ist eine der schwierigsten Gefechtsaufgaben und gelingt nur nach gründlicher Geländeerkundung.

173 Generalmajor Helm Wrangel wurde 1647 VIII 22 bei Triebl schwer verwundet. Er erlag seinen Verletzungen 1647 VIII 25 im schwedischen Hauptquartier bei Plan.
APW II C 3, S. 276, Anm. 3, stimmt damit überein (schwedisches HQ jedoch bei Pla**n**, nicht bei Pla**u**).

174 Holzappel an Piccolomini, Lager bei Triebl 1647 IX 01 (AF 1647/9/1).

175 Kaiser an Ferdinand von Köln, Pilsen 1647 VIII 24 (AF, 1647/8).

176 Holzappel an Kaiser, Triebl 1647 VIII 29 (Fz 168 fol 303–307).

177 Daß ein Defensivfeldzug keine Angriffsoperationen enthalten könne, ist eine falsche (laienhafte) Vorstellung. Die strategische Konzeption ist defensiv und eigene Angriffsoperationen werden nach Zeit und Raum auf die Abwehr eines Feindes begrenzt.

Erneuerte Militärallianz zwischen Kaiser und Bayern

178 FOERSTER, S. 292–298.

179 Trauttmansdorff an Kaiser, Bonn 1647 VII 23 (Fz 168 fol 176–179).
Beigeschlossen ist ein Memorial des Kurfüsten von Köln für Trauttmansdorff vom 23. Juli 1647, das die Bedingungen des Kurfüsten von Köln für den Wiederanschluß an die kaiserlichen Waffen nennt. Die wesentlichen Bedingungen sind:
1) Der Kurfürst behält die „Direktion des Kriegswesens" im niederrheinisch-westfälischen Reichskreis.
2) Alle dortigen Operationen und sonstigen wichtigen militärischen Maßnahmen dürfen nicht anders als mit Wissen und Genehmigung des Kurfürsten vorgenommen werden.
3) Dem Kurfürsten verbleibt das Kontributionswesen.

180 Wilhelm von Lamboy wurde 1600 bei Lüttich geboren. Er war „Untersasse" im Stift Lüttich (APW III C 3, S. 930), das zu den Territorien des Kurfürsten von Köln gehörte. Lamboy hatte sich in der Schlacht bei Lützen 1632 besonders ausgezeichnet. An der Verschwörung Wallensteins gegen Kaiser Ferdinand II. hatte er sich nicht beteiligt. Von Kurfürst Ferdinand von Köln war er zum Obristen befördert worden.

181 Ferdinand von Köln an Kaiser, Bonn 1647 VIII 03 (Fz 168 fol 45–47).

182 Trauttmansdorff an Kaiser, aus Teinitz (auf der Rückreise nach Wien) 1647 VIII 12 (Fz 168 fol 116–121).
Die Beilagen enthalten das Konzept eines Schreibens Trauttmansdorffs an den Kurfürsten von Köln. Trauttmansdorff nennt darin den Rücktritt des Kurfürsten zum Kaiser eine „heroische Resolution", die dem Heiligen

Römischen Reich, der katholischen Religion und dem Kurfürsten selbst zum besten ausschlagen werde.

183 Kaiserlicher Bescheid an Kurköln, Pilsen 1647 VIII 19 (Fz 168 fol 180–185).

184 Kaiser an Lamboy, Pilsen 1647 VIII 19 (Fz 168 fol 195).

185 Siehe zu Bayern: RIEZLER, S. 615; DICKMANN S. 424 f, RUPPERT S. 310 f. Zu Brandenburg: DICKMANN, S. 427 f

186 Königin Christina an Salvius, Stockholm 1647 IX 04/14 (APW IIC3, nr 310), übersetzt durch Maj-Lis Ederberg, Stockstadt / Rhein.

187 So sinngemäß schon vor 1647 der Gesandte Adam Adami zur Beschreibung von Verhandlungspausen auf dem Westfälischen Friedenskongreß (BRAUBACH, S. 50).

188 MEIERN, V S. 48–50.

189 RUPPERT, S. 314 f.

190 MEIERN, V S. 51–53.

191 Kaiser an Holzappel, verschlüsselt, Pilsen 1647 IX 09 (Fz 169 fol 191–194).

Die vorliegenden Geheimbefehle und Geheimmeldungen für die kaiserliche Armee bzw. innerhalb der kaiserlichen Armee wurden ausnahmslos mit Zahlenchiffren verschlüsselt. Dieser Geheimbefehl trägt als Eingangsdatum bei der Kriegskanzlei Holzappels den 11. September.

192 Traun an Holzappel, Pilsen 1647 IX 05 (Fz 169 fol 101–102).

193 Kaiser an Holzappel, Pilsen 1647 IX 17 (Fz 169 fol 302–303) und 1647 IX 18 (Fz 169 fol 333–335).

Kaiser Ferdinand III. verweist auf den von ihm angeordneten Vortrag Trauns vor Holzappel, um die Bedenken Holzappels zu zerstreuen.

194 Holzappel an Kaiser, Feldlager bei Triebl 1647 IX 04 (Fz 169 fol 95–96).

195 Traun an Kaiser, Pilsen 1647 IX 14 (Fz 169 fol 310–313). Vor Eger waren die Kommandeure (Kommandanten) der Reiterregimenter aufgefordert worden, die halben Kosten der Remontierung auf sechs Wochen vorzustrecken. Bis zu Trauns Schreiben war die kaiserliche Schuld noch nicht getilgt.

196 Z. B. Holzappel an Wolfsegg, Auerbach 1647 X 22 (Fz 170 fol 335).

197 Werth an Piccolomini, Tepl 1647 IX 11 (AF 1647/9/8).

198 Holzappel an Kaiser, Feldlager bei Heiligenkreuz 1647 IX 07 (Fz 169 fol 147–148).

199 Reich an Piccolomini, Tepl 1647 IX 11 (AF 1647/9/ad8).

200 Kaiser an Holzappel, zum Teil verschlüsselt, Pilsen 1647 IX 15 (Fz 169 fol 273–278).

Holzappels Absicht, die Königswarter Schanze zu nehmen, war naheliegend. Sie war Wrangel aber auch durch abgefangene „Partikular-Korrespondenzen" kaiserlicher Offiziere bekannt geworden. Der Kaiser gab daraufhin Holzappel den „ganz ernstlichen und gemessenen Befehl", solche Korrespondenzen „bei Leib- und Lebenstraff" einstellen zu lassen.

201 De la Corona an Holzappel, Pilsen 1647 IX 04 (Fz 169 fol 91).
Der Zeitraum der Eingliederung der Weimaraner durch Königsmarck wird durch die APW bestätigt (APW IIC3, nr 304, 314, 323).

202 Kaiser an Holzappel, verschlüsselt, Pilsen 1647 IX 15 (Fz 169 fol 273–278).
Dieses Zitat ist vom Verfasser in heutiges Deutsch gesetzt worden.

203 Bei Bela handelt es sich wahrscheinlich um den heutigen Doppelort Horni-Bela und Dolni-Bela zwischen Pilsen und Kralowitz.

204 Colloredo an Puchheim, Prag 1647 X 25 (Fz 169 fol 514).

205 Salvius an Königin Christina, Osnabrück 1647 IX 06/16 (APW IIC3, nr 314) und
Johan Oxenstierna und Salvius an Königin Christina, Osnabrück 1647 IX 13/23 (APW IIC3 nr 323).

206 Holzappel an Kaiser, Leskau 1647 IX 19 (Fz 169 fol 349–350). Holzappel berichtet unter anderem, Wrangel habe in der Nacht vom 18. auf den 19. September bei Luditz gestanden, um „allen Vermuthen nach sich gegen Kaaden zu begeben undt daselbst den Generalmajor Hammerstein mit der erwartenden Hülfen, die nunmehr morgen oder übermorgen unfehlbarlich bey ihme anlangen werden, an sich zu ziehen."

207 Holzappel an Kaiser, Feldlager von Bela 1647 IX 21 (Fz 169 fol 397–398).

208 In der kaiserlichen Armee war im Interesse u. a. einer abgekürzten Befehlsgebung eine feste Truppeneinteilung eingeführt worden:
das Fußvolk meist in der Mitte der Aufstellung, ein Reiterflügel links davon, ein Reiterflügel rechts davon. Die einzelnen Reiterregimenter waren den Flügeln **fest** zugeteilt, mußten also nicht jedesmal neu befohlen werden. Der Einsatz der Dragoner und Kroaten wurde von Fall zu Fall befohlen. Die Kroaten bildeten die leichte, schnelle Aufklärungsreiterei.

209 Kaiserliche Instruktion für den Hofkriegsrat Ernst Herrn von Traun,
Kaiser an Holzappel („Handbriefel"), s. loco 1647 IX 07 (Fz 169 fol 149).

210 Die Feldmarschalleutnante Trauditsch, Sporck und Pompeji haben an diesem Kriegsrat nicht teilgenommen, sie verblieben bei der Truppe.
Im einzelnen wurde in folgender Reihenfolge vorgetragen: Reich, Philipp (von der Beck), Hunoldstein, Montecuccoli, Fernemont, Werth. Dieses Verfahren im Kriegsrat hat den Vorzug, daß ein dienstjüngerer Offizier seine Auffassung unbeeinflußt von der dienstälterer und dienstgradhöherer Offiziere äußert.
Generalkriegskommissar Traun als der für die Versorgung der Armee Verantwortliche äußerte sich zuletzt.

211 Holzappel an Kaiser, Leskau 1647 IX 19 (Fz 169 fol 351–357).

212 Kaiser an Holzappel, „Handbriefel", Prag 1647 IX 23 (Fz 169 fol 462–463).
213 Sitta an Traun, Pilsen 1647 IX 24 (Fz 169 fol 480–481).
214 Wrangel an Johan Oxenstierna, HQ Saaz 1647 IX 16/26 (APW IIC 4/1 nr 1).
215 Wrangel an Johan Oxenstierna, HQ Saaz 1647 IX 18/28 (APW IIC 4/1 nr 2).
216 Bereits Ende September marschierten 2.000 Reiter zu Fuß (wie vorige Anm.). Hinzu kamen die schweren Verluste bei Triebl.
217 Der französische Gesandte in Stockholm, Chanut, an Mazarin, 1647 XI 16 (nach Odhner, S. 235).
218 (Fz 168 fol 202. Fz 169 foliis 101–102, 142–143, 183–184, 314–315, 480–481).
219 CLAUSEWITZ, S. 974 (Aus dem Anhang: „Die wichtigsten Grundsätze des Kriegführens zur Ergänzung meines Unterrichts bei Sr. Königlichen Hoheit dem Kronprinzen").
220 Christoph von Zobel zu Deschitz an Holzappel, Regensburg 1647 IX 13 (Fz 169 fol 227–228).
Zobel kündigt den Donauübergang für den 15. September an, was tatsächlich geschah.
221 Kaiser an Lobkowitz, „Instruction und Befehl", Prag 1647 IX 26 (AF 1647/9/22$^{1}/_{2}$, Kopie aus dem Fürstlich Lobkowitz'schen Archiv zu Raudnitz.)
Obrist Creutz, sein Obristleutnant und sein Obristwachtmeister wurden erst mit kaiserlichem Befehl vom 7. Oktober nach Prag beordert (Kaiser an Holzappel, Prag 1647 X 07, Fz 170 fol 86–87). Creutz sammelte die zum Kaiser übergetretenen Reste seines Regiments und meldete sich in Prag Mitte Dezember bei Puchheim
(Puchheim an Holzappel, Prag 1647 XII 17, Fz 172 fol 27–28).
222 Gronsfeld an Holzappel, Straubing 1647 IX 25 (Fz 169 fol 521).
223 Die Angaben im Theatrum Europaeum, S. 9, sind falsch. Gronsfeld rückte **westlich** an Pilsen vorbei und nicht – wie das TE behauptet – am **5. Oktober** über Rokitzan, das **östlich** von Pilsen liegt. Auch den Zeitpunkt der Vereinigung der bayrischen Reichsarmee mit der kaiserlichen gibt das TE mit dem **6. Oktober** falsch an.
APW IIC 4/1, S. 1, Anm. 1 übernehmen die falschen Angaben des TE. Ein Blick auf die Karte zeigt, daß die Entfernung von Rokitzan nach Kaaden – dem tatsächlichen Vereinigungsort beider Armeen – schon in der **Luftlinie** knapp 80 Kilometer beträgt. Es ist abwegig anzunehmen, daß die bayrische Armee an **einem** Tage diese Strecke zurückgelegt haben und dann noch die Eger überschritten haben soll. Die im Haus- Hof- und Staatsarchiv, Kriegsakten in genere (Fz 169/170), und in den Alten Feldakten des Kriegsarchivs in Wien vorliegenden Primärquellen widerlegen zweifelsfrei

die Angaben des Theatrum Europaeum (und damit die Angaben in der genannten Anmerkung zu den Acta Pacis Westphalicae).

224 Wilhelm Albrecht von Kolowrat, der zu Gronsfeld gestoßen war, an Holzappel, Lichtenstein (nördlich Tuschkau) 1647 X 09 (Fz 170 fol 122).

225 Gronsfeld an Kaiser, Engelhausen (8 km westlich Duppau) 1647 X 11 **vor Tagesanbruch** (Fz 170 fol 157).

226 Gronsfeld an Holzappel, Duppau („Tuppa") 1647 X 11 **am späten Abend** (Fz 170 fol 144–146).
Die Marschleistung der bayrischen Reichsarmada an diesem Tage hat – geländebedingt – nicht einmal 10 Kilometer betragen.

227 Reich an Piccolomini, Wermersdorf 1647 X 14 (AF 1647/10/8).
SCHMIDT (S. 119, Anm. 1) schreibt: „Einige Regimenter der Bayern waren nach dem **Werrathale** abgerückt und belagerten **Meiningen.**" Schmidt ist ein Transkriptionsfehler unterlaufen. In den AF ist in dem Zusammenhang eindeutig nur von **Memmingen** geschrieben, **„Werrathal"** kommt nicht vor.

228 Reich an Piccolomini, Milowitz 1647 X 07 (AF 1647/10/3).

229 Gronsfelds Forderungen allein für die Remontierung seiner unberittenen Reiter waren: Pferde, Sättel, Zaumzeug, Pistolen, Vollharnische für Brust und Rücken („Curahs"), Armschienen („Brassaden"), Karabiner und Trabrüstungen (Gronsfeld an Holzappel, Straubing 1647 IX 25, Fz 169 fol 521).

230 Kaiser an de la Corona, Prag 1647 X 14 (AF 1647/10/8a).

231 Kaiser an den kurbayrischen Kommandanten von Waldsassen, Prag 1647 X 14 (AF 1647/10/8b).

232 De la Corona an Holzappel, Pilsen 1647 XI 04 (Fz 171 fol 26–27).

233 De la Corona an Holzappel, Wunsiedel l647 XI 25 (Fz 171 fol 125–126).

234 „Patent" Holzappels, Schmiedeberg 1647 X 16 (Fz 170 fol 228). Es handelt sich um das Konzept des Patents, das bei MEIERN V, S. 94 und im TE (S. 15) im Druck vorliegt.

235 Kaiserliches Mandat an die Reichsstadt Nürnberg, Pilsen 1647 VIII 26 (Fz 168 fol 271).

236 De la Corona an Holzappel, Wunsiedel l647 XII 29 und 1648 II 11 (Fz 172 fol 309–310 und Fz 175 fol 200–201).

237 Folgende mährische Festungen waren Ende September 1647 noch in schwedischem Besitz: Iglau, Olmütz, Sternberg, Mährisch-Neustadt, Eulenburg, Fulnek, Eisenberg und Jägerndorf.
In Böhmen war Eger von den Schweden erobert, Brüx auf Befehl Holzappels kampflos geräumt worden.

238 Rittmeister Höfer, Kompaniechef im Kürassierregiment Schneider, in Vertretung seines in Brünn weilenden Regimentskommandeurs an kaiserliches HQ, vor Iglau 1647 VII 02 (Fz 168 fol 8–9).
Höfer meldet, daß die kaiserlichen Kräfte vor Iglau zu schwach seien, um Iglau wirkungsvoll zu blockieren.
Generalfeldwachtmeister de Souches, der Verteidiger von Brünn 1645 gegen Torstenson, bekräftigte wenig später die Meldung von Höfer, nachdem er mit Obrist Schneider Rücksprache gehalten hatte (de Souches an Holzappel, Brünn 1647 VII 05, Fz 168 fol 33–34).

239 Kaiser an die Statthalter in Böhmen, Pilsen 1647 VIII 20 (Fz 168 fol 201).

240 Kaiser an Holzappel, Pilsen 1647 VIII 17 (Fz 168 fol 152–161).

241 Auf kaiserlicher Seite fielen mehr als 600 Mann, darunter die Obristen Berthold Graf Strasoldo und Johann Bernhard von Knöring, beide Kommandeure (Kommandanten) von Fußregimentern. Auf schwedischer Seite fielen etwa 400 Mann aus. Unter ihnen war der Kommandant von Iglau, Obrist Österling, der seinen Verletzungen erlag.

242 Der schwedische General Wittenberg an den Kommandanten von Iglau, Kloster Neuenzell 1647 XI 19/XI 29 (Fz 172 fol 104–106, Beilage). Es handelt sich um die Abschrift ein Schreibens, das kaiserliche Reiter in Schlesien abgefangen und das Gonzaga an Holzappel weitergeleitet hatte. Wittenberg fordert den Kommandanten von Iglau mit diesem Schreiben zu äußerstem Widerstand auf.
Der zugesagte Entsatz hatte keinen Erfolg (Puchheim an Holzappel, Prag 1647 XII 17, Fz 172 fol 27–28).

243 Es waren die Fußregimenter Waldstein, Strasoldo, Knöring, später noch de Mers und Puchheim, die Reiterregimenter Schneider, Königseck, Hanau (?) und Puchheim und das Dragonerregiment de Souches (Generalfeldzeugmeister Puchheim war Inhaber je eines Fußregiments und eines Reiterregiments. Ende 1647 trat er sein Kürassierregiment an Jan von Werth ab).

Der Vorstoß des kaiserlich-bayrischen Heeres zur Weser

244 Reich an Piccolomini, Wermersdorff (?) 1647 X 14 (AF 1647/10/8).

245 Wrangel hatte bis dahin aus dem Raume Saaz-Kaaden das Erzgebirge über den Paß von Preßnitz nach Norden überschritten. Dann war er über Weipert, Schlettau in Sachsen (dort war das schwedische HQ am 4. Oktober), Glauchau und Gösau (HQ) zum thüringischen Ronneburg marschiert und östlich an Gera vorbei nach Zeitz. Dort wechselte er auf das linke Ufer der Elster und marschierte bis Pegau die Elster abwärts, um sich von dort aus zur Saale südlich von Halle zu wenden.

Die Angaben zum Marschweg basieren z.T. auf der dem TE VI vorgehefteten Faltkarte: „Eigentliche Verzeichnuß des Marches welche die Königliche Schwedische Hauptarmee, unter Seiner Excellenz des Herren Feldmarschallen Leonhart Torstenson, und Seiner Excellenz des Herren Feldtmarschallen Carl Gustav Wrangeln Commando seithero den 14. Februarii 1645 von Caden auss biß nacher Schweinfurt den 19. Decembris Anno 1648 gethan." Diese Karte ist eine Quelle ersten Ranges, da sie vom stellvertretenden schwedischen Generalquartiermeister Kleinstretl stammt.

246 Kaiser an Holzappel, Prag 1647 X 12 (Fz 170 fol 156–158).

247 Kaiser an Holzappel, Prag 1647 X 19 (Fz 170 fol 260–267).

248 Holzappel meint das Herzogtum Braunschweig-Lüneburg im geographischen Sinne, unabhängig davon, daß dessen einzelne Linien in verschiedenen Fürstentümern regierten.

249 Kaiser an Holzappel verschlüsselt, Prag 1647 X 29 (Fz 170 fol 422–432, vom Verfasser in heutiges Deutsch gesetzt).

250 APW, I 1, S. 440 und f (vom Verfasser in heutiges Deutsch gesetzt). Der Kaiser hat wörtlich formuliert:
„Nachdeme ich consideriret die langwirikheit des gegenwertigen khrieges, die dardurch erfolgte ruin deß heiligen Römischen reichs und absunderlichen meiner erbkönigreich und -länder, die immer mehr und mehr wachsende feindtliche und entgegen abnemende nur meiner und meiner assistirenden waffen und khrefte, die fast gänzliche ermanglung der mitel, daß algemeine seifzen nach dem friden und auß disem allem die notwendikheit desselben ..."

251 Manchmal wurden überschwere Fuhrwerke nicht nur mit Pferden von vorn gezogen und gelenkt, sondern auch mittels einer hinten angebrachten „starren" Deichsel mit weiteren Pferden „geschoben". Es gab eine Vielzahl von Konstruktionen.

252 In dieser komplizierten Lage stand das schwedische Hauptquartier in dem kleinen Ort Gröbitz zwischen Weißenfels und Naumburg. Wrangel persönlich hielt sich am 19. Oktober auch in Naumburg auf (APW IIC 4/2, Chronologisches Register, S. 1037).

253 heute: **Bad** Kösen. Orte, die erst **nach** dem Dreißigjährigen Kriege zu Bädern erhoben worden sind, werden zwar – wie alle Ortsnamen – in der heutigen Schreibweise wiedergegeben, jedoch ohne den Zusatz „Bad", also z. B. nur Langensalza, Salzungen, Heiligenstadt, Königswart und andere. Karlsbad an der Eger war schon damals ein Heilbad.

254 Buttstädt ist nicht zu verwechseln mit Buttelstedt. Beide Orte liegen nördlich von Weimar.

255 Die weitere Rückzugsstrecke ab Kösen führte im einzelnen über Klosterhäseler, Wischroda, Herrengosserstedt, Buttstädt (HQ), weiter über Markvippach (HQ), wahrscheinlich Mittelhausen (jedenfalls ein kleiner

Ort nahe der nördlichen Festungsmauern von Erfurt, dort wieder das HQ), Dachwig, Döllstädt, Gräfentonna, Langensalza, Thamsbrück (HQ), Mühlhausen, Dingelstädt, Heiligenstadt (HQ), an Göttingen östlich vorbei und an der Plessenburg vorüber, nach Schoningen (HQ), Uslar (HQ) und Holzminden (HQ).

256 Der Vormarsch im einzelnen führte über:
Milowitz bei Kaaden (HQ), Schmiedeberg (HQ, etwas abseits der Marschstraße), Weipert (HQ), Elterlein (HQ), Hartenstein (HQ), Zwickau. Bis Zwickau **folgte** die bayrische Armee der kaiserlichen. Dort schloß sie zur kaiserlichen auf, um dann **parallel** zur kaiserlichen weiterzumarschieren.
Kaiserliche Armee: Zwickau, Crimmitschau (HQ), Dobitschen (HQ), Zeitz (mit Übergang über die Elster), Eisenberg (HQ), Bürgel, Saale-Übergang in Jena.
Bayrische Reichsarmee: Zwickau, Werdau (HQ), Ronneburg (HQ), Gera (mit Übergang über die Elster), Stadtroda, Saale-Übergang in Jena.
Dann wieder **gemeinsamer Marsch** von Jena über Isserstedt (HQ, dort gemeinsamer Kriegsrat der Generale des kaiserlich-bayrischen Heeres), Isseroda, Hayn (HQ, südöstlich von Erfurt), Arnstadt, Wandersleben (HQ).
(Marschweg nach HHStA und KrArchiv).

257 Holzappel an Kaiser, Hartenstein 1647 X 19 (Fz 170 fol 269–274).
Eine Meile sind rund 7,5 Kilometer.

258 Gronsfeld an alle Obristen zu Pferd, HQ Mittwerder (?) 1647 X 17 (AF 1647/10/10).

259 Holzappel an Montecuccoli, Trauditsch und Hunoldstein, HQ Hartenstein 1647 X 20 (Fz 170 fol 305).

260 Holzappel an Piccolomini, HQ Isserstedt 1647 X 31 (AF 1647/10/18).

261 „Generalrendezvous“, hier: allgemeine, verbundene Truppenschau der kaiserlichen und der bayrischen Reichsarmee.

262 „Instruction für Herren Veldmarschalckhleutenandt Graffen von Montecuculi, unterm dato Hauptquartir Wandersleben den 3. Novembriß 1647“ (AF 1647/11/2). Diese Instruktion trägt keine Unterschrift, an der Verantwortung Holzappels besteht kein Zweifel.
Die APW II C 4/1 (S. 63, Anm. 1) verwechseln die Vorausabteilung Montecuccolis mit dem gesamten kaiserlich-bayrischen Heer.

263 Gronsfeld an Holzappel, HQ Ronneburg 1647 X 24, Expedit 1647 X 25 (Fz 170 fol 356–357).

264 Reich an Piccolomini, HQ Eisenberg 1647 X 26 (AF 1647/10/15).

265 So ein Hinweis Gronsfelds (s. vorige Anm.).

266 Vor allem Montecuccoli vertrat diese Auffassung. Er begründet sie 1663 in seiner Abhandlung „Ereignisse und Besonderheiten aus den Feldzü-

gen 1647 und 1648 in Deutschland, welche der Erinnerung werth sind" (Veltzé, III. Band, S. 62).
(Die Abhandlung Montecuccolis – 15 Jahre nach dem Ende des Krieges aus der Erinnerung niedergeschrieben – hat nur bedingten Quellenwert. Mehrere Orts- und Zeitangaben stimmen mit den Primärquellen nicht überein und sind ganz offensichtlich falsch).

267 Holzappel an Piccolomini, HQ Isserstedt 1647 X 31 (AF 1647/10/18).

268 Kurfürst von Köln an Kaiser, Bonn 1647 IX 22 (Fz 169 fol 408–409).

269 Kurfürst von Köln an Kaiser, Bonn 1647 IX 08 (Fz 169 fol 164–170). Der Kurfürst nennt Brühl sein „Städtchen Brühl".

270 Kurfürst von Köln an Kaiser, alle Bonn:
1647 IX 08, 1647 IX 14 (Handbrief), 1647 IX 22, 1647 X 06, 1647 X 13, 1647 X 20 (Fz 169 fol 164–170, 250–253, 408–409; Fz 170 fol 68–71, 170–171, 279–282).
Lamboy an Kaiser, s. loco 1647 X 28 (AF 1647/10/22).

271 Kaiser an Holzappel, Prag 1647 X 12 (Fz 170 fol 159–162).

272 Kaiser an Holzappel, Prag 1647 X 23 (Fz 170 fol 344–349).

273 Weiterer Marschweg der kaiserlichen Hauptarmee und der bayrischen Reichsarmee nach dem gemeinsamen Hauptquartier Wandersleben: Wandersleben (HQ), Creuzburg (HQ, dort Werra-Übergang), dann **paralleles** Weitermarschieren von kaiserlicher und bayrischer Armee.
Kaiserliche Armee: Creuzburg (HQ 1647 XI 06),Ringgau, Sontra (HQ XI 08), Cornberg, Rockensüß, Erkshausen, Rotenburg an der Fulda (HQ 1647 XI 10), Melsungen (HQ XI 13), Harle (HQ bei Fritzlar 1647 XI 15), Gudensberg (HQ 1647 XI 20), Zierenberg bei Kassel (nördlichstes HQ: 1647 XI 24), Fritzlar (HQ XII 02). Es ist jeweils der **erste** Tag des Hauptquartiers in dem Ort genannt; daraus darf nicht geschlossen werden, daß das Hauptquartier in diesem Ort bis zum nächst genannten Datum lag. Es gibt reine Marschtage auch für das Hauptquartier.
Bayrische Reichsarmee: Creuzburg (HQ 1647 XI 06), Wölfterode, Solz (HQ XI 09), Bebra (HQ XI 10) Wolfhagen (nördlichstes HQ 1647 XI 27), Eroberung von Schloß Friedewald östlich Hersfeld, Vacha (HQ 1647 XII 07).

274 Gronsfeld an Holzappel, Solz (zwischen Sontra und Bebra) 1647 XI 09 (Fz 171 fol 97–98).

275 Montecuccoli an Holzappel, „im Feldt bey Melsungen" 1647 XI 10 (Fz 171 fol 101).

276 Holzappel an Lamboy, HQ bei Fritzlar 1647 XI 16 (Fz 171 fol 8–9).

277 Bürgermeister und Rat der Stadt Höxter an Holzappel, 1647 XI 19 (Fz 171 fol 55–56).

278 TE, S. 10.

279 Kurfürst von Köln an Holzappel, 1647 XI 21 (Fz 171 fol 74–75).

280 CLAUSEWITZ, S. 968.

Dieser allgemeine Grundsatz der Strategie gilt ganz besonders für jede Angriffsoperation, worauf CLAUSEWITZ ausdrücklich hinweist.

Die Kämpfe des Jahres 1647 in Süddeutschland

281 Es handelte sich um das eigene Fußregiment von Enkevoer und das Fußregiment Rübland. BROUCEK (Bregenz, S. 15) nimmt irrtümlich an, es handele sich um Kürassierregimenter.

282 Adrian Freiherr von Enkevoer stammte aus einer 1530 in den Ritterstand erhobenen Brabanter Familie. Er war 1603 in Diest in den Spanischen Niederlanden (heute im Königreich Belgien) geboren worden. Der Dreißigjährige Krieg, den Enkevoer fast von Beginn an mitgemacht hatte, wurde nach seinem Bekennen „die Wiege meines Glückes, die Quelle meines Ruhmes und der Schöpfer meines Reichtums". Bereits 1631 war er Obristleutnant und Kommandeur eines der Trcka'schen Regimenter. In der Verschwörung Wallensteins gegen Kaiser Ferdinand II. war er der Abgesandte Wallensteins, der den ausgebliebenen Gallas herbeiholen sollte. Enkevoer aber hatte sich bereits bedingungslos auf die Seite Ferdinand II. gestellt, weder kam er zurück, noch erschien Gallas. Nach Wallensteins Tod wurde Enkevoer sogleich zum Obristen befördert und nun auch Inhaber dieses Regiments. Aus dieser Zeit kannte er den späteren kaiserlichen Generalleutnant Piccolomini. Nach Missionen zu Herzog Karl IV. von Lothringen erreichte er schon 1636 mit 33 Jahren den Dienstgrad Generalfeldwachtmeister und damit den untersten Generalsrang. Zweimal geriet er in der Folge in Kriegsgefangenschaft. Nach Rückkehr aus der zweiten war er 1647 wieder in kaiserliche Dienste getreten und in Personalunion zum Präsidenten des vorderösterreichischen Hofkriegsrates und Generalkommandanten des Landesherrn Erzherzog Ferdinand Carl bestellt worden (nach KrArchiv „Manuskripte Allgemein (22) Graf von Enckevoerth", nach BROUCEK und nach MANN).

283 Caspar Schoch war 1610 als Sohn eines Leibeigenen des Klosters Isny geboren worden. Im Alter von dreizehn Jahren hatte er sich als Hundejunge im Troß eines kaiserlichen Regiments verdingt, danach hatte er als Musketier im Regiment Aldringen gedient. 1630 war er im Mantuanischen Erbfolgekrieg schwer verwundet worden, 1632 in schwedische Gefangenschaft geraten, aber bald ausgetauscht worden. Später diente er in der Armee des Herzogs Karl von Lothringen, dann in der bayrischen Reichsarmee, also stets unter dem Kaiser oder bei dessen Verbündeten. Er hatte sich zum Offizier hochgedient und war im Mai 1645 Inhaber und Kommandeur des einen der beiden bayrischen Dragonerregimenter geworden (erst in demselben Jahr waren in Bayern die den Reiterregi-

mentern attachierten Dragonerkompanien zu selbständigen Regimentern zusammengefaßt worden).

284 „...mit Weib, Kind und Kegel“ meint: mit Frauen, ehelichen und unehelichen Kindern.

285 Schochs Regiment wird in den Quellen oft nach seinem Vornamen nur als das „Regiment Caspar“ oder das „Casparische Regiment“ bezeichnet, er selbst lediglich mit seinem Vornamen genannt.
Es gibt mehr Beispiele, daß Kommandanten, Kommandeure und Kompaniechefs nur mit ihrem Vornamen erscheinen, z. B. Generalwachtmeister Philipp (von der Beck), der kroatische Obrist Mirko (Marcovich) und Rittmeister Augustin (Augustino Maccherelli). Ehe sich die Angehörigen des Deutschen Regiments zu Fuß „Zũniga“ bei der richtigen Aussprache des Nachnamens ihres spanischen Regimentsinhabers die Zunge abbrachen, nannten sie ihn lieber schlicht Don Felix. Wenn der Grund für die Nennung nur des Vornamens die einfache Wortwahl der Söldner untereinander gewesen sein sollte – und alle Vermutung spricht dafür – , ist es kein schlechtes Zeichen für die Beliebtheit der betreffenden Offiziere bei ihren Soldaten.

286 WREDE, III. Band, 2. Hälfte, S. 409: „1647 laut Patent vom 22. Juli als Dragonerregiment aus churbayrischen in kaiserliche Dienste übernommen und in ein Arquebusier-Regiment von 6 Compagnien mit 2 Dragoner-Compagnien umgestaltet ...“.

287 De Souches an Holzappel, Brünn 1647 VII 23 (Fz 168 fol 174–175).

288 zu den Kampfhandlungen Enkevoers wurden vor allem folgende Schreiben ausgewertet:
Enkevoer an Holzappel, HQ Bregenz 1647 IX 03 (Fz 169 fol 68–71).
dito, 1647 IX 09 (Fz 169 fol 189–190).
dito, 1647 IX 13 (Fz 169 fol 233–234).
dito, 1647 IX 23 (Fz 169 fol 457–458).
Die Schreiben Enkevoers an das kaiserliche HQ waren zwischen zehn und 23 Tagen unterwegs.
Enkevoer seinerseits hatte bereits am 3. September die Nachricht über das siegreiche Gefecht von Triebl erhalten, und er wünschte Holzappel, daß ihm „Gott, der Allmächtige, noch mehr und größere Erfolge gnädig verleihen möge.“

289 Kaiser zur Information an Holzappel, verschlüsselt, Pilsen 1647 IX 15 (Fz 169 fol 273–278).
Daß der Kaiser direkt dem Kommandeur eines Regiments eine Order erteilt, hier unter Übergehung Enkevoers, ist sehr ungewöhnlich. Zwar kommen hin und wieder bei anderer Gelegenheit direkte Eingriffe des Kaisers vor, aber kaum über eine solche Entfernung (so befiehlt er dem Kürassierregiment und den Kroaten des Grafen Zrinyi, ihren Marsch zur Hauptarmee im nordwestlichen Böhmen zu beschleunigen, als sie im

September 1647 durch Pilsen marschieren und der Kaiser in Pilsen noch seine Hofhaltung hat).

Wahrscheinlich wollte der Kaiser im Falle des Schochischen Regiments Enkevoer nicht länger in der zwiespältigen Lage belassen, zwei Herren gehorchen zu müssen, ihm und dem Erzherzog. Der Kaiser wollte es Enkevoer erleichtern, gegenüber Erzherzog Ferdinand Carl das Gesicht zu wahren, wenn das Regiment abgezogen wäre.

Enkevoer war aber noch mehr in eine zwiespältige Situation geraten. Befolgte Schoch den Befehl des Kaisers, würde der weitere Erfolg in Oberschwaben ausbleiben. Befolgte er ihn nicht, schadete er **vielleicht** dem übergeordneten Ganzen. In dem „vielleicht" liegt die eigentliche Unwägbarkeit, eine der Unwägbarkeiten, der militärische Befehlshaber im Auf und Ab eines Krieges mit seinen plötzlichen Wendungen gegenübergestellt werden und die sie zu einer Entscheidung ins Ungewisse zwingen. Enkevoer behielt das Regiment auch nach den direkten Befehlen des Kaisers an Schoch weiter bei seinen Truppen, im Vertrauen darauf, daß ihm sein weiterer Erfolg recht geben würde, im Vertrauen auf die nachträgliche Zustimmung des Kaisers und Holzappels, vielleicht im Vertrauen auf die künftige Entwicklung des Verhältnisses zwischen dem Kaiser und dem Kurfürsten von Bayern.

290 Das „feste Haus Gießen" gehörte zum Spital Lindau. Es liegt auf halbem Wege nach Tettnang, unweit der Argen.

291 Die Stände repräsentierten die überwiegend freie Stadt- und Landbevölkerung Vorarlbergs. Die Stände zogen keine Frauen zu den Befestigungsarbeiten heran.

In Memmingen dagegen ließen die Schweden auch Frauen „niederer Stände" schanzen (siehe folgendes Kapitel).

292 Die Schweizer Kantone waren nach außen empfindlich, wachsam und wehrhaft. Die inneren, konfessionellen Auseinandersetzungen zwischen den Kantonen waren allmählich leidenschaftsloser geworden und die internen Belastungen hatten an Gewicht verloren.

Im Jahre 1633 hatte der schwedische Feldmarschall Gustav Horn versucht, Konstanz von der Landseite her einzunehmen. Dabei hatte er das Territorium der Schweiz verletzt. 1647 aber hatten Wrangel und Turenne beruhigende Zusicherungen gegeben. Ihre Armeen hielten sich daran, Neutralitätsverletzungen kamen nicht mehr vor. Außerdem hatte die Tagsatzung in Baden, Kanton Aargau, beschlossen, zum Schutze der Neutralität der Schweiz 12.000 Mann aufzustellen, und in Wil im Kanton Sankt Gallen war ein eidgenössischer Kriegsrat zusammengetreten, um die Verteidigungsvorkehrungen am nahen Bodensee zu leiten. Das unterstrich die Neutralität und hatte genügt, um schwedische Übergriffe zu verhindern. „Es erfordert wahrlich die Staatsräson etwas ganz anderes, als nur Hellebarden zum Polierer zu tragen und ausputzen zu lassen", nach dieser Maxime des Basler Bürgermeisters Wettstein und Abgesandten zum Westfälischen Friedenskongreß handelten die Schweizer Eidgenossen am Ende des Krieges (das Zitat nach TEUTBERG, S. 255).

293 HEILMANN (S. 745) erwähnt Bißinger (Pissinger). Den gelungenen Überfall auf das Regiment Alt-Rosen erwähnt HEILMANN jedoch nicht, ebenso nicht die Tatsache, daß Bißinger am 21. August 1647 zum Kaiser übergetreten war.
LAHRKAMP / Werth, S. 182 erwähnt den persönlichen Übertritt Bißingers zum Kaiser, nicht jedoch den Übertritt der „meisten Besatzung" von Rottweil.

294 Enkevoer an Obrist von Rost, Kommandant von Konstanz, s. loco 1647 VIII 31 (Fz 169 fol 69).

295 Benfeld: einzige noch schwedisch besetzte Festung im Elsaß und Artilleriemagazin, seit 1632 in schwedischer Hand (OSCHMANN, S. 501 Fn).

296 Wrangel an Johan Oxenstierna, HQ Saaz 1647 IX 16/26 (APW IIC 4/1 nr 1).

297 Die östlichsten Reichsstädte waren Nordhausen und Mühlhausen in Thüringen, die nördlichste war Lübeck, Regensburg die am weitesten im Südosten gelegene. Zu den Reichsstädten gehörten Aachen, Augsburg, Dortmund (als einzige zwischen Rhein und Weser), Frankfurt am Main (zugleich Krönungsstadt der Kaiser), Köln, Nürnberg, Straßburg im Elsaß und Ulm an der Donau, aber auch kleine Gemeinwesen von nur wenigen hundert Einwohnern. Diese selbstbewußten Städte mit der „Nähe der Bürger zu Stadt und Reich" (ARETIN, S. 112), mit ihrem Reichspatriotismus und nicht zuletzt mit ihrer Finanzkraft waren und blieben unabhängig von ihrer Konfession immer eine der festen Klammern des Alten Reiches und Stützen des Kaisers.

298 Für die Schilderung der Belagerung Memmingens wurden folgende Quellen ausgewertet:
- HHStA, RK, Kriegsakten in genere, Fz 170 und 171
- TE, S. 112–126.
- SCHORER (s. Literaturverzeichnis)

(Das THEATRUM EUROPAEUM und SCHORER benutzen dieselbe Primärquelle, oft finden sich in beiden wörtliche Übereinstimmungen).

299 Es waren die Fußregimenter Cobb, Fugger, Marimont, Mercy, Ners, Rouyer, Ruischenberg und Winterscheid, die Reiterregimenter de Lapier, Jung-Kolb und Waldbott sowie das Dragonerregiment Barttels (vormals Creutz).

300 Auch die Reiterregimenter waren zu der Zeit offiziell noch in „Kompanien" gegliedert. Die Bezeichnungen „Schwadron" in der bayrischen Reichsarmee und „Eskadron" in der kaiserlichen Immediatarmee gab es bereits, sie bezeichnen jedoch noch die Aufstellung der Reiter im Gevierthaufen, regelmäßig mit mehreren Kompanien (das Wort „Schwadron"

kommt von „squadrone", ital.: viereckiger Haufe). Auch die schwedischen und französischen Kavallerieregimenter waren noch in „Kompanien" gegliedert.

301 Lafette: Geschützbett für die schwereren Geschütze. Erst in der Feuerstellung wurden die Geschützrohre von den Geschützwagen („Stückwagen" oder „Blockwagen") gehievt und „lafettiert".

302 Die Petarde (frz.) ist eine „Sprengbüchse", ein oben offenes Metallgefäß, das mit Pulver gefüllt, verdämmt und auf das zu sprengende Hindernis geschraubt wurde.

303 Wrangel an Johan Oxenstierna, HQ Saaz 1647 IX 18/28 (APW IIC 4/1 nr 2).

304 Wrangel an Johan Oxenstierna, HQ Saaz 1647 IX 16/26 (APW IIC 4/1 nr 1).

305 Holzappel an Enkevoer, HQ Elterlein 1647 X 18 (Fz 170 fol 255).

306 Redoute (ital.-frz.), hier: verstärkte, auf allen Seiten geschlossene Schanzen, die bei Ausfällen der Besatzung den Belagerern Zuflucht bieten, leichter zu verteidigen als die linearen Schanzen. „Redoute" ist nicht zu verwechseln mit „Reduit" (frz.), dem besonders wehrhaften und beschußsicheren Kern im Inneren einer Festung.

307 FURTENBACH, S. 172.

308 Ein „Ravelin" (frz.) ist ein Verteidigungswerk, das mit Kampfgräben zwei Bastionen verbindet. Zur Mitte hin ist es zurückgebogen, im Grundriß vergleichbar einer zum Feinde zeigenden Sichel, die an ihren beiden Enden an den Verteidigungswerken aufgehängt ist. Je mehr sich die bayrischen Reichsvölker und die Kaiserlichen in ihren Annäherungsgräben zur Stadtmauer und dem vorgelagerten Ravelin heranarbeiteten, desto mehr gerieten sie in flankierendes Abwehrfeuer.

309 Enkevoer an Holzappel, HQ Buxheim 1647 XI 05 (Fz 171 fol 44–45).

310 „Klafter": hier Längenmaß. Wahrscheinlich handelt es sich um das damals im Bergbau übliche Längenmaß von rund 2 Metern.

311 „Tonne" bezeichnet hier nicht die heutige Gewichtseinheit, sondern das zylindrische Gefäß, das Ursprungswort.

312 „Weiberregiment", selbstverständlich ist dies die Sprache der damaligen Zeit. Das Mehrzahlwort „Weiber" hatte damals keine negative Bedeutung.

313 Der Chronist ist Christoph SCHORER. Er ist ein Sohn aus erster Ehe des namensgleichen Christoph Schorer, Doktor der Rechtswissenschaft und Ratsadvokat, der zwei Jahre an den Westfälischen Friedensverhandlungen teilnahm.

314 Enkevoer an Holzappel, HQ Memmingen 1647 XII 08 (Fz 172 fol 143–144).

315 HEILMANN, S. 745 nennt den 23./24. Oktober 1647.

316 Enkevoer an Holzappel, HQ Buxheim 1647 XI 05 (Fz 171 fol 44–45).

317 RITTER, S. 580.
318 Enkevoer an Holzappel, HQ Reimlingen vor Nördlingen 1647 XII 20/1647 XII 21 (Fz 172 fol 69–74).
319 wie Anm. zuvor.
320 Malter ist ein Hohlmaß, das „auf einmal Gemahlene“. Hier handelt es sich vielleicht um den württembergischen Malter von 177 oder um den bayrischen Malter von 222 Litern.
321 OSCHMANN, S. 544.
322 Zu LAHRKAMP / Bönninghausen, S. 355 ist anzumerken:
LAHRKAMP legt die (von Enkevoer zukünftig vermuteten) Winterquartiere Turennes **jenseits** des Rheins, also auf die linke Rheinseite. In Fz 172 fol 69–74, die LAHRKAMP ausdrücklich als Quelle nennt, schreibt jedoch Enkevoer am 20. Dezember 1647 an Holzappel: „Demnach sonsten, wie gewies verlautet, der Vis Comte de Touraine mit in zweytaußent zu Pferdt undt fünfzehenhundert zu fues **dißeit Rheins,** seine Winterquartir im **Wirtenbergischen** zu beziehen im anzug begriffen.“ Enkevoer ging also von einem Übergang Turennes auf die **rechte Rheinseite** aus.
LAHRKAMP bezeichnet Enkevoer als **„bayrische(n)** Feldzeugmeister“ vor Memmigen, was nicht zutrifft. Enkevoer trat erst im Juli 1648 unter Rangerhöhung zum Generalfeldmarschall in bayrische Dienste.
323 Kaiser an Holzappel, Prag 1647 XII 26 (Fz 172 fol 225–232).
324 Maximilian von Bayern hatte bereits am 5. November die Vermutung geäußert, daß Turenne wieder über den Rhein gehen werde (Maximilian an Enkevoer, München 1647 XI 05, auszugsweise Abschrift, Fz 171 fol 48).
325 vgl. APW II C 3, nr 334, Erskein an Königin Christina, Osnabrück 1647 IX 27/X 07.
326 Maximilian an Kaiser, München 1647 X 15 (Fz 170 fol 209).
327 Kaiser an Holzappel, Prag 1647 X 29, Abschrift von kaiserlichem Handbriefel (Fz 170 fol 450–451).
328 Kaiser an Holzappel, zum Teil verschlüsselt, Prag 1647 XII 04 (Fz 172 fol 59–60).
329 D'Avangour hatte in etwa die Aufgaben eines Militärattachés.
330 Dieses Zitat und die folgenden aus FURTENBACH sind vom Verfasser in heutiges Deutsch gesetzt worden. Das Schlußzitat dieses Kapitels steht im Original.
331 Die Zahlenangaben zu Pest und Hungersnot nach FRANZ, S 57.
(Es war wahrscheinlich die hoch aggressive „Lungenpest“, die ähnlich einer Grippe direkt von Mensch zu Mensch übertragen wird und die eine viel höhere Todesrate als die „Beulenpest“ aufweist. Die „Beulenpest“ (oder „Hautpest“) dagegen geht primär von pestkranken Ratten aus und steckt über den Zwischenwirt Floh den Menschen an, wenn der Floh die sterbende Ratte verläßt. Die infizierten Flohbisse und die Lymphknoten

bilden die fast schwarz anzuschauenden Pestbeulen aus, die aufgeschnitten werden konnten, was die wenigen Ärzte und die vielen Barbiere taten. Die Wanderratte fand Unterschlupf in den Heeren mit ihrem großen Troß und hielt sich auch dort).

332 Die Namensnennungen sind ein sicheres Indiz für die Wahrheit der Angaben.

333 Ratsadvokat Christoph Schorer, hier „Syndikus“ genannt, und Abgesandter zu „den FriedensTractaten“ in Münster und in Osnabrück, ist der Vater des Chronisten von Memmingen (s. Anm. 313). Christoph Schorer und Gabriel Furtenbach, beide im Hauptberuf Arzt, haben die Chroniken von Memmingen bzw. Leutkirch verfaßt.

334 LORENTZEN, S. 11

335 Wrangel an Holzappel, „Schwedisches Hauptquartier“ (s. loco) 1647 IX 29 (Fz 169 fol 572),
Holzappel an de Werth und Sporck, Schmiedeberg 1647 X 16 (Fz 170 fol 210),
Holzappel an Wrangel, s.loco (Schmiedeberg) 1647 X 16 (Fz 170 fol 215–219).
In den Korrespondenzen zwischen den feindlichen Feldherren wurde i.a. zwar das Absendedatum genannt, nicht jedoch der Absendeort.

336 Z. B. durfte sich Montecuccoli während seiner schwedischen Kriegsgefangenschaft (1639 bis 1642) zuerst in Wismar, dann in Stettin, frei bewegen. Er nutzte die Zeit, um fließend deutsch zu lernen, und er eignete sich eine umfassende militärwissenschaftliche Bildung an, Grundlage für seine spätere Arbeit als Militärschriftsteller.

337 Allerdings ist es nach Kämpfen zwischen spanischen und französischen Truppen vorgekommen, daß „spanische Soldaten als Ruderknechte auf die französische Galeerenflotte verbracht“ wurden (KROENER, S. 60).

338 Die Kartoffel wurde in Europa erst ganz vereinzelt angepflanzt. Als Nahrungsmittel war sie hier noch unbekannt.

339 Bei allen Kriegsparteien wurden immer wieder Truppenteile reorganisiert. Häufig wurden dabei Kompanien und Regimenter zusammengelegt. Die dabei – bis zur Übertragung eines neuen Kommandos – überzählig gewordenen Offiziere wurden auch als „reformierte“ Offiziere bezeichnet (mit ihrer Konfession hat das nichts zu tun).

340 Zum Schlußzitat dieses Kapitels:
schwedische Truppen räumten am 13. Mai 1654 die Stadt Vechta im Hochstift Münster (OSCHMANN, S. 681). Damit erst war der letzte schwedische Soldat von nicht schwedisch gewordenen Territorien im Reich tatsächlich abgezogen.
Zur Aussage von FURTENBACH „Langwiriger 30Jähriger Krieg“:

vgl. REPGEN, „Noch einmal zum Begriff „Dreißigjähriger Krieg" (in: Zeitschrift für historische Forschung 9 (1982) S. 347–352). Die Formulierung von FURTENBACH ist ein weiterer Beleg für REPGEN.

Der Rückzug der kaiserlichen Hauptarmee über den Main

341 DICKMANN, S. 443 f.

342 Franz Egon zu Fürstenberg an Traun, Unna 1647 XII 13 (Fz 172 fol 294–295). Fürstenberg, kurkölnischer Geheimer Rat, berichtet über seine gemeinsame Reise mit Holzappel zum Kurfürsten von Brandenburg (vgl. FOERSTER, S. 301).

343 Johan Oxenstierna an Axel Oxenstierna, Osnabrück 1648 I 24/II 03 (APW II C 4/1, nr 128), übersetzt durch Maj-Lis Ederberg, Stockstadt/Rhein.

344 Königin Christina an Johan Oxenstierna und Salvius, Stockholm 1648 II 05/15 (APW II C 4/1, nr 135), übersetzt durch Maj-Lis Ederberg.

345 MEIERN, V, S. 126–129.

346 SAMBRAUS, S. 18.

347 Reich an Piccolomini, Eisenberg 1647 X 26 (AF 1647/10/15): „ . . .wir sind Gottlob noch in guttem esse („Zustand"), und (wir haben) eine sehr schöne Armada beisammen."

348 Aufforderung an die Hofkammer, Pilsen 1647 IX 17 (Fz 169 fol 314–315)
Traun an den Hofkammerpräsidenten, HQ Kralowetz 1647 IX 25 (Fz 169 fol 520)
Dekret an Traun, Prag 1647 X 02 (Fz 170 fol 16–23).

349 Kaiser an Traun (zum Teil verschlüsselt), Prag 1647 XII 18 (Fz 172 fol 34–35).

350 FRANZ, S. 59.
Er gibt den Bevölkerungsverlust in den „Hauptzerstörungsgebieten" mit 60–70% der Bevölkerung an. Zu diesen Gebieten zählt er „Teile von Mecklenburg und Pommern, Henneberg und Coburg, Hessen, die Pfalz und Württemberg". Hauptorte der Grafschaft Henneberg waren Meiningen und Römhild.

351 Trauditsch an Holzappel, Römhild (HQ von Trauditsch), 1648 I 16 (Fz 174 fol 337–339).

352 Miltitz an Holzappel, Marburg 1647 XII 21 (Fz 172 fol 116–117).

353 Obrist Lannan an Holzappel, Salzungen 1647 XII 16 (Fz 172 fol 13–15).

354 Trauditsch an Holzappel, Römhild 1647 XII 11 (Fz 172 fol 247–248), dito 1647 XII 22 (Fz 172 fol 136–137), dito 1647 XII 25 (Fz 172 fol 208–209).

355 Maria Sophia Reich an Holzappel, Gießen 1647 XII 21 (Fz 172 fol 114–115).
Frau Reich bittet Holzappel, sich ihrer drei kleinen Kinder und ihrer selbst anzunehmen. Am folgenden Tage kondoliert Holzappel von Marburg aus in einem Schreiben an die Witwe und verspricht seine Fürsorge. Außerdem will er sich beim Kaiser für die Hinterbliebenen verwenden (Fz 172 fol 144–145).
356 Landgraf Georg von Hessen-Darmstadt an Holzappel (in Altena), Dillenburg 1647 XII 14 (Fz 172 fol 323–324).
Georg gratuliert Holzappel zur Einnahme der Stadt Marburg.
357 Königin Christina an Salvius, Erskein und Wrangel, sämtlich aus Stockholm 1647 X 9/19 (APW IIC 4/1 nr 20, 21 und 22),
Johan Oxenstierna und Salvius an Wrangel, Osnabrück 1647 X 13/23 (APW IIC 4/1 nr 28),
Salvius an Servien, Osnabrück 1647 X 18/28 (APW IIC 4/1 nr 36) und weitere Belege in den APW IIC 4/1.
358 TE, S. 309.
359 Agent Plettenberg an Holzappel, Hamburg 1647 XII 17 (Fz 172 fol 29).
360 nach SAMBRAUS, S. 14.
361 Diversion zur Plünderung und Brandschatzung von Hessen-Darmstadt südlich des Mains:
Georg von Hessen-Darmstadt an Holzappel, Gießen 1647 XII 12 (Fz 172 fol 14–15) und Dillenburg 1647 XII 14 (Fz 172 fol 323–324),
Winther von Güldenberg an Holzappel, Frankfurt 1647 XII 17 (Fz 172 fol 19) und
TE, S. 150.
Turenne hatte am 08. Dezember über eine Schiffsbrücke bei Oppenheim den Rhein überschritten. Landgraf Georg vermutet wohl zu Recht, daß die Diversion Turennes eine Reaktion auf die Belagerung Marburgs durch Holzappel war. Bei einer zweiten Diversion nach Philippsburg hatten die Franzosen den Rhein über eine Schiffsbrücke bei Germersheim überschritten (Enkevoer an Holzappel, Reimlingen 1647 XII 20, Fz 172 fol 69–74 und TE VI S. 150).
Turenne selbst wohnte auch der Huldigung des neuen Kurfürsten von Mainz (Johann Philipp von Schönborn) bei, die am 5. Dezember 1647 in Mainz stattfand.
362 Agent Plettenberg an Holzappel, Hamburg 1647 XII 17 (Fz 172 fol 29).
363 Philipp (von der Beck) an Holzappel, Sachsenberg 1647 XII 31 (Fz 172 fol 371–373) und Herzog Philipp Ludwig von Holstein an Holzappel, Paderborn 1648 I 02 (Fz 174 fol 11–12).
364 Philipp (von der Beck) an kaiserliches HQ, Korbach 1648 I 06 (Fz 174 fol 100–102).

365 Philipp (von der Beck) an Fernemont, Korbach 1648 I 06 (Fz 174 fol 103–105).

366 Trauditsch an Holzappel, Römhild 1647 XII 17 (Fz 172 fol 21–22). Obrist Mandelslo an Holzappel, Fritzlar 1647 XII 17 (Fz 172 fol 23), Trauditsch an Holzappel, Römhild 1647 XII 25 (Fz 172 fol 208–209).

367 TE, S. 311.

368 Kaiser Ferdinand III. verlieh Gérard 1655 ein Deutsches Regiment zu Fuß, dessen Inhaber und Kommandeur (Kommandant) er bis 1660 war.

369 Die Pferde in einer eingeschlossenen Festung wurden nicht unbedingt als Belastung empfunden. Es ist vorgekommen, daß Pferde gegen Ende einer Belagerung geschlachtet wurden und ihr Fleisch verzehrt wurde.

370 Gérard an Holzappel, Homberg 1647 XII 14 (Fz 172 fol 329–332).

371 Beschwerde des Vormunds der Boyneburgischen Erben an Holzappel wegen der Requirierung von Schweinen, Spangenberg 1647 XII 18 (Fz 172 fol 40–41).

372 Hauptmann Petter Leonhardt an Obristwachtmeister Sturm vom Regiment Lützelburg, Friedewald 1648 II 08 (Fz 175 fol 133–134).

373 wie vorige Anm.

374 Kaiser an Holzappel, Prag 1648 I 11 (Fz 174 fol 188–191). Aus diesem Schreiben geht hervor, daß Traun am 30. Dezember dem Kaiser die Verwundung Holzappels gemeldet hat.

375 wie vorige Anm.

376 Philipp (von der Beck) an Holzappel, Korbach 1648 I 07 (Fz 174 fol 127–128).

377 Fernemont an Montecuccoli, Maar (bei Lauterbach in Hessen) 1648 I 09 (Fz 174 fol 149–150).

378 Obrist Ferdinand Friedrich Graf Fürstenberg war von 1647 bis 1650 Inhaber und Kommandeur (Kommandant)eines Dragonerregiments (WREDE III, S. 634).

379 Fürstenberg an Holzappel, Diez an der Lahn 1648 I 27 (Fz 174 fol 537–538).

380 Obrist Spieckh, kaiserlicher Kommandant auf Ehrenbreitstein an Holzappel, 1648 II 09 (Fz 175 fol 153–154).

381 Die erste Meldung aus dem kaiserlichen HQ Hammelburg stammt von 1648 I 19, das letzte Schreiben von 1648 II 04 (Fz 174 fol 299–303 und Fz 175 fol 45).
Daß das kaiserliche HQ in der fürstäbtlichen Kellerei lag, ergibt sich aus einem Schreiben des Fürstabts Joachim von Fulda an Holzappel, Neuenhof 1648 I 22 (Fz 174 fol 426–427). Der Fürstabt bittet in diesem Schreiben außerdem, seine „geringen Vorräte an Wein und Getreide“ in Hammelburg zu schonen.

382 Das bayrische HQ lag in Kitzingen von Mitte Dezember 1647 bis zum 15. Februar 1648. Am 13. Dezember 1647 hatte die bischöfliche Regierung

in Würzburg das „haubtquartirre mit dem generalstaab“ dem Stadtvogt, dem Bürgermeister und dem Rat der Stadt Kitzingen angekündigt (StAK 319, 79).
HOCK, S. 148, gibt an, daß das bayrische HQ in Kitzingen am 7. Januar 1648 aufgehoben worden sei und nennt als Quelle StAK 319, 82. Tatsächlich haben aber – auch nach dieser Quelle – nur ein Obristwachtmeister (Major) und wenige andere Subalternoffiziere des bayrischen Generalstabes Kitzingen vorab verlassen.
Weiter zitiert HOCK, S. 128, DIETWAR: „Darauf kamen am **7**. Februar abends in die 500 schwedische kommandierte Reiter bei uns an, machten unversehens Quartier und hausten übel ...“ Die Datumsangaben von DIETWAR lauten nach dem alten Kalender, es handelt sich also um den **17.** Februar.
383 RIEZLER V, S. 632.
384 Gronsfeld an Holzappel, Kitzingen 1648 I 20 (Fz 174 fol 379–380).
385 Holzappel an Kaiser, Hammelburg 1648 I 19 (Fz 174 fol 299–303).
Es handelte sich um die Kürassierregimenter Lützelburg, Kaplir und Meutter sowie um das Kroatenregiment Mirko (Marcovich), alle unter dem Oberbefehl von Obrist Lützelburg.
386 Gronsfeld an Holzappel, Kitzingen 1648 I 20 (Fz 174 fol 379–380).
Gronsfeld bezieht sich ausdrücklich auf den Pilsener Vertrag (Rekonjunktionsrezeß) vom 7. September 1647.
387 Kaiser an Holzappel, Prag 1648 II 08 (Fz 175 fol 119–126).
388 Die französische Armee hatte sich inzwischen durch die erwähnten Rekrutierungen etwas verstärken können (s. Unterkapitel „Die militärische Lage Anfang 1648“).
389 Holzappel an Kaiser, HQ Arnstein 1648 II 09 (Fz 175 fol 146–152).
390 wie vorige Anmerkung (der Brief ist etwas freier als die wörtliche Transkription wiedergegeben worden, um dem heutigen Leser die flüssige Lektüre zu erleichtern).
391 „Stafette“ ist im alten Wortsinne ein „Eilbote“, „Meldereiter“.
Holzappel spielt darauf an, daß nicht einmal Geld vorhanden war, um den Inhalt der Gefangenenaussagen an den Kaiser weiterzuleiten.
392 Holzappel spricht vom „Fürstentum“ Fulda, genauer handelt es sich um die „Fürstabtei“ Fulda, die von Kaiserin Maria Theresia erst 1752 zum Fürstbistum erhoben wurde.
393 Holzappel an Maximilian, HQ Arnstein 1648 II 10 (Fz 175 fol 174–181).
394 Holzappel an Maximilian, HQ Hammelburg 1648 I 25 (Fz 174 fol 508–509).
395 SAMBRAUS, S. 42.
396 Vgl. SAMBRAUS, S. 37–40.

Seiner Schlußfolgerung, daß Gronsfeld „unauffällig und mit diplomatischem Geschick sein Ziel erreicht hatte“, indem **Gronsfeld die kaiserliche Armee an sich zog**, kann nicht gefolgt werden. Es ist genau umgekehrt: **Holzappel suchte die erneute Vereinigung mit der bayrischen Reichsarmada** in Franken.

397 SAMBRAUS, S. 39, übersieht, daß der rechte Reiterflügel der kaiserlichen Armee unter Trauditsch noch nicht herangekommen war.

398 Kaiserliches HQ an Feldmarschalleutnant Hunoldstein, an Feldmarschalleutnant Montecuccoli und an die Chefs von berittenen Freikompanien, s. loco (Hammelburg oder Euerdorf), Aufträge für 1648 II 05 (Fz 175 fol 46–47).

399 Rittmeister Augustin (Maccherelli) an Holzappel, „Paß bei Trimberg“ (östlich Hammelburg) 1648 II 10 (Fz 175 fol 162–163) und weitere Aufklärungsposten.
Bei der Ortschaft Trimberg und der Trimburg überquert heute die Bundesautobahn (A7) die fränkische Saale.

400 Johann Philipp an Holzappel, Würzburg 1648 I 22 (Fz 174 fol 414–415).

401 Hunoldstein an Holzappel, Würzburg 1648 II 10 (Fz 175 fol 164).

402 Johann Philipp an Holzappel, Würzburg 1648 II 12 (Fz 175 fol 217–218).

403 Ratsprotokolle der Stadt Ochsenfurt am Main,
Ochsenfurter Recess Buch 1644–1648 II 26, S. 131 f (1648 II 13)

404 Wie vorige Anm.:
Die am 12. Februar 1648 öffentlich bekannt gemachte Anordnung des Rates der Stadt Ochsenfurt an seine Bürger lautete:

„– 1 –

Wan man wider ein Zeichen mit der Bürgerglockhen oder Trommelschlag geben würdt, soll sich jeder mit seinem besten Gewehr vor dem Rhathaus ufm Blaz (Platz) einstellen und gewärtig sein, waß man Ihm oder wohin Er weiter commandirt würdt.

– 2 –

Welcher nun ein Heuers- oder Bauersknecht oder sonst fremdte Leut im Haus hat, kan derselbe auch etwan mit einem Rohr oder Pique versehen mit sich bringen.

– 3 –

Soll sich Ein Jeder mit Wasser im Haus versehen, und da – welches jedoch Gott verhüten wolle – etwas Feuern aufkommen möchte, alß sollen diejenige, welche der Feuerordnung gemees dahin gehörig, nemlich Schröter, Kornmeister, Maurere undt Zimmerleut sich dahin verfügen, die andere Bürgerschaft aber bey Ihrem Gewehr undt auff den Poste nah bleiben.

– 4 –

Soll Keiner ohne Vorwissen der Herren Ehrbaren Schultheißen, Bürgermeistern und Rhat einen von den durchmarchirenden Soldaten über Nacht behalten, damit dieselbe nit hernacher dahinden (zurück) bleiben, undt die Statt bey den Regimentern in Ohngelegenheit gerathen möge.

– 5 –

Die Krämer undt andere, welche offene Handthirung treiben, sollen, umb Verhütung allerhandt Ohngemachß, Ihre Läden zühalten, auch sollen die Schmid sich erruihren (äußern), daß Ihre Nagel und Eisen vorhin von den Churbayrischen auffkauft sein, sollen sich auch des Pferdkauffens und schadhaften Pferd sich enteussern.

– 6 –

Wie auch alles anderes Kauffen und Tauschen gänzlich verbotten sein solle, dan dadurch nur ohngelegenheit, Zankh und Häder causirt werde."

405 Ochsenfurter Recess Buch 1644–1648 II 26, S. 132 f

406 Hauptquartiere der kaiserlichen Armee von Fulda an (nach Fz 174 und Fz 175):
Hammelburg (1648 I 19), Euerdorf (an der fränkischen Saale zwischen Hammelburg und dem heutigen Bad Kissingen, II 05), Arnstein in Unterfranken (II 09), Zellingen (am Main, nordwestlich Würzburg, II 13), Winterhausen (am Main zwischen Würzburg und Ochsenfurt II 14), Uffenheim (II 16), Ipsheim (bei Windsheim, II 17), Langenzenn (II 18), Schwabach (II 20), Roth (II 22), Freystadt (II 24). Es ist jeweils der erste Tag des HQ in dem Ort genannt.
Die HQ der bayrischen Reichsarmee nach Kitzingen waren ortsgleich mit denen der kaiserlichen Armee oder nicht weit entfernt. So lag das bayrische HQ am 16. Februar ebenfalls in Uffenheim.

407 Bürgermeister und Rat der Stadt Hammelburg an Holzappel, 1648 II 08 (Fz 175 fol 140–141).

408 Holzappel an den Bischof von Bamberg, Hammelburg 1648 II 04 (Fz 175 fol 45).

409 Kommandant von Forchheim an Fernemont, Forchheim 1648 II 14 (Fz 175 fol 259).

410 Fernemont am Blumenthal, Coburg 1648 II 06 (Fz 175 fol 71).

411 Ochsenfurter Recess Buch 1644–1648 II 26, S. 132 (1648 II 16):
der kaiserliche Proviantoffizier Samuel Hufnagel hatte dem Fußregiment des Obristen Hanser 590 sechspfündige Laib Brot angewiesen. Am 16. Februar, einen Tag nach dem Durchmarsch, erschien der Leutnant Martin Bauer vom Regiment Hanser und erklärte, daß sein Regiment das Brot „auß Mangel Fuhren nit vortbringen" könne. Die Stadt Ochsenfurt kaufte daraufhin dem Regiment das Brot für 23 Reichstaler ab, „welches gelt interim vom Holzhandel hergeschafft worden".

412 Ochsenfurter Recess Buch 1644–1648 II 26, S. 132 f (1648 II 18).

413 Ochsenfurter Recess Buch 1644–1648 II 26, S. 133 (1648 II 20):
auf verstärkten schwedischen Druck sind dann doch „ ... Ihme Herren General Königsmarckh 4.002 Pfund Broth an 667 Leiben, dan 30 Säckh

Habern nacher Kitzingen geschickt undt uff 2 Schelchen überbracht worden" (ein „Schelch" ist in ostfränkischer Mundart ein größerer Kahn). Die Vermutung liegt nahe, daß hierbei das zunächst für das kaiserliche Fußregiment gebackene Brot mitgeliefert wurde.

Am 22. Februar wurden weitere 6.000 Pfund Brot und 70 Sack Hafer nach Segnitz am Main zum schwedischen Reiterregiment Jüerr geliefert. Am 29. Februar kaufte der Rat der Stadt Ochsenfurt dem Jüerrschen Regiment wieder Hafer ab, auch eine Art der Kontributionseintreibung durch schwedische Truppen.

414 APW II C 4/1 nr 164, 185 und 194 (S. 366), Maximilian an Kaiser, München 1648 II 28 (Fz 175 fol 444) und SAMBRAUS, S. 34.
(Die Ortsbestimmung in den APW IIC4/2 im Namen- und Sachregister auf S. 1109 zum schwedischen HQ in **Arnstein** ist falsch. Das schwedische HQ lag zweifelsfrei im **unterfränkischen** Arnstein rund 20 km nördlich von Würzburg und damit nicht in dem **oberfränkischen** Arnstein („27 km nordöstlich Bamberg")).

415 Wrangel an Johan Oxenstierna, Windsheim 1648 III 2/12 (APW II C 4/1 nr 164). Bei dem erwähnten Ort „Gmünd" handelt es sich um Gemünden am Main in Unterfranken.

416 Wie vorige Anm.

417 Königin Christina an ihren Botschafter Rosenhane in Paris, Stockholm 1648 IV 22/V 02 (APW II C 4/1 nr 229).

418 Die schwedische Armee führte 1647 und 1648 zwischen 200 und 300 Munitionswagen mit, die „alle mit blauem Tuch" (TE) überzogen waren, um Pulver und Lunten trocken zu halten.

419 Holzappel an Leopold Wilhelm, Freystadt 1648 II 24 (Fz 175 fol 374–378) und
Holzappel an Piccolomini, HQ Freystadt 1648 II 25 (AF 1648/2/9).

420 Holzappel an Kaiser, HQ Freystadt 1648 II 24 (Fz 175 fol 366–371) und Kaiser an Holzappel, Prag 1648 II 26 (Fz 175 fol 395–405).

421 Kaiser an Traun, Prag 1648 II 06 (Fz 175 fol 63–64) und
Kaiser an Holzappel, Prag 1648 II 06 (Fz 175 fol 65–70).

422 Holzappel an Maximilian, Freystadt 1648 II 27 (Fz 175 fol 427–434).

423 Kaiser an Holzappel, Prag 1648 II 26 (Fz 175 fol 395–405).
Der Kaiser leitet einen Abschnitt seines Briefes mit den Worten ein: „Betreffendt die durch Eüch dem Veldtmarschalckh Lamböy vorgeschribene Diversion an Oberen Rhein, …"

424 Holzappel an Leopold Wilhelm, Freystadt 1648 II 24 (Fz 175 fol 374–378).
Obrist Spieckh, Kommandant von Ehrenbreitstein, an Holzappel z. T. verschlüsselt, 1648 III 05 (Fz 176 fol 58–59). Spieckh meldet, daß er die Vorbereitungen zur Unterstützung der Diversion abgeschlossen hat.

425 Holzappel an Leopold Wilhelm, Freystadt 1648 II 24 (Fz 175 fol 374–378).
426 Mazarin an Turenne 1648 III 13 (SAMBRAUS, S. 54).
427 Lamboy an Holzappel, Köln 1648 III 01 (Fz 176 fol 17–18) und
Lamboy an Holzappel, Köln 1648 III 03 (Fz 176 fol 31–32).
428 Leopold Wilhelm an Holzappel, Brüssel 1648 III 03 (Fz 176 fol 66–67).
429 Kaiser an Lamboy, Prag 1648 III 04 (Fz 176 fol 50–51).
430 Kaiser an Lamboy, Prag 1648 III 14 (Fz 176 fol 166–205), dabei:
- Anschreiben an den kaiserlichen Gesandten Lamberg in Osnabrück mit den Gründen zur Abberufung Lamboys (Lamberg hatte den Eventualbefehl zuzustellen)
- Ernennung von Sparr
- Befehl an Sparr zur Übernahme des Kommandos und zur unverzüglichen Ausführung der rheinischen Diversion
- Schreiben an den Kurfürsten von Köln zur Dienstenthebung Lamboys.

431 Sparr war nie „Generalleutnant", wie FOERSTER, S. 287 angibt
(er war bis September 1649 kaiserlicher Generalfeldwachtmeister, wurde dann Generalfeldzeugmeister, später Generalfeldmarschall und führte 1664 – in Diensten des Großen Kurfürsten – kurbrandenburgische Hilfstruppen im Verbande einer kaiserlichen Armee gegen die Türken).
432 Lamberg an Lamboy, zweiter Eventualbefehl, Osnabrück 1648 III 26 (Fz 176 fol 369) und Lamberg an Kaiser, Osnabrück 1648 III 26 (Fz 176 fol 373–375), Lamberg meldet die Weiterleitung **dieses** Eventualbefehls an Lamboy.
433 Salvius an Königin Christina, Osnabrück 1648 III 13/23 (APW II C 4/1 nr 181).
434 Lamboy an Holzappel, im Felde vor Geseke 1648 III 26 (Fz 176 fol 363–366).
435 Ferdinand von Köln an Kaiser, Bonn 1648 III 29 (Fz 176 fol 406–412) und
Ferdinand von Köln an Holzappel, Bonn 1648 III 29 (Fz 176 fol 426–427).
In dem Schreiben an Holzappel bittet der Kurfürst den kaiserlichen Generalfeldmarschall um Vermittlung am kaiserlichen Hof. Dies ist ein Hinweis darauf, daß das Verhältnis zwischen dem Kurfürsten und Holzappel vertrauensvoll war, während Holzappel als Vorgänger Lamboys die Kreistruppen – mehr im kaiserlichen und Reichsinteresse – befehligte.
436 Lamboy an Kaiser, Bonn 1648 IV 18 (Fz 177 fol 142–145),
Ferdinand von Köln an Kaiser, Bonn 1648 IV 19 (Fz 177 fol 148–149),
Ferdinand von Köln an Kaiser, Bonn 1648 IV 19 (Fz 177 fol 150–151),
vgl. FOERSTER, S. 303.

Der Feldzug bis zur Schlacht bei Zusmarshausen

437 Ochsenfurter Recess Buch 1644–1648 II 26, S. 134 (1648 II 27 und 1648 II 28).

438 Nachfolgend wird die Belagerung und der Fall von Windsheim nach der ungedruckten „Chronica Windshemiana“ von FLENTSCH geschildert (S. 235 bis 254).
FLENTSCH bezeichnet sich als „Organist und Musiker und Philo-Historiker“. Er hat sich laufend – meist täglich – Notizen gemacht und sie 1650 zusammengefaßt. Das Datum gibt er ausnahmslos nach dem Alten Kalender an; im Text ist es auf den Neuen Kalender umgesetzt worden.
Die „Chronica Windshemiana“ ist weder in das Theatrum Europaeum eingegangen, noch hat sie HEILMANN oder SAMBRAUS vorgelegen.

439 FLENTSCH nennt den Namen „Bernhard Breuer“. Der in der Quellenwiedergabe zuverlässige SAMBRAUS gibt den Namen mit „Hans Bernhard Herman“ an (S. 48). Möglicherweise waren dies nur die drei Vornamen Breuers.
Im TE, S. 312, wird der Name mit „Bernhard Popp“ angegeben.

440 Folgt man FLENTSCH, so wurde die weiße Fahne **nicht während der Kämpfe** aufgezogen. Demnach verhielten sich Rat und Bürger Windsheims nach Kriegsbrauch.
Dagegen stellt SAMBRAUS, S. 49, den Ablauf so dar, als sei während der andauernden Kämpfe auf einem Kirchturm eine weiße Fahne gehißt worden. Er stützt sich dabei auf die Aussagen Breuers und seiner beiden Leutnante vor dem Kriegsgericht.

441 Einige steckengebliebene kleinere Kugeln sind noch heute – 350 Jahre nach der Kanonade – in Windsheimer Häuserwänden zu sehen.

442 Mehrere Ansichten und Skizzen im „Theatrum Europaeum“ sind von dem schwedischen Generalquartiermeister Cornelius von dem Busch in Auftrag gegeben und von dem in schwedischen Diensten stehenden Armee-Ingenieur Carl Heinrich von Osten (+1691) nach den Anweisungen Buschs gezeichnet worden. Der Chronist FLENTSCH schreibt speziell zu seiner Heimatstadt Windsheim unter „Sambstags den 4. Marty“ (14. März 1648): „Diesen NachMittag ist die Statt von den Ingenirern mit einer schnur umbzogen, und in grund entworffen worden.“
Auch diese Skizze des Ingenieurs Osten ist als Kupferstich ins TE aufgenommen worden und hat die Überschrift „Eigentlicher Abriß Der Reichsstatt Windesheimb ...“ erhalten. Der Kupferstich ist im Mittelteil dieses Buches abgebildet.
SCHLOSSER beurteilt im Jahre 1984 das Gemeinschaftswerk des Generalquartiermeisters und seines Armee-Ingenieurs: „Der dokumentarische Wert des Blattes ist außerordentlich, denn keine andere zeitgenössische Darstellung gibt die (1876 bis 1883) abgebrochene Stadtbefestigung so

exakt wieder; im Osten das Seetor (G), im Westen das Rothenburger Tor (H) und im Norden das Johannitertor (I).“
Der Umrißansicht des Ingenieurs Osten ist im Mittelteil dieses Buches eine Gesamtansicht von „Winßheim“ aus derselben Zeit gegenübergestellt. Dieser Stich von Merian dem Älteren gehört „zu den schönsten der ganzen Topographie von Deutschland“ (Zitat von L. H. WÜTHRICH nach SCHLOSSER).

443 Übereinstimmend damit: Wrangel an Johan Oxenstierna, Feuchtwangen 1648 III 11/21 (APW II C 4/1 nr 178).

444 Der bayrische Verpflegungskommissar wurde gegen einen schwedischen ausgetauscht.

445 Wahrscheinlich haben sich nur die Offiziere des Kriegsgerichts als „Befangene“ nicht am Gnadengesuch beteiligt.

446 Der katholische, kurbayrische Generalkriegskommissar Scheffer an Maximilian (SAMBRAUS, S. 49). Hauptmann Bernhard Breuer wurde im kaiserlich-bayrischen Feldlager von Günzburg enthauptet.

447 Königin Christina an Wrangel, Stockholm 1648 III 18/28 (APW II C 4/1 nr 185).

448 Der Kommandant von Rottenburg an Obrist Fitsch in Amberg, Rottenburg 1648 III 09 (Fz 176 fol 112–114)

449 Holzappel an Bischof Melchior Otto, Kipfenberg 1648 III 08 (Fz 176 fol 107).
Holzappel bezieht sich in seinem Schreiben auf eine entsprechende Meldung des bayrischen Generalkriegskommissars Scheffer.
Gronsfeld an Holzappel, Beilngries 1648 III 15 (Fz 176 fol 216–218). Nach dieser Meldung Gronsfelds waren fünf schwedische Regimenter in Bamberg einmarschiert.

450 Bischof Melchior Otto an Holzappel, Bamberg 1648 III 24 (Fz 176 fol 331–332).

451 HQ der kaiserlichen Armee nach Freystadt: Berching (1648 III 03), Kipfenberg (III 06), Dietfurt (III 09), Kösching (III 20), Burgheim (südlich der Donau, III 26).
Es ist jeweils der erste Tag des HQ in dem Ort genannt.
Die bayrische Armee hatte ihr HQ meist in demselben Ort wie die kaiserliche Armee, zeitweise getrennt in Beilngries.

452 Montecuccoli an Holzappel, Kallmünz 1648 III 03 (Fz 176 fol 208–209).

453 Wrangel an Johan Oxenstierna, Leutershausen 1648 III 9/19 (APW II C 4/1, nr 176).

454 Wrangel an Johan Oxenstierna, Feuchtwangen 1648 III 11/21 (APW II C 4/1, nr 178).

455 SAMBRAUS, S. 52.

456 Holzappel an Maximilian, HQ Burgheim 1648 III 26 (Fz 176 fol 370–372) und

Holzappel an Leopold Wilhelm, HQ Thierhaupten 1648 IV 01 (Fz 177 fol 1- 6).

457 Am 7. April 1648 wurden aus dem Schochischen Regiment die Reiterregimenter Truckmüller (zu vier Kompanien) und Modersbach (zu fünf Kompanien) gebildet (HEILMANN, S. 929).

458 Holzappel an Kaiser, Dietfurt 1648 III 09 (Fz 176 fol 122–126).

459 Kaiser an Holzappel, Prag 1648 III 21 (Fz 176 fol 303–304).

460 Holzappel an Maximilian, zwei Briefe, HQ Burgheim 1648 III 26 (Fz 176, fol 370–372 und fol 376).
Der bayrische Regimentskommandeur Maurer an Gronsfeld, Niedenau 1648 III 09 (Fz 176 fol 119).
Maurer hatte den Auftrag erhalten, Übergänge am Fluß Regen gegen vagabundierende kaiserliche Trupps zu sichern.

461 Puchheim an Holzappel, Pilsen 1648 III 26 (Fz 176 fol 357–360).
Die Stärkeangaben Gronsfelds sind hier nicht ganz zuverlässig. Die (wahrscheinlich) kurbayrische Relation von 1648 IV 11 gibt die Stärke des „Soccors“ zwar mit 3.500 Mann zu Fuß, aber nur mit „1.000 Pferdt“ an (Fz 177 fol 117).

462 Puchheim an Kaiser, Wörth 1648 IV 04 „abents um 6 Uhr“ (Fz 177 fol 29–30).
Puchheim meldet, daß er mit dem Sukkurs am nächsten Tage früh Regensburg erreichen werde.

463 Holzappel an Puchheim, HQ Zuchering (heute ein südlicher Stadtteil von Ingolstadt) 1648 IV 03 (Fz 177 fol 17–18).

464 Anders SAMBRAUS, S. 63/64.
Puchheim **persönlich** hat zwar Holzappel in dessen HQ Abbach aufgesucht (1648 IV 07), wahrscheinlich auch, um einen Geheimbefehl des Kaisers vom 31. März zu überbringen. Daraus kann jedoch nicht zwingend geschlossen werden, daß mit Puchheim der Sukkurs über die Donau marschiert sei. Zum Inhalt des Geheimbefehls s. Kap. „Die Schlacht bei Zusmarshausen“.

465 SAMBRAUS, S. 54.

466 Königin Christina an Rosenhane, Stockholm 1648 IV 22/V 02 (APW II C 4/1, nr 229).

467 Königin Christina an Wrangel, Stockholm 1648 IV 22/V 02 (APW II C 4/1, nr 228).

468 SAMBRAUS, S. 58 und StAK 319,87; StAK 319,88.
Die Stadt Ochsenfurt erhielt den Befehl, 5.000 Pfund Brot für die französische Armee abzubacken (Ochsenfurter Recess Buch 1644–1648 II 26, 1648 IV 03).

469 HQ der kaiserlichen Armee nach Burgheim:
Thierhaupten (III 29), Zuchering (IV 03), Abbach (IV 06, in Wolnzach „Rendezvous“ der kaiserlichen und bayrischen Armee am IV 04),

dann nördlich der Donau: Burglengenfeld (IV 11), Schwandorf (IV 15, zwischen Amberg und Sulzbach-Rosenberg erneutes „Generalrendezvous“), Kastl (IV 18), Hemau (IV 20), Essing (IV 21), Mehring (IV 23), Hessellohe (IV 26), Gansheim (IV 27), Donauwörth (IV 28),
dann wieder südlich der Donau: Wertingen (V 02), Burgau (V 05), Günzburg (V 06). Es ist jeweils der erste Tag des HQ in dem Ort genannt.

470 Erskein wurde am 27. Mai/6. Juni 1648 zum „Feldpräsidenten bei den schwedischen Armeen und Garnisonen in Deutschland“ im Range eines Generalleutnants ernannt
(Königin Christina an Erskein, Stockholm 1648 V 27/VI 06, APW II C 4/2, nr 260). Er fungierte schon vorher als Mittler zwischen den schwedischen Gesandten in Osnabrück und den Generalen im Felde. Zu Erskein: LORENTZEN, S. 114.

471 SAMBRAUS, S 84.

472 Erskein an Königin Christina, Osnabrück 1648 VI 05/15 (APW II C 4/2, nr 273).
Erskein schreibt unter anderem.: „Meine gedancken aber sindt gäntzlich dahin gerichtet, daß wir über der Donau subsistiren wollen, maßen auch ich allen möglichen fleiß gebrauchen werde, es dahin zu bringen.“ („über der Donau“, d. h. jenseits, also südlich der Donau).

473 Abschließend wurde geregelt, daß das Reichskammergericht (damals noch in Speyer) paritätisch von 24 katholischen und 24 protestantischen Assessoren besetzt wird. Der Kaiser seinerseits bestimmt 2 Assessoren und füllt damit die Anzahl der Assessoren auf 50 auf. Vor allem bestimmt er den Kammerrichter, den obersten Juristen am Reichsgericht. Von den vier Präsidenten, Vertretern des Kammerrichters, stellt jede Konfession zwei.
Auch beim Reichshofrat, der ebenfalls als ein Oberstes Reichsgericht in bestimmten Zuständigkeiten fungierte, gilt die Parität bei Streitigkeiten zwischen konfessionsverschiedenen Parteien.

474 Vom Kurfürstenrat hat der katholische Teil mitgewirkt. Kursachsen, das bezeichnenderweise die erneute Beteiligung der auswärtigen Macht Schweden ablehnte, blieb fern. Brandenburg schloß sich dieser Haltung Kursachsens an. Vom Fürstenrat nahm nur etwa die Hälfte der Stände teil; vor allem die radikalen Katholiken blieben in Münster zurück. Der Städterat war fast vollzählig vertreten.
Das Fernbleiben Sachsens und Brandenburgs bedeutete keine Ablehnung des Verhandlungsergebnisses, das Fernbleiben richtete sich gegen den Modus, wie es erzielt wurde.

475 RUPPERT, S. 332.

476 Es können hier nur die grundsätzlichen Vereinbarungen genannt werden, ohne auf Sonderregelungen und territoriale Ausnahmen im Reich einzugehen:

- die Evangelischen, die im „Normaljahr“ 1624 ihre Religion als Untertanen katholischer Reichsstände öffentlich und vertragsgemäß ausgeübt hatten, bleiben in ihren Rechten
- ihnen gleichgestellt werden die Evangelischen, die ihre Religion mit Wissen und ohne Widerspruch der Obrigkeit (sciente et non contradicente magistratu) ausgeübt hatten, also ohne, daß eine vertragliche Grundlage bestanden hatte
- ihnen werden weitergehend sogar gleichgestellt die Evangelischen, die ihre Religion nur in ihren Wohnungen – also nicht öffentlich – praktiziert hatten (devotio domestica) und diejenigen Evangelischen , die nur die bloße Übung ihrer Konfession (sola observantia) beachtet hatten. Ob 1624 eine ausdrückliche oder stillschweigende oder gar keine Zustimmung der Obrigkeit vorgelegen hatte, wird unerheblich.
- diejenigen Untertanen katholischer Obrigkeiten, die sich erst im Zeitpunkt des Friedensschlusses zum evangelischen Glauben bekennen, erhalten ein Auswanderungsrecht mit einer Frist von fünf Jahren
- diejenigen Untertanen katholischer Obrigkeiten, die erst nach dem Friedensschluß zum evangelischen Glauben übertreten, erhalten ein Auswanderungsrecht mit einer Frist von drei Jahren.

Selbstverständlich galten diese Bestimmungen in etwa umgekehrt für katholische Untertanen evangelischer Obrigkeiten.
(DICKMANN, S. 460–462).

Die Schlacht bei Zusmarshausen

477 Am 14. April 1648 war in Kassel ein Vertrag zwischen dem lutherischen Landgrafen Georg von Hessen-Darmstadt und Landgräfin Amalie von Hessen-Kassel, die dem reformierten Glaubensbekenntnis anhing, zustande gekommen, der in Text und Garantie des Westfälischen Friedensvertrages aufgenommen wurde. Demnach erhielt Hessen-Kassel allein Stadt und Schloß Marburg, die Universität Marburg aber gehörte fortan beiden Linien gemeinsam.

Der lutherische Gottesdienst in Oberhessen wurde garantiert, Minderheitenrechte für die dortigen Reformierten ebenso. Im wesentlichen drei Ursachen haben zur Beilegung des jahrzehntelangen Streits zwischen diesen beiden hessischen Linien geführt:

- die mühevolle Vermittlungstätigkeit des Herzogs Ernst von Gotha, der seinen lutherischen Glaubensbruder Georg zum Nachgeben bewegte
- das Ultimatum des Friedenskongresses vom 2. April, innerhalb von zwei Wochen dem Kompromiß zuzustimmen, sonst werde man ohne Hessen-Kassel und ohne Hessen-Darmstadt entscheiden

- der Großmut Landgraf Georgs, der gegenüber der kaum kompromißbereiten Landgräfin Amalie einlenkte, obwohl er mit einem kaiserlichen Urteil von 1623 und dem Marburger Vertrag von 1627 die deutlich bessere Rechtsposition besaß. Er tat es um des lieben Friedens willen, in dessen Genuß ihn ein gütiges Schicksal noch mehrere Jahre brachte. Landgräfin Amalie dagegen starb schon 1651, noch nicht 50 Jahre alt.

Landgraf Georg gehört wegen seiner mitreißenden Aufbauleistung und beispielhaften Fürsorge für seine Untertanen zu den bedeutenden Landesherren Deutschlands nach dem Dreißigjährigen Kriege.

478 Maximilian an Kaiser, München 1648 II 28 (Fz 175 fol 444–448), 1648 IV 22 (Fz 177 fol 162–171), 1648 IV 24 (Fz 177 fol 182–184) und 1648 IV 29 (Fz 177 fol 260–267).

479 Maximilian an Holzappel, München 1648 III 09 (Fz 176 fol 111):
Maximilian teilte Holzappel lapidar mit, daß er, Maximilian, von Gronsfeld bereits über die Lage informiert worden sei. Holzappel solle die Entschlüsse Maximilians bei Gronsfeld erfragen.
Holzappel an Kaiser, HQ Dietfurt 1648 III 09 (Fz 176 fol 122- 126):
Holzappel beklagt sich beim Kaiser, daß Gronsfeld sich weigert, in ein Gutachten der bayrischen Generalität Einblick zu gewähren.
Holzappel an Maximilian, HQ Thierhaupten 1648 III 29 (Fz 176 fol 425):
die Besatzung der Reichsstadt Regensburg sollte von wenigen kaiserlichen Truppen aus Oberösterreich verstärkt werden. Maximilian hatte keine Anweisung gegeben, diese durchzulassen.
Obrist Krafft, kaiserlicher Kommandant von Regensburg, an Holzappel, 1648 IV 28 (Fz 177 fol 251–255):
Krafft meldet das Verbot des bayrischen Generalkriegskommissars Scheffer und der kurbayrischen Regierung zu Straubing, kaiserlichen Soldaten den Durchzug zu gestatten. Damit wurde kaiserliche Aufklärung nördlich der Donau erschwert und vor allem die Auffüllung der kaiserlichen Regimenter durch remontierte und angeworbene Soldaten aus Böhmen via Regensburg und Straubing verhindert.
(Die Quellen im HHStA und KrArchiv belegen weitere, geradezu kleinliche Behinderungen der kaiserlichen Armee).

480 Holzappel an Kaiser, HQ Abbach 1648 IV 07 (HHStA FrA Fz 56 b fol 94–97).

481 Kaiser an Maximilian, Prag 1648 II 03 (Fz 175 fol 15–18).
Kaiser an Holzappel, Prag 1648 III 03 (Fz 176 fol 27–30): der Kaiser informiert Holzappel unter anderem über seine wiederholten Proviantbemühungen bei Maximilian.
Holzappel an Maximilian, HQ Berching 1648 III 03 (Fz 176 fol 43–44), dito HQ Kipfenberg 1648 III 07 (Fz 176 fol 91–94), dito Fz 176 fol 103–106, dito Fz 176 fol 122–126, fol 134–137, fol 147–150.

482 Erklärung des kaiserlichen Feldmarschalleutnants Sporck, Prag 1648 IV 08 (HHStA FrA Fz 56 b fol 101–104):
Sporck – und später Werth – mußten erst schriftlich versprechen, gegenüber dem Kurfürsten von Bayern „allen Respekt" einzuhalten, das Vergangene ruhen zu lassen und den „geringsten Officir oder Soldaten" der bayrischen Reichsarmee nicht mehr kommandieren zu wollen. Ferner mußten sie sich verpflichten, diejenigen Offiziere, die ihren Abfall vom Kurfürsten mitgemacht hatten, „weder mit zur (kaiserlichen Haupt-) Armada zu bringen noch nachfolgen zu lassen". Diese Erklärung, die der Kurfürst verlangte, ist nur zu verständlich.
Nachdem sich der Kurfürst aber dazu durchgerungen hatte, auf monatelange Bitten des Kaisers und Holzappels und auf Grund der Lageentwicklung Sporck wieder bei der kaiserlichen Hauptarmee zuzulassen, wurde dessen Zuzug zur kaiserlichen Hauptarmee weiter behindert. So meldet der Kommandant von Regensburg, Obrist Krafft, am 29. April, daß Sporck mit seiner Leibkompanie vor Regensburg eingetroffen sei, ihn die Kurbayrischen aber nicht passieren ließen (Krafft an Holzappel, 1648 IV 29, Fz 177 fol 268- 269).
Sporck fand dann Anfang Mai mit seiner Kompanie doch den Anschluß an die kaiserliche Hauptarmee, obwohl Gronsfeld sich geweigert hatte, „diesem groben Bauernflegel" den erbetenen Paß auszustellen.
483 Obrist Krafft an Holzappel, 1648 V 05 (Fz 178 fol 46–47).
Zur Reichsstadt Regensburg gehörte noch nicht der heutige Stadtteil „Stadtamhof", nördlich der Donau. „Hof" (Stadtamhof) war im Unterschied zur Reichsstadt bayrisch besetzt. Zwischen der eigentlichen Reichsstadt südlich der Donau und Hof überspannte schon damals die „Steinerne Brücke" den Fluß. Sperrte der bayrische Kommandant von Hof das Nordende der Brücke, war ein Übergang nicht möglich.
484 Maximilian an Kaiser, München 1648 V 01 (Fz 178 fol 9–13).
485 Maximilian an Kaiser, München 1648 III 30 (Fz 176 fol 448–449).
486 Maximilian an Kaiser, München 1648 V 07(Fz 178 fol 69–70).
Maximilian erwähnt seine eigenen Schreiben vom 1., 2., 4., 24., 28., 29. und 30. April sowie die vom 1. und 2. Mai, auf die er keine Antwort erhalten hatte.
487 Gutachten der Geheimen Räte, Prag 1648 V 08 (Fz 178 fol 84–101).
488 Kaiser an Maximilian, Prag 1648 V 08 (Fz 178 fol 83).
489 Kaiser an Holzappel, Prag „den letzten März 1648" (SINCLAIR, 137. Anm.)
Puchheim übergab diesen Geheimbefehl sehr wahrscheinlich persönlich am 7. April im kaiserlichen HQ zu Abbach. Holzappel ließ diesen Geheimbefehl nicht in der Kriegskanzlei ablegen.
490 Gutachten der geheimen Räte, Prag 1648 V 08 (Fz 178 fol 84–101).

491 SAMBRAUS (S. 72) schreibt: „Aber was sollten alle Hilfsaktionen von außen her nützen, wenn nicht auch im Innern der (kaiserlichen) Armee eine vollständige Reorganisation vorgenommen, wenn nicht mit eiserner Faust die Disziplin wiederhergestellt wurde? Dieser Aufgabe fühlte sich der kaiserliche Feldherr nicht gewachsen, ..."
Das Urteil von SAMBRAUS verkennt die nahezu unvorstellbare Not bei der kaiserlichen Armee **und** ihrem Troß. Die „eiserne Faust" hatte gerade Holzappel früher oft genug angewandt. Nichts als Brot brauchten jetzt seine Soldaten. Er und Gronsfeld taten, was in ihrer Macht stand, um Raub und Plünderung zu steuern.

492 Holzappel an Maximilian, HQ Günzburg 1648 V 09 (Fz 178 fol 106–107).

493 Holzappel an Kurz, HQ Günzburg 1648 V 11 (Fz 178 fol 146–147).
Holzappel informiert den Reichsvizekanzler über die Mission des Kriegskommissars Blumenthal zum Kaiser. Blumenthal hatte den Auftrag, zu den künftigen Operationen und den nicht abgestellten Versorgungsmängeln bei der Armee dem Kaiser nochmals vorzutragen. Holzappel bittet auch den Reichsvizekanzler um seine Unterstützung. (Dieses Schreiben ist das letzte mit der eigenhändigen Unterschrift Holzappels in den Akten des HHStA).
Blumenthal an Kaiser, Prag 1648 V 19 (AF 1648/5/14)
Dieser schriftliche Bericht Blumenthals ist dem Grafen Kurz am 23. Mai in München „communicirt" worden.

494 HQ Günzburg 1648 V 13 (Fz 178 fol 156).

495 Berufung Ebersteins als kaiserlicher Feldmarschalleutnant, Prag 1648 III 26 (Fz 176 fol 346–354).
Ernst Albrecht Graf von Eberstein war aus hessen-darmstädtischen Diensten in kaiserliche übergetreten. Mit Eberstein war seit Dezember 1647 zu seinem Übertritt verhandelt worden (Kaiser an Holzappel, Prag 1647 XII 10, Fz 172 fol 197–204). In der kaiserlichen Armee nahm Eberstein die Stelle von Feldmarschalleutnant Trauditsch ein. Trauditsch wurde Kommandant von Königgrätz.

496 Kaiser an Holzappel, Prag 1648 III 27 (Fz 176 fol 377–384).
Der Kaiser teilt mit, daß er Feldmarschalleutnant von Hunoldstein nunmehr den Übertritt in kurbayrische Dienste gestattet habe. Am 19. März war Hunoldstein in die bayrische Reichsarmada unter Beförderung zum Generalfeldzeugmeister übernommen worden. Dort erhielt er außerdem im April das frei gewordene Fußregiment Ruischenberg.

497 Für die Schilderung der Schlacht bei Zusmarshausen wurden folgende Quellen ausgewertet:
Kriegsarchiv zu Wien AF:
– der Bericht Montecuccoli an Kaiser, Augsburg 1648 V 18 (AF 1648/5/11)
– " " Fernemont an Kaiser, Augsburg 1648 V 19 (AF 1648/5/12)

- der Bericht bayrisches HQ an Maximilian, 1648 V 17, von Maximilian am 18. Mai an den Kaiser mit Begleitschreiben weitergeleitet (AF 1648/5/10 b und 1648/5/10).
- Schreiben Oberkommissar Hermann Keller an Kaiser, Augsburg 1648 V 17 (AF 1648/5/9)
- Meldung Albrecht von Sazenhofen, Deputierter des Kurfürsten beim Generalkommissariat, „Signatum Augspurg umb 4 Uhr den 17. May Anno 1648“ (AF 1648/5/10a), von Maximilian an Kaiser am 18. Mai weitergeleitet (AF 1648/5/10, Begleitschreiben zur „Meldung Albrecht von Sazenhofen“).

aus dem Rathaus von Zusmarshausen:
Kupferstich, „Angriff der Kaiserlichen Arriergarde unter den Feldmarschal Graf von Holtzappel Durch die Schwedische und Französische Avantgarde unter den Marschällen Turenne und Wrangel den 7ten May 1648 von Carl Heinrich von Osten, Schwedischen Ingenieur, auf Befehl des Generalquartiermeisters Herrn Cornelius von Busch“.

TE, vor S. 316:
Cornelius von dem Busch und Carl Heinrich von Osten, Kupferstich: „Schleunige oder geschwinde Action und Treffen, so zwischen der Kayserlichen Armee, unter dem Commando des Herrn General und Feldmarschall Graff Holtzapffell und gegentheils Schwedischer unter dem Commando des Herrn General und Feldmarschall Wrangels Exellenz den 7. Mai Anno 1648 fürgangen“

TE, S. 315–317:
Wrangel an Generalmajor Axel Lillie, HQ Hiltenhofen (?)1648 V 08/V 18
(Bei „Hiltenhofen“ handelt es sich sehr wahrscheinlich um „Hainhofen“, unmittelbar an der Schmutter gelegen. Die in den APW II C 4/2 Fn, S. 500, angedeutete Möglichkeit, es handele sich um „Hennhofen“, (weit nördlich von Zusmarshausen) ist abwegig. Wrangel und Turenne führten von vorn, insbesondere im Angriff. Während der Feldzüge lag das HQ Wrangels fast immer ziemlich im Zentrum seiner Truppen. Außerdem hat Wrangel noch persönlich am 8./18. Mai 2.000 Reiter zur Aufklärung in Richtung Augsburg angesetzt. Das hat er bestimmt nicht von „Hennhofen“ aus getan, das etwa 30 Km von Augsburg entfernt ist. Im übrigen, das TE, S. 315, legt „Hiltenhofen eine halbe Meile von Augspurg“, ebenso wird die Schmutter „eine halbe Meyl Wegs von der Statt Augspurg“ entfernt genannt (TE, S. 504). Das ist grob die Entfernung von Hainhofen und der Schmutter – dort wo die Kämpfe stattfanden – nach Augsburg. Dagegen ist Hennhofen vier Meilen von Augsburg entfernt).

Turenne: „Histoire Du Vicomte De Turenne ...“
(s. Literaturverzeichnis unter RAMSAY).

Floredus: „Christliche Leichtpredigt ...“ (s. Literaturverzeichnis).

Zur Wertung der Primärquellen:
Wrangel hatte am 07./17. Mai den Oberbefehl über das schwedisch-französische Heer. Er schildert lückenlos, detailliert den schwedisch-französischen Angriff bis zu seinem Erlahmen am Abend des 17. Mai und würdigt dabei den Abwehrkampf des kaiserlich-bayrischen Heeres. Turenne allerdings, der an diesem Tage die Avantgarde führte, wird nur einmal erwähnt.
Der schwedische Generalquartiermeister **Cornelius von dem Busch** und Ingenieur **Carl Heinrich von Osten** geben in ihren beiden Skizzen, die in Kupferstiche umgesetzt worden sind, anschauliche Bilder, die mit den Schlachtberichten bis auf eine Ausnahme übereinstimmen (der schwedische Umfassungsangriff ist erst im dritten Verzögerungsgefecht angesetzt worden).
Montecuccoli hat die drei kaiserlichen Verzögerungsgefechte geschlagen. Er beschreibt sie unter allen Primärquellen am ausführlichsten und in einer plastischen Sprache.
Fernemont schildert unparteiisch vor allem die kaiserlich-bayrische Verteidigung östlich der Schmutter.
Der verhältnismäßig kurze **Bericht Bayrisches Hauptquartier** stammt von Gronsfeld. Der Bericht ergreift zum Teil einseitig zu Gunsten der bayrischen Reichsarmee Partei. Er enthält zudem einige Wertungen, die mit der Schlacht nichts zu tun haben.
Keller und **Sazenhofen** kennen die Verzögerungsgefechte nicht aus eigenem Erleben, sondern fassen die kurzen, bruchstückhaften Auskünfte Montecuccolis, Fernemonts, Wachenheims und Hunoldsteins zusammen, die diese während der laufenden Verteidigung auf Befragen gaben. Ihre kurzen Zusammenfassungen, die – wertvolle -Bruchstücke geblieben sind, stehen einerseits ganz unter dem unmittelbaren Eindruck der noch anhaltenden Verteidigung, können andererseits aber noch nicht den erfolgreichen Abschluß der Verteidigung melden. Ihren Berichten fehlt der Überblick.
Zum Gelände:
Für die Geländebeschreibung hat der VERFASSER das Gelände zwischen Zusmarshausen und dem Sandberg bei Steppach mehrere Tage im September 1989, Frühjahr 1990 und Frühjahr 1993 zu Fuß erkundet. Dabei wurde die „Charte von Schwaben“ von I.A. Amman aus dem Jahre 1798 (Bayerische Staatsbibliothek) mit herangezogen. Diese Karte war bahnbrechend und genügt immer noch neuzeitlichen Qualitätsansprüchen (vgl. WOLFF, Hans (Hrsg.) „Bayern im Bild der Karte, Cartographia Bavariae“, S. 168 und S. 254 f.)

498 Graf Johann Ludwig von Nassau-Hadamar an Holzappel, Münster 1648 IV 03, IV 21 und IV 24 (Fz 177 fol 15–16, fol 156–157, fol 185–186).
Im Schreiben vom 24. April berichtet Johann Ludwig u. a. zum Stand der

satisfactio militum und zur Einigung zwischen Hessen-Darmstadt und Hessen-Kassel.

Johann Ludwig und Holzappel haben sich 1647 und 1648 laufend gegenseitig informiert, was Trauttmansdorff sehr gefördert hat.

499 Die heutige Bundesstraße 10 folgt zwischen Zusmarshausen und Augsburg etwa dem damaligen Straßenverlauf.

500 Der Streitheimer Forst wird seit 1939 von der Autobahn Ulm-Augsburg-München (A8) durchschnitten.

501 Fernemont übernimmt diese Stärkeangabe des Bauern in seinen Bericht. Möglicherweise ist sie stark übertrieben, wenn der Bauer nur den Übergang der berittenen französisch-schwedischen Aufklärung von neun Kavallerieregimentern über die Donau gemeldet hat. Dafür spricht einiges.

Die Gefechtsstärke eines schwedischen Kavallerieregiments betrug nur wenige hundert Reiter, die eines französischen war noch geringer. Die im Text weiter oben genannte Aufklärungsstärke von 2.000 bis 3.000 Reitern erscheint realistischer, da im Wrangelschen Bericht „sechs schwedische und drei französische Regimenter" genannt werden.

502 Obrist Thomas Freiherr von Brisigell (auch Brisigello), 1647 kaiserlicher Kommandant der Reichsstadt Regensburg, war Kurfürst Maximilian ein Ärgernis, weil Brisigells Adjutant Mittlerdienste beim Abfall des Generals Werth geleistet hatte. Im November 1647 hatte Brisigell das Kommando in Regensburg an den nicht mehr feldverwendungsfähigen, aber hoch verdienten Obristen Heinrich Krafft zu Lammerstorf übergeben und war befehlsgemäß an den kaiserlichen Hof gereist (Brisigell an Holzappel, Regensburg 1647 XI 09, Fz 171 fol 92).

Im Benehmen mit Holzappel hatte der Kaiser Brisigell im April 1648 die Wahl gelassen, entweder das frei gewordene Fußregiment Hunoldstein zu übernehmen oder – dem Personalvorschlag Holzappels folgend – die nach dem Tode von Generalfeldwachtmeister Reich vakante Stelle des Generalquartiermeisters der kaiserlichen Armee zu besetzen (Kaiser an Holzappel, Prag 1648 IV 08, Fz 177 fol 95). Brisigell hat das Angebot Holzappels zum Generalquartiermeister angenommen.

Der erste aktenkundige Befehl Brisigells in der neuen Verwendung datiert vom 24. April 1648 (Quartieranweisung durch Brisigell, Ingolstadt 1648 IV 24, Fz 177 fol 202).

503 Der kaiserlichen Nachhut waren leichte „dreipfündige" Feldkanonen mit einer Reichweite zwischen 500 und 1.000 Metern zugeteilt. Das Gewicht der Kanonenkugel betrug „drei Pfund", das Eigengewicht der Kanone ungefähr 600 Kilogramm. Die Feuergeschwindigkeit war mit drei Schuß pro Minute bereits hoch. Allerdings konnte man diese Feuergeschwindigkeit nicht lange durchhalten, da dann die Rohre heißgeschossen waren.

504 Der erste Zusammenprall und das erste Verzögerungsgefecht haben östlich von Zusmarshausen stattgefunden. Montecuccoli hat seinen Kampfver-

band an der günstigsten Stelle aufgestellt. Die beiden Kupferstiche von Generalquartiermeister von dem Busch und Ingenieur von Osten geben dies eindeutig wieder. Sogar die beiden Galgenmasten des Hochgerichts sind auf dem Kupferstich des TE abgebildet.

In der Legende zum Kupferstich des TE steht unter „A“ außerdem: „Schwedische Cavallerie so im vollen trab umb die Kayserliche Armee zu suchen avanciret und – wie zuvor schon geschehen – auch über diesen Pas villiren mussen.“ Der „Paß“ ist ohne Zweifel die Zusam. Montecuccoli hatte also seine erste Aufstellung hinter ihr (östlich von ihr).

505 Die Musketiere waren die Gewehrträger des Fußvolks. Die Muskete trug bei stark abnehmender Treffgenauigkeit schon 150 bis 200 Meter weit. Von einem geübten Musketier konnten in der Minute etwa zwei Schuß abgegeben werden.

506 Wrangel anerkennt ausdrücklich die Tapferkeit der Musketiere der kaiserlichen Nachhut: „ ...noch bey siebenhundert Mußquetirern von obbemeldten commandirten Knechten ...(haben sich) zum drittenmahl gesetzet unnd tapffer Gegenwehr gethan.“

507 Die „Pikeniere“ oder „Spießer“ besaßen nur Blankwaffen. Ihre Hauptwaffe war die Pike, der Spieß. Er hatte eine Länge von vier bis fünf Metern und wurde als Stoßwaffe gebraucht. Die Pikeniere bildeten das schwere Fußvolk in den Heeren des 16. und 17. Jahrhunderts. Im Gevierthaufen aufgestellt, konnte der „Igel“ der Pikeniere auch in offenem Gelände und ohne Unterstützung durch andere Waffen einem geschlossenen Kavallerieangriff standhalten, wozu die Musketiere mit ihren Feuerwaffen noch nicht in der Lage waren.

508 Der Kaiser verlieh das Fußregiment Holzappel, welches in der Schlacht von Zusmarshausen hohe Verluste erlitten hatte, dem Obristen Graf Starhemberg, nicht zuletzt wegen seiner Verdienste in der Schlacht (Blumenthal an Kurz, Prag 1648 V 28, Fz 178 fol 293–294). Blumenthal hatte für sich beim Kaiser um die Verleihung des Regiments nachgesucht, war aber abgewiesen worden.

Das Regiment Holzappel wurde mit dem schon bestehenden Regiment Starhemberg zusammengelegt und bestand bis zum Untergang der Österreichisch-Ungarischen Monarchie 1918 als k. u. k. Infanterieregiment Nr. 8.

Das Kürassierregiment Holzappel hat an der Schlacht von Zusmarshausen nicht teilgenommen, weil es im Verbande der kaiserlichen Immediattruppen im niederrheinisch-westfälischen Reichskreis kämpfte. Holzappels Nachfolger als Inhaber wurde Obrist Ernst Valentin Graf Salm. Er übernahm auch das direkte Kommando über das Regiment.

509 Dieser „moderne“, lockere Einsatz der Musketiere am Ende des Dreißigjährigen Krieges war möglich, weil zwischen Musketieren und Pikenieren eine Art „Arbeitsteilung“ bestand. Erst mit der Abschaffung der Pikeniere

um die Wende vom 17. zum 18. Jahrhundert mußte die Infanterie, die dann nur noch aus Gewehrträgern bestand, wieder dicht aufgestellt werden und massiert kämpfen.

510 Die Mühle wurde wieder aufgebaut und war bis in die 70er Jahre des 20. Jahrhunderts in Betrieb. Seitdem ist dort ein landwirtschaftliches Anwesen.

511 In einem Gottesdienst im lutherischen St. Annen-Kolleg wurde auf Verlangen des Rates der Reichsstadt eine Kollekte zur besseren Versorgung der Verwundeten veranstaltet (STETTEN, S. 860). Das Geld floß ihnen ohne Rücksicht auf ihre Konfession zu.

512 Holzappels Feldprediger Floredus in seiner Leichenrede:
„Diese (Wunde) aber ist an einem gefährlisten Ort gewesen, ist schnell geschehen. (Der Generalfeldmarschall ist) uff einmahl gefallen und tod blieben, also daß nicht ein eintzig Wort mehr uff den Schuß, ja fast kein eintziger athem erfolget."
Der kaiserliche Feldmedikus Christoff von Ruoff, Bericht über die Leichenöffnung Holzappels an Fernemont, s. loco und s.d. (wahrscheinlich Augsburg, 1648 V 18, AF 1648/5/ad 12):
„Eurer Excellenz bericht ich hiermit gehorsamb, nachdem ich den Herrn Generalveldmarsalckh aufgemacht, hatt sich befunden, daß die grose Pulsader nechst beim Herzen eintzweigeschossen, worvon das Pulsgeblüt in die Herzkamer geloffen, also, daß (er) in seim eigenen Blütt, zumahl insonderheit propter defectum spiritum vitalium, alsbald erstickht ist. Der Schus ist bei dem Rückhgratt hinein, vornen in der linckhen Brust heraus."
Laut Bericht Montecuccoli ist der kaiserliche Generalfeldmarschall von einem „Karabinerschuß" getötet worden. Der Kaiser schreibt von einem „Pistolenschuß" (siehe unten).
Die Inschrift auf dem Epitaph in der Johanneskirche zu Holzappel lautet: „...HERR PETER GRAFF ZU HOLTZAPPEL ... IST TODT GEBLIEBEN BEI AUGSBURG DEN 18. MAY 1648 SEINES ALTERS 63 JAHR ..." Dieser Teil der Inschrift enthält zwei Fehler: Holzappel ist tatsächlich gefallen am 17. Mai 1648 und noch auf dem Schlachtfeld gestorben. Im Zeitpunkt seines Todes hatte er erst das 59. Lebensjahr vollendet.

513 Schriftlich festgehalten wohl zuerst bei SIRI, Vittorio:
Il mercurio ovvero istoria de' correnti tempi 1635–1655
Casale, Lione usw. 1644–1682, Band XII.

514 In Brandenburg zum Beispiel um 1690, zwei Jahre nach dem Regierungsantritt von Kurfürst Friedrich III.

515 Sofortangriff des schwedisch-französischen Heeres am Anfang, sein Angriff nach Bereitstellung im dritten Verzögerungsgefecht und sein Umfassungsangriff östlich von Horgau, sein mißlungener Angriff über ein

Gewässer (Schmutter), laufende Gegenangriffe der kaiserlichen Nachhutreiterei und des kaiserlich-bayrischen Heeres an der Schmutter.

516 Bericht Fernemont an Kaiser:
„Nachdeme schließlich die Feldtkriegscanzeley, welche nach des Feldtmarschalchen Wagen in ihrer Ordnung gezogen, nebenst der Feldtcassa verlohren worden, so wirdt nötig sein, daß neüe Zieffer herauß geschickt werden (neue Chiffren zur Verschlüsselung von Befehlen und Meldungen ausgegeben werden)." Auch Wrangel zählt Holzappels Kriegskanzlei unter seiner Beute auf.
HEYDENDORFF (S. 359) schreibt:
„Es ist . . .gelungen, die Herkunft dieses wichtigen Teiles der „Kriegsakten in genere" der Jahre 1647/1648 zur Gänze zu klären. Bei Zusmarshausen von den Schweden erbeutet und der Sammlung des Kriegsratspräsidenten Erskein zugeführt, gelangte das Feldarchiv Holzapfels über Stade und Hannover im Jahre 1874 in österreichischen Besitz zurück."
(Die Sammlung Erskein lagerte in Stade und dann in Hannover. Sie kam mit der Annexion des Königreichs Hannover 1866 durch das Königreich Preußen in dessen Besitz. Im Zuge eines Aktenaustausches gab Preußen im Jahre 1874 auch die Akten der Kriegskanzlei Holzappels an Österreich zurück. Damit haben sie wieder den Platz, an den sie gehören.)
Weder Wilhelm HOFMANN noch Rudolf SCHMIDT haben die Kriegskanzlei Holzappels für ihre Arbeiten benutzt. John SAMBRAUS hat sie nur sporadisch ausgewertet, weil er noch nicht auf den Archivbehelf von Walther HEYDENDORFF zurückgreifen konnte.

517 Kaiser an die kaiserlichen Gesandten in Osnabrück,
Prag 1648 V 20 (Fz 178 fol 191-192):
„Und dieweillen Wir nit zweifeln, es werde der den 16. dis(es Monats) vergangene ricontro, darbey Unser Veldtmarschalh Graf von Holzappel todt blieben, von den Schwedischen und anderen Unseren Widerwärtigen (im Sinne von „Feinden") Ihrerseits gar groß gemacht werden, so haben Wir gleichwohl ein Notturft zu sein erachtet, Euch das iehnige, was Uns destwegen für Bericht eingelangt und wie es hergangen, zur Nachricht zu überschicken.
Nachdem der Feindt mit etlichen Trouppen über die Donau gesezt und die Unserige im Anzug begriffen, am Lech Posto zu fassen, hat er im Marchiren Unsere Retroguardia, welche sonst der linckhe Flügel sein sollte, angefallen, die aber eintausent Mußquetirer an sich gezogen und in die 6 Stundt lang mit ihm scharmiziert (gekämpft/„scharmützelt" hat). Gleichwohl haben die Unsrige den Paß über die Schmutter erreicht, welchen sie auch den 17. diß noch manutenirt haben. In diesem Scharmüzel, als Unser Veldtmarschalh selbst zwischen wollen, ist er von einem Pistolenschuß todt blieben. Der Verlust – so viel man noch zur Zeit wissen

kann – ist ausser des Veldtmarschalhs Persohn nicht sonders groß, darbey dan die Kriegscanzley und etwas an Gelt dem Feindt zutheil worden."
Die Verlustlisten konnten dem Kaiser erst unter dem 21. Mai durch Fernemont von Friedberg aus übersandt werden (AF 1648/5/ad19a). Obrist Graf Starhemberg aber, der von Fernemont zum Kaiser abgeordnet worden war, um persönlich zum Verlauf der Schlacht vorzutragen, hat seine Audienz vielleicht schon vor dem Schreiben des Kaisers an seine Gesandten gehabt.

518 Maximilian an Kaiser, München 1648 V 18 (AF 1648/5/10, Begleitschreiben zur „Meldung Albrecht von Sazenhofen“)..

519 Proposition, wie sie Kurz Kurfürst Maximilian vorgetragen hat, München 1648 V 22 (Fz 178 fol 210–221).

520 Instruktion für Kurz, Prag 1648 V 11 (Fz 178 fol 112–135) und kaiserliche Resolution hierzu, Prag 1648 V 11 (Fz 178 fol 148–151).

521 Kurbayrischer Bescheid an den Reichsvizekanzler, Braunau 1648 V 30 (Fz 178 fol 324–331).

522 So Kaiser an Kurz, Prag 1648 V 20 (Fz 178 fol 189–190, dabei Abschrift des Schreibens Oberkommissar Hermann Keller an Kaiser aus Augsburg vom 17. Mai mit dem ersten – bruchstückhaften – Bericht über die Schlacht bei Zusmarshausen),
Trauttmansdorff an Kurz, Prag 1648 V 23 (Fz 178 fol 258–259) und Kaiser an Kurz, Prag 1648 V 26 (Fz 178 fol 274–276).
Auch Montecuccoli informierte den Reichsvizekanzler direkt, so am 26. Mai in einem Schreiben, daß an kaiserlichem Fußvolk noch 8.000 Mann vorhanden seien.

523 Eigenhändiger Zusatz Trauttmansdorffs auf seinem Schreiben vom 23. Mai (s. vorige Anm.).

Der Kampf um den Lech und die Isar

524 Maximilian an Kaiser, München 1648 V 18 (AF 1648/5/10, Begleitschreiben zur „Meldung Albrecht von Sazenhofen“).

525 Zu Ruischenberg:
HEILMANN, S. 1115 f. und KrArchiv, „Einbegleitung zu den Abschriften über FM. Johann Freiherrn von Ruischenberg“.

526 Kaiser an Ruischenberg, Prag 1648 V 23: Instruction für den von Ruischenberg so zur Haubtarmada voran verschickht wirdt, wessen Er sich zu verhalten (AF 1648/5/23).

527 Kaiser an Montecuccoli, Prag 1648 V 20 (AF 1648/5/22).

528 Piccolomini war schon im April 1648 aus den Spanischen Niederlanden zum kaiserlichen Hof in Prag abgereist. Die Behauptung, Piccolomini sei erst wegen des Todes von Generalfeldmarschall Holzappel aus den

Niederlanden abgerufen worden, ist falsch (unrichtig auch SAMBRAUS, S. 101).

In Windsheim z. B. war er am 11. Mai 1648: „Den 1. Mai ist General Picolomini aus dem Niederland hierdurch nacher Prag zu Kayserlicher Mayestät verreist. Hat alhier bei dem (schwedischen) Commendanten in 30 Pferd starckh eingesprochen, welcher ihn kostfrei gehalten. Ist auch von dem ehrwürdigen Rath mit Wein beschenckt worden." (Chronica Windshemiana, S. 253, Datum nach dem Alten Kalender).

Piccolomini reiste mit zwei Pässen. Der eine war von französischer Seite unter dem 25. Februar, der andere von schwedischer Seite unter dem 21. April 1648 ausgestellt worden.

Das Ausstellen eines Passes war ein häufig geübtes Verfahren auf Gegenseitigkeit bei allen Kriegsparteien, besonders für hochgestellte Persönlichkeiten. Es war „ein Akt ritterlicher Courtoisie", der heutzutage wohl undenkbar ist.

Am 23. Mai 1648 befand sich Piccolomini schon in Prag. Dies geht aus der Instruktion für Ruischenberg hervor: „Er (Ruischenberg) wird sich aber viertens noch vor seiner Abreise mit dem Feldmarschall Piccolomini und Grafen Traun ...vertraulich und ausführlich unterreden ..." Ebenso gibt das Antwortschreiben des Kaisers an Maximilian aus Prag vom 23. Mai eine Bestätigung: „Ich habe darauf vorhin bereits alle diejenigen Dispositionen angeordnet, welche Eure Liebden in Ihrem Schreiben (d.i. das Begleitschreiben vom 18. Mai zum Bericht Sazenhofen) erinnert und begehrt haben, auch nicht allein meinen Feldmarschall Piccolomini anstatt des Grafen von Holzappel zum Kapo über meine kaiserlichen Waffen gnädigst angenommen und bestellet, sondern auch auf Euer Liebden freundliches Begehren den Feldmarschall von Rauschenberg, weil besagter Piccolomini **von hier** sogleich nicht abreisen kann, ... interim ... eilfertig dahin geordnet ..."

Nach TE, S. 478, war Piccolomini am 22. Mai in Prag angekommen.

529 Kaiser an Kurz, Prag 1648 V 26 (Fz 178 fol 274–276).

530 Fernemont an Kaiser, Friedberg 1648 V 21 (AF 1648/5/19): „Was hernach die Militaria angehen, seyn in selbigen seithero noch solche gute Dispositionen beschehn, daß der Feind hoffentlich in diesen Orten uns schwerlich weiters etwas abnehmen wird können."

Gronsfeld konnte über die Erwartung seines Kurfürsten, den Lech zu verteidigen, keinen Zweifel hegen. Das ergibt sich aus den Weisungen, die Maximilian an Gronsfeld seit Februar / März zur Operationsführung erteilt hatte und aus der Instruktion, die der Kurfürst am 25. Mai durch Obristleutnant Willeson hatte überbringen lassen (s.u.).

531 Bericht Fernemont, Augsburg 1648 V 19 (AF 1648/5/12).

532 Augsburg hatte in Obrist Adrian van der Ners einen fähigen Kommandanten.

Er teilte 1648 auch die katholischen Bürger der Reichsstadt wie die lutherischen zum Wachdienst ein. Bis dahin hatten die katholischen Bürger das Privileg, hiervon befreit zu sein. Aber warum sollten die lutherischen Bürger allein die Last des Wachdienstes gegen die „evangelische“ Armee der Schweden tragen – während die katholischen Bürger schlafen durften?
Wenn man so will, war die „Augsburger Parität“ für diese gemischt-konfessionelle Reichsstadt, die auf dem Westfälischen Friedenskongreß erreicht wurde, schon im Verteidigungswesen der Stadt vorweg genommen worden. „Parität“ (konfessionelle Gleichberechtigung) in der Stadtregierung wurde im Westfälischen Frieden auch für die gemischt-konfessionellen Reichsstädte Dinkelsbühl, Biberach, Ravensburg und Kaufbeuren durchgesetzt.

533 Die tatsächlichen Aufgaben der Generalkriegskommissare in der kaiserlichen und der bayrischen Armee entwickelten sich gegen Ende des Krieges immer mehr auseinander. Während Traun und Blumenthal in der kaiserlichen Armee den Befehlshaber im Felde entlasteten, indem sie logistische Aufgaben wahrnahmen und seine Forderungen bei Hofe vertraten, wurde Scheffer bei Gronsfeld mehr und mehr zum verlängerten Arm des Kurfürsten. Z. B. hatte Scheffer den Auftrag, Verlauf und Ergebnisse eines Kriegrates unmittelbar dem Kurfürsten zu melden.

534 Instruktion Maximilians an Scheffer, Wasserburg 1648 V 25 (AF 1648/7/C1), persönlich überbracht durch Obristleutnant Willeson mit Dringlichkeitstufe: „Cito, cito, cito, citissime“ (Eilig, eilig, eilig, höchst eilig).

535 Am Kriegsrat haben teilgenommen: Generalkriegskommissar Scheffer, die bayrischen Generalwachtmeister Graf Fugger, von Fleckenstein, Herzog Ulrich von Württemberg, de Lapier, der kaiserliche Generalfeldwachtmeister von Wachenheim, die drei bayrischen Feldmarschallleutnante von Holz, Truckmüller zu Prunn, von Kolb, der kaiserliche Feldmarschallleutnant Graf Montecuccoli, der bayrische Generalfeldzeugmeister von Hunoldstein, der kaiserliche von Fernemont, Generalfeldmarschall Graf Gronsfeld, der kaiserliche Feldmarschalleutnant von Eberstein, der sich vielleicht verspätet hatte (in der Reihenfolge, wie das erste Wort erteilt oder wie es ergriffen wurde).
Die kaiserlichen Feldmarschalleutnante Sporck und Pompeji haben an diesem Kriegsrat nicht teilgenommen, Sporck ausdrücklich mit dem schriftlichen Bemerken, daß die „Präzedenz“ nicht geklärt sei (der „Vorrang“ innerhalb der kaiserlichen Generalität; Sporck beanspruchte die Präzedenz vor Eberstein). Pompeji blieb bei seinen Reiterregimentern in der Nähe von Thierhaupten.

536 Montecuccoli nennt nur den „Mühlbach“, der in die obere „Kleine Paar“ mündet. Unzweifelhaft meint Montecuccoli jedoch die ganze Kleine Paar bis zu deren Mündung in die Donau: „...undt eine Meil Wegeß hinter unß als zu Burkheimb (Burgheim) einen Paß hetten, vor welchen wir,

wann wir ihn gewinnen, den Feindt aufhaltten und (die) Retirada allezeidt mit guter ordre fortfihren köndten.“ Burgheim liegt an einem Übergang über die untere Kleine Paar, **unterhalb** der Einmündung des von Montecuccoli genannten Mühlbaches.

537 Für die Schilderung des Kampfes um den Lech wurden folgende Quellen ausgewertet:
- Instruktion Maximilians an Scheffer, Wasserburg 1648 V 25 (AF 1648/7/75 C1)
- Schlacht- undt Zugordnung, wie solche zue Defension des Lechs ist angeordnet worden, s.d.s.loco (AF 1648/7/75 C2)
- historische Skizze: „Der schwedisch-französische Übergang über den Lech im Mai 1648“ (aus AF 1648/7/75 C3, s.d. – sehr wahrscheinlich von Juli 1648 – mit Legende, von kaiserlicher Seite ohne Überschrift angefertigt)
- „Eigentliche Abbiltung wie und an welchem Orth die Allirten Armeen über den Lechstrom in Bayern gekommen, im Majo 1648“ (Cornelius von dem Busch, schwedischer Generalquartiermeister, Kupferstich TE, S. 504)
- Montecuccoli, Vilshofen 1648 VI 15: „Fragen und Beandtworttungs-Puncten die Verlaßung des Lechs betreffend“ (AF 1648/7/75h)
- Protokoll Scheffers über den Kriegsrat am Abend des 26. Mai 1648 („Copia Protocolli von Herren Generalcommihsari Scheffer selbsten aus dem Mund der Generaln aufgezeichnet und wie hernacher communiciert worden“, AF 1648/7/75)
- Kurfürstliche Aufforderung an Gronsfeld, sich wegen der Aufgabe des Lechs zu verantworten, Salzburg 1648 VII 04 („Vorhaltscopia, daribер der Graf von Gronsfeld sein wahrhafften Bericht und Verandtworttung geben solle“, AF 1648/7/75b)
- Zusammenfassung der Erklärungen und schriftlichen Antworten der kaiserlichen Generäle zur Aufgabe des Lech, s. loco, s.d. (vom Juli 1648, „Summarischer Extract undt Bedencken über die den Kayserlichen Herren Generalspersonen wegen Verlaßung des Lechstromß zugeferttigten Inquisitionspuncten, zurück gelangten Erklehrung undt Antwordtschrifft“, AF 1648/7/75g)

538 TE , S. 505–511.

539 Die Landfahnen waren die territorialen Aufgebote der Landbevölkerung. An Isar rückten oder standen: oberhalb Münchens die Landfahnen von Tölz und Wolfratshausen, unterhalb Münchens die von Haag, Erding, Eggenfelden und Teisbach.

540 Kaiser an Kurz, Prag 1648 VI 01 (AF 1648/6/ad 1a).
Das Ergebnis der Untersuchung ist festgehalten in: „Summarischer Extract undt Bedencken über die den Kayserlichen Herren Generalspersonen wegen Verlaßung des Lechstromß ...“ (AF 1648/7/75g).

541 Der junge Gronsfeld gehört zu den Unterzeichnern des Lübecker Friedens von 1629. Er schrieb u.a. die Animadversionen zum deutschen Florus.

542 Piccolomini war mit dieser Maßnahme Ruischenbergs besonders einverstanden:
„Solches halte ich vohr sonders guht ..." (Piccolomini an Ruischenberg, Passau 1648 VI 07, AF 1648/6/13).

Stillstand an Inn und Donau, neue Kämpfe in Böhmen

543 Kriegskanzlei Maximilians an Donepp, Tittmoning (auf der Flucht nach Salzburg) 1648 VI 07 (AF 1648/6/12).

544 Ruischenberg an Piccolomini, Braunau 1648 VI 08 (AF 1648/6/17).

545 Maximilian an Hunoldstein, Salzburg 1648 VI 17 (HEILMANN, S. 767).

546 „Es ist niemand bey der Armee, welche innerhalb 3 Wochen leider einen sehr schlechten Zustand gewonnen, so sich nicht über Eure Fürstliche Gnaden Ankunft von Herzen erfreuet und selbige mit Sehnen erwarthet", so z. B. Philipp (von der Beck) an Piccolomini, im Kriegslager vor Braunau 1648 VI 07 (AF 1648/6/10).

547 Für die Schilderung des Kampfes an Inn und Donau wurden folgende Quellen ausgewertet:

- Wrangel an Carl Gustav, Mühldorf am Inn 1648 VI 15/VI 25 (FrA Fz 56 c fol 217–224,
  „Decifrirtes Schreiben vom Wrangl an Pfalzgrafen Carln Gustavum de dato Mühldorff den 15./25. Juni 1648" (dieses aufschlußreiche Schreiben war kaiserlicher Reiterei in die Hände gefallen und entschlüsselt worden)
- die Meldungen Hunoldsteins an Piccolomini, meist aus seinem HQ Unterflossing
  in der Zeit von 1648 VI 08 bis 1648 VII 09 (AF 1648/6/16 bis AF 1648/7/36)
- die Meldungen Ruischenbergs an Piccolomini, sämtlich aus seinem HQ Vilshofen
  in der Zeit von 1648 VI 22 bis 1648 VII 18 (AF 1648/6/58 bis AF 1648/7/113)
- Befehle und Meldungen zwischen Hunoldstein und Wachenheim in der Zeit von
  1648 VI 20 bis 1648 VII 09 (AF 1648/6 und 1648/7)
- Meldungen Wachenheims an Piccolomini in der Zeit von 1648 VI 20 bis 1648 VII 08 (AF 1648/6 und 1648/7)
- TE, S. 504–511.

548 Der Obristwachtmeister in kaiserlichen Diensten Charles Penart an Obrist Brisigell in Passau, Vilshofen 1648 VI 10 (AF 1648/6/25).
Piccolomini hatte Brisigell als Generalquartiermeister der kaiserlichen Armee abgelöst und zum Kommandanten von Budweis ernannt. Wahrscheinlich war Brisigell auf dem Wege dorthin.

549 Fernemont an Piccolomini, Freising 1648 VI 01 (DB nr 1109).

550 HEILMANN, S. 1122.

551 Piccolomini an Ruischenberg, Passau 1648 VI 07 (AF 1648/6/13) und Blumenthal an Piccolomini, Schärding 1648 VI 10 (AF 1648/6/27).
Es handelte sich um Fußvolk in Stärke von 600 Mann und Reiterei in Stärke „von 2.500 Pferdt“ unter Führung des Obristen Graf Pallavicini.

552 Obristleutnant Frosam Warasiner, Kommandant von Budweis, an Piccolomini, Budweis 1648 VI 05 (AF 1648/6/7), dito 1648 VI 09 (AF 1648/6/24) und
Puchheim an Obrist de Waghi, Königgrätz 1648 VI 13 (AF 1648/6/34).
Zunächst setzte Warasiner Ersatzmannschaften für die Fußregimenter Don Felix (Zũniga), Mandelslo, Jung-Mercy und Hanser sowie für die Gallas-Dragoner zu Piccolomini in Marsch. Dabei handelte es sich um 450 „österreichische Recruiten“.
Später folgten unter Obrist de Waghi 950 Reiter verschiedener Regimenter und 1.330 Mann erfahrenes Fußvolk. Zu den Reitern de Waghis gehörten vom kursächsischen Kürassierregiment Hanau, das nach wie vor in kaiserlichen Diensten kämpfte, auch zwei Kompanien mit insgesamt 100 Mann.

553 Kaiser an Maximilian, „Handbriefel“ Linz 1648 VI 21 (AF 1648 /6/55).
Die restlichen Feldtruppen in Böhmen führte weiter Generalfeldzeugmeister Puchheim. Er hatte vor allem noch geschlossene Dragonerregimenter: die Pachonhay-Dragoner und die Someda-Dragoner. Außerdem konnte er über einige Kompanien der Gallas-Dragoner verfügen.
Puchheim klagte über die dauernden Abgaben zur Hauptarmee; dadurch fehle es an allem in Böhmen (Puchheim, Auszug, Königgrätz 1648 VII 07, Fz 179 fol 105–106).
Wie sehr Böhmen von kaiserlichen Truppen entblößt, „ausgekämmt“ wurde, erhellt daraus, daß die Abgaben zur Hauptarmee sogar kompanieweise erfolgten, wobei in diesen Fällen der Regimentsverband auseinandergerissen wurde. Einzelne wieder einsatzfähige Kompanien eines Regiments marschierten schon zur Hauptarmee, während andere Kompanien desselben Regiments noch in Böhmen ergänzt wurden.

554 Colloredo an Kaiser, Prag 1648 VI 18 (AF 1648/6/46)
Colloredo meldet, daß am 18. Juni die Musiker des Kaisers nach Linz nachgereist und die Wagen mit dem kaiserlichen Gepäck gefolgt sind.

Am 8. Juni hatte der Kaiser Prag verlassen (DB nr 1111). Am 8. September verließ er auf dem Wasserwege Linz und erreichte am 10. September Wien.

555 Kaiser an Piccolomini, Linz 1648 VI 15 (AF 1648/6/37).
Der Kaiser fügt in seiner Weisung an Piccolomini hinzu: „Im übrigen bleibt es bei meiner allergnädigsten Resolution.“ Sehr wahrscheinlich bezieht sich der Kaiser auf die mündliche Instruktion, die Piccolomini vor seiner Abreise aus Prag vom Kaiser erhalten hatte. Daß auch sie den Erhalt der kaiserlichen Immediatarmee obenan stellte, erscheint unzweifelhaft, wenn man den Feldzugsverlauf bis zum Friedensschluß betrachtet.

556 Es war das zwischen Inn und Salzach feindfrei gebliebene Gebiet mit dem Rentamt Burghausen und das gesamte Innviertel mit Ried, Braunau, Obernberg und Schärding.

557 Es waren die Fußregimenter Ruischenberg (vordem Hunoldstein), Fernemont, Hanser, Ranfft und Mandelslo, einige Kompanien Gallas-Dragoner und ein Regiment Kroaten.

558 Wrangel schreibt über die Lage Wasserburgs an den Pfalzgrafen Carl Gustav, Wasserburg gleiche einer Insel, die vom Inn umflossen werde. Vor Wasserburg liege auf einem Berg eine große Schanze, welche den einzigen Landzugang zur Stadt beherrsche („commandiret“).
Wörtlich fährt Wrangel dann fort: „Alleiner, weil wir gesehen, daß, ob man gleich der Schanze sich bemechtigt hette, es doch zimbliche Mühe gekostet haben würde, weilen selbige mit 4 Bollwerken und inwendig noch absonderlich mit einem Abschnitt wohl verwahrt (ist): man dennoch in die Statt wegen der guten Situation, da selbige gleich als eine Insel mit dem Inn beflossen und fernerzu von der Höhe aus – (von) der Chantze hinunder nach der Statt nur ein schmaler Damm und eintziger Weg vorhanden, uf welchen unterschidliche Abschnitte sambt einigen Zugbrücken, in der Mitten und uf beiden Seithen derer Brücken die Gräben von Mauerwerckhe uffgeführt seind – ohne Anwendung vieler Zeith und sonderlicher Ceremonien nit hineinkommen khönte. So ist darauf hiesigen Orthes (Mühldorf) herzugehen resolvirt worden.“
(Wrangel an Carl Gustav, Mühldorf am Inn 1648 VI 15/VI 25, FrA Fz 56 c fol 217–224)

559 Hunoldstein an Piccolomini, Braunau 1648 VI 08 (AF 1648/6/16).

560 Unwillkürlich denkt man bei diesen Worten an den berühmten Befehl Wallensteins an Pappenheim am Vorabend der Schlacht von Lützen: „Der feindt marschiert hereinwarths. Der herr lasse alles stehen und liegen undt incaminiere sich herzu mit allem volck und stücken, auf das er morgen frue bey uns sich befinden kan.“ (nach MANN, S. 876).

561 Piccolomini an Maximilian, loco? (unleserlich)1648 VI 20 (AF 1648/6/63),

Piccolomini an Maximilian, im Lager bei Mühldorf (Unterflossing) 1648 VI 24 (AF 1648/6/65) und
Piccolomini an Ruischenberg, bei Mühldorf (Unterflossing) 1648 VI 27 (AF 1648/6/83).

562 Jeder der hölzernen Senkkästen war etwa 1 m breit und 8 m lang („in 3. Schuh breith und 24. lang").

563 SCHILLER, S. 312.

564 Piccolomini an Maximilian, Unterflossing 1648 VI 20 (AF 1648/6/63).

565 Die kaiserliche Reiterei unter Sporck bildete das Treffen des Generals der Kavallerie Graf Montecuccoli, der jedoch von Piccolomini zum persönlichen Lagevortrag beim Kaiser befohlen worden war (Piccolomini an Kurz, Vilshofen 1648 VI 19 in ital. Sprache, Fz 179 fol 69–70).

566 Königsmarck war noch westlich der Lechmündung über die Donau gegangen. Für Wrangel und Turenne war ein derartiger Übergang – z. B. bei Lauingen – keine Lösung , nachdem ihr Inn-Übergang fehlgeschlagen war. Sie hätten damit nämlich weit mehr als die Hälfte Bayerns aufgeben müssen, die sie eingenommen hatten. Von den vier bayrischen Ämtern – München, Landshut, Straubing und Burghausen – war nur noch das von Burghausen in ungeschmälerter Herrschaft des Kurfürsten.

567 HHStA, FrA Fz 56b.

568 De la Corona an Piccolomini, Pilsen 1648 VI 20 (AF 1648/6/49).

569 Den Befehl zur Aufklärung gegen Königsmarck hatte Piccolomini an Ruischenberg erteilt, der Eberstein damit beauftragte. Die Schwächung der Truppen Ruischenbergs führte zur erwähnten Räumung des Brückenkopfes südlich Vilshofen.

570 Eberstein an Ruischenberg, Haibühl 1648 VI 23 (AF 1648/6/64).

571 Eberstein an Ruischenberg, Haibühl 1648 VI 24 (AF 1648/6/67).

572 De la Corona an Obrist Fitsch, Pilsen 1648 VII 05 (AF 1648/7/62). (Fitsch war zu der Zeit Kommandant von Amberg).

573 De la Corona an Piccolomini, Pilsen 1648 VII 23 und 24 (AF 1648/7/131).

574 Colloredo an V.E. von Lobkovic, Prag 1648 VI 15 (DB nr 1118),
Leslie an Piccolomini, Linz 1648 VII 18 (DB nr 1138) und
Warasiner an Piccolomini, Budweis 1648 VII 20 (AF 1648/7/119).

575 Colloredo an V.E. von Lobkovic, Prag 1648 VII 25 (DB nr 1140).

576 Er hieß Ernst Odowalsky. Der Textabsatz stützt sich auf seine Verteidigungsschrift, abgedruckt im TE, S. 325–327.
Der kaiserliche territoriale Kommandant in Böhmen, Feldmarschall Graf Rudolf Colloredo, gibt eine abweichende Darstellung der Eroberung der Kleinseite von Prag: danach überwand der „Verräter" Odowalsky mit 50 Infanteristen den von der St. Margaretenkirche herabfließenden Bach, ging an der Rückseite des Kapuzinerklosters vor und gewann über den Garten des Grafen Schlick die Rückseite des Strahover Tores; das Tor öffnete er von innen, Königsmarck hatte freie Bahn. Dafür soll Odowalsky

von Königsmarck 20.000 Reichstaler zur Belohnung erhalten haben (DB nr 1155). Daß Odowalsky Kriegsinvalide und in schwedischen Dienst aufgenommen worden war, erwähnt Colloredo nicht.
Andererseits verlangten die Schweden 1649 auf dem Nürnberger Exekutionstag ausdrücklich „eine spezielle Schutzerklärung" der kaiserlichen Seite u. a. für Odowalsky (OSCHMANN, S. 207).

577 De la Corona an Piccolomini, Beraun 1648 VIII 01 (DB nr 1149).

578 Darunter der „Codex argenteus", eine kunstvolle Handschrift aus dem 6. Jahrhundert mit einer Übersetzung der Evangelien ins Gotische aus noch früherer Zeit. Der Codex argenteus gelangte schließlich in die Bibliothek der Universität Uppsala.

579 Kardinal Harrach z. B. konnte sich gegen ein Lösegeld von 25.000 Reichstalern freikaufen und erhielt eine schwedische Schutzwache (DB nr 1152).
Colloredo schätzte den Wert der schwedischen Beute – allein an Gold, Silber, Schmuck und Bargeld – auf sechs Millionen Reichstaler (Colloredo an Piccolomini, Prag 1648 VIII 18, DB nr 1155).

580 Piccolomini an Kurz, Landau 1648 VIII 04 in ital. Sprache (Fz 179 fol 113–114).
Für den letzten Abschnitt des Dreißigjährigen Krieges ist die Korrespondenz zwischen Piccolomini und Reichsvizekanzler Ferdinand Siegmund Graf Kurz besonders aufschlußreich. Diese Korrespondenz hat eine ähnliche Bedeutung wie die zwischen Kaiser Ferdinand III. und Holzappel in der Zeit von April 1647 bis Mai 1648.
Der Wortlaut der Briefe Piccolominis an den Reichsvizekanzler findet sich in den „Kriegsakten in genere" der Reichskanzlei im Haus- Hof- und Staatsarchiv zu Wien (Faszikel 179). HEYDENDORFF hat sie in einem Beitrag in den „Mitteilungen des Österreichischen Staatsarchivs" behandelt (s. Literaturverzeichnis).
Die Briefe von Kurz an Piccolomini liegen im tschechischen Staatsarchiv zu Zámrsk.
Der Briefwechsel zwischen Kurz und Piccolomini ist in italienischer Sprache geführt worden (in den folgenden Quellenangeben wird nicht mehr besonders darauf hingewiesen).

581 zur Stellung Carl Gustavs und seines Vaters in Schweden („nur mittellose deutsche Fürsten im Exil") und zur Berufung Carl Gustavs zum schwedischen Generalissimus in Deutschland: OSCHMANN, S. 47 f.

582 Noch 1996 verkehrte dort eine Fähre zwischen beiden Elbufern.

583 Erskein an Königin Christina, Osnabrück 1648 VI 12/22 (APW II C 4/2 nr 284).

584 Wrangel an Carl Gustav, Mühldorf am Inn 1648 VI 15/VI 25 (FrA Fz 56 c fol 217–224, „Decifrirtes Schreiben vom Wrangl an Pfalzgrafen Carln Gustavum de dato ...).

Nach einer Instruktion vom Juni 1648 hatte Carl Gustav seine Strategie ausdrücklich mit Wrangel (Hauptarmee in Deutschland) und General der Infanterie Graf Magnus de la Gardie (Befehlshaber der schwedischen Inlandstruppen) abzustimmen. Soweit die Operationen der Korps von Königsmarck und Wittenberg betroffen waren, galt das auch für das Zusammenwirken mit diesen beiden Generalen.

OSCHMANN (S. 48) spricht von einer „kollegialen Führung" der fünf genannten Generale. Dieser (moderne) Ausdruck ist nicht ganz glücklich gewählt. Die Instruktion schrieb die aus Operationsinteresse ohnehin gebotene Abstimmung zwischen den verschiedenen schwedischen Armeen und Korps fest. **Jeder** Heerführer an Carl Gustavs Stelle hätte diese Abstimmung aus Operationsinteresse vornehmen müssen (auch ein noch lebender Gustav Adolf).

Man erwartete überall die Heirat zwischen Königin Christina und Pfalzgraf Carl Gustav und sah in ihm den zukünftigen schwedischen König. Das erhöhte noch seine schon von Geburt her fürstliche Stellung. Es war ein Unterschied, als geborener Fürst im Felde kommandieren zu können oder in Schweden wie ein „mittelloser Flüchtling" leben zu müssen.

585 Königin Christina an Pfalzgraf Carl Gustav, Stockholm 1648 VII 22/VIII 01 (APW II C 4/2 nr 318).

586 Salvius an Pfalzgraf Carl Gustav, Osnabrück 1648 VI 12/22 (APW IIC 4/2 nr 286).

Vor allem klagte Salvius immer wieder gegenüber der Königin über die enormen Schwierigkeiten der Geldbeschaffung (APW IIC 4/1 und 4/2), die bis zu seinem zeitweiligen körperlichen Zusammenbruch geführt hatten.

587 Johan Oxenstierna an Axel Oxenstierna, Wismar 1648 VIII 24/IX 03 (APW II C 4/2 nr 348).

588 Der Kaiser hatte in einem Aufruf seinen „treuen Untertanen" in Prag Belohnungen, Privilegien und die Befreiung von Abgaben versprochen, wenn sie die Verteidigung der Prager Altstadt und Neustadt durchhielten (DB nr 1154).

589 Prag hatte mit der Judenstadt, nördlich der Altstadt gelegen, eine der größten jüdischen Gemeinden in Europa. In ihrer Synagoge, der „Altneuschule", hängte die Gemeinde die Ehrenfahne auf, die ihr für die besonders tapfere Mitverteidigung der Stadt vom Kaiser verliehen wurde.

590 Kaiser an Colloredo, Wien 1648 X 13 (DB nr 1199).

Bayern wird zurückgewonnen

591 Das Drängen des Kurfürsten war schon am 11. Juli 1648 offensichtlich. Ruischenberg meldete, daß Kurfürst Maximilian am 11. Juli durch Feld-

marschalleutnant Truckmüller habe anfragen lassen, „ob man nicht baldt auffbrechen und gegen den Feindt avanciren wolte“ (Ruischenberg an Piccolomini, bei Vilshofen 1648 VII 11, AF 1648/7/60).
Auch der Kaiser wünschte den Angriff, jedoch nur mit „genugsamber Sicherheit“ für die kaiserliche Armee (Kaiser an Piccolomini, Linz 1648 VII 17, AF 1648/7/100).

592 Zunächst hatte Maximilian Graf Kurz, Bruder des Reichsvizekanzlers und Oberstkämmerer des Kurfürsten von Bayern, in dieser Angelegenheit mit Generalkriegskommissar Traun Verbindung aufgenommen (Maximilian Graf Kurz an Traun, Salzburg 1648 VII 01, AF 1648/7/ad 72). Vorher hatte Traun das Einverständnis Piccolominis eingeholt. Der Kaiser hatte gegenüber dem bayrischen Hofkammerpräsidenten Mandl, der am 21. Juli von Linz nach Salzburg abreiste, sein Einverständnis zum Wechsel Enkevoers in bayrische Dienste erklärt (LAHRKAMP / Werth, S. 200 f.) Enkevoer hatte seit seinem Urlaubsantritt nach Wien um die Jahreswende 1647/1648 noch keine neue Feldverwendung erhalten.

593 Die Reihenfolge in der bayrischen Reichsarmee war: Gronsfeld, Hunoldstein, Enkevoer.
In der kaiserlichen Armee war vom 17. Mai bis zum 9. Juni 1648 die Reihenfolge der Befehlshaber: Holzappel, Fernemont, Ruischenberg, Piccolomini. Im Unterschied zur bayrischen Reichsarmee hat der Kaiser aber niemanden abgelöst. Holzappel war gefallen. Von Anfang an hatte der Kaiser klargestellt, daß Piccolomini in der Nachfolge Holzappels den Befehl als Generalleutnant und Stellvertreter des Kaisers im Felde übernehmen werde und daß mit Fernemont und Ruischenberg nur Interimslösungen getroffen wurden. Fernemont hat sich zu Unrecht übergangen gefühlt.

594 Werth hat vorher eine Selbstverpflichtung gegenüber Kurfürst Maximilian unterschreiben müssen, die fast wortgleich derjenigen Sporcks war (s. obige Anm. zu Sporck). Der bayrische Hofkammerpräsident Mandl nahm die Selbstverpflichtung Werths am 21. Juli nach Salzburg mit. Die Vermutung liegt nahe, daß Werth bei der kaiserlichen Hauptarmee wieder verwendet werden konnte, weil der Kaiser der Abgabe Enkevoers zugestimmt hatte.
Die neuen Bemühungen, Werth wieder bei der kaiserlichen Hauptarmee zu verwenden, reichen bis Ende Mai 1648 zurück (Leslie an Piccolomini, Prag 1648 VI 01, DB nr 1110). Schon am 25. Juni war Werth in Budweis erwartet worden, wo er seine Verstärkungen zusammenziehen ließ (Warasiner an Piccolomini, Budweis 1648 VI 25, AF 1648/6/69).

595 Das kaiserlich-bayrische Heer hatte Ende Juni alles in allem 42 Feldkanonen und Mörser, das schwedisch-französische verfügte angeblich über etwa 120 Feldkanonen und Mörser (Picccolomini an Leslie, (Unter)Flossing 1648 VI 22, DB nr 1122).

Die Kaiserlichen verfügten wieder über 6.000 Mann Fußvolk und 8.000 Reiter, die bayrische Reichsarmee über 4.000 Mann Fußvolk und 6.000 Reiter.

596 Piccolomini an Leslie, s.d. (Anfang Juli 1648), s. loco (DB nr 1129).

597 Die Festungen München, Augsburg, Landsberg und Rain am Lech waren nicht in schwedisch-französische Hand gefallen, sondern wurden bis zum Ende des Krieges von bayrischen Besatzungen gehalten. Die wichtige Brücke über den Lech bei Rain – außerhalb der Festungsmauern – war jedoch in schwedischem Besitz und wurde durch eine „Schwedenschanze" gedeckt.

598 Kurz an Piccolomini, Linz 1648 VIII 20 (DB nr 1159),
Blumenthal an Piccolomini, Salzburg 1648 VIII 31 (DB nr 1170),
Maximilian an Piccolomini, Salzburg 1648 VIII 25 und 1648 VIII 30 (Beilagen in Fz 179 fol 125–134),
Formarini an Piccolomini, Linz 1648 IX 02 (DB nr 1172).
Maximilian übte diplomatischen Druck an drei Orten aus:
in Salzburg gegenüber dem Reichsvizekanzler und gegenüber Blumenthal; in Linz gegenüber dem Kaiser, wohin er seinen Rat Teisinger gesandt hatte; im Felde gegenüber Piccolomini, den er mehrere Male direkt anschrieb.
(Vgl. auch Piccolomini an Colloredo, s. loco 1648 IX 13, DB nr 1180).

599 Kurz an Piccolomini, Linz 1648 VIII 20 (DB nr 1159).

600 Piccolomini an Maximilian, Landau an der Isar 1648 IX 01 (Fz 179 fol 125–134).

601 Kurz an Piccolomini, Linz 1648 VIII 20 (DB nr 1159).
Am 20. August war der Friede mit Schweden bereits mündlich abgemacht (s. letztes Kapitel), nur wegen Frankreich war Schweden noch im Kampf gegen den Kaiser und Bayern.

602 Kurz an Traun, Linz 1648 VIII 20 (DB nr 1160).

603 Maximilian blieb bei seiner unnachgiebigen Haltung (Piccolomini an Kurz, Vilsbiburg 1648 IX 18, teilweise verschlüsselt, Fz 179 fol 146–147).

604 Piccolomini an Kurz, HQ Mamming (zwischen Landau und Dingolfing) 1648 VIII 15 (Fz 179 fol 117–118), dito 1648 VIII 17 (Fz 179 fol 119–120) und
Landau 1648 VIII 25 (Fz 179 fol 121–122).
Das Schreiben Piccolominis vom 25. August ist die Antwort auf dasjenige von Kurz vom 20. August (DB nr 1159). Piccolomini kündigt Kurz die unverzügliche Entsendung des Generalkriegskommissars Blumenthal nach Salzburg an, um Kurz in den militärischen Detailfragen der schwierigen Verhandlungen mit Kurfürst Maximilian zu unterstützen. Kurz selbst hatte diese Unterstützung bei Traun erbeten (DB nr 1160).

605 Piccolomini an Kurz, HQ Vilsbiburg 1648 IX 27 (Fz 179 fol 148–149) und Konzept dazu (DB nr 1188).
606 Kurz an Traun, Linz 1648 VIII 20 (DB nr 1160).
607 Z. B. Piccolomini an Leslie, s. loco 1648 VIII 03 (DB nr 1151) und gegenüber Kurz (Fz 179).
608 Piccolomini an Kurz, HQ Dorfen (rund 20 Km nördlich von Wasserburg) 1648 IX 29 (Fz 179 fol 150–151).
Am 23. Oktober berichtet Enkevoer an den Kufürsten, Piccolomini habe sich im Kriegsrat hoch beklagt, „daß er bishero vom Kurfürsten mit Schreiben so hart traktirt worden, als wenn er ein Schulbub wäre, da er doch von Jugend auf bis auf seine grauen Haare seine Profession erlernt ...“ (HEILMANN, S. 775).
609 Colloredo an Piccolomini, Prag 1648 IX 29 (DB nr 1190).
610 Starhemberg an Piccolomini, Linz 1648 X 04 (DB nr 1194).
611 Piccolomini an Leslie, s. loco 1648 X 02 (DB nr 1192).
612 Piccolomini an Kurz, HQ Erding 1648 X 09 (Fz 179 fol 176–177, wahrscheinlich das Konzept hierzu in DB nr 1196).
Der Kurfürst hatte wegen der Detachierung der 2.000 Mann nach Böhmen einen sehr scharfen Protest an Piccolomini gerichtet („ ...scritto una l(ette)ra fulminante ...“).
613 Piccolomini an Kurz, HQ Aschheim1648 X 04 (Fz 179 fol 156–157).
614 Piccolomini an Kurz, HQ Erding 1648 X 02 (Fz 179 fol 154–155).
615 Piccolomini an Kurz, Hohenwart 1648 X 18 (Fz 179 fol 186–187).
616 Piccolomini an Kurz, HQ Scheuring 1648 X 11 (Fz 179 fol 178–179).
OSCHMANN behandelt auf den S. 25–29 „Die strategische Situation im Reich im Oktober 1648“. Dazu ist anzumerken:

- die Begriffe werden nicht eindeutig verwendet:
  im Text von OSCHMANN (S. 26) wird die Schlacht bei Zusmarshausen als „die letzte große Schlacht des Dreißigjährigen Krieges“ bezeichnet, also kann sie kein „Gefecht“ (Anm. 20 auf derselben Seite) gewesen sein. **Mehrere** zusammenhängende Gefechte ergeben eine Schlacht, wofür „Zusmarshausen“ ein geradezu klassisches Beispiel ist
- die Schlacht von Zusmarshausen ist vom schwedisch-französischen Heer nicht „gewonnen“ worden. Das kaiserlich-bayrische Heer erlitt keine Niederlage. Für die Beurteilung, ob eine Schlacht gewonnen oder verloren worden ist, muß die beiderseitige Zielsetzung einbezogen werden. Das kaiserlich-bayrische Heer blieb erhalten. Die Zielsetzung des Kaisers wurde damit erreicht, auch nachdem Holzappel gefallen war. Im übrigen hat das kaiserlich-bayrische Heer, nunmehr unter Gronsfeld, die Schlacht an einem von **ihm** bestimmten Ort und zu einem von **ihm** bestimmten Zeitpunkt abgebrochen. Diese beiden Kriterien

sind in die Beurteilung **„gewonnen, verloren oder unentschieden"** einzubeziehen.

- am 12. Oktober 1648 hatte Piccolomini mit dem kaiserlich-bayrischen Heer nicht nur ganz Bayern frei „manövriert", sondern auch die strategische Handlungsfreiheit zurück gewonnen. Kurz nach dem 12. Oktober 1648 war Piccolomini – nunmehr in strategischer Handlungsfreiheit – im Vormarsch nach Böhmen, was Frau OSCHMANN hier nicht erwähnt. Erst auf S. 103 geht sie in einer Anmerkung darauf ein: „... allerdings war Piccolomini selbst der Meinung, daß die ksl. (kaiserliche) Armee zum Zeitpunkt des Friedensabschlusses im Vormarsch gewesen sei".

  Das Urteil Piccolominis hat Bestand
- das folgende, abschließende Urteil von OSCHMANN (S. 27) ist nicht zutreffend:

  „ ...zum Zeitpunkt des Abschlusses des Westfälischen Friedens diktierten (sic!) die Armeen Frankreichs und Schwedens ...die militärischen Verhältnisse ...".
- Arvid Wittenberg war schwedischer Reichsfeldzeugmeister, nicht Feldmarschall.

617 Piccolomini an Kurz, HQ Friedberg 1648 X 14 (Fz 179 fol 182–183).

618 Eine Ankündigung Piccolominis stammt vom **26**. Oktober: Piccolomini an Colloredo, s. loco 1648 X 26 (DB nr 1202).

619 Piccolomini an Kurz, HQ Wolfsbach 1648 X 28 (Fz 179 fol 191–192). Montecuccolis Muttersprache war italienisch, wie die Piccolominis. Anders als Piccolomini beherrschte Montecuccoli auch die deutsche Sprache gut. Außer der „nationalen" Verbundenheit (zu Reichsitalien) dürfte für die diplomatischen Missionen, die Piccolomini an Montecuccoli vergab, die Verständigung in ihrer italienischen Muttersprache ausschlaggebend gewesen sein.

620 Piccolomini an Kurz, HQ Bershausen 1648 XI 01 (Fz 179 fol 197–198).

621 Piccolomini an Kurz, Bruck 1648 XI 04 (Fz 179 fol 201–202).

622 Dazu grundlegend: HOYOS (s. Literaturverzeichnis).

623 Piccolomini an Kurz, Neukirchen 1648 XI 07(Fz 179 fol 204–205).

624 Kaiser an Piccolomini, Wien 1648 XI 07 (FrA Fz 92 fol 252–260).

625 Piccolomini an Kurz, HQ Arnschwang 1648 XI 13 (Fz 179 fol 212–213) und 1648 XI 14 (Fz 179 fol 214–215).

626 Piccolomini an Kurz, HQ Klattau 1648 XI 24 (Fz 179 fol 234–235).

Zum Frieden

627 Colloredo an Kaiser, Prag s. d. (nach 1648 XI 02, abgedruckt im TE, S. 338–342).

628 Auf dem Nürnberger Exekutionstag, s. u.

629 Piccolomini an Kurz, Hohenwart 1648 X 18 (Fz 179 fol 186–187). Ähnlich Piccolomini an Leslie, s. loco 1648 XI 02 (DB nr 1206).

630 Z. B. Piccolomini an Kurz, HQ Klattau 1648 XI 21(Fz 179 fol 230–231), dito 1648 XI 24 (Fz 179 fol 244–245), dito 1648 XII 06 (Fz 179 fol 258–259).

631 DICKMANN, S. 488 schreibt über **„die militärische Lage des Sommers“** (1648):
„Die Schweden standen vor Prag, die Franzosen, aus Bayern verdrängt, rückten gegen die Oberpfalz vor, um sich gleichfalls nach Böhmen zu werfen. Gelang ihnen die Vereinigung mit den Schweden, so war Wien ernsthaft bedroht.“
Der Aussage zu den „Franzosen“ kann nicht zugestimmt werden.
Bereits ab April/Mai 1648 haben sie **nur** vereint mit der schwedischen Hauptarmee unter Wrangel operiert und deren Schicksal an Lech, Isar und Inn und wieder an Isar und Lech geteilt. Die französische Armee unter Turenne trennte sich erst Mitte Oktober 1648 **westlich des Lech** von der schwedischen Hauptarmee. Sie strebte **im Oktober 1648** in ihre Winterquartiere in Württemberg – wenn teilweise auch auf Umwegen. Die Oberpfalz hat sie dabei nicht berührt, auch vorher nicht. Böhmen war nie das Operationsziel der französischen Armee gewesen.
In eindeutig defensiver Zielsetzung hatten sich lediglich einige französische Regimenter an die schwedische Hauptarmee **Ende Oktober 1648** wieder kurzzeitig und „vorsichtshalber“ angenähert. Irgend einen Einfluß auf den Westfälischen Frieden hatte das nicht mehr, denn der Friede war am 24. Oktober geschlossen worden. Wrangel allein fühlte sich Piccolomini nicht mehr gewachsen, falls dieser ihn überraschend angreifen sollte. Denn schließlich hatte das kaiserlich-bayrische Heer das **vereinte** schwedisch-französische aus Bayern verdrängt.

632 Dazu erschöpfend: OSCHMANN (s. Literaturverzeichnis).

633 Es waren: die Kaiserliche Immediatarmee, die Bayrische Reichsarmee, die kaiserlich-kurkölnische Armee unter dem Kriegsdirektorium des Kurfürsten von Köln, die hessen-kasselsche Armee, die Armee des Herzogs von Lothringen, die Königlich Schwedische Armee und die Königlich Französische Armee. Außerdem befanden sich noch Soldaten der Königlich Spanischen Armee als Besatzung in der Festung Frankenthal.

634 Die schwierige Materie wurde von den Diplomaten in vier Teilfragen zerlegt und mit griffigen lateinischen Vokabeln belegt: wer sollte Zahlungen leisten („quis“)? Wer sollte die Zahlungen erhalten („quibus“)? Wie hoch sollten die Zahlungen sein („Quantum“)? Wie sollte der Zahlungsmodus gestaltet werden („quomodo“)?

635 Die französische Regierung rechnete wohl schon mit der Fortsetzung des Krieges gegen Spanien.

636 Die vier großen kriegführenden Mächte in Europa waren der Kaiser, Spanien, Frankreich und Schweden. Bayern, bei aller Bedeutung im Reich, gehörte nicht zu den großen Mächten. Als Bündnispartner blieb Bayern gesucht.

637 Besonders eng war der Gedanken- und Informationsaustausch zwischen der schwedischen Armee und den beiden schwedischen Gesandten Johan Oxenstierna und Johan Adler Salvius, wie aus dem Chronologischen Register zu den APW II C, Bände 4/1 und 4/2, hervorgeht. Seitens der Armee korrespondierten Wrangel, Pfalzgraf Carl Gustav, Königsmarck und Erskein. Letzterer reiste oft zwischen Osnabrück und dem jeweiligen schwedischen Hauptquartier hin und her, wobei nicht nur die satisfactio militum behandelt wurde. Außerdem konferierten ab und an die Gesandten mit den schwedischen Generalen persönlich, so Oxenstierna vor den Toren von Osnabrück mit Königsmarck (und Erskein) im August 1647 „in einer Gutsche" (MEIERN V, S. 692) und Oxenstierna Anfang Dezember 1647 drei Tage in Minden mit Wrangel (APW II C 4/1 nr 79).
Bei den kaiserlichen Gesandten hielt die Verbindung zur Armee Johann Ludwig Graf von Nassau-Hadamar. Mit ihm korrespondierten Holzappel, Reich und Piccolomini. Die umfangreiche Korrespondenz findet sich in den Kriegsakten in genere der Reichskanzlei des Haus-, Hof- und Staatsarchivs und in den Alten Feldakten des Kriegsarchivs zu Wien. In letzteren finden sich für die Zeit von 1648 I 01 bis 1648 XI 21 allein 36 Briefe des Grafen Nassau an Piccolomini, die von ihm – teilweise mit zwei Briefen – beantwortet worden sind.
Schließlich sei ein Stimmungsbild erwähnt, das die bayrischen Gesandten auf dem Westfälischen Friedenskongreß zur Schlacht von Zusmarshausen in einem Brief an den Kurfürsten zeichneten: „Der vorgangnen rencontre halben ist anfenglich alhier bei den widrigen zimlich frolockhen gewesen, unnd haben sye vermeint, es seye albereith fast alles verlohren; nachdeme aber nach und nach andere relationes einkommen, wirdt es widerumb still darmit" (SAMBRAUS, S. 100).

638 Von einem **stabilen** Gleichgewicht kann nicht gesprochen werden, deswegen wird zur Verdeutlichung das Bild vom „Schwebezustand" gebraucht.

639 DICKMANN, S. 412.

640 Salvius an Johan Oxenstierna, Osnabrück 1648 VIII 11/21 (APW II C 4/2 nr 335): „Vij före nu krijget för Franckrijke allena".

641 Bei der böhmischen Option hätte sich allerdings die schwedische Hauptarmee von Turenne getrennt, was wohl nicht im Sinne von Königin Christina gewesen wäre.

642 Erzherzog Leopold Wilhelm hatte Kortrijk (Courtrai) zurückerobert und war über Ieper (Ypern) in südlicher Richtung gegen Lens vorgestoßen.

643 So auch der Vermittler der Kurie auf dem Friedenskongreß in Münster Fabio Chigi, später als Alexander VII. selbst Papst.

644 Piccolomini an Leslie, Beburg (?, ein Ort mit diesem Namen ist nicht auszumachen. Einer der drei deutschen Orte mit Namen „Biburg" kann es nicht gewesen sein) 1648 IX 19 (DB nr 1184).

645 DICKMANN, S. 482.

646 Er wird das „französische Friedensinstrument" genannt, abgekürzt **I PM** (**I**nstrumentum **P**acis **M**onasteriense), da er zu Münster geschlossen worden ist.
Der Text des Friedensvertrages mit Schweden, das „schwedische Friedensinstrument" wird nach dem Verhandlungs- und Abschlußort Osnabrück **I PO** abgekürzt (**I**nstrumentum **P**acis **O**snabrugense).

647 Die Zustimmung des Kaisers traf verschlüsselt in Münster ein, in einer Chiffre, zu der den kaiserlichen Gesandten die Auflösungstafel fehlte. Nach einigen Tagen gelang es dem kaiserlichen Gesandten Volmar, den Text der kaiserlichen Zustimmung durch Kombination zu entziffern. Graf Schlick schrieb über diese Begebenheit an den Reichsvizekanzler:
„Der Teufel hat den Schlüssel zum Frieden versteckt, doch ist der Herr Volmar listiger gewesen und hat den Schlüssel gefunden." (Budweis, 1648 X 18, Fz 179 fol 188).

648 Dieser Absatz nach FRANZ, S. 5–63.

649 FRANZ, S. 59.

650 Im Westfälischen Frieden wurde das endgültige Ausscheiden der Schweiz und der Vereinigten Niederlande aus dem Reichsverband festgeschrieben; die schon 1552 erfolgte Übergabe der Bistümer Metz, Toul und Verdun durch die deutsche protestantische Partei an Frankreich wurde anerkannt; die österreichischen Besitzungen und Rechte im Elsaß gingen an Frankreich über. Das war der größte territoriale Verlust, den das Alte Reich jemals in der Neuzeit erlitt.
Die Erwerbungen, die Schweden machte, blieben demgegenüber als Reichslehen im Reichsverband.

651 So als Zitat bei ARETIN (S. 33).

652 Am 3. Juli 1650 dankten die Gesandten der Reichsstände dem Kaiser für den Abschluß der Verhandlungen auf dem Nürnberger Exekutionstag und betonten dabei die Verdienste Piccolominis. Am 18. August 1650 baten die Kurfürsten und die Reichsstände, Piccolomini wegen seiner Verdienste um den Frieden in den Reichsfürstenstand zu erheben. Der Bitte entsprach der Kaiser mit Patent vom 8. Oktober 1650 (ELSTER, S. 129–131). Der Regensburger Reichstag von 1653/1654 stimmte der Standeserhöhung Piccolominis zu.

653 Kaiserliches Dekret an den Hofkriegsrat, Wien 1649 V 26 (Fz 182 fol 194–197).

654 Piccolomini an Kaiser, Preßburg (Bratislava) 1655 V 23 (Fz 186 fol 116–133).

655 Die Regimenter und Kompanien der Reichsarmee waren mehr oder weniger ad hoc aufgestellt worden, ihr innerer Zusammenhalt war noch nicht sonderlich gefestigt.

656 Montecuccoli befehligte in der kaiserlichen Armee Deutsche, Ungarn, Kroaten, Polen, Tschechen und einige Italiener.

Im Verbande der Reichsarmee und der Allianzarmee des Rheinbundes kämpften schwäbische, bayrische, fränkische, niedersächsische und westfälische Regimenter sowie Kurmainzer, Kurkölner, Kurtrierer, Pfalz-Neuburger (Düsseldorfer), Münsteraner, Zweibrückner, Straßburger, Basler, Braunschweiger, Lüneburger, hessische und schwedische Kompanien. Diese Kompanien wurden in der Schlacht erstmals in deutschen Bataillonen aufgestellt.

Die französischen Truppen bestanden aus sieben Bataillonen zu Fuß und drei Kavalleriebrigaden.

In einer kaiserlichen Nordarmee unter dem Kommando von Generalfeldmarschall Radwig de Souches, die an der Schlacht nicht unmittelbar beteiligt war, operierten kursächsische und kurbrandenburgische Regimenter. Letztere standen unter dem Kommando von Generalfeldmarschall Otto Christoph Freiherr von Sparr, der aus kaiserlichen in kurbrandenburgische Dienste gewechselt war.

Unter den Kommandanten (Kommandeuren) Montecuccolis befanden sich eine Anzahl hohe und mittlere, die er aus dem Dreißigjährigen Kriege kannte und mit denen zusammen er gefochten hatte. Beispielhaft seien genannt Graf Sporck, Sparr, Spieckh, Graf de la Corona, Graf Fugger, Guschenitz (in kaiserliche Dienste getreten und wieder die Kroaten befehligend). Die Zusammensetzung der Kommandeure dürfte eine Ursache für den siegreichen Ausgang der Schlacht gewesen sein, eine andere, daß in der kaiserlichen Armee noch Veteranen aus der Zeit des Dreißigjährigen Krieges kämpften, welche die Schlacht nicht verloren gaben, selbst nachdem die Janitscharen das Zentrum Montecuccolis durchbrochen hatten. Mit kaiserlichen und französischen Regimentern führte Montecuccoli unter Einsatz seines Lebens einen Gegenangriff und schloß das Zentrum seiner Schlachtaufstellung wieder.

Stärkemeldung der kaiserlichen Fußregimenter: „Extract der Eingegebenen Regimentslisten wie starkh sich ein jedwedes im Monath December 1646 undt Januario 1647 an Manschafft befunden

	Monath Decemb	Effective mit Officirn	Comman-dirt undt Kranckh	January	Effective	Comman-dirt undt Kranckh
Wachenhaimb	27. Dec:	485.	103.	3. Jan:	484.	113.
Rüblandt	25. Dec:	242.	184.	4. Jan:	242.	174.
Gallas	26. Dec:	663.	35.	4. Jan:	663.	35.
Fernemont	25. Dec:	456.	142.	3. Jan:	452.	140.
Enkefourt	25. Dec:	258.	72.	3. Jan:	255.	72.
Mercy	26. Dec:	157.	152.	3. Jan:	206.	248.
Honoltstain	26. Dec:	465.	198.	4. Jan:	465.	198.
De Souches	26. Dec:	211.	220.	3. Jan:	202.	218.
Reich	26. Dec:	614.	167.	Jan:	614.	218.
Colloredo	27. Dec:	591.	336.	Jan:	590.	325.
Franz de Mörs	26. Dec:	238.	160.	3. Jan:	236.	140.
Ferenberg	27. Dec:	407.	115.	Jan:	394.	115.
Mandeßloe	27. Dec:	468.	101.	Jan:	468.	101.
Ranfft	27. Dec:	373.	105.	Jan:	379.	126.
Knöring	25. Dec:	184.	293.	Jan:	184.	293.
Summa im	December	5812.	2383.	January	5834.	2516.

Stärkemeldung der kaiserlichen Reiterregimenter: „Extract der Eingegebenen Regimentslisten zu Pferdt, wie starckh sich ein jedwedes im Monath December 1646 und Januario 1647 ahn Mannschaft befunden sambt den Officiren

	December	Beritten	Schlecht-beritten	Zu Fues Dismon-tirte	January	Wohl beritten	Schlecht beritten	Zu Fues Dismon-tirte
Fürstenberg	25.	146.	..	31.	17.	130.	19.	38.
Buchheimb	25.	387.	..	99.	.	329.	..	99.
Collobrat	26.	179.	30.	77.	16.	90.	40.	90.
Boccarme	26.	344.	48.	117.	16.	292.	17.	89.
Walter	25.	234.	..	98.	16.	234.	..	98.
Pompeio	25.	407.	85.	95.	17.	407.	85.	95.
Piccolomini	25.	444.	61.	127.	16.	364.	72.	144.
Gonzaga	25.	302.	88.	139.	16.	220.	148.	106.
Kevenhiller	25.	388.	47.	..	16.	386.	32.	25.
Lüzelburg	25.	257.	19.	62.	16.	257.	19.	62.
Montecucoli	25.	384.	38.	190.	16.	344.	..	46.
Lanan	.	432.	52.	89.	5.	432.	52.	89.
Tapp	.	167.	76.	..	4.	167.	76.	..
Güsenburg	.	194.	19.	136.	4.	194.	19.	136.
Philipp	.	190.	23.	70.	4.	190.	23.	70.
Alt-Nassau	.	81.	.	41.	5.	81.	..	41.
Krafft	.	227.	18.	119.	5.	227.	18.	119.
Lüttig	.	316.	5.	84.	6.	316.	5.	84.
Trauditsch	.	157.	24.	68.	6.	157.	24.	68.
Warfuse	.	152.	32.	87.	4.	152.	32.	87.
Meuter	.	121.	..	90.	6.	121.	..	90
Mercy	.	165.	18.	181.	6.	210.	28.	195.
Königseck	.	276.	44.	107.	5.	276.	44.	107.
Pallavicino	.	631.	.	99.	8.	631.	.	99.
Auersperg	.	170.	49.	69.	5.	170.	49.	69.
Stahl	.	274.	.	70.	.	255.	.	70.
Hatzfeld	.	261.	17.	79.	.	261.	17.	79.
Wernir	25.	282.	15.	208.	16.	207.	25.	210.
Palfi	.	88.	20.	30.	15.	88.	20.	30.
Columba	.	145.	13.	72.	15.	145.	13.	72.
Summa im December		7801.	841.	2734.	Januario	7333.	877.	2607.

(HHStA Kriegsakten in genere, Fz 163 fol 270–272)

ANHANG

Archivalien

Die Archivalien werden mit **Archivort, Bestand, Faszikel und Seite** zitiert.
Die Akten des Kriegsarchivs in Wien werden nur mit **Bestandsangabe, Faszikel und Seite** zitiert. Wird auch die Bestandsangabe weggelassen, handelt es sich um die „Kriegsakten in genere“ der Reichskanzlei im Haus-, Hof- und Staatsarchiv zu Wien.

Hessisches Hauptstaatsarchiv Wiesbaden (Hessisches HStA).
Österreichisches Staatsarchiv Wien
  Haus-, Hof- und Staatsarchiv (HHStA)
  – Reichskanzlei (RK) Friedensakten (FrA)
  – Reichskanzlei (RK) Kriegsakten in genere (KrA)
  Kriegsarchiv (KrArchiv)
  – Alte Feldakten (AF) 1646 bis 1649.
Stadtarchiv **Diez** an der Lahn.
Kirchen-Ehebuch von **Hadamar**, Jahr 1576.
Tauff Buch der Kirchen **Obernhadamar**, Jahr 1589.
Archiv der Stadt **Lohr** am Main.
Stadtarchiv **Kitzingen** (StAK), Politische Geschichte, Band 319 (1640–1668).
Ratsprotokolle der Stadt **Ochsenfurt am Main** (Ochsenfurter Recess Buch).
Bad Windsheim, „Chronica Windshemiana“ durch Manasse FLENTSCH, Windsheim 1650 (handschriftliche Chronik der Reichsstadt Windsheim)
Archiv im Rathaus von **Zusmarshausen**

Gedruckte Quellen und Literatur

ABMEIER, Karlies, Der Trierer Kurfürst Philipp Christoph von Sötern und der Westfälische Friede, Münster 1986 (Schriftenreihe der Vereinigung zur Erforschung der Neueren Geschichte e.V. 15)

ACTA PACIS WESTPHALICAE, Im Auftrage der Vereinigung zur Erforschung der Neueren Geschichte e.V. herausgegeben von Max Braubach und Konrad Repgen, Münster

- Serie I Instruktionen, Band 1 Frankreich. Schweden. Kaiser Bearbeitet von Fritz Dickmann, Kriemhild Goronzy, Emil Schieche, Hans Wagner und Ernst Manfred Wermter. 1962 (Zitiert: APW I.1)
- Serie II Abt. A: Die kaiserlichen Korrespondenzen
  Band 5: 1646–1647, bearbeitet von Antje Oschmann 1993 (Zitiert: APW IIA5)
- Serie II Abt. C: Die schwedischen Korrespondenzen
  Band 3: 1646–1647, bearbeitet von Gottfried Lorenz. 1975 (Zit.: APW IIC3)
  Band 4: 1. Teil 1647–1648, bearbeitet von Wilhelm Kohl unter Mitarbeit von Paul Nachtsheim. 1994 (Zitiert: APW IIC4/1)
  Band 4, 2. Teil: 1648–1649, bearbeitet von Wilhelm Kohl unter Mitarbeit von Paul Nachtsheim. 1994 (Zitiert: APW IIC4/2)

ARETIN, Karl Otmar von, Das Alte Reich 1648–1806, Band 1: Föderalistische oder hierarchische Ordnung (1648–1684) Stuttgart 1993

BAHNEMANN, Jörg, Der Begriff der Strategie bei Clausewitz, Moltke und Liddell Hart, eine Untersuchung der Beziehungen zwischen politischer und militärischer Führung (in: Zehn Jahre Führungsakademie der Bundeswehr, Hamburg-Blankenese 1967)

BARTHOLD, F. W., Geschichte des großen deutschen Krieges vom Tode Gustav Adolfs ab mit besonderer Rücksicht auf Frankreich. Zweiter Theil: von der Wahl Ferdinands III. bis zum Schluße des westfälischen Friedens, Stuttgart 1843

BAYERISCHER SCHULBUCH-VERLAG (Herausgeber), Großer Historischer Weltatlas, Dritter Teil, Neuzeit, Redaktion: Josef Engel und Ernst Walter Zeeden, 4. Auflage, München 1981

BEAUFRE, André, Totale Kriegskunst im Frieden. Einführung in die Strategie, Geleitwort von Hans Speidel, Berlin 1964 (Herausge-

geben in Verbindung mit dem Forschungsinstitut der Deutschen Gesellschaft für Auswärtige Politik e.V.)
(Titel der französischen Originalausgabe: „Introduction a la Stratégie“ Paris 1963)

BÉRENGER, Jean, Die Geschichte des Habsburgerreiches, 1273–1918, Wien-Köln-Weimar 1995

BOUGEANT, Wilhelm Hyacinth, Historie des dreyßigjährigen Krieges und des darauf erfolgten Westphälischen Friedens. Aus dem Französischen übersetzt von Fr. Eb. Rambach, Halle 1758–1760

BRANDI, Karl, Reformation und Gegenreformation, 5. Auflage, Frankfurt a.M. 1979

BRAUBACH, Max, Der Westfälische Friede, Münster 1948

BRAUN, Friedrich, Christoph Schorer von Memmingen. Ein Beitrag zur Geschichte des deutschen Geisteslebens im 17. Jahrhundert, München 1926 (Einzelarbeiten aus der Kirchengeschichte Bayerns, herausgegeben vom Verein für bayrische Kirchengeschichte unter verantwortlicher Schriftleitung von Lic. Th. Clauß, Pfarrer in Gunzenhausen, und D. Dr. Schornbaum, Dekan in Roth, III. Band)

BROUCEK, Peter, Der Schwedenfeldzug nach Niederösterreich 1645/1646, 3. Auflage, Wien 1989 (Militärhistorische Schriftenreihe, Heft 7)

BROUCEK, Peter, Die Eroberung von Bregenz am 4. Jänner 1647, 2. Auflage, Wien 1981 (Militärhistorische Schriftenreihe, Heft 18)

BURCKHARDT, Albert, Basel zur Zeit des dreißigjährigen Krieges, Erster Theil, Basel 1880 (58. Neujahrsblatt, herausgegeben von der Gesellschaft zur Beförderung des Guten und Gemeinnützigen)

BYR, Robert, Die Einnahme der Stadt, des Passes und Schlosses Bregenz durch die Schweden im Jahre 1647, Lindau 1873

CLAUSEWITZ, Carl von, Vom Kriege, 16. Auflage, Bonn 1952

DELBRÜCK, Hans, Geschichte der Kriegskunst, Vierter Teil. Neuzeit, Berlin 1962 (Nachdruck)

DICKMANN, Fritz, Der Westfälische Frieden, 5. Auflage, Münster 1985

DIETWAR, Bartholomäus, Leben eines evangelischen Pfarrers im früheren markgräflichen Amte Kitzingen von 1592–1670, von ihm selbst erzählt (Zugleich ein Beitrag zur Geschichte des 30jährigen Krieges in Franken), Mit erläuternden Zusätzen herausgegeben von Volkmar Wirth, Kitzingen 1887

DOCUMENTA BOHEMICA BELLUM TRICENNALE ILLU-

STRANTIA. TOMUS VII, „Der Kampf um den besten Frieden“, Quellen zur Geschichte des Dreißigjährigen Krieges zur Zeit der Friedensverhandlungen von Westfalen und der Ratifizierung des Friedens 1643–1649, Herausgegeben von Miroslav Toegel und anderen. Academia Prag, Wien-Köln-Graz 1981 (Zitiert: DB)

FLOREDUS, Johann Godofried, Christliche Leichtpredigt über den tödlichen Hintritt des weyland hochgebohrnen Grafen und Herren, Herren Peter Grafen zu Holtzappel, herausgegeben von Dr. C. St. in D.At. Nassau, Wiesbaden 1865

FOERSTER, Joachim F., Kurfürst Ferdinand von Köln. Die Politik seiner Stifter in den Jahren 1634–1650, Münster 1976 (Schriftenreihe der Vereinigung zur Erforschung der Neueren Geschichte e.V. 6)

FRANZ, Günther, Der Dreißigjährige Krieg und das deutsche Volk, 4. neubearbeitete und vermehrte Auflage, Stuttgart, New York 1979

FURTENBACH, Gabriel, Ober-Ländische Jammer und Straff-Chronic, oder Historische Beschriebung: Darinnen diejenige Denckwürdige mehrentheils Kriegs-Sachen, so sich von Anno 1618 biß zu End deß Frieden-Schlusses, und völliger Abführung der Völcker zu Leutkirch in meinem geliebten Vatterlandt, und andern benachbarten Orthen begeben, und was dieselbige solcher Zeit über, für Jammer und Elend außgestanden haben. Begriffen, und mit möglichstem Fleiß und Muehe zusammen getragen durch Gabriel Furtenbach, M: Doct: und bestelten Physikum zu Leutkirch, Wangen 1669

GEISTHARDT, Fritz, Peter Melander, Graf zu Holzappel 1589–1648 (in: Nassauische Lebensbilder, Band 4), Wiesbaden 1950

GEYSO, Franz von, Beiträge zur Politik und Kriegführung Hessens im Zeitalter des 30jährigen Krieges, Marburg 1921, 1924, 1926 (in: Zeitschrift des Vereins für hessische Geschichte, NF 53, 54, 55)

GLASER, Hubert (Herausgeber), Um Glauben und Reich. Kurfürst Maximilian I. Beiträge zur Bayerischen Geschichte und Kunst 1573–1651, Köln 1980 (Wittelsbach und Bayern II)

GOETZE, Sigmund, Die Politik des schwedischen Reichskanzlers Axel Oxenstierna gegenüber Kaiser und Reich, Kiel 1971 (Beiträge zur Sozial- und Wirtschaftsgeschichte, herausgegeben von Professor Dr. Wilhelm Koppe, Kiel, Band 3)

HALLWICH, Hermann (Herausgeber), Briefe und Akten zur Geschichte Wallensteins (1630–1634), vier Bände, Wien 1912

HEILMANN, Johann, Kriegsgeschichte von Bayern, Franken, Pfalz und Schwaben von 1506 bis 1651, Band II, München 1868

HERZ, Richard, Chronik der Evang. Luth. Kirchengemeinde Kitzingen, Kitzingen 1963

HEYDENDORFF, Walther Ernst, Die Kriegsakten im Haus-, Hof- und Staatsarchiv, In: Mitteilungen des Österreichischen Staatsarchivs, 5. Band, Seiten 356–363, Wien 1952

HEYDENDORFF, Walther Ernst, Vorderösterreich im Dreißigjährigen Kriege. Der Verlust der Vorlande am Rhein und die Versuche zu deren Rückgewinnung. Zweiter Teil 1639–1648, In: Mitteilungen des Österreichischen Staatsarchivs, 13. Band, Seiten 107–194, Wien 1960

HEYDENDORFF, Walther Ernst, Korrespondenzen des Feldmarschalls Octavio Piccolomini in den Akten des Wiener Haus-, Hof- und Staatsarchivs, In: Mitteilungen des Österreichischen Staatsarchivs, 14. Band, Seiten122–137, Wien 1961.

HOCK, Bernd-Joachim, Kitzingen im Dreißigjährigen Krieg. Darstellung der Geschichte einer landsässigen Mainstadt (Dissertation), Tübingen 1981

HÖFER, Ernst, Die Schlacht bei Zusmarshausen, in: Zusmarshausen. Markt, Pflegamt, Landgericht und Bezirksamt, (herausgegeben von Professor WALTER PÖTZL), Zusmarshausen 1992

HOFMANN, Wilhelm, Peter Melander, Reichsgraf zu Holzappel. Ein Charakterbild aus der Zeit des dreißigjährigen Krieges, bearbeitet nach den Akten des Archivs zu Schloß Schaumburg, München 1882

HOYOS, Philipp, Die kaiserliche Armee 1648–1650, In: Der Dreißigjährige Krieg. Beiträge zu seiner Geschichte. S. 169–232, Wien 1976 (Schriften des Heeresgeschichtlichen Museums in Wien, Militärwissenschaftliches Institut. Herausgegeben von der Direktion, Band 7)

JÄHNS, Max, Geschichte der Kriegswissenschaften vornehmlich in Deutschland, Band 2, München 1890

KICHLER, EGGART, Die Geschichte von Langenargen und des Hauses Montfort, Friedrichshafen 1926

KIPP, Kurt, Die politische Bedeutung der „Gegenküste“, dargestellt an den Beispielen: Schweden im 17. Jahrhundert, die USA im 20. Jahrhundert (in: Zehn Jahre Führungsakademie der Bundeswehr, Hamburg-Blankenese 1967)

KRAUS, Andreas, Maximilian I. Bayerns Großer Kurfürst, Graz; Wien; Köln. Regensburg 1990

KRETSCHMAYR, Heinrich, Geschichte von Venedig, 3. Band, Stuttgart 1934

KROENER, Bernhard R., „Kriegsgurgeln, Freireuter und Merodebrüder". Der Soldat des Dreißigjährigen Krieges. Täter und Opfer, in: Der Krieg des kleinen Mannes. Eine Militärgeschichte von unten (herausgegeben von Wolfram Wette), München, Zürich 1992

LAHRKAMP, Helmut, Lothar Dietrich Freiherr von Bönninghausen (1598–1657). Kaiserlicher Feldmarschall-Leutnant und Maréchal de Camp des Königs von Frankreich, Münster 1958 (Sonderdruck aus der „Westfälischen Zeitschrift", Band 108), Zit. LAHRKAMP / Bönninghausen

LAHRKAMP, Helmut, Jan von Werth. Sein Leben nach archivalischen Quellenzeugnissen, Köln 1962 (Veröffentlichungen des kölnischen Geschichtsvereins e.V. 24), Zit. LAHRKAMP / Werth

LANGENARGEN, 1200 Jahre Langenargen Bodensee, Gemeinde Langenargen (Herausgeber), Tettnang 1970

LAUTEMANN, Wolfgang und SCHLENKE, Manfred (Herausgeber), Geschichte in Quellen, hier: Renaissance-Glaubenskämpfe-Absolutismus, bearbeitet von Fritz Dickmann, 3. Auflage, München 1982

LORENTZEN, Theodor, Die Schwedische Armee im Dreißigjährigen Kriege und ihre Abdankung, Leipzig 1894

MANN, Golo, Wallenstein. Sein Leben erzählt von Golo Mann, 5. Auflage, Frankfurt am Main 1972

MEIERN, Johann Gottfried von, Acta pacis Westphalicae publica. Oder: Westphälische Friedenshandlungen und Geschichte, Bände V und VI, Hannover 1734–1736.

ODHNER, C. T., Die Politik Schwedens im Westphälischen Friedenscongress und die Gründung der schwedischen Herrschaft in Deutschland, Nachdruck Hannover-Döhren 1973 (der deutschen Ausgabe Gotha 1877)

OSCHMANN, Antje, Der Nürnberger Exekutionstag 1649–1650. Das Ende des Dreißigjährigen Krieges in Deutschland, Münster 1991 (Schriftenreihe der Vereinigung zur Erforschung der Neueren Geschichte e.V. 17)

PARKER, Geoffrey, Der Dreißigjährige Krieg, Frankfurt-New York

1987 (Übersetzung der englischen Ausgabe: The Thirty Years' War, London-Boston-Melbourne, 1984)

PEBALL, Kurt, Die Schlacht bei St. Gotthard-Mogersdorf 1664, 4. Auflage, Wien 1989 (Militärhistorische Schriftenreihe, Heft 1)

PUFFENDORFF, Samuelis von, Continuirte Einleitung zu der Historie der vornehmsten Reiche und Staaten von Europa, worinnen des Königreichs Schweden Geschichte, und dessen mit auswärtigen Cronen geführte Kriege insonderheit beschrieben werden. Aufs neue nebst ehmahligem Anhang gedruckt, Und von der Regierung der Königin Ulricae Eleonorae biß auf unsere Zeiten fortgesetzet und vermehret, Franckfurt am Mayn, 1735

RAMSAY, Andrew Michael, Histoire Du Vicomte De Turenne, Maréchal General des Armées du Roy, I. Band, Paris 1735

RANKE, Leopold von, Französische Geschichte vornehmlich im XVI. und XVII. Jahrhundert, Stuttgart, Ausgabe 1954 in zwei Bänden

RIEZLER, Sigmund von, Geschichte Baierns, Band 5, 1597 bis 1651, Gotha 1903

RITTER, Moriz, Deutsche Geschichte im Zeitalter der Gegenreformation und des Dreißigjährigen Krieges 1555–1648, Band 3, Stuttgart 1889–1908

RYSTADT, Göran, Die Schweden in Bayern während des Dreißigjährigen Krieges, in: GLASER, S. 424 folgende

RUPPERT, Karsten, Die kaiserliche Politik auf dem Westfälischen Friedenskongreß (1643–1648), Münster 1979 (Schriftenreihe der Vereinigung zur Erforschung der Neueren Geschichte e.V. 10)

SALM, Hubert, Armeefinanzierung im Dreißigjährigen Krieg. Der Niederrheinisch-Westfälische Reichskreis 1635–1650, Münster 1990, (Schriftenreihe der Vereinigung zur Erforschung der Neueren Geschichte e.V. 16)

SAMBRAUS, John, Der Feldzug der Schweden und Franzosen in Süddeutschland während des Jahres 1648, I. Teil (weitere Teile nicht erschienen), Diss. Phil. München 1908. Göttingen 1908

SCHILLER, Friedrich, Der Dreißigjährige Krieg, Mit einem einleitenden Essay von Golo Mann, Neuauflage, München 1975

SCHINDLING, Anton und ZIEGLER, Walter (Herausgeber), Die Territorien des Reichs im Zeitalter der Reformation und Konfessionalisierung. Land und Konfession 1500–1650. 1 Der Südosten, Münster 1989 (Katholisches Leben und Kirchenreform im Zeitalter der Glaubensspaltung. Vereinsschriften der Gesellschaft zur

Herausgabe des Corpus Catholicorum, Herausgegeben von Erwin Iserloh 49)

SCHLOSSER, Michael, Das historische Bad Windsheim. Ansichten aus vergangenen Jahrhunderten, Herausgegeben von der Stadt Bad Windsheim zum Festjahr 700 Jahre Stadt, 1984

SCHMIDT, Rudolf, Ein Kalvinist als kaiserlicher Feldmarschall im dreißigjährigen Kriege. Nach den Akten der Wiener Archive dargestellt, Berlin 1895

SCHORER, Christoph, Memminger Chronick, oder Kurtze Erzehlung vieler denckwürdigen Sachen, die sich allda nicht allein vor alten, sondern auch zu jetzigen Zeiten, bevorab in verwichenem dreyssigjährigen Krieg begeben und zugetragen, von Anno 369 biß 1660. Sampt einer kurzen Beschreibung der Statt neben ihrem Grundriß in Kupffer, Mit sonderbahrer Mühe zusammen getragen, und den Liebhabern der alten Geschichten zum besten in den Truck verfertiget, Durch Christoph Schorern, der freyen Künsten und der Artzney D. Fürstl. Württenbergis. Mümpelgartischen Rath, und bestellten Physicum zu Memmingen, Ulm 1660

SINCLAIR, Freiherr Alexander Adam von, Vermischte Abhandlungen und Anmerkungen aus den Geschichten, dem Staatsrechte, der Sittenlehre und den schönen Wissenschaften II. Zuverlässige Nachrichten von dem Leben und den Thaten des gewesenen Kaiserlichen Obersten Feldmarschalls Peters Grafen von Holzapfel, Frankfurt und Leipzig 1751

STETTEN, Paul von, Geschichte Der des Heil. Röm. Reichs Freyen Stadt Augspurg, Aus bewährten Jahr-Büchern, tüchtigen Urkunden und schrifftlichen Handlungen gezogen Und an das Licht gegeben, Zweyter Theil. Franckfurt und Leipzig 1758

SUVANTO, Pekka, Die Deutsche Politik Oxenstiernas und Wallenstein, Helsinki 1979, (Studia Historica, veröffentlicht von der Finnischen Historischen Gesellschaft Vol. 9)

TEUTBERG, René, Basler Geschichte, 2. Auflage, Basel 1988

THEATRUM EUROPAEUM, Theatri Evropaei Sechster und letzter Theil, Durch Joannem Georgium Schlederum. Frankfurt am Main 1652, (Zitiert TE)

TINGSTEN, Lars, De tre sista aren av det trettioariga kriget jämte den västfaliska freden, Stockholm 1934

ULMANN, Heinrich, Türenne und Reinhold von Rosen. Studie über den Abfall der sog(enannten) Weimarischen Armee von Frankreich im Jahre 1647 (in: Historische Zeitschrift 36 (1876) S. 368–418)

UNOLD, Jakob Friederich, Geschichte der Stadt Memmingen. Vom Anfang der Stadt bis zum Tod Maximilian Josephs I. Königs von Bayern, Memmingen 1826

VELTZÉ, Alois, Ausgewählte Schriften des Raimund Fürsten Montecuccoli, General-Lieutenant und Feldmarschall, Herausgegeben von der Direction des K. und K. Kriegs-Archivs (4 Bände), Wien und Leipzig 1899

WANDRUSZKA, Adam, Reichspatriotismus und Reichspolitik zur Zeit des Prager Friedens von 1635. Eine Studie zur Geschichte des deutschen Nationalbewußtseins, (Veröffentlichungen des Instituts für Österreichische Geschichtsforschung, Band XVII, Hrsg. von Leo Santifaller), Graz-Köln 1955

WEBER, Hermann, Frankreich, Kurtrier, der Rhein und das Reich 1623–1635, Bonn 1969 (Pariser Historische Studien, herausgegeben vom Deutschen Historischen Institut in Paris, Band 9)

WEDGWOOD, C.V. (Cicely Veronica), Der Dreißigjährige Krieg, Bergisch Gladbach 1988

WEYGAND, Maxime, Turenne (Editions D'Histoire Et D'Art), Paris 1930

WOLF, Karl, Nassauer Studenten auf den Hochschulen Leiden, Groningen, Utrecht, Harderwijk und Genf in der Zeit bis 1700 (in: Nassauische Annalen 55 aus dem Jahre 1935)

WOLFF, Hans (Herausgeber), „Bayern im Bild der Karte, Cartographia Bavariae", Bayerische Staatsbibliothek. Ausstellungskataloge. 44, 2. verbesserte und vermehrte Auflage, Weißenhorn 1991

WREDE, Alphons Freiherr von, Geschichte der K. und K. Wehrmacht. Die Regimenter, Corps, Branchen und Anstalten von 1618 bis Ende des XIX. Jahrhunderts, Wien 1898

ZEEDEN, Ernst Walter, Hegemonialkriege und Glaubenskämpfe 1566–1648, Frankfurt am Main-Berlin-Wien 1977 (Propyläen Geschichte Europas, Band 2)

ZILLHARDT, Gerd, Der Dreißigjährige Krieg in zeitgenössischer Darstellung. Hans Heberles „Zeytregister" (1618–1672). Aufzeichnungen aus dem Ulmer Territorium. Ein Beitrag zu Geschichtsschreibung und Geschichtsverständnis der Unterschichten, Ulm 1975 (Forschungen zur Geschichte der Stadt Ulm, Band 13)

ZÖLLNER, Erich, Geschichte Österreichs. Von den Anfängen bis zur Gegenwart, 7. Auflage, Wien 1984

Bildnachweis

1) Skizzen und Abbildungen im Text

(Die Skizzen der folgenden Nummern 1 bis 8 sind von Hans-Georg Rejzek gezeichnet worden)

1) Der Aufmarsch der kaiserlichen Armee in Böhmen 1647 (S. 66)
2) Die Gliederung der kaiserlichen Armee (S. 70)
3) Der kaiserliche Generalstab (S. 71)
4) Der Marsch der kaiserlichen Armee von Eger bis zum Gefecht bei Triebl im August 1647 (S. 80)
5) Der Marsch des kaiserlich-bayrischen Heeres von Böhmen zur Weser 1647 (S. 100)
6) Die Lage im März 1647 in Süddeutschland (S. 116)
7) Die Lage im Dezember 1647 in Süddeutschland (S. 117)
8) Die Stellungen der kaiserlichen Armee am 5. Februar 1648 an der fränkischen Saale (S. 156)
9) Die Schlacht bei Zusmarshausen (Einzeichnungen durch Hans-Georg Rejzek in die historische „Charte von Schwaben", von I. A. Amman aus dem Jahre 1798, Bayerische Staatsbibliothek, S. 182)
10) Taler: Säkularfeier der Augsburger Konfession 1530/1630 (Photographie, Lutherstätten und Museen der Lutherstadt Eisleben S. 18)

2) Abbildungen im Mittelteil des Buches

1) Belegerung des Schloßes Homburg im Unter Fürstenthum Hessen wie sol. durch He. Gen. Wachtmei Rabenhau". Eingenommen A. 1648."
(Kupferstich von Caspar Merian, Theatrum Europaeum VI)
Österreichisches Staatsarchiv, Abt. Haus-, Hof- und Staatsarchiv

2) Eigentlicher Abriß Der Reichsstadt Windesheimb, wie dieselbe von den Schwedischen durch Ihr Exellent Herrn Gener: und Feldt Marschaln Carll Gustav Wrangeln, am 29.te February Anno 1648 Belagert, und den 3.te Marty erobert worden.
(Kupferstich nach Vorlage des schwedischen Armee-Ingenieurs Carl Heinrich von Osten im Auftrage des schwedischen Generalquartiermeisters von dem Busch, Theatrum Europaeum VI)
Stadtarchiv Bad Windsheim

3) Winßheim
(Kupferstich von Matthäus Merian dem Älteren, Topographia Franconiae, Frankfurt am Main 1648)
Stadtarchiv Bad Windsheim

4) und 5)
Historische Skizze mit Legende zum schwedisch-französischen Übergang über den Lech im Mai 1648
(Kriegsarchiv zu Wien, Alte Feldakten, 1648/7/75 C, sine loco, sine dato, im Juli 1648 im kaiserlichen Generalstab gezeichnet)
Österreichisches Staatsarchiv, Abt. Kriegsarchiv

6) Wasserburg (am Inn)
(Kupferstich von Matthäus Merian dem Älteren, Topographia Bavariae, Frankfurt am Main 1644)
Stadt Wasserburg am Inn

7) Gelegenheit der Statt Wasserburg und wie die Königl. Schwed: und Frantzosche Armee ein Versuch darauff gethan den 5. Juny und de 8. dito wider abmarchirt
(Kupferstich eines unbekannten Künstlers in der Werkstatt Merian, Theatrum Europaeum VI)
Österreichisches Staatsarchiv, Abt. Haus-, Hof- und Staatsarchiv

(Zu diesem Kupferstich wird hier eine zusätzliche Erläuterung gegeben:
Die bayrische Verteidigungsschanze auf der Höhe vor Wasserburg ist mit „H“ bezeichnet, bei dem „Tirolisch gebürg“ (O) handelt es

sich um die Alpen bei Kufstein. Das „Polacken lager“ (M) ist das Lager der mitverteidigenden Kroaten, bei denen viele Polen dienten und die außerhalb der Stadt kampierten. Das Wort „Polacken“ hat keine negative Bedeutung, erst später bürgerte sich für das schon damals so genannte Königreich „Polen“ und das polnische Volk ein und dasselbe Wort ein).

8) Eigentliche Delineation und andeuttung beider Allirten Läger und bequemen Standes bey Mosburg
(Kupferstich nach Vorlage des schwedischen Armee-Ingenieurs Carl Heinrich von Osten im Auftrage des schwedischen Generalquartiermeisters von dem Busch, Theatrum Europaeum VI)
Österreichisches Staatsarchiv, Abt. Haus-, Hof- und Staatsarchiv

Zeittafeln

1. Zeittafel: 1610–1664

Strukturierter Überblick zu meist politischen Ereignissen und Personen (die Daten geben bei Herrschern die Regierungszeit an)

1610–1614	Jülicher Erbfolgestreit
1615–1617	Uskokenkrieg zwischen Venedig und Innerösterreich
1618 V 23	Fenstersturz zu Prag
1618–1623	Böhmisch-pfälzischer Krieg 1. Abschnitt des Dreißigjährigen Krieges
1623–1629	Niedersächsisch-dänischer Krieg 2. Abschnitt des Dreißigjährigen Krieges
1630–1635	Schwedischer Krieg 3. Abschnitt des Dreißigjährigen Krieges
1635–1648	Schwedisch-französischer Krieg 4. Abschnitt des Dreißigjährigen Krieges
1619–1637	Ferdinand II. gewählter Kaiser des Heiligen Römischen Reiches Deutscher Nation
1637–1657	Ferdinand III. gewählter Kaiser des Heiligen Römischen Reiches Deutscher Nation
1657 IV 02	Tod Kaiser Ferdinand III.
1598–1651	Selbständige Regierung Maximilian I. von Bayern (bereits ab 1595 Mitregierung unter seinem Vater)
1623 II 25	Kurwürde für Herzog Maximilian I. von Bayern.
1651 IX 27	Tod Kurfürst Maximilian I. von Bayern
1611–1656	Johann Georg I. Kurfürst von Sachsen
1612–1650	Ferdinand, Kurfürst von Köln
1619–1640	Georg Wilhelm, Kurfürst von Brandenburg, danach
1640–1688	Friedrich Wilhelm, Kurfürst von Brandenburg, der „Große Kurfürst“
1623–1652	Philipp Christoph von Sötern, Kurfürst von Trier
1629–1647	Anselm Casimir Wambold von Umstadt, Kurfürst von Mainz, danach
1647–1673	Johann Philipp von Schönborn, Kurfürst von Mainz

1629 V 12	Friede von Lübeck zwischen dem Kaiser und Dänemark
1629 III 06	Restitutionsedikt Kaiser Ferdinand II.
1630 VII 06	König Gustav Adolf von Schweden landet auf Usedom
1631 I 23	Subsidienvertrag von Bärwalde zwischen Schweden und Frankreich
1632 IV 15	1. Lech-Übergang der Schweden bei Rain
1632 V 17	München wird von den Schweden besetzt
1632 XI 16	König Gustav Adolf fällt in der Schlacht bei Lützen
1633 IV 23	Heilbronner Bund zwischen dem Königreich Schweden und den vier „oberdeutschen Reichskreisen“
1634 II 25	Ermordung Wallensteins
1634 IX 05/06	Schlacht bei Nördlingen, Sieg eines spanisch-deutschen Heeres über ein schwedisch-deutsches
1634 X 31	Geheimvertrag zwischen dem Kaiser und Spanien
1635 III 26	Gefangennahme des Kurfürsten von Trier durch spanische Truppen, später Überstellung des Kurfürsten in kaiserlichen Gewahrsam
1635 V 21	Frankreich erklärt Spanien den Krieg
1635 V 30	Prager Friede zwischen dem Kaiser und den meisten deutschen Reichsständen
1638 III 06	Bündnisvertrag zwischen Schweden und Frankreich
1641 VI 30	Erneuerung des schwedisch-französischen Bündnisses
1641 VII 24	Waffenstillstand zwischen Schweden und Kurbrandenburg
1642 I 17	Schlacht bei Kempen, Niederlage des Kaisers gegen Frankreich
1642 XII 04	Tod Kardinal Richelieu
1643 V 19	Schlacht bei Rocroi, Niederlage Spaniens gegen Frankreich
1643–1645	Krieg zwischen Schweden und Dänemark
1644 X 01	Sieg der schwedischen Flotte bei Fehmarn über die dänische
1645 VIII 23	Der Friede von Brömsebro beendet den Krieg zwischen Schweden und Dänemark
1643 Juli	Die kaiserlichen Gesandten treffen auf dem Westfälischen Friedenskongreß ein
1643 XI 16	Fürst Georg I. Rákóczy von Siebenbürgen, Vasall des Osmanenreiches, schließt einen Bündnisvertrag mit Schweden
1644–1645	Krieg zwischen Georg I. Rákóczy und dem Kaiser
1645 IV 22	Bündnisvertrag von Munkács zwischen Georg I. Rákóczy und Frankreich

1645 VIII 22	Friede zu Lampersdorf zwischen dem Kaiser und Georg I. Rákóczy
1644 VIII 03/05	Schlacht bei Freiburg, die bayrische Reichsarmee siegt gegen die „Armee von Frankreich“ unter Condé und gegen die „Weimarische Armee“ unter Turenne
1645 III 06	Schlacht bei Jankau, Niederlage eines kaiserlich-bayrisch-sächsischen Heeres gegen die schwedische Hauptarmee
1645 IV 12	Freilassungsvertrag zwischen dem Kaiser und dem Kurfürsten von Trier
1645 V 05	Schlacht bei Mergentheim, Sieg der bayrischen Reichsarmee gegen die französisch-weimarische Armee unter Turenne
1645 VIII 03	Schlacht bei Alerheim in der Nähe Nördlingens, Niederlage des kaiserlich-bayrischen Heeres gegen ein französisch-hessen-kasselsches Heer
1645 IX 06	Waffenstillstand zwischen Schweden und Kursachsen
1645 X 16	Geheiminstruktion des Kaisers für Graf Trauttmansdorff
1646 IX 13	Unterzeichnung des Kaiserlich-französischen Vorvertrages
1647 I 08	Der Text des Friedensvertrages zwischen Spanien und den Vereinigten Niederlanden ist fertiggestellt und wird „abgezeichnet“
1647 II 18	Unterzeichnung des Kaiserlich-schwedischen Vorvertrages
1647 III 14	Waffenstillstand zu Ulm zwischen Schweden, Frankreich, Hessen-Kassel einerseits und Kurbayern andererseits
1647 V 02	Kurköln tritt dem Ulmer Waffenstillstand bei
1647 V 09	Neutralitätsvertrag zwischen Frankreich und Kurmainz
1647 III 31	Kurfürstenrat, Fürstenrat und Städterat des Reiches bewilligen die achte Kur
1647 VII 16	Graf Trauttmansdorff verläßt den Westfälischen Friedenskongreß
1647 VIII 15	Kurköln kündigt den Waffenstillstand mit Schweden und Hessen-Kassel
1647 IX 28	Kurbayern kündigt den Waffenstillstand mit Schweden, aber nicht mit Frankreich (Tag des Zugangs der Kündigung bei Feldmarschall Wrangel)
1647 XII 29	Frankreich seinerseits kündigt den Waffenstillstand mit Bayern (Tag des Zugangs der Kündigung bei Kurfürst Maximilian)
1648 I 30	Der Friede zwischen Spanien und den Vereinigten Niederlanden wird geschlossen
1648 III 24	Einigung des Kaisers mit Schweden und maßgebenden Reichständen über das Reichsreligionsrecht

1648 V 15	Der Friede zwischen Spanien und den Vereinigten Niederlanden wird feierlich beschworen
1648 V 09	Beginn der Verhandlungen zur satisfactio militum
1648 VI 12	Vorläufiger Abschluß dieser Verhandlungen
1648 VIII 06	Der Friede mit Schweden wird durch Handschlag abgemacht
1648 X 24	Der Westfälische Friede beendet den Dreißigjährigen Krieg, Abkehr von der Gewalt und Rückkehr zum Recht

1649–1650	Nürnberger Exekutionstag
1650 VI 26	Der Nürnberger Hauptabschied zwischen dem Kaiser und Schweden legt u. a. die Räumung des Reiches von schwedischen Truppen fest
1650 VII 02	Unterzeichnung des Hauptrezesses zwischen Kaiser und Frankreich
1650	Kurfürst Maximilian rüstet die bayrische Reichsarmee vollständig ab
1653–1654	Reichstag zu Regensburg
1654	Königin Christina von Schweden legt die Krone nieder
1654–1660	Pfalzgraf Carl Gustav (aus dem Hause Pfalz-Zweibrücken) regiert das Königreich Schweden als „Carl X. Gustav"
1659 XI 07	Pyrenäenfriede zwischen Frankreich und Spanien
1661 III 09	Tod Kardinal Mazarin
1664 VIII 01	Sieg eines europäischen Heeres unter dem kaiserlichen Generalfeldmarschall Montecuccoli über ein osmanisches Heer bei Sankt Gotthard an der Raab
1664 VIII 10	Friede zu Eisenburg zwischen dem Kaiser und dem Osmanischen Reich für die Dauer von 20 Jahren vereinbart

2. Zeittafel: 1647 und 1648

Strukturierter Einzelüberblick zu militärischen Ereignissen und Personen

a) 1647 für Süddeutschland, Vorarlberg und Tirol

I 01	Das Hauptquartier der Schweden liegt seit 1646 XII 23 in Leutkirch, das der Franzosen in Waldsee
I 04	Die schwedische Hauptarmee unter Feldmarschall Wrangel erobert Bregenz
I 10	Die Schweden besetzen Schloß Langenargen nahe Lindau
I 18	Die Schweden besetzen die Neuburg in Vorarlberg und Feldkirch mit der Schattenburg, anschließend Vorstoß bis zur Luziensteige und zum Kloster Sankt Peter bei Bludenz (südlichster Vorstoß der Schweden im Dreißigjährigen Kriege)
Januar	Beginn der Belagerung von Lindau
II 12	Die Besatzung der Insel Mainau kapituliert vor der schwedischen Übermacht
III 06	Die Schweden heben die Belagerung von Lindau auf
III 09	Die schwedische Hauptarmee unter Wrangel und die französische Armee in Deutschland unter Maréchal de France Turenne stehen bei Ravensburg und bedrohen Bayern
III 14	Waffenstillstand zu Ulm zwischen Schweden, Frankreich, Hessen-Kassel einerseits und Kurbayern andererseits
2. Hälfte III und 1. Hälfte IV	Die schwedische Hauptarmee marschiert nach Unterfranken (Hauptquartier in Kitzingen), die französische Armee über Hessen-Darmstadt in Territorien des Kurfürstentums Mainz
V 09	Neutralitätsvertrag zwischen Frankreich und Kurmainz
V 02	Kurköln ratifiziert ebenfalls den Ulmer Waffenstillstand
IV 16	Beginn der Belagerung von Schweinfurt durch die schwedische Hauptarmee
IV 25	Der kaiserliche Kommandant übergibt Schweinfurt an Wrangel
VI 01	Turenne marschiert mit dem Marschziel Flandern ab
VI 11	10 ehemals weimarische Reiterregimenter und 1 Dragonerregiment fallen von Turenne ab und kehren auf das rechte Rheinufer zurück
VIII 23	Der in schwedischen Diensten stehende – von Geburt deutsche General – Königsmarck inkorporiert diese Weimaraner seinem Reiterkorps

IV 10	Der kaiserliche Generalfeldzeugmeister Enkevoer trifft mit zwei Fußregimentern in Bludenz ein
IV 27	Beginn des Baus von kaiserlichen Sperranlagen in der Linie Alpen-Hohenems-Rhein
V 30	Diese Sperranlagen sind fertiggestellt
V 15	Beginn der Belagerung der Neuburg durch Enkevoer
V 23	Die schwedische Besatzung übergibt die Neuburg an Enkevoer
Juni	Enkevoer rückt auf Bregenz vor
VI 25–VIII 20	Landtag der Tiroler Stände
VII 22	Das vom Kurfürsten von Bayern abgefallene Dragonerregiment Schoch wird geschlossen in kaiserliche Dienste übernommen.
VIII und IX	bis zu 1.500 Vorarlberger Bürger und Bauern setzen die Befestigungen um Bregenz wieder instand
VIII 21	Die Reichsstadt Rottweil und die bayrische Besatzung erklären sich „gut kaiserlich"
IX 01	Die schwedische Besatzung von Ravensburg gibt die Stadt auf
Mitte September	Die schwedische Besatzung von Biberach gibt die Stadt auf
ab September	Die Landverbindungen nach Lindau sind wieder frei gekämpft
September	Die angestrebte Vereinigung schwedischer und französischer Truppen am Bodensee scheitert
IX 29	Enkevoer trifft vor Memmingen ein, die Belagerung durch ein bayrisch-kaiserliches Korps beginnt
XI 25	Der schwedische Kommandant Przyemski übergibt Memmingen und zieht ab
X 29	Schoch nimmt Schloß Wallerstein nahe Nördlingen
XII 21	Enkevoer kanoniert Nördlingen

b) 1647 für Böhmen

IV 17	Generalfeldmarschall Holzappel erhält das Kommando über die kaiserliche Hauptarmee
IV 25	Generalleutnant Gallas stirbt in Wien
III 19–VII 04	Das kaiserliche Hauptquartier liegt ununterbrochen in Budweis: Reorganisation der kaiserlichen Armee, Vorbereitung des böhmischen Defensivfeldzuges, Behebung von Versorgungsmängeln
V 25	Gesamtbefehl des kaiserlichen Generalstabes für die Deckung des Aufmarsches in Böhmen
VI 06	Beginn des kaiserlichen Aufmarsches Richtung Böhmen

VI 14	Das schwedische Korps aus Schlesien (Reichsfeldzeugmeister Wittenberg) überschreitet die Elbe nach Westen
VI 21	Vereinigung der schwedischen Hauptarmee (Wrangel) mit dem Korps Wittenberg vor Eger, die Belagerung der kaiserlichen Festung Eger beginnt
VII 03	Der Kaiser trifft bei seiner Armee in Budweis ein
VII 04	Die kaiserliche Armee setzt sich in Marsch
VII 05	Die kaiserliche Armee wird an der Wottawa angehalten, um den vom bayrischen Kurfürsten abgefallenen General de Werth aufzunehmen
VII 10	De Werth trifft ein, die kaiserliche Armee setzt ihren Marsch fort
VII 18	Eger fällt in schwedische Hand
VII 28	Holzappel nimmt den Galgenberg nördlich Eger
VIII 08	Die kaiserliche Armee gibt wegen Pulvermangels ihre vorteilhafte Stellung vor Eger auf und zieht in Richtung auf Pilsen ab
VIII 12	Die schwedische Armee beginnt ihren Südvorstoß nach Böhmen
VIII 16	Der Kaiser persönlich begibt sich nach Pilsen
VIII 18	Die kaiserliche Armee fängt nach einem Gewaltmarsch die schwedische ab
VIII 22	Die kaiserliche Armee siegt im Gefecht bei Triebl
IX 05	Die kaiserliche Armee besetzt Tachau und schneidet der schwedischen die direkte Versorgung aus Franken ab
IX 08	Holzappel entscheidet das Manöver bei Tepl für sich
IX 18	Wrangel kann sich bei Tepl nicht mehr halten und leitet seinen Rückzug zum Fluß Eger bei Saaz ein. Seine „Subsistenz" in Böhmen ist gefährdet
VIII 15	Kurfürst Ferdinand von Köln kündigt den Waffenstillstand mit Schweden und Hessen-Kassel
IX 07	Pilsener Vertrag zwischen dem Kaiser und dem Kurfürsten von Bayern
IX 28	Wrangel erhält die Kündigung des Waffenstillstandes durch Kurbayern
IX 29	Wrangel bricht zum Erzgebirge auf und räumt Böhmen
IX 15	Die bayrische Reichsarmee überschreitet bei Straubing die Donau nach Norden, Kurfürst Maximilian hält sie an
IX 26	Die bayrische Reichsarmee setzt ihren Marsch fort
X 12	Die Voraustruppen der bayrischen Reichsarmee treffen bei Kaaden auf die kaiserliche Armee, Vereinigung der kaiserlichen Armee und der bayrischen Reichsarmee
X 15	Das kaiserlich-bayrische Heer bricht zum Erzgebirge auf und verläßt Böhmen

X 25	Der kaiserliche Obrist de la Corona erobert die Königswarter Schanze („Schwedenschanze") südlich Eger und beginnt anschließend die Blockierung von Eger
XII 07	Der kaiserliche Generalfeldzeugmeister Puchheim erobert die mährische Festung Iglau zurück

c) 1647 für Sachsen, Thüringen, Hessen und Niedersachsen

X 19	Nach dem Rückzug durch Sachsen überschreitet die schwedische Hauptarmee die sächsische Saale über die Brücke von Kösen
X 23	Auf dem weiteren Rückzug erhält die schwedische Hauptarmee Versorgungsgüter aus ihrer Festung Erfurt
Anfang XI	Im weiteren Rückzug durch Thüringen und Hessen erreicht die schwedische Hauptarmee die Weser bei Holzminden und wechselt auf das linke Ufer
X 16–19	Das kaiserlich-bayrische Heer überschreitet das Erzgebirge
X 29	Das kaiserlich-bayrische Heer überschreitet die sächsische Saale in Jena
XI 03	„General-Rendevous" des kaiserlich-bayrischen Heeres bei Arnstadt
XI 03	Befehl für die Vorausabteilung unter Feldmarschalleutnant Montecuccoli
XI 06/07	Übergang des kaiserlich-bayrischen Heeres über die Werra bei Creuzburg
XI 10	Übergang des kaiserlich-bayrischen Heeres über die Fulda bei Rotenburg und Bebra
XI 18	Die schwedische Hauptarmee wechselt bei Höxter wieder auf das rechte Ufer der Weser und zieht sich anschließend in den Raum zwischen Hameln und Minden zurück, Hauptquartier in der Mitte, in Hessisch-Oldendorf.
XI 21	Eine gemeinsame Operation des kaiserlich-bayrischen Heeres mit den niederrheinisch-westfälischen Kreistruppen lehnt Kurköln ab
Ende XI	Die bayrische Reichsarmee trennt sich von der kaiserlichen Armee und marschiert in Winterquartiere südlich des Mains (Hauptquartier in Kitzingen von 1647 XII 15 bis 1648 II 15)
XII 14	Die kaiserliche Armee erobert die Stadt Marburg, nicht jedoch das Schloß
ab XII	Winterquartiere der kaiserlichen Armee in Hessen und Thüringen

d) 1648 für Hessen, Thüringen und Unterfranken

I 05/06	Die schwedische Hauptarmee eröffnet einen Winterfeldzug
II 10	Hessen-kasselsche Truppen nehmen Schloß Homberg (Efze)
II 19	Schloß Friedewald wird von hessen-kasselschen Truppen besetzt
III 09	Schwedische Garnisonstruppen nehmen die Burg Gleichenstein im Eichsfeld
bis I 19	Die kaiserliche Armee verlegt ihr Hauptquartier von Marburg über Fulda nach Hammelburg (Hauptquartier von I 19 bis II 04 in Hammelburg)
II 05	Sperrstellungen der kaiserlichen Armee an der fränkischen Saale
II 15	Übergang der kaiserlichen Armee über den Main bei Ochsenfurt
II 16	Vereinigung der kaiserlichen Armee und der bayrischen Reichsarmee bei Uffenheim
III 07	Die französische Armee unter Turenne erreicht Tauberbischofsheim, nachdem sie den Main bei Lohr überschritten hat
III 08/09	Die schwedische Hauptarmee unter Wrangel überschreitet den Main in Kitzingen und Ochsenfurt

e) 1648 für Franken, Schwaben und Bayern

III 13	Die Reichsstadt Windsheim wird von Wrangel eingenommen
III 23	Vereinigung der schwedischen Hauptarmee und der französischen Armee bei Öttingen an der Wörnitz
III 24	Das kaiserlich-bayrische Heer geht bei Ingolstadt auf das Südufer der Donau zurück
IV 05	Kaiserliche Verstärkungen aus Böhmen erreichen die Reichsstadt Regensburg
IV 06	Das Korps Königsmarck bricht die Blockade und versorgt die Festung Eger
IV 08/09	Das kaiserlich-bayrische Heer kehrt auf das Nordufer der Donau zurück, anschließend vergeblicher Versuch, den isoliert stehenden Wrangel zu stellen, nachdem sich Turenne wieder von Wrangel getrennt hat
IV 21	Die Reichsstadt Dinkelsbühl wird von Wrangel eingenommen
Ende IV	Die schwedische Generalität und Assistenzrat Erskein le-

	gen in Nördlingen die weiteren Operationen für 1648 fest
IV 30	Erneute Vereinigung der schwedischen Hauptarmee und der französischen Armee (Hauptquartiere in Göppingen und Ebersbach an der Fils)
V 01/02	Das kaiserlich-bayrische Heer geht in Donauwörth erneut auf das Südufer der Donau zurück
V 17	Die Schlacht bei Zusmarshausen geht unentschieden aus, Generalfeldmarschall Holzappel fällt im dritten Verzögerungsgefecht
V 27	Das kaiserlich-bayrische Heer gibt kampflos den Lech auf
V 27/28	Lech-Übergang der Schweden bei Rain
VI 03	Kurfürst Maximilian läßt Generalfeldmarschall Gronsfeld in Arrest nehmen
VI 03/04	Das kaiserlich-bayrische Heer gibt kampflos die Isar auf
VI 09	Generalleutnant Piccolomini übernimmt die Führung des kaiserlich-bayrischen Heeres
VI 15	Schwedische Batterien kanonieren erfolglos Wasserburg am Inn
VI 18	Das schwedisch-französische Heer erreicht Mühldorf am Inn
VI 18–VII 07	Das kaiserlich-bayrische Heer hält den Inn und die Donau von Passau aufwärts bis zur Isar-Mündung
bis VII 27	Das schwedisch-französische Heer geht bis zur Isar zurück
VII 27-VIII 28	Das schwedisch-französische Heer hält ein befestigtes Lager bei Dingolfing
VIII 01-IX 08	Das kaiserlich-bayrische Heer hält ein befestigtes Lager bei Landau an der Isar, unterhalb des schwedisch-französischen
bis IX 04	Das schwedisch-französische Heer geht in den Flußwinkel zwischen Isar und Amper bei Moosburg zurück
IX 29	Beginn der kaiserlich-bayrischen Offensive zur Befreiung ganz Bayerns
X 06	Die schwedische Hauptarmee verliert das Gefecht bei Dachau
X 10/11	Das schwedisch-französische Heer geht hinter den Lech zurück
X 12	Das schwedisch-französische Heer steht ein letztes Mal in Schlachtordnung
X 13	Die Armeen der beiden Kronen trennen sich
X 14/15/16	Die französische Armee räumt das Südufer der Donau über die Brücke von Lauingen, die schwedische Hauptarmee über die Brücke von Donauwörth

X 23	Letztes Zusammentreffen Wrangels und Turennes in Dillingen
X 30	Wrangel erhält in Nördlingen eine erste vage Kunde vom Friedensschluß
ab X 28	Piccolomini ist der schwedischen Armee auf das Nordufer der Donau gefolgt und rückt nach Böhmen vor
XI 04	Piccolomini erhält auf dem Anmarsch nach Böhmen die Friedensnachricht
XI 13	Piccolomini nimmt Verbindung mit Pfalzgraf Carl Gustav und Wrangel auf

f) 1648 für Norddeutschland und Böhmen

VII 26	Der schwedische General Königsmarck nimmt mit seinem Korps die Kleinseite von Prag (links der Moldau) im Handstreich
VII 27	Der kaiserliche Generalfeldzeugmeister Puchheim rückt in Prag rechts der Moldau ein und verstärkt die Verteidigung
VII 30	Der schwedische Reichsfeldzeugmeister Wittenberg setzt sich mit seinem Korps vor der Prager Altstadt und Neustadt fest (rechts der Moldau)
VII 26	Pfalzgraf Carl Gustav landet mit schwedischen und finnischen Kerntruppen bei Wolgast in Vorpommern
VIII 25	Pfalzgraf Carl Gustav überschreitet die Havel an der Mündung in die Elbe und später die Elbe bei Aken
IX 15	In Leipzig legen Pfalzgraf Carl Gustav und Feldpräsident Erskein das Operationsziel für die Truppen Carl Gustavs fest
X 04	Pfalzgraf Carl Gustav trifft vor Prag ein
X 30	Letzter schwedischer Sturmangriff auf Prag rechts der Moldau
XI 03	Pfalzgraf Carl Gustav hebt die Belagerung von Prag auf

Geographische Register

(Orte, Territorien, Gewässer)

Auf den Begriff folgt die Seitenzahl des Buchtextes. Ist ein Begriff in den Anmerkungen erwähnt, steht die Nummer der Anmerkung in Klammern.

1. Orte

2. Territorien (Staaten, Länder, Landschaften, Inseln, Gebirge)

Das Heilige Römische Reich Deutscher Nation und die Königreiche Frankreich, Schweden und Spanien werden nicht besonders aufgeführt.

3. Gewässer

Personen- und Namensregister

Auf den Namen folgt die Seitenzahl des Buchtextes. Ist ein Name (abgesehen von einer reinen Quellenangabe) in den Anmerkungen erwähnt, steht die Nummer der Anmerkung in Klammern.
Es werden die Titel und Dienstränge genannt, wie sie 1647 und 1648 bestanden. In einigen Fällen werden auch später erworbene Titel und Dienstränge hinzugefügt, wenn sie für den Ausblick im letzten Kapitel von Bedeutung sind.
Die Namen der Ende April 1648 bestehenden kurbayrischen Regimenter werden am Schluß dieses Registers aufgeführt. Für die kaiserlichen Regimenter wird auf die Stärkemeldungen am Schluß der Anmerkungen hingewiesen.